Wissenschaftlicher Gesprächskreis Schiedsrecht München (Hrsg.)
Taktik im Schiedsverfahren

Taktik im Schiedsverfahren

herausgegeben vom

Wissenschaftlichen Gesprächskreis Schiedsrecht
München

Beiträge von

Dr. Thilo von Bodungen, M.C.L.
Rechtsanwalt, München

Dr. Walter Eberl
Rechtsanwalt, München

Prof. Dr. Reinhold Geimer
Notar a.D., Honorarprofessor,
Universität München

Dr. Dietmar Hantke
Rechtsanwalt, München

Dr. Torsten Lörcher
Rechtsanwalt, Köln

Michael Molitoris
Rechtsanwalt, München

Karl Pörnbacher
Rechtsanwalt, München

Dr. Klaus Sachs
Rechtsanwalt, München

Dr. Hans-Jürgen Schroth, PhD
Rechtsanwalt, München
Privat-Dozent, Universität Gießen

Dr. Stephan J. Spehl, LL.M.
Rechtsanwalt, München

Dr. Karl J. T. Wach
Rechtsanwalt, München

Vorwort von

Professor Dr. Peter Schlosser
(em.), Universität München

2008

Verlag
Dr. Otto Schmidt
Köln

*Bibliografische Information
der Deutschen Nationalbibliothek*

Die Deutsche Nationalbibliothek verzeichnet diese Publikation in der Deutschen Nationalbibliografie; detaillierte bibliografische Daten sind im Internet über http://dnb.d-nb.de abrufbar.

Verlag Dr. Otto Schmidt KG
Gustav-Heinemann-Ufer 58, 50968 Köln
Tel. 02 21/9 37 38-01, Fax 02 21/9 37 38-943
info@otto-schmidt.de
www.otto-schmidt.de

ISBN 978-3-504-47129-3

©2008 by Verlag Dr. Otto Schmidt KG, Köln

Das Werk einschließlich aller seiner Teile ist urheberrechtlich geschützt. Jede Verwertung, die nicht ausdrücklich vom Urheberrechtsgesetz zugelassen ist, bedarf der vorherigen Zustimmung des Verlages. Das gilt insbesondere für Vervielfältigungen, Bearbeitungen, Übersetzungen, Mikroverfilmungen und die Einspeicherung und Verarbeitung in elektronischen Systemen.

Das verwendete Papier ist aus chlorfrei gebleichten Rohstoffen hergestellt, holz- und säurefrei, alterungsbeständig und umweltfreundlich.

Einbandgestaltung nach einem Entwurf von:
Jan P. Lichtenford
Textformatierung: A. Quednau, Haan
Druck und Verarbeitung: Bercker, Kevelaer
Printed in Germany

Vorwort

Das Schrifttum zur Schiedsgerichtsbarkeit ist, deutscher Rechtstradition folgend, vorwiegend aus der Perspektive eines objektiven Beobachters, meist des Richters, geschrieben, eines Richters, der über Fälle zu entscheiden hat, in denen Schiedsgerichtsbarkeit eine Rolle spielt. In der so genannten „Einredesituation" befindet er darüber, ob eine wirksame und für den eingeklagten Streitgegenstand einschlägige Schiedsabrede besteht, in der Anerkennungssituation darüber, ob ein Schiedsspruch aufzuheben ist bzw. anerkannt werden kann, und gelegentlich auch über verschiedene gerichtliche Aushilfstätigkeiten, die meist der Schiedsrichterbestellung (§§ 1035–1037 ZPO) oder der präventiven Feststellung (§§ 1032 Abs. 2, 1034 Abs. 2 ZPO) dessen dienen, ob ein Schiedsverfahren zulässig ist. In vorliegendem Band haben sich demgegenüber in Gestalt des von *Molitoris* vorgestellten „Wissenschaftlichen Gesprächskreises Schiedsrecht München" zehn Anwälte und ein als Fachautor auf dem Gebiet der Schiedsgerichtsbarkeit seit Jahrzehnten landesweit bekannter Münchener Notar zusammengefunden, um aus ihrer eigenen reichhaltigen Berufserfahrung zu berichten. Es geht also vornehmlich darum, wie aus der Sicht der Mandanten mit dem Institut der Schiedsgerichtsbarkeit umgegangen werden soll. Die Autoren finden, dass das Schlagwort „Taktik" am besten geeignet ist, dem, der das Buch zur Hand nimmt, sogleich in die spezifisch anwaltliche Perspektive zu zwingen, die es einnimmt. Dass einer gekonnten Taktik stets eine vorurteilsfreie Analyse vorauszugehen hat, zeigen die Beiträge deutlich auf. Der Begriff „Taktik" ist also in einem weiten Sinne zu verstehen. Selbst die für den Mandanten empfehlenswerte Gestaltung einer Schiedsabrede lässt sich aber durchaus als „taktischer" Ratschlag begreifen. Eingebettet in mehr generelle Information über die Gesetzeslage und die von bekannten Organisationen aufgestellten Schiedsregeln liegt der Schwerpunkt der Veröffentlichung also auf der im Mandanteninteresse gesammelten und dialektisch verarbeiteten Berufserfahrung der Autoren. Überschneidungen ließen sich nicht nur nicht vermeiden, sondern sollen belebend und sich wechselseitig befruchtend wirken. Gelegentlich vertreten die Autoren auch sehr pointierte Ansichten.

Der Notar hat hierbei zwar vor seinem geistigen Auge keinen Interessensgegner vor sich, zu dessen Nachteil sich eine Taktik auswirken soll. Der imaginäre Gegner des Schiedsklauseln empfehlenden Notars ist aber eine möglicherweise unflexible Justiz, die der gewünschten Gestaltung des Rechtsakts im Bereich der Schiedsgerichtsbarkeit keine Tugend abgewinnen will. *Geimer* weiß manches davon zu berichten.

Wer das Buch aufmerksam in der Hand hält, dem wird auffallen, dass auch das nicht fehlt, was im Kreise von Experten der Schiedsgerichtsbarkeit eher verpönt ist und daher meist nicht oder nur indirekt behandelt wird: nämlich der Versuch des Anwalts, trotz des Anscheins einer wirksamen und den Streitgegenstand erfassenden Schiedsklausel den Gang zum Schiedsgericht zu vermeiden und die staatlichen Gerichte anzurufen. Alle Fragen, die mit der Wirksamkeit einer Schiedsvereinbarung zusammenhängen aus dieser Perspektive zusammenhängend anzusprechen, hat vor *Spehl* noch niemand unternommen. Für die Mandantenbetreuung und den Anwalt, der die Interessen seines Mandanten bei der staatlichen Justiz für besser aufgehoben hält, ist diese Art der Darstellung eine Erleichterung. Sie kann als Checkliste dienen.

In dem Beitrag von *Wach* über die „Taktik in M&A Schiedsverfahren" musste zwangsläufig viel erläutert werden, was gar nicht typisch für M&A Verfahren ist und sich daher mit den nicht auf spezifische Arten von Schiedsverfahren ausgerichteten Erläuterungen anderer Autoren überschneidet. Doch führt er immer wieder auf die speziellen Probleme seines Themas zurück. In diesem Zusammenhang gibt er unzählige Hinweise zu dem, was im Vorfeld eines möglichen Schiedsverfahrens zu veranlassen ist. So erfährt der nicht hochgradig spezialisierte Leser, dass es auch eine „post-closing due diligence" des Käufers und eine „pre-closing due diligence" des Verkäufers geben sollte.

Einheitlich weisen *Sachs/Lörcher* und *Schroth* (in seinem kurzen Beitrag) darauf hin, dass das Schiedsgericht auch einstweilige Anordnungen von einer Natur treffen kann, die dem staatlichen Gericht nicht möglich sind. Sie raten, einen Versuch zu wagen und davon Gebrauch zu machen, wenn die Lage so ist, dass es sich der Verfügungsgegner nicht leisten kann, die Anordnung des Schiedsgerichts zu ignorieren.

Pointierte Ratschläge geben *Sachs/Lörcher*. Für mich überraschend berichten sie etwa, eine sich nur am 10. Buch der ZPO orientierende Schiedsvereinbarung komme in der Praxis nicht selten vor und habe sich bewährt. Sie sagen, dann, wenn mit einer Mehrparteiensituation auf der Beklagtenseite zu rechnen ist, sei es vorzugswürdig, auf ein Verfahren zu verzichten, das auf der Grundlage der UNCITRAL-Regeln ablaufen oder nur der ZPO unterstehen würde. Mit Recht unterlassen sie aber allgemeine Aussagen zur Empfehlsamkeit bestimmter Regelungswerke.

Eine dem Anwalt im Falle des Aufkommens von Auseinandersetzungen immer wieder und häufig mit Priorität gestellte Frage ist die nach dem Kostenrisiko eines Schiedsverfahrens. Von *Bodungen/Pörnbacher* verzichten wohl zwangsläufig darauf, nach „Taktiken" zur Reduzierung des Kostenrisikos zu fragen. Sie stellen nur minutiös das Ineinandergreifen der verschiedenen Kostenreglungen dar. Das Einzige, was sich allgemein sagen lässt, ist dies: bei Streitwerten unter einer Million Euro kein mehrköpfiges Schiedsgericht zu vereinbaren – ein Ratschlag, der sich übrigens durch verschiedene weitere Beiträge zieht. Bei der Vertragsgestaltung Vorkehrungen gegen vermeidbare Kostensteigerungen zu treffen, muss ebenso der individuellen Beratung vorbehalten bleiben wie die rechtzeitige realistische Aufklärung des Mandanten über die Kosten, die er zu verauslagen hat und auf denen er nicht nur im Unterliegensfalle hängen bleiben kann.

Zum Schluss kommt *Eberl* wieder auf jene Taktik zurück, die auch gefragt ist, wenn es darum geht, dass sich der im Schiedsverfahren obsiegende Teil die Früchte seiner Bemühung sichern will. Was der Benutzer der üblichen Kommentarliteratur nicht erfährt, ist dies: Der Antrag auf Vollstreckbarerklärung kann mit entsprechend verringertem Kostenrisiko auch auf einen Teil des Schiedsspruchs beschränkt werden, was im Erfolgsfall, wie sonst bei „Teilklagen", dazu führt, dass der Schiedsspruch auch im Übrigen erfüllt werden wird. Auch aus dem Ratschlag, zunächst nur die Übersetzung des Tenors einzureichen, um die Chance zu wahren, die meist horrenden Übersetzungskosten zu sparen, spricht die praktische Erfahrung.

Diese kann freilich häufig nur unter vier Augen oder jedenfalls wenigen Augenpaaren vermittelt werden. Die Gradwanderungen, die der Anwalt unternehmen muss, sind in der Nähe von Schiedsgerichtsbarkeit zahlreich und anspruchsvoll. Gemessen daran plaudert *Hantke* erstaunlich konkret aus dem Nähkästchen über die Schiedsrichterauswahl. Er behandelt, was alles zu bedenken ist (und was dabei alles misstrauenswert ist), wenn es zu Vorschlägen über die Bestellung des Einzelschiedsrichters oder des Obmanns kommt. Nur unter vier Augen lässt sich aber behandeln, was alles überlegt werden muss, wenn der Mandant seine Wahl für die Beschickung des dreiköpfigen Schiedsgerichts treffen soll. In der Theorie soll der zu Bestellende so unabhängig von allen Parteien wie ein Richter sein – aber dennoch hat der Anwalt zentral die Interessen des Mandanten zu wahren, wenn er diesbezüglich seinen Rat gibt! Wer zwischen den Zeilen lesen kann, erfährt aber auch dazu etwas.

Besonderer Dank gilt Frau Rechtsanwältin *Kristina Breuler*, Herrn Rechtsanwalt *Thomas Klich* und Frau *Katrin Walther-Heise* für die Hilfe bei der Manuskriptbearbeitung und der Erstellung des Stichwortverzeichnisses.

München, Januar 2008   Prof. Dr. Peter Schlosser

Inhalt*

	Seite
Vorwort	V

Dr. Stephan J. Spehl, LL.M., München
Zugang zu staatlichen Gerichten trotz Schiedsvereinbarung 1
    I. Einleitung 2
    II. Schiedsvereinbarung mit Wahlrecht 3
    III. Keine wirksame Erhebung der Schiedseinrede 4
    IV. Unwirksamkeit der Schiedsvereinbarung/Fehlende Begründetheit
        der Schiedseinrede.. 5
    V. Subjektive Grenzen der Schiedsvereinbarung 25
    VI. § 1033 ZPO: Einstweiliger Rechtsschutz durch staatliche Gerichte .. 29
    VII. Urkunden-, Wechsel- und Scheckprozess 29
    VIII. Kompetenz zur Prüfung der Gültigkeit der Schiedsvereinbarung 30

Dr. Dietmar Hantke, München
Auswahl der Schiedsrichter 33
    I. Zusammensetzung des Schiedsgerichts 33
    II. Bestellung der Schiedsrichter 36
    III. Berücksichtigung von Beruf oder Qualifikation des Schiedsrichters .. 43
    IV. Hinweise zum Auswahlverfahren 47

Privatdozent Dr. Hans-Jürgen Schroth PhD, München
Taktik und einstweiliger Rechtsschutz im deutschen Schiedsverfahren .. 49
    I. Einleitung 49
    II. Die Regelung in § 1041 ZPO 50
    III. Die Parallelkompetenz von staatlichen Gerichten und
        Schiedsgerichten beim einstweiligen Rechtsschutz 51
    IV. Einstweiliger Rechtsschutz in den Schiedsordnungen 55
    V. Zusammenfassung und Ergebnis 56

Dr. Karl J. T. Wach, München
Taktik in M&A-Schiedsverfahren 57
    I. Einleitung 58
    II. Auswahl des passenden Verfahrens 62
    III. Gestaltung der Schiedsvereinbarung 73

---

* Ausführliche Inhaltsübersichten zu Beginn der jeweiligen Beiträge.

	Seite
IV. Vorbereitung des Verfahrens	86
V. Konstituierung des Schiedsgerichts	90
VI. Einstweiliger Rechtsschutz	100
VII. Einleitung des Verfahrens und Verjährungshemmung	101
VIII. Beendigung des Schiedsverfahrens	105
IX. Maßnahmen gegen den Schiedsspruch	105
X. Anerkennung und Vollstreckbarerklärung des Schiedsspruchs	106

Professor Dr. Reinhold Geimer, München
Nichtvertragliche Schiedsgerichte 109

    I. § 1066 ZPO im Kontrast zu § 1029 ZPO 109
    II. Anwendungsbereich 110
    III. § 1066 ZPO als Ermächtigungsnorm 111
    IV. Multilaterale Schiedsgerichtsverfahren 112
    V. Nichtkonsensuale Schiedsbindung 114
    VI. Drittklagen 117
    VII. Verfassungsrechtliche Unbedenklichkeit des durch § 1066 ZPO ermöglichten Schiedszwangs 118

Thilo von Bodungen/Karl Pörnbacher
Kosten und Kostentragung im Schiedsverfahren 121

    I. Einleitung 121
    II. Die Kostenentscheidung des Schiedsgerichts 122
    III. Die Kosten gerichtlicher Verfahren in Zusammenhang mit Schiedsverfahren 144

Klaus Sachs/Torsten Lörcher
Die Wahl der „richtigen" Verfahrensregeln 153

    I. Einführung 153
    II. Ad-hoc-Schiedsverfahren 158
    III. Institutionelle Schiedsverfahren 165

Walter Eberl
Anerkennung und Vollstreckbarerklärung von Schiedssprüchen ... 189

    I. Einführung 190
    II. Gegenstand der Vollstreckbarerklärung: Schiedsspruch im Sinne des § 1054 ZPO 191
    III. Verfahren der Vollstreckbarerklärung 194
    IV. Geltendmachung von Aufhebungsgründen des § 1059 ZPO gegen die Vollstreckbarerklärung inländischer Schiedssprüche 199

	Seite

V. Geltendmachung von Anerkennungsversagungsgründe des
   Art. V UNÜ gegen die Vollstreckbarerklärung ausländischer
   Schiedssprüche 206
VI. Einwand fehlender Schiedsvereinbarung gemäß Art. II UNÜ
   gegen die Vollstreckbarerklärung ausländischer Schiedssprüche 212
VII. Geltendmachung materiellrechtlicher Einwendungen gegen die
   Vollstreckbarerklärung in- oder ausländischer Schiedssprüche 213

Michael Molitoris
Der Wissenschaftliche Gesprächskreis Schiedsrecht München 217

Stichwortverzeichnis 219

Dr. Stephan J. Spehl*

Zugang zu staatlichen Gerichten trotz Schiedsvereinbarung

Inhaltsübersicht

I. Einleitung
II. Schiedsvereinbarung mit Wahlrecht
  1. Verstoß gegen § 307 Abs. 1 Satz 1 BGB
  2. Verstoß gegen § 138 Abs. 1 BGB
III. Keine wirksame Erhebung der Schiedseinrede
  1. Rügelose Einlassung
  2. Einrede der Arglist
IV. Unwirksamkeit der Schiedsvereinbarung/Fehlende Begründetheit der Schiedseinrede
  1. Nichtigkeit der Schiedsvereinbarung
    a) Fehlende Schiedsfähigkeit des geltend gemachten Anspruchs
    b) Verstoß gegen Formerfordernisse des § 1031 ZPO
      aa) Formerfordernisse gegenüber Verbrauchern
      bb) Formerfordernisse gegenüber Unternehmern
      cc) Beurkundungsbedürftigkeit der Schiedsvereinbarung?
    c) Verstoß gegen die §§ 305 ff. BGB/AGB-Inhaltskontrolle
      aa) Allgemeines
      bb) Verbrauchervertrag
        (1) Überraschende Klausel, § 305c Abs. 1 BGB
        (2) Haftungsausschluss, § 309 Nr. 7 b) BGB
        (3) Sonstige Inhaltskontrolle: § 307 Abs. 1 Satz 1 BGB
      cc) Schiedsvereinbarungen zwischen Unternehmern
        (1) Überraschende Klausel, § 305c Abs. 1 BGB
        (2) Inhaltskontrolle
      dd) Folgen der Unwirksamkeit von Schiedsvereinbarungen
    d) Anfechtung der Schiedsvereinbarung entsprechend § 142 Abs. 1 BGB
    e) Verstoß gegen § 138 Abs. 1 BGB wegen „wirtschaftlicher Knebelung"
    f) Sonstige Wirksamkeitshindernisse bei der Schiedsvereinbarung
  2. Sonderproblem: Auswirkungen einer Nichtigkeit des Hauptvertrags
  3. Unwirksamkeit der Schiedsvereinbarung
    a) Aufhebungsvertrag
    b) Rücktritt
    c) Kündigung entsprechend § 314 BGB
      aa) Nichtzahlung eines notwendigen Kostenvorschusses
      bb) Beharrliche Behinderung des Schiedsverfahrens
      cc) Krieg
    d) Befristung/auflösende bzw. aufschiebende Bedingung
  4. Undurchführbarkeit der Schiedsvereinbarung
    a) Mittellosigkeit einer Partei
      aa) BGHZ 145, 116 ff.
      bb) Keine Kündigung der Schiedsvereinbarung mehr erforderlich
      cc) Vorliegen von Mittellosigkeit
      dd) Abwendungsbefugnis der solventen Partei
      ee) Konsequenzen für die Praxis
    b) Unklare Abfassung der Schiedsvereinbarung/fehlende Bestimmbarkeit des Schiedsgerichts
    c) Weitere Einzelfälle

---

* Dr. Stephan J. Spehl, LL.M., ist Partner bei Baker & McKenzie in München.

5. Heilung unwirksamer Schiedsvereinbarungen
V. Subjektive Grenzen der Schiedsvereinbarung
 1. Persönlich haftende Gesellschafter/Komplementäre
 2. Ausblick zur Rechtslage bei der GbR
 3. Gesamtrechtsnachfolger/Testamentsvollstrecker
 4. Einzelrechtsnachfolge, vor allem Übertragung der Gesellschafterstellung
 5. Bindung des Zedenten/des ausgeschiedenen Gesellschafters
6. Orderpapiere
7. Insolvenzverwalter
VI. § 1033 ZPO: Einstweiliger Rechtsschutz durch staatliche Gerichte
VII. Urkunden-, Wechsel- und Scheckprozess
VIII. Kompetenz zur Prüfung der Gültigkeit der Schiedsvereinbarung
 1. Kompetenz-Kompetenz des Schiedsgerichts, § 1040 Abs. 1 Satz 1 ZPO
 2. Feststellungsantrag i. S. d. § 1032 Abs. 2 ZPO

I. Einleitung

Bekanntermaßen soll ein Schiedsverfahren im Vergleich zu einem Prozess vor staatlichen Gerichten eine Reihe von Vorteilen aufweisen: eine rasche Entscheidung durch ein Gremium, das die Parteien selbst gewählt haben, geringere Kosten, Vertraulichkeit durch Nichtöffentlichkeit, nur um die wichtigsten Aspekte zu nennen. Vor allem die Auswahl der Schiedsrichter durch die Parteien und die Vertraulichkeit des nicht-öffentlichen Verfahrens sind in der Tat Vorzüge, welche die staatliche Gerichtsbarkeit nicht bietet. Ob sich auch die anderen Merkmale des Schiedsverfahrens als so positiv erweisen, wie sie häufig angepriesen werden, hängt von den Umständen jedes Einzelfalles ab.

Keinesfalls führen Schiedsverfahren immer zu einem rascheren Ergebnis: So ist zunächst die Bestellung der Schiedsrichter erforderlich, ein häufig mehrstufiger und zeitaufwendiger Vorgang. Auch der Prozess der Entscheidungsfindung kann in manchen Fällen länger dauern als bei einem staatlichen Gericht. Der zeitliche Vorteil eines Schiedsverfahrens besteht vor allem darin, dass es grundsätzlich nur eine Instanz gibt. Das ist allerdings bei der Mehrzahl der Fälle vor staatlichen Gerichten auch nicht anders. Wenn ein Anerkennungs- und Vollstreckungsverfahren notwendig ist, ist der Zeitgewinn danach wieder verloren. Ein Schiedsverfahren ist auch keineswegs immer kostengünstiger.[1] Kostenvorteile bestehen oftmals nur im Vergleich mit einem Verfahren vor dem staatlichen Gericht, das durch alle Instanzen geht. Stets fallen hohe Kostenvorschüsse ohne die Möglichkeit einer Prozesskostenhilfe an.[2] Jedenfalls bei globalen Geschäftsaktivitäten erweist sich die Schiedsvereinbarung mitunter für eine Partei als Bumerang, wenn nämlich die Zuständigkeit eines Schiedsgerichts in einem „exotischen" Staat vereinbart ist. Berücksichtigt man dann den Zeit- und Kostenaufwand, erscheint ein Prozess vor einem staatlichen Gericht im Heimatland vorteilhafter.

---

1 Vgl. *Weigand*, Practitioner's Handbook on International Arbitration, S. 9.
2 LM H. 2/2001 § 1032 ZPO Nr. 11, Bl. 302 (*Wagner*).

Entsprechend groß ist in derartigen Fällen daher das Bestreben, trotz der Schiedsvereinbarung den Rechtsweg zu den ordentlichen Gerichten beschreiten zu wollen.

In letzter Zeit[3] wird viel darüber geschrieben, ob und wie eine Partei, die eine Schiedsvereinbarung nicht unterschrieben hat, gleichwohl an Schiedsvereinbarungen gebunden sei oder zu einem Schiedsverfahren „gezwungen" werden kann.[4] Der vorliegende Beitrag befasst sich mit der Kehrseite. Es wird untersucht, ob einer Partei der Zugang zu den staatlichen Gerichten offen steht, obwohl – zumindest prima vista – eine Schiedsvereinbarung vorliegt.

II. Schiedsvereinbarung mit Wahlrecht

Mit dem Abschluss einer Schiedsvereinbarung beabsichtigen die Vertragspartner, den Rechtsweg zu den staatlichen Gerichten auszuschließen. Zwingend ist dies keineswegs, vielmehr kann beiden Parteien oder auch nur einer Seite die wahlweise Anrufung eines Schiedsgerichts oder des staatlichen Gerichts freigestellt werden. Damit ist bereits die erste Fallgruppe angesprochen, die wegen ihrer Evidenz an sich keiner weiteren Vertiefung bedarf.

Welche Möglichkeiten verbleiben aber für einen Zugang zu den ordentlichen Gerichten, wenn das Wahlrecht bereits durch Einleitung des Schiedsverfahrens verbraucht ist[5] oder wenn es nur der gegnerischen Partei zustehen soll?

1. Verstoß gegen § 307 Abs. 1 Satz 1 BGB

Zunächst stellt sich die Frage einer Vereinbarkeit mit § 307 Abs. 1 Satz 1 BGB, wenn die Schiedsvereinbarung mit Wahlrecht Bestandteil der AGB ist.

Liegt in der Ausgestaltung des Wahlrechts eine unangemessene Benachteiligung des Vertragspartners, so ist die Schiedsvereinbarung unwirksam und der Weg zu den staatlichen Gerichten frei. Allerdings führt allein der Umstand, dass das Wahlrecht einseitig dem Verwender zusteht, noch nicht zu einem solchen Verstoß.[6] Zwar ist damit eine Bevorzugung der einen Partei verbunden, aber diese führt deshalb nicht zwangsläufig zu einer unangemessenen Benachteiligung der anderen, weil Schieds- und Gerichtsverfahren grundsätzlich als zwei gleichwertige Verfahren anzusehen sind.[7] Davon ging auch der Gesetzgeber bei Schaffung des neuen Schiedsverfahrensrechts aus, als er den Kreis

---

[3] Beispielsweise James M. Hosking, Non-Signatories and International Arbitration in the Unites States: the Quest for Consent in Arbitration International Volume 20, S. 289.
[4] Vgl. Sandrock, Die Aufweichung einer Formvorschrift und anderes mehr, SchiedsVZ 2005, 1.
[5] Vgl. Schwab/Walter, Schiedsgerichtsbarkeit, S. 27: Die Schiedsvereinbarung kann insoweit aber auch eine abweichende Regelung vorsehen.
[6] BGHZ 115, 324, 325.
[7] WuB VII A. § 1025 ZPO 1.99, S. 377 (Kröll).

der schiedsfähigen Gegenstände erheblich ausweitete.[8] Eine unangemessene Benachteiligung i. S. d. § 307 Abs. 1 Satz 1 BGB liegt aber vor, wenn das einseitige Wahlrecht nicht auf solche Fälle beschränkt ist, in denen der Verwender klagt, sondern ihm auch als Beklagter zustehen soll.[9] Damit könnte der Verwender nämlich in jedem gegen ihn angestrengten Verfahren einwenden, es müsse der jeweils andere Weg beschritten werden, was zu erheblichen Zeit- und Kostenrisiken für den Kläger führte.[10] Die damit verbundene Unangemessenheit der Benachteiligung kann nach Ansicht des BGH aber dadurch beseitigt werden, dass die Klausel zugleich den Verwender verpflichtet, sein Wahlrecht auf Anfordern des Vertragspartners vorprozessual auszuüben. Im vom BGH entschiedenen Fall fehlte indes eine solche zusätzliche Vereinbarung, so dass die Schiedsklausel unwirksam war. Auf den etwaigen „Verbrauch" des Wahlrechts kommt es bei einer unwirksamen Schiedsvereinbarung dann gar nicht mehr an.

2. Verstoß gegen § 138 Abs. 1 BGB

Nach den soeben gemachten Ausführungen liegt es auf der Hand, dass die einseitige Einräumung eines Wahlrechts für sich genommen nicht zum Verdikt der Sittenwidrigkeit führen kann, stellt dies doch noch nicht einmal eine unangemessene Benachteiligung dar.

Der BGH hat jedoch in einem Fall eine sittenwidrige Beschränkung des Rechtsschutzes bejaht, in dem die Schiedsvereinbarung nicht nur einer Partei einseitig ein Wahlrecht zugestand, sondern diese Partei auch noch zur alleinigen Benennung des Schiedsrichters ermächtigte.[11] Die Schiedsabrede war daher gemäß § 138 Abs. 1 BGB nichtig, womit der Rechtsweg zu den staatlichen Gerichten offen stand.

III. Keine wirksame Erhebung der Schiedseinrede

Die Schiedsvereinbarung wird nicht von Amts wegen beachtet, vielmehr muss vor dem staatlichen Gericht die Einrede erhoben werden, dass der entsprechende Gegenstand einer Schiedsvereinbarung unterfällt. Der Beklagte hat dazu vor Beginn der mündlichen Verhandlung zur Hauptsache die Unzulässigkeit der Klage zu rügen, § 1032 Abs. 1 ZPO. Eine besondere Form ist dabei nicht zu wahren.[12] Wird jene Einrede nicht rechtzeitig oder nicht wirksam erhoben, besteht trotz der Schiedsvereinbarung die Möglichkeit eines Verfahrens vor einem staatlichen Gericht. Folgende Konstellationen kommen in Betracht:

---

8 BT-Drucks. 13/5274, 34.
9 *BGH*, NJW 1999, 282.
10 WuB VII A. § 1025 ZPO 1.99, S. 377 (*Kröll*).
11 *BGH*, ZIP 1989, 535, 537.
12 *Schwab/Walter*, Schiedsgerichtsbarkeit, S. 50.

1. Rügelose Einlassung

Bei einer rügelosen Einlassung verliert der Beklagte nicht nur sein Rügerecht, sondern es erlischt dadurch die Schiedsvereinbarung.[13] Das Verfahren kann vor den staatlichen Gerichten fortgesetzt werden, ohne dass es auf die Schiedsvereinbarung oder eine später erhobene Schiedseinrede noch irgendwie ankäme.

2. Einrede der Arglist

– Auch wenn die Schiedseinrede rechtzeitig geltend gemacht wurde, bedeutet dies nicht immer, dass sie tatsächlich Wirksamkeit entfaltet: Der Schiedseinrede kann insbesondere die Einrede der Arglist entgegenstehen. Zum einen sind die Fälle widersprüchlichen Verhaltens zu nennen.

Fall 1: Der Beklagte macht im Schiedsverfahren die Zuständigkeit des staatlichen Gerichts geltend und erhebt später im Verfahren vor dem ordentlichen Gericht die Schiedseinrede.

Der BGH entschied, ein solches Verhalten laufe auf den Versuch hinaus, dem Kläger in jeder der beiden Verfahrensarten den Rechtsschutz abzuschneiden und ihn praktisch rechtlos zu stellen. Wegen des darin liegenden Verstoßes gegen § 242 BGB ist die Schiedseinrede unbeachtlich.[14]

– Zum anderen handelt arglistig, wer als Beklagter die Rüge gemäß § 1032 Abs. 1 ZPO erhebt, obwohl ihm die zur Durchführung des Schiedsverfahrens nötigen finanziellen Mittel fehlen.[15] Da die Schiedsgerichte in aller Regel erst nach Zahlung eines hohen Kostenvorschusses tätig werden, wäre dem Kläger bei Verarmung des Beklagten jede Möglichkeit genommen, einen vollstreckbaren Titel zu erlangen, es sei denn, er streckte den gesamten Vorschuss vor. Hierzu ist er aber keineswegs verpflichtet, so dass es überzeugt, einem solchen Beklagten die Einrede der Schiedsvereinbarung mit dem Einwand der Arglist abzuschneiden und ihn so an einem Verfahren vor einem staatlichen Gericht – mit der Möglichkeit der Prozesskostenhilfe – festzuhalten. Ist es indessen die Gegenseite der mittellosen Partei, die die Schiedseinrede erhebt, nimmt der BGH an, dass die Schiedsvereinbarung undurchführbar i.S.d. § 1032 Abs. 1 ZPO ist.[16]

IV. Unwirksamkeit der Schiedsvereinbarung/Fehlende Begründetheit der Schiedseinrede

Wird vor einem staatlichen Gericht die Schiedseinrede wirksam erhoben, hat dieses gemäß § 1032 Abs. 1 ZPO die Klage als unzulässig abzuweisen, es sei

---

13 *Lachmann*, Handbuch für die Schiedsgerichtspraxis, 3. Aufl. 2008, Rdnr. 630.
14 BGHZ 50, 191, 196; umgekehrter Fall: *BGH*, NJW-RR 1987, 1194 ff. m.w.N.
15 *BGH*, NJW 1988, 1215.
16 *Wagner*, Poor Parties and German Forums: Placing Arbitration under the Sword of Damocles?, Schriftenreihe der August Maria Berges Stiftung für Arbitrales Recht (Band 16), S. 9 (10).

denn, die Schiedsvereinbarung ist „nichtig, unwirksam oder undurchführbar". In diesem Fall wäre die Schiedseinrede unbegründet, so dass die Entscheidungskompetenz bei den staatlichen Gerichten verbleibt.

Die Begrifflichkeiten „nichtig, unwirksam oder undurchführbar" wurden aus Art. II Abs. 3 des UN-Übereinkommens von 1958 in das UNCITRAL-Modellgesetz übernommen. Dessen sprachliche Struktur wurde bei der Schaffung des neuen deutschen Schiedsverfahrensrechts nur selten angetastet; so blieb es auch hier bei jener Formulierung.[17] Deren Abgrenzung gestaltet sich aber bisweilen schwierig, weil kein Gleichlauf mit den aus dem deutschen Vertragsrecht bekannten Begriffen besteht. Zudem existieren diesbezüglich kaum Entscheidungen zum UN-Übereinkommen. Eindeutig ist nur, dass die Rechtsfolge in allen drei Fallgruppen die gleiche ist: Die staatlichen Gerichte erlangen ihre Entscheidungskompetenz zurück. Auch wenn mitunter Überschneidungen vorliegen, orientiert sich der Aufbau im Folgenden an jenen Begrifflichkeiten.

1. Nichtigkeit der Schiedsvereinbarung

Mit Nichtigkeit („null and void") sind diejenigen Fälle gemeint, in denen der Schiedsvereinbarung von vornherein keine Wirksamkeit zukommt.

a) Fehlende Schiedsfähigkeit des geltend gemachten Anspruchs

Die Schiedsvereinbarung ist unter anderem dann nichtig, wenn der geltend gemachte Anspruch nicht schiedsfähig ist. Gemäß § 1030 Abs. 1 Satz 1 ZPO sind alle vermögensrechtlichen Ansprüche schiedsfähig, also auch solche, auf die nicht verzichtet werden oder über die nicht durch Vergleich disponiert werden kann. Nur für nicht-vermögensrechtliche Ansprüche setzt § 1030 Abs. 1 Satz 2 ZPO noch die Vergleichsfähigkeit voraus. Damit verbleiben als nicht schiedsfähig vor allem Ehe- und Kindschaftssachen sowie Entmündigungsverfahren.[18] Als praxisrelevanterer Nichtigkeitsgrund erscheint die Regelung in § 1030 Abs. 2 Satz 1 ZPO, wonach eine Schiedsvereinbarung über Rechtsstreitigkeiten, die den Bestand eines Mietverhältnisses über Wohnraum im Inland betreffen, unwirksam ist. Der Anwendungsbereich der Vorschrift ist indes stark eingeschränkt: Erstens erstreckt er sich nur auf *Wohnraum*mietverträge (aber selbst hier kann noch die Ausnahme gemäß § 1030 Abs. 2 Satz 2 ZPO entgegenstehen) und zweitens beziehen sich keineswegs alle Auseinandersetzungen aus einem Mietvertrag auf dessen Bestand. So können z.B. Streitigkeiten über die Zahlung der Miete oder die Vornahme von Schönheitsreparaturen durchaus Gegenstand einer Schiedsvereinbarung sein.[19] Zur Schiedsfähigkeit existieren noch einzelne spezialgesetzliche Regelungen, die gemäß § 1030 Abs. 3 ZPO unberührt bleiben:

---

[17] *Schlosser*, Anmerkung zu BGHZ 145, 116; JZ 2001, 258, 260.
[18] *Schwab/Walter*, Schiedsgerichtsbarkeit, S. 29; zu Schiedsvereinbarungen im Scheidungsrecht vgl. *Huber*, Schiedsvereinbarungen im Scheidungsrecht, SchiedsVZ 2004, 280.
[19] *Baumbach/Lauterbach/Albers/Hartmann*, ZPO, 65. Aufl. 2007, § 1030 Rdnr. 9.

aa) Gemäß § 37h WpHG sind Schiedsvereinbarungen über künftige Rechtsstreitigkeiten aus **Wertpapierdienstleistungen,-nebendienstleistungen oder Finanztermingeschäften** nur verbindlich, wenn beide Vertragspartner Kaufleute oder juristische Personen des öffentlichen Rechts sind.[20]

§ 37h WpHG wurde erst 2002 durch das Vierte Finanzmarktförderungsgesetz eingeführt und stellt im Vergleich zu den Vorgänger-Regelungen (§§ 28, 53, 61 BörsG a.F.) eine Verschärfung dar.

Für etliche Nicht-Kaufleute, die sich bislang an einer Schiedsvereinbarung festhalten lassen mussten, dürfte sich damit eine neue Möglichkeit aufgetan haben, den Weg zu den ordentlichen Gerichten beschreiten zu können: So war nach § 28 BörsG a.F. nur die Unterwerfung unter eine spezielle Börsenschiedsgerichtsbarkeit ausgeschlossen, nicht jedoch die Vereinbarung eines allgemeinen Schiedsgerichts. Nach dem Wortlaut des § 37h WpHG ist bei Beteiligung eines Nicht-Kaufmanns dagegen jegliche Schiedsvereinbarung ausgeschlossen, sofern der Streitfall nicht bereits entstanden ist.

bb) Aus Gründen des Arbeitnehmerschutzes sind in **Arbeitssachen** Schiedsvereinbarungen nur unter den Voraussetzungen der §§ 101-110 ArbGG möglich, die Regeln der ZPO sind insoweit gemäß § 101 Abs. 3 ArbGG nicht anwendbar.

cc) Ob aus der ausschließlichen Zuständigkeit des **Patentgerichts** für Klagen auf Nichtigerklärung und Zurücknahme von Patenten sowie auf Erteilung von Zwangslizenzen zu folgern ist, dass insoweit keine Schiedsfähigkeit besteht, ist umstritten.[21]

dd) Ebenso strittig ist die Frage der Schiedsfähigkeit **gesellschaftsrechtlicher Beschlussmängelstreitigkeiten**.[22]

Da jedes gesellschaftsrechtliche Gestaltungs-, Leistungs- und Feststellungsbegehren auf einer im weitesten Sinne vermögensrechtlichen Anspruchsgrundlage beruht, ist ein solches zwar an sich schiedsfähig.[23] Dennoch gibt es mehrere Hindernisse für die Begründung einer Schiedsgerichtszuständigkeit.

Nach der herrschenden Meinung ist bei einer AG eine Schiedsklausel gem. §§ 23 Abs. 5, 246 Abs. 3 AktG kein zulässiger Satzungsinhalt,[24] das GmbHG kennt hingegen keine den §§ 23 Abs. 5, 246 Abs. 3 AktG entsprechenden Regelungen. Die Aktionäre können jedoch außerhalb der Satzung einen Schiedsver-

---

20 Zu Detailfragen vgl. *Lehmann*, Wertpapierhandel als schiedsfreie Zone? – Zur Wirksamkeit von Schiedsvereinbarungen nach § 37 h WpHG, SchiedsVZ 2003, 219 ff.
21 *Schwab/Walter*, Schiedsgerichtsbarkeit, S. 33 m.w.N.
22 Generell bejahend *Schwab/Walter*, Schiedsgerichtsbarkeit, S. 31 f.; zu den abweichenden Ansichten vgl. die folgenden Nachweise.
23 *Raeschke-Kessler*, Gesellschaftsrechtliche Schiedsverfahren und das Recht der EU, SchiedsVZ 2003, 145, 152; *K. Schmidt*, Neues Schiedsverfahrensrecht und Gesellschaftsrechtspraxis, ZHR 162 (1998), 265 (270 f.).
24 Vgl. *Hüffer*, AktG, 7. Aufl. 2006, § 246 Rdnr. 19 f.; *Raeschke-Kessler*, Gesellschaftsrechtliche Schiedsverfahren und das Recht der EU, SchiedsVZ 2003, 145 (153); a.A. *Habersack*, Anmerkung zu BGH, SchiedsVZ 2004, 259, 262.

trag abschließen (ebenso die GmbH-Gesellschafter anstelle der Schiedsklausel). In diesen Fällen verbleibt das Problem, ob einem Schiedsspruch die notwendige parteiübergreifende Urteilswirkung zukommen kann.[25]

Fall 2 (nach BGHZ 132, 278 ff.): Die Satzung einer GmbH sieht folgende Regelung vor: „Alle Streitigkeiten aus dem Gesellschaftsverhältnis zwischen der Gesellschaft und den Gesellschaftern sowie den Gesellschaftern untereinander werden unter Ausschluss des ordentlichen Rechtswegs von einem Schiedsgericht entschieden." Eine Möglichkeit der übrigen Gesellschafter, neben den Parteien des Schiedsverfahrens an der Benennung der Schiedsrichter mitzuwirken, ist nicht vorgesehen. Einer der Gesellschafter begehrt vor einem staatlichen Gericht die Feststellung der Nichtigkeit eines Gesellschafterbeschlusses. Ein anderer erhebt hiergegen die Schiedseinrede.

Ausgangspunkt der Problematik ist, dass die Nichtigerklärung analog § 248 f. AktG nicht nur *inter partes*, sondern für alle Gesellschafter und Gesellschaftsorgane wirkt. Dies wiederum setzt eine ausschließliche Gerichtszuständigkeit für den jeweiligen Streitgegenstand voraus, mit der Folge, dass die vom ersten Kläger getroffene Schiedsrichterwahl alle späteren Kläger binden müsste. Nach der Rechtsprechung des BGH droht dadurch aber das prozessuale Grundrecht jeder Partei, einen Schiedsrichter ihres Vertrauens zu benennen, verletzt zu werden.[26] Der BGH lehnte deshalb eine Analogie zu § 248 AktG ab, ging von einer Nichtigkeit der Klausel aus und rief den Gesetzgeber dazu auf, die Problematik zu regeln.[27]

Weil dies bislang nicht geschehen ist, bleibt es den Parteien überlassen, im Rahmen ihrer Privatautonomie die notwendigen Verfahrensregeln für die Bildung eines Mehrparteienschiedsgerichts festzulegen und dabei eine ausreichende Einbeziehung aller Gesellschafter, vor allem bei der Bildung des Schiedsgerichts, sicherzustellen. Dies könnte wie folgt geschehen:

Neben einer Schiedsklausel wie in Fall 2 enthält die Satzung der GmbH folgende weitere Regelungen:[28] „Der Kläger hat gleichzeitig dem/der Beklagten und den übrigen Gesellschaftern von der Einleitung des Schiedsverfahrens schriftlich unter Angabe des Streitgegenstands Kenntnis zu geben. Mit dem Zugang des Schreibens entfällt für die übrigen Gesellschafter die Möglichkeit, ein weiteres Schiedsverfahren bezüglich desselben Streitgegenstands einzuleiten. Die übrigen Gesellschafter haben innerhalb einer Frist von zwei Wochen schriftlich zu erklären, ob sie sich am Schiedsverfahren auf Kläger- oder Beklagtenseite beteiligen. Erklären sie sich nicht, nehmen sie nicht teil; sie bleiben jedoch berechtigt, jederzeit unter Anerkennung des jeweiligen Verfahrensstands ihren Beitritt zu erklären. Nach Ablauf der zweiwöchigen Frist werden die Kläger und die Beklagten jeweils einen Schiedsrichter benennen, die ihrerseits den Vorsitzenden des Schiedsgerichts benennen. Können sich mehrere Beteiligte auf Kläger- oder Beklagtenseite nicht auf eine Person als Schiedsrichter verständigen, benennt der DIS-Ernennungsausschuss sowohl den Schiedsrichter für die Klägerseite als auch für die Beklagtenseite. Können sich die beiden Schiedsrichter nicht auf einen Vorsitzenden des Schiedsgerichts einigen, ist dieser vom DIS-Ernennungsausschuss zu bestimmen.

---

25 Verneinend BGHZ 132, 278, 287.
26 BGHZ 132, 278, 285.
27 BGHZ 132, 278, 290.
28 Angelehnt an das Muster bei *Raeschke-Kessler*, Gesellschaftsrechtliche Schiedsverfahren und das Recht der EU, SchiedsVZ 2003, 145, 153, Fn. 71.

Der Schiedsspruch wirkt für und gegen die Parteien des Schiedsverfahrens sowie alle übrigen Gesellschafter, auch wenn sie nicht am Schiedsverfahren beteiligt waren."

Die Gesellschafter können auch eine bestehende Schiedsvereinbarung für die Mehrparteienschiedsgerichtsbarkeit „nachrüsten". Solange weder der Gesetzgeber für Klarheit sorgt, noch der BGH seine Rechtsprechung präzisiert, bleibt allerdings selbst bei solch differenzierten Klauseln das Risiko, dass die Schiedsvereinbarung vor den staatlichen Gerichten keinen Bestand haben könnte. Trotzdem wird in der Literatur dazu ermutigt, die Gestaltungsmöglichkeiten innerhalb von § 1042 Abs. 3 ZPO zu nutzen. In der Tat dürfte das Risiko bei entsprechender Regelung eher gering sein.[29]

Strittig ist, ob die erstmalige Einführung einer Schiedsklausel bei entsprechender Satzungsregelung auch per Mehrheitsbeschluss, also gegen den Willen einer Minderheit, möglich ist.

Fall 3 (nach BGHZ 144, 146 ff.): K ist Mitglied eines Tierzuchtvereins, der mit satzungsgemäßem Mehrheitsbeschluss eine Schiedsklausel in die Vereinssatzung aufgenommen hat. K hatte dieser Satzungsänderung nicht zugestimmt. Als er später mit einer Vereinsstrafe belegt werden soll, erhebt er Klage vor einem ordentlichen Gericht. Kann ihm der Vereinsvorstand die Schiedseinrede entgegenhalten?

Nach dem Urteil des BGH war die Satzungsänderung wegen Verstoßes gegen Art. 101 Abs. 1 Satz 2 GG unwirksam, da sie den K gegen dessen Willen seinem gesetzlichen Richter entzogen hätte.[30] Dem K war ein Austritt aus dem Verein unzumutbar,[31] so dass der BGH die Frage offenließ, ob der freiwillige Verbleib eines Mitglieds in dem Verein nach Änderung der Satzung zugleich einen Verzicht auf den gesetzlichen Richter beinhalten kann.

Diese Rechtsprechung traf teilweise auf kritische Stimmen. Diese bemängeln, der BGH gehe von einer Minderwertigkeit des Schiedsverfahrens gegenüber einem Rechtsschutz durch staatliche Gerichte aus, was mit dem Leitbild des Gesetzgebers nicht vereinbar sei.[32] Auch wird erklärt, der Schiedsgerichtsbarkeit sei in einem bedeutenden und etablierten Bereich der Boden entzogen worden.[33] Von anderer Seite wird das Urteil begrüßt und auch auf solche Fälle, in denen die überstimmte Person nicht auf die Vereinsmitgliedschaft angewiesen ist, übertragen.[34]

---

29 *Raeschke-Kessler*, Gesellschaftsrechtliche Schiedsverfahren und das Recht der EU, SchiedsVZ 2003, 145 (153), verweist auf das Prinzip von „trial and error".
30 BGHZ 144, 146, 148.
31 K züchtete Schäferhunde, der Verein führte das Zuchtbuch und vergab die Rasseabzeichen.
32 *Raeschke-Kessler*, Gesellschaftsrechtliche Schiedsverfahren und das Recht der EU, SchiedsVZ 2003, 145, 154; zur Gleichwertigkeit der Verfahrensarten vgl. II.1., IV.1. c) bb) (1) vierter Spiegelstrich.
33 *Ebbing*, Anmerkung zu BGH NZG 2000, 897, 899.
34 *K. Schmidt*, Schiedsklauseln und -verfahren im Gesellschaftsrecht als prozessuale Legitimationsprobleme – Ein Beitrag zur Verzahnung von Gesellschafts- und Prozessrecht, BB 2001, 1857, 1861.

b) Verstoß gegen Formerfordernisse des § 1031 ZPO

§ 1031 Abs. 1 bis 5 ZPO stellt zwingende Formvorschriften[35] für eine Schiedsvereinbarung auf; bei einem Verstoß ist die Vereinbarung unwirksam, soweit es nicht zur Heilung gemäß § 1031 Abs. 6 ZPO kommt. Somit besteht ein Ansatzpunkt, um doch den Weg zu den ordentlichen Gerichten beschreiten zu können.

Formbedürftig sind dabei nicht nur Vereinbarungen über die Zuständigkeit des Schiedsgerichts, sondern auch etwaige Verfahrensregelungen. Gegen eine Aufspaltung der Abrede in einen formbedürftigen und einen nicht formbedürftigen Teil[36] spricht, dass die Bereitschaft zum Verzicht auf staatlichen Rechtsschutz häufig nur vor dem Hintergrund mit der konkreten Verfahrensvereinbarungen vorhanden ist.[37]

§ 1031 ZPO unterscheidet danach, ob Verbraucher beteiligt sind oder nicht:

aa) Formerfordernisse gegenüber Verbrauchern

Ist ein Verbraucher i. S. d. § 13 BGB beteiligt, muss die Schiedsvereinbarung in einer von den Parteien eigenhändig unterschriebenen Urkunde enthalten sein, § 1031 Abs. 5 Satz 1 ZPO. Das Erfordernis der Eigenhändigkeit steht einer Stellvertretung nicht entgegen.[38] Für eine solche Auffassung spricht, dass der Gesetzgeber dort, wo er eine Vertretung ausschließen wollte, die Formulierung „persönlich" gewählt hat (§§ 1311 Satz 1, 2274 BGB). Die Bezeichnung „eigenhändig" soll vielmehr klarstellen, dass mechanische oder faksimilierte Unterschriften nicht ausreichen.[39] Ersetzt werden kann diese Form gemäß § 1031 Abs. 5 Satz 2 ZPO durch elektronische Form i. S. d. § 126a BGB, nicht jedoch durch Textform, denn letztere würde dem von § 1031 Abs. 5 ZPO intendierten Verbraucherschutz[40] nicht gerecht. Die Textform weist nämlich keine Warnfunktion wie die Schrift-[41] oder die elektronische Form[42] auf, sondern dient lediglich einem Dokumentationszweck.[43]

Andere Vereinbarungen als solche, die sich auf das schiedsrichterliche Verfahren beziehen, darf die Urkunde nicht enthalten, § 1031 Abs. 5 Satz 3 ZPO. Nicht nötig ist, dass die Schiedsabrede auf einem gesonderten Blatt aufgeführt

---

35 *Baumbach/Lauterbach/Albers/Hartmann*, ZPO, 65. Aufl. 2007, § 1031 Rdnr. 10.
36 So etwa *Geimer*, in: Zöller, ZPO, 26. Aufl. 2007, § 1031 Rdnr. 15.
37 *Lachmann*, Klippen für die Schiedsvereinbarung, SchiedsVZ 2003, 28 (33).
38 *Geimer*, in: Zöller, ZPO, 26. Aufl. 2007, § 1031, Rdnr. 6; *Münch*, in: Münchener Kommentar zur Zivilprozessordnung, 2. Aufl. 2001, § 1031 Rdnr. 7; *Lachmann*, Klippen für die Schiedsvereinbarung, SchiedsVZ 2003, 28 (33); a. A. *Baumbach/Lauterbach/Albers/Hartmann*, ZPO, 65. Aufl. 2007, § 1031 Rdnr. 9.
39 *Schwab/Walter*, Schiedsgerichtsbarkeit, S. 44.
40 *Reichold*, in: Thomas/Putzo, ZPO, 28. Aufl. 2007, § 1031 Rdnr. 8.
41 *Einsele*, in: Münchener Kommentar zum Bürgerlichen Gesetzbuch, 5. Aufl. 2006, § 126 Rdnr. 1.
42 *Heinrichs*, in: Palandt, BGB, 66. Aufl. 2007, § 126a Rdnr. 5.
43 *Einsele*, in: Münchener Kommentar zum Bürgerlichen Gesetzbuch, 5. Aufl. 2006, § 126b Rdnr. 1.

ist, sie muss sich nur von dem Hauptvertrag eindeutig absetzen und gesondert unterzeichnet werden.[44] Die beiden letzteren Anforderungen brauchen nicht eingehalten werden, falls es sich um notariell beurkundete Vereinbarungen handelt. Dem Schutz des Verbrauchers wird durch die Belehrung des Notars Genüge getan.[45] Gleiches gilt, wenn die Schiedsabrede Bestandteil eines gerichtlichen Vergleichs ist, weil dieser die Form der notariellen Beurkundung ersetzt, § 127a BGB.

bb) Formerfordernisse gegenüber Unternehmern

Soweit keine Verbraucher beteiligt sind, gilt die gegenüber den oben genannten Anforderungen entschärfte Form des § 1031 Abs. 1 ZPO, wonach die Schiedsvereinbarung auch per Fax oder E-Mail abgeschlossen werden kann. Der Gesetzgeber hat in § 1031 Abs. 2, 3 ZPO die höchstrichterlich entwickelten Grundsätze zum kaufmännischen Bestätigungsschreiben und zur Bezugnahme auf AGB übernommen. Mit diesen Lockerungen speziell für den rein unternehmerischen Verkehr verfolgte er das Ziel, die Attraktivität des Schiedsverfahrens zu erhöhen, um nicht zuletzt die staatlichen Gerichte zu entlasten.[46]

cc) Beurkundungsbedürftigkeit der Schiedsvereinbarung?

Erstreckt sich das bei bestimmten Arten von Hauptverträgen bestehende Formerfordernis der notariellen Beurkundung, etwa gemäß § 311b Abs. 1 Satz 1 BGB oder § 15 Abs. 3, 4 Satz 1 GmbHG, auf eine zugleich geschlossene Schiedsvereinbarung?

Fall 4: Verbraucher V und Unternehmer U schließen einen notariellen Kaufvertrag über ein Hausgrundstück. Daneben unterzeichnen beide einen privatschriftlichen Schiedsvertrag, der auf den Kaufvertrag Bezug nimmt. Als der Käufer V später vor einem ordentlichen Gericht wegen Gebäudemängeln klagt, erhebt U die Schiedseinrede. V entgegnet, diese sei wegen Verstoßes gegen § 311b Abs. 1 Satz 1 BGB formnichtig.

Nach Rechtsprechung des BGH ist die Schiedsvereinbarung gegenüber dem Hauptvertrag selbständig, so dass der dort bestehende Formzwang nicht auf die Schiedsvereinbarung durchschlägt.[47] Dies muss heute umso mehr gelten, nachdem diese Auffassung nunmehr in § 1040 Abs. 1 Satz 2 ZPO Gesetz geworden ist. Der Umstand, dass die Schiedsvereinbarung, soweit sie Teil einer notariellen Urkunde ist, nicht mehr gesondert unterschrieben werden muss, führt nur zu einer Erleichterung des Beurkundungsverfahrens, nicht aber zu

---

44 BGHZ 38, 155, 162; da der Gesetzgeber aus Gründen des Verbraucherschutzes in § 1031 Abs. 5 ZPO die alten Formvorschriften aufrechterhielt, kann insoweit auf die zu § 1027 Abs. 1 ZPO a.F. ergangene Rechtsprechung abgestellt werden.
45 BT-Drucks. 13/5274, S. 37.
46 *Baumbach/Lauterbach/Albers/Hartmann*, ZPO, 65. Aufl. 2007, § 1031 Rdnr. 1.
47 BGHZ 69, 260, 264.

einer Beurkundungsbedürftigkeit.[48] Jedenfalls bei Verträgen mit Verbraucherbeteiligung erfordert auch der Schutzzweck des § 311b Abs. 1 Satz 1 BGB keine andere Beurteilung; insoweit gilt, was der BGH schon zu § 1027 ZPO a. F. ausführte: Schon die Einhaltung von dessen besonderer Form gewährleistet, dass sich die Beteiligten der Tragweite des Abschlusses des Schiedsvertrags bewusst werden. Im obigen Fall ist die Klage des V damit unzulässig. Denkbar wäre eine Beurkundungsbedürftigkeit der Schiedsvereinbarung aber in folgendem

Fall 5: Wie Fall 4, nur ist hier auch V Unternehmer, und es wurde keine Schiedsvereinbarung unterzeichnet. Stattdessen sandte der U dem V nach Abschluss des formgerechten Kaufvertrags ein Schreiben, wonach alle Streitigkeiten aus dem Kaufvertrag abschließend durch ein bestimmtes Schiedsgericht geklärt werden sollen. V widerspricht nicht, aber erhebt nach mehreren Monaten Klage vor einem ordentlichen Gericht.

Hier lässt sich nun nicht mehr pauschal auf die oben genannte BGH-Entscheidung zu § 1027 ZPO a. F. verweisen,[49] denn dessen Formzwang besteht heute nur noch bei Verbraucherbeteiligung in § 1031 Abs. 5 ZPO fort. Unter Unternehmern kann dagegen eine Schiedsvereinbarung zum Beispiel auch im Wege des kaufmännischen Bestätigungsschreibens zustande kommen. Gleichwohl dürfte aber in einem Fall wie hier keine notarielle Beurkundung des Schiedsvertrags notwendig sein, denn der Gesetzgeber hat durch die Aufweichung der Formvorschriften im rein unternehmerischen Verkehr zum Ausdruck gebracht, dass er wegen der dortigen weiten Verbreitung von Schiedsabreden von einem reduzierten Schutzbedürfnis ausgeht.

c) Verstoß gegen die §§ 305 ff. BGB/AGB-Inhaltskontrolle

Finden sich die Regelungen über die Schiedsvereinbarung ganz oder teilweise in AGB, können sich aus den §§ 305 ff. BGB eine ganze Reihe von Unwirksamkeitsgründen ergeben. Eine differenzierte Darstellung der allgemein zu beachtenden Anwendungsvoraussetzungen der §§ 305 ff. BGB würde den Rahmen dieses Beitrags sprengen. Es können daher nur die speziell im Zusammenhang mit Schiedsvereinbarungen relevanten Problemkreise angesprochen werden.

aa) Allgemeines

Die Schiedsvereinbarung wird in aller Regel auf eine bestimmte, nach Ort bzw. Branche differierende Schiedsgerichtsordnung Bezug nehmen, so dass es sich um AGB eines Dritten handelt. Die §§ 305 ff. BGB finden aber auch dann Anwendung, wenn auf das Klauselwerk eines Dritten, wie z.B. eines Verbandes, verwiesen wird, das abstrakt-generell gehalten und für eine Vielzahl von

---

48 *Lachmann*, Schiedsvereinbarungen im Praxistest, BB 2000, 1633 (1635 f.), der die Empfehlung des Schlichtungs- und Schiedsgerichtshofs deutscher Notare, die Schiedsvereinbarung bei beurkundungsbedürftigen Hauptverträgen stets mitzubeurkunden, als „Marketing-Aktion" kritisiert.
49 So aber *Lachmann*, Schiedsvereinbarungen im Praxistest, BB 2000, 1633, 1636.

Verträgen bestimmt ist.[50] Ein Aushandeln im Einzelnen i.S.d. § 305 Abs. 1 Satz 3 BGB liegt insofern nur sehr selten vor, da die jeweilige institutionelle Schiedsordnung meist ohne Abwandlungen in die Vereinbarung eingeführt wird. Dies deckt sich mit der Beobachtung vieler Praktiker, dass die Parteien zur Zeit des Vertragsschlusses dem gesamten Themenkreis „Schiedsvereinbarung" oft nur geringe Aufmerksamkeit widmen, weil sie (noch) von einer konfliktfreien Vertragsabwicklung ausgehen.[51]

Es ist wie schon bei den Formvorschriften zu unterscheiden:

bb) Verbrauchervertrag

Bei Verbraucherbeteiligung kann die Schiedsvereinbarung selbst grundsätzlich nicht als AGB-Klausel des Hauptvertrags geschlossen werden. Dies stellt § 1031 Abs. 5 Satz 3 ZPO klar, wobei er mit der notariellen Beurkundung zugleich die einzige zulässige Ausnahme benennt.

Möglich ist es dagegen, den formgerechten Schiedsvertrag durch in AGB enthaltene Verfahrensordnungen näher auszugestalten (siehe oben). Eine solche Einbeziehung setzt allerdings die Einhaltung der Voraussetzungen des § 305 Abs. 2 BGB voraus. Lagen diese bei Vertragsschluss vor, so kommen als Gründe für eine Unwirksamkeit insbesondere in Betracht:

(1) Überraschende Klausel, § 305c Abs. 1 BGB

Einer überraschenden Begründung der Schiedsgerichtszuständigkeit an sich steht zwar § 1031 Abs. 5 Satz 3 ZPO entgegen. Gleichwohl kann § 305c Abs. 1 BGB relevant werden, wenn die Verfahrensregelungen im Einzelnen unübliche Gestaltungen aufweisen. Wird hierauf nicht hingewiesen, ist regelmäßig nicht nur die jeweilige Klausel, sondern die gesamte Schiedsvereinbarung unwirksam.[52]

(2) Haftungsausschluss, § 309 Nr. 7 b) BGB

Zum Teil sehen die Schiedsverfahrensordnungen eine Angleichung der Haftung der Schiedsrichter an den Haftungsmaßstab der staatlichen Richter vor (Spruchrichterprivileg, § 893 Abs. 2 BGB). Deren Vereinbarkeit mit § 309 Nr. 7 b) BGB ist strittig, bedarf hier aber keiner näheren Diskussion, weil jedenfalls dahingehend Klarheit besteht, dass bei einem Verstoß allein die Haftungsausschlüsse unwirksam sind.[53] Der Schiedsvertrag bleibt im Übrigen gemäß § 306 Abs. 1 BGB wirksam.[54]

---

50 *Wolf/Horn/Lindacher*, AGB-Gesetz, 4. Aufl. 1999, S. 63.
51 *Lachmann*, Klippen für die Schiedsvereinbarung, SchiedsVZ 2003, 28.
52 *Lachmann*, Schiedsvereinbarungen im Praxistest, BB 2000, 1633, 1637.
53 *Lachmann*, Schiedsvereinbarungen im Praxistest, BB 2000, 1633, 1639.
54 *Schwab/Walter*, Schiedsgerichtsbarkeit, S. 43.

(3) Sonstige Inhaltskontrolle: § 307 Abs. 1 Satz 1 BGB

Nachdem ansonsten keine der speziellen Klauselverbote der §§ 309, 308 BGB in Betracht kommen, bleibt als Prüfstein § 307 Abs. 1 Satz 1 BGB, wonach solche Klauseln unwirksam sind, die den Vertragspartner nach Treu und Glauben unangemessen benachteiligen.

– Unwirksam sind solche Schiedsvereinbarungen, die die Neutralität der Schiedsrichter und somit die tragende Säule des Schiedsverfahrens in Frage stellen.[55]

– Dagegen zeigt die Existenz des § 1034 Abs. 2 ZPO, dass allein der Umstand, dass einer Partei bei der Besetzung des Schiedsgerichts ein Übergewicht zukommt, nicht zur Unwirksamkeit der Schiedsvereinbarung führen soll. Die dort vorgesehene Antragsmöglichkeit für die benachteiligte Partei macht nur Sinn, wenn das Ungleichgewicht nicht schon zur Nichtigkeit führt. Allerdings blendet ein Teil der Literatur § 1034 Abs. 2 ZPO jedenfalls bei der Inhaltskontrolle von Verbraucherverträgen aus und gelangt so zur Unwirksamkeit der Schiedsvereinbarung.[56] Gestützt wird dies schlicht darauf, dass § 1034 Abs. 2 ZPO selbst den meisten Juristen nicht geläufig sei, und man deshalb erst recht nicht von einem Verbraucher erwarten könne, dass er jenen Rechtsbehelf fristgerecht ausübe. Diese Ansicht überzeugt aber nicht, da die Berücksichtigung einer Norm nicht von deren Bekanntheitsgrad (in welchen Kreisen auch immer) abhängig gemacht werden darf.

– Eine unangemessene Benachteiligung des Verbrauchers wird dann angenommen, wenn nach der Schiedsverfahrensordnung zunächst zwingend ein Schlichtungsverfahren durchzuführen ist und es daher zu Rechtsnachteilen (z.B. Verjährung) kommt.[57] Seit der Neufassung des Verjährungsrechts stellt sich dieses Problem aber zumindest im deutschen Recht nicht mehr, da mit Anrufung der vereinbarten Schlichtungsstelle die Verjährung gehemmt wird.[58]

– Besondere Bedeutung bei der Auslegung von § 307 Abs. 1 Satz 1 BGB kommt dem Anhang Nr. 1q zur Richtlinie über missbräuchliche Klauseln in Verbraucherverträgen (RiLi 93/13/EG) zu. Danach sind solche Klauseln unwirksam, die dem Verbraucher die Möglichkeit nehmen oder es ihm erschweren, Rechtsbehelfe bei Gericht einzulegen, indem sie ihn auf ein nicht unter die rechtlichen Bestimmungen fallendes Schiedsgerichtsverfahren verweisen. Das im 10. Buch der ZPO geregelte Schiedsgerichtsverfahren fällt indes unter die „rechtlichen Bestimmungen" und wird vom Gesetzgeber sogar als gleichwertige Alternative zum staatlichen Rechtschutz angesehen.[59] Aus der zitierten Richtlinie ergibt sich aber weiterhin, dass der Verbraucher einen Anspruch auf eine rechtliche Entscheidung hat. Damit

---

55 *Lachmann*, Schiedsvereinbarungen im Praxistest, BB 2000, 1633, 1638.
56 *Lachmann*, Schiedsvereinbarungen im Praxistest, BB 2000, 1633, 1639.
57 *Lachmann*, Schiedsvereinbarungen im Praxistest, BB 2000, 1633, 1639.
58 *Peters*, in: Staudinger (2004), § 204 BGB, Rdnr. 100.
59 WuB VII A. § 1025 ZPO 1.99, S. 377 (*Kröll*).

unvereinbar ist es, wenn die Schiedsverfahrensordnung vorsieht, dass das Schiedsgericht unter gewissen Umständen nach Billigkeit entscheiden darf. Eine Regelung i.S.d. § 1051 Abs. 3 Satz 1 ZPO ist in Verbraucherverträgen daher unwirksam.[60] Aus der richtlinienkonformen Auslegung von § 307 Abs. 1 Satz 1 BGB ergibt sich in Verträgen mit einem Verbraucher schließlich auch die Unwirksamkeit solcher Klauseln, die dessen Beweismittel ungebührlich einschränken oder die Beweislast zu seinem Nachteil umverteilen (in letztem Fall ergibt sich die Unwirksamkeit bereits aus § 309 Nr. 12 Buchst. a BGB). So darf dem Schiedsgericht nicht gestattet werden, einem Sachverständigen die rechtliche Beurteilung zu überlassen. Ebenso wenig zulässig ist eine Ermächtigung, zum Zweck der Verfahrensbeschleunigung auf den Vollbeweis zu verzichten und statt dessen durchweg gemäß § 287 ZPO zu verfahren.[61]

cc) Schiedsvereinbarungen zwischen Unternehmern

(1) Überraschende Klausel, § 305c Abs. 1 BGB

Da Schiedsvereinbarungen im Rechtsverkehr zwischen Unternehmern weithin üblich sind, kann sich eine überraschende Klausel i.S.d. § 305c Abs. 1 BGB allenfalls aus sehr ungewöhnlichen Gestaltungen der Abrede ergeben.

(2) Inhaltskontrolle

Der Privatautonomie wird hier mehr Raum gelassen als bei Verbraucherverträgen, so dass nur wenige Fälle bleiben, in denen eine Unwirksamkeit der jeweiligen Klausel unausweichlich feststeht:

- Die Neutralität des Schiedsgerichts muss unangetastet bleiben.
- Auch eine Umverteilung der Beweislast ist unwirksam; zwar findet § 309 Nr. 12 Buchst. a BGB gemäß § 310 Abs. 1 Satz 1 BGB zwischen Unternehmern keine direkte Anwendung, ist aber gemäß § 310 Abs. 1 Satz 2 BGB bei der Auslegung der Generalklausel des § 307 Abs. 1 Satz 1 BGB zu berücksichtigen. Freilich sind dabei einschränkend die Gewohnheiten des Handelsverkehrs zu beachten, doch dürften auch diese kaum rechtfertigen, dass der AGB-Verwender die Beweislast für Umstände aus seinem Verantwortungsbereich dem Vertragspartner auferlegt.
- Dagegen ist eine Ermächtigung des Schiedsgerichts zu Billigkeitsentscheidungen („Ex aequo et bono") gemäß § 1051 Abs. 3 Satz 1 ZPO zulässig.
- Auch die Vorschaltung eines Schlichtungsverfahrens kann hier wirksam vereinbart werden, sofern die Parteien die Möglichkeit haben, es jederzeit für gescheitert zu erklären (siehe oben).

---

60 *Lachmann*, Schiedsvereinbarungen im Praxistest, BB 2000, 1633, 1639.
61 *Lachmann*, Schiedsvereinbarungen im Praxistest, BB 2000, 1633, 1639.

dd) Folgen der Unwirksamkeit von Schiedsvereinbarungen

Erweist sich eine Klausel als unwirksam, bleibt gemäß § 306 Abs. 1 BGB der Vertrag im Übrigen wirksam; an die Stelle der unwirksamen Regelung tritt das dispositive Gesetzesrecht. Die oben genannten Fälle betreffen fast ausschließlich einzelne Schiedsverfahrensvereinbarungen; ihre Unwirksamkeit führt grundsätzlich nicht zur Unwirksamkeit der Schiedsvereinbarung selbst.

Es verbleiben nur wenige Fälle, in denen ein Verstoß gegen die §§ 305 ff. BGB den Zugang zu den staatlichen Gerichten eröffnet. So ist die gesamte Schiedsvereinbarung hinfällig, wenn

– eine überraschende Klausel vorliegt,
– Klauseln die Unparteilichkeit des Schiedsgerichts torpedieren oder wenn
– eine derartige Häufung bedenklicher Einzelklauseln vorliegt, dass der Kern des rechtsstaatlichen Verfahrens berührt ist.[62]

d) Anfechtung der Schiedsvereinbarung entsprechend § 142 Abs. 1 BGB

Da es sich bei jeder Schiedsvereinbarung um einen Prozessvertrag handelt, finden die Regeln des BGB über die Willenserklärung entsprechende Anwendung, soweit keine prozessrechtlichen Gesichtspunkte entgegenstehen. Damit ist eine Anfechtung der Schiedsvereinbarung gemäß §§ 119 ff. BGB denkbar.

Wegen der bereits angesprochenen Selbständigkeit der Schiedsabrede ist stets zwischen Willensmängeln bezüglich des Hauptvertrags und solchen bezüglich der Schiedsvereinbarung zu differenzieren. Dabei dürfte ein Irrtum in der Regel nur die Anfechtbarkeit des Hauptvertrags begründen. Auch in den Fällen des § 123 BGB ist die Schiedsvereinbarung nur dann anfechtbar, wenn die Drohung oder Täuschung nicht nur für den Abschluss des Hauptvertrages, sondern auch für den der Schiedsabrede unmittelbar kausal war.[63] Hintergrund des Bestrebens, die Schiedsvereinbarung möglichst aufrechtzuerhalten, ist, dass die Parteien sie gerade für den Fall getroffen haben, dass zwischen ihnen Streit über die Wirksamkeit des Hauptvertrags entsteht.[64]

Strittig ist die Frage, bis zu welchem Zeitpunkt die Anfechtung erklärt werden kann.

Eine Mindermeinung vertritt die Ansicht, die Anfechtung sei ab dem Beginn des Schiedsverfahrens unzulässig. Wobei unklar bleibt, welcher Zeitpunkt damit gemeint ist: Die Einleitung des Verfahrens, die Bildung des Schiedsgerichts oder der Empfang des Schiedsverfahrensantrags beim Beklagten, § 1044 Satz 1 ZPO.[65]

---

62 *Lachmann*, Schiedsvereinbarungen im Praxistest, BB 2000, 1633, 1640.
63 *Schwab/Walter*, Schiedsgerichtsbarkeit, S. 36.
64 Vgl. hierzu im Übrigen IV.2.
65 *Schwab/Walter*, Schiedsgerichtsbarkeit, S. 68.

Nach überwiegender Ansicht kann jedoch bis zur Vollstreckbarkeitserklärung des Schiedsspruchs angefochten werden.[66] Allerdings stimmen beide Auffassungen darin überein, dass die Anfechtung lediglich *ex nunc* auf das Dauerschuldverhältnis ‚Schiedsvereinbarung' einwirkt.

Stets ausgeschlossen ist eine Anfechtung wegen Irrtums über die Person des Schiedsrichters, da insoweit das in §§ 1036 f. ZPO geregelte Ablehnungsverfahren eine speziellere Regelung darstellt.[67]

e) Verstoß gegen § 138 Abs. 1 BGB wegen „wirtschaftlicher Knebelung"

Früher war die Anwendbarkeit von § 138 BGB fraglich, weil teilweise § 1025 Abs. 2 ZPO a. F., der eine Schiedsvereinbarung für unwirksam erklärte, zu deren Abschluss eine Partei durch die wirtschaftliche oder soziale Überlegenheit der anderen genötigt wurde, als *lex specialis* eingestuft wurde.[68] Heute sieht § 1034 Abs. 2 ZPO lediglich eine Antragsmöglichkeit auf abweichende Bestellung des Schiedsrichters vor, falls eine Seite durch ein Übergewicht der anderen benachteiligt wurde. In der Regierungsbegründung heißt es außerdem, Fälle der Überlegenheit einer Vertragspartei seien in der Praxis derart häufig, dass dies allein noch keine Vertragsnichtigkeit auslösen könne.[69] Auch nach Wegfall des § 1025 Abs. 2 ZPO a. F. dürfte jedoch außer Frage stehen, dass „knebelnde" Schiedsvereinbarungen gemäß § 138 Abs. 1 BGB nichtig sein können.[70] Schon früher hat der BGH in Ansehung von Schiedsklauseln die Anwendbarkeit von § 138 Abs. 1 BGB bejaht,[71] und zwar abgesehen von den oben genannten Fällen der „höchst" einseitigen Einräumung eines Wahlrechts.[72]

Fall 6 (nach BGHZ 106, 336 ff.): H möchte gegen G eine Werklohnforderung von 25.000 Euro geltend machen. Zwischen beiden Parteien besteht ein Schiedsvertrag, der bestimmt:

„Es darf immer nur ein Verfahren gegeneinander geführt werden. (…) Der Streitwert eines jeden Verfahrens ist auf maximal 3.500 Euro begrenzt."

Die insolvente H vermag den Kostenvorschuss für das Schiedsgericht nicht aufzubringen. Ihr Insolvenzverwalter erhebt daher Klage vor dem ordentlichen Gericht. Die G beruft sich auf die Schiedseinrede.

Der BGH hat den gesamten Schiedsvertrag als nichtig angesehen, da der Rechtsschutz der Klägerin in einem Übermaß eingeschränkt wurde, das mit den tragenden Grundsätzen der geltenden Rechtsordnung nicht vereinbar sei. Dabei war insbesondere von Bedeutung, dass ein Streitgegenstand von einem 3.500,00 Euro übersteigendem Wert, auf mehrere Verfahren aufgeteilt werden

---

66 *Lachmann*, Handbuch für die Schiedsgerichtspraxis, 3. Aufl. 2008, Rdnr. 615.
67 *Lachmann*, Handbuch für die Schiedsgerichtspraxis, 3. Aufl. 2008, Rdnr. 613 ff.
68 *Schwab/Walter*, Schiedsgerichtsbarkeit, S. 35.
69 BT-Drucks. 13/5274, S. 34.
70 *K. Schmidt*, Neues Schiedsverfahrensrecht und Gesellschaftsrechtspraxis, ZHR 162 (1998), 265, 282.
71 BGHZ 106, 336, 338.
72 Vgl. II.2.

müsste und die weiteren Verfahren erst nach rechtskräftigem Abschluss des vorangegangenen eingeleitet werden könnten.

Dadurch drohten Streitigkeiten größeren finanziellen Ausmaßes zeitlich extrem in die Länge gezogen zu werden. Die wirtschaftliche Bewegungsfreiheit gerade kleinerer Betriebe kann hierdurch erheblich eingeschränkt werden, zumal wenn es sich wie im obigen Fall um einen typischerweise vorleistenden Werkunternehmer handelt. Vor allem deshalb[73] bejahte der BGH hier einen Verstoß gegen § 138 Abs. 1 BGB.

f) Sonstige Wirksamkeitshindernisse bei der Schiedsvereinbarung

Da auf die Schiedsvereinbarung als Prozessvertrag die Regelungen des BGB zur Willenserklärung entsprechend anwendbar sind, können ihr schließlich auch Wirksamkeitshindernisse, wie z.B. Dissens, fehlende Geschäftsfähigkeit oder Handeln eines *falsus procurator* entgegenstehen.

2. Sonderproblem: Auswirkungen einer Nichtigkeit des Hauptvertrags

Wie § 1040 Abs. 1 Satz 2 ZPO klarstellt, ist die Schiedsvereinbarung als Prozessvertrag unabhängig von dem materiell-rechtlichen Hauptvertrag zu beurteilen. Deshalb hat die Nichtigkeit des Hauptvertrages keine Auswirkungen auf die Wirksamkeit der Schiedsvereinbarung. Dies erscheint auch sinnvoll, da das Bestehen des Hauptvertrags allzu häufig Streitgegenstand sein wird und die Schiedsvereinbarung gerade regeln soll, auf welchem Wege ein solcher Streit beizulegen ist. Eine Fehleridentität, also ein doppeltes Befallensein beider Vereinbarungen durch ein und denselben Nichtigkeitsgrund, dürfte eine seltene Ausnahme sein.[74]

Dieses Ergebnis kann auch nicht durch eine Anwendung von § 139 BGB unterlaufen werden. Gegen dessen Einschlägigkeit spricht zunächst der Wortlaut der Norm, der von *einem* Rechtsgeschäft spricht, während hier zwei Rechtsgeschäfte vorliegen. Ferner käme es im Rahmen des § 139 BGB auf die Frage an, ob die Parteien die Schiedsvereinbarung auch dann geschlossen hätten, wenn sie die Nichtigkeit des Hauptvertrags gekannt hätten. Maßgeblich und korrekt wäre hier aber die Untersuchung, ob die Parteien die Schiedsvereinbarung auch dann geschlossen hätten, wenn sie gewusst hätten, dass über die Wirksamkeit des Hauptvertrags Streit entsteht. Diese Fragestellung bewegt sich aber außerhalb des Anwendungsbereichs von § 139 BGB.[75]

---

[73] Daneben hatte G ein einseitiges Wahlrecht zwischen staatlichem und Schiedsgericht, auch die Auswahl des Schiedsrichters sollte allein in deren Belieben stehen. Der BGH maß allerdings bei seiner Entscheidung der wirtschaftlichen Knebelung besonderes Gewicht bei.
[74] *Schwab/Walter*, Schiedsgerichtsbarkeit, S. 36.
[75] *Schwab/Walter*, Schiedsgerichtsbarkeit, S. 37 m.w.N.

3. Unwirksamkeit der Schiedsvereinbarung

Unwirksam („inoperative") ist die Schiedsvereinbarung, wenn sie nachträglich ihre Wirkung verloren hat.

a) Aufhebungsvertrag

Die Parteien können die Schiedsvereinbarung jederzeit formlos aufheben. Dies gilt auch dann, wenn bereits ein Schiedsspruch erlassen worden ist, weil dessen Wirkung auf dem Vertragswillen der Parteien beruht und nicht auf einem Ausspruch eines Hoheitsträgers. Konsequenterweise steht aber einem Aufhebungsvertrag ein öffentliches Interesse entgegen, sobald das staatliche Gericht den Schiedsspruch für vollstreckbar erklärt hat.[76]

b) Rücktritt

Ob die Schiedsvereinbarung auch einseitig durch Rücktritt (entsprechend § 323 BGB) zu Fall gebracht werden kann, ist strittig. Denkbarer Rücktrittsgrund wäre etwa, dass eine Partei gegen ihre Verpflichtung verstößt, den Vergütungsvorschuss für das Schiedsgericht zu leisten.[77] Gegen eine solche Lösung spricht aber, dass die Schiedsvereinbarung keine synallagmatischen Leistungspflichten begründet.[78] Für sie besteht in der geschilderten Konstellation auch kein Bedürfnis, da zumindest die Möglichkeit der Kündigung besteht.

c) Kündigung entsprechend § 314 BGB

Wie jedes Dauerschuldverhältnis kann auch die Schiedsvereinbarung aus wichtigem Grund gekündigt werden. Als Beispiele für einen solchen Grund sind zu nennen:

aa) Nichtzahlung eines notwendigen Kostenvorschusses

Sofern es auf Mittellosigkeit beruht, kann ein solches Verhalten einer Partei allerdings nach neuerer Rechtsprechung zur Undurchführbarkeit des Schiedsverfahrens i. S. d. § 1032 Abs. 1 ZPO führen, so dass es einer Kündigung nicht mehr bedarf.[79] Diese Rechtsprechung stößt allerdings auf ein geteiltes Echo, zumal der BGH in derartigen Fällen früher selbst noch einen Kündigungsgrund bejaht hatte.[80]

---

76 *Schwab/Walter*, Schiedsgerichtsbarkeit, S. 67 f.
77 *Lachmann*, Handbuch für die Schiedsgerichtspraxis, 3. Aufl. 2008, Rdnr. 616, der selbst aber unentschieden bleibt.
78 *Münch*, in: Münchener Kommentar zur Zivilprozessordnung, 2. Aufl. 2001, § 1029 Rdnr. 56.
79 BGHZ 145, 116, 119 für den Fall, dass der Kläger den Kostenvorschuss wegen Mittellosigkeit nicht bezahlen kann.
80 Vgl. im Übrigen IV.4.a) bb).

bb) Beharrliche Behinderung des Schiedsverfahrens

Fall 7 (nach BGH NJW 1986, 2765 ff.): A begehrt Zahlung eines Geldbetrags von B und ruft dazu das zwischen beiden vertraglich vereinbarte Schiedsgericht an. B verhindert ohne zureichenden Grund die angesetzten Termine vor dem Schiedsgericht. Den Schiedsrichtern droht er überdies mit der Geltendmachung von Schadensansprüchen bei Erlass eines für ihn nachteiligen Schiedsspruchs. Daraufhin erklärt A die Kündigung der Schiedsvereinbarung und erhebt Klage vor den ordentlichen Gerichten. Dort beruft sich B auf die Schiedseinrede.

Der BGH entschied, die Schiedseinrede greife nicht durch. Durch das Verhalten des B sei nicht mehr mit einem effektiven Rechtsschutz im Schiedsverfahren zu rechnen gewesen. Dem vertragstreuen A sei ein Festhalten am Schiedsvertrag nicht weiter zumutbar gewesen, so dass die Kündigung statthaft gewesen war.[81]

Problematischer sind die Fälle, in denen eine Partei die Unwahrheit sagt. Bei einem bewusst unwahren Tatsachenvortrag einer Partei bestehen an der beharrlichen Verfahrensbehinderung keine Zweifel. Der BGH verneint aber selbst in Fällen grober Verstöße das Vorliegen eines Kündigungsgrunds.[82] Zum einen bestünde sonst die Gefahr, dass das Schiedsverfahren schon bei kleinsten Differenzen in der Sachdarstellung lahmgelegt wird. Zum anderen solle einer böswilligen Partei nicht die Möglichkeit verschafft werden, durch Geltendmachung angeblichen Fehlverhaltens der anderen Seite das Verfahren zu sabotieren. Zudem müsse jeder, der eine Schiedsvereinbarung schließe, damit rechnen, dass es zu heftigen Auseinandersetzungen kommen und das Vorbringen der Parteien auch in tatsächlicher Hinsicht voneinander abweichen könnte.

cc) Krieg

Es liegt ein Kündigungsgrund vor, wenn das Schiedsgericht infolge einer Staatenauflösung und Kriegszustands zumindest einer Partei nicht mehr in angemessener Weise zugänglich ist.[83]

d) Befristung/auflösende bzw. aufschiebende Bedingung

Auch mit Auslauf einer Befristung oder Eintritt einer Bedingung kann die Schiedsvereinbarung außer Kraft treten. Denkbar ist es z.B., die Durchführung des Schiedsverfahrens davon abhängig zu machen, dass eine bestimmte Person zur Übernahme des Schiedsrichteramtes bereit ist.[84]

---

81 *BGH*, NJW 1986, 2765, 2766.
82 BGHZ 23, 198, 201.
83 *LG Kassel*, NJW 1992, 3107; Das vereinbarte Schiedsgericht befand sich im ehemaligen Jugoslawien.
84 *Schwab/Walter*, Schiedsgerichtsbarkeit, S. 47; *Lachmann*, Handbuch für die Schiedsgerichtspraxis, Rdnr. 630.

4. Undurchführbarkeit der Schiedsvereinbarung

Undurchführbarkeit liegt in den Fällen vor, in denen die Vereinbarung zwar wirksam, aber die Durchführung eines Schiedsverfahrens nicht möglich ist.[85]

a) Mittellosigkeit einer Partei

Fall 8 (nach BGHZ 145, 116 ff.): A klagt vor einem staatlichen Gericht gegen B. B erhebt die Einrede, dass er mit dem Kläger eine wirksame Schiedsabrede geschlossen hat, was auch tatsächlich zutrifft. A verweist ebenso zutreffend darauf, dass er den Kostenvorschuss für das Schiedsgericht nicht bezahlen könne. Auch B ist dazu weder bereit noch in der Lage. A hatte indessen zuvor in einem anderen Verfahren vor dem ordentlichen Gericht, in welchem ihn B auf Schadensersatz verklagte, ebenfalls die Schiedseinrede erhoben.

aa) BGHZ 145, 116 ff.

Die Schiedsgerichte werden in aller Regel erst nach Zahlung eines Kostenvorschusses durch beide Parteien tätig. Da aber anders als bei staatlichen Gerichten keine Prozesskostenhilfe existiert, ist das Schiedsverfahren blockiert, sollte eine Partei nicht in der Lage sein, den auf sie entfallenden Anteil zu zahlen. Ruft der mittellose Kläger jedoch das ordentliche Gericht an, wird die Gegenseite die Schiedseinrede erheben. Damit wäre der Kläger praktisch rechtlos gestellt.

Da ein solcher Zustand indes nicht mit der staatlichen Pflicht zur Justizgewährung aus Art. 2 ff., 20 Abs. 3, 101 Abs. 1 Satz 2 GG vereinbar wäre, stufte der BGH die Schiedsvereinbarung als undurchführbar ein, wodurch die vom Beklagten erhobene Schiedseinrede unbegründet wird, § 1032 Abs. 1 ZPO.[86] Damit steht der Weg zu den staatlichen Gerichten wieder offen.

Als weiteres Argument für eine solche Lösung wird vermehrt auch Art. 6 EMRK herangezogen.[87]

Der BGH führt in BGHZ 145, 116 (121) aus, der verarmte Kläger könne sich auch dann auf die Undurchführbarkeit der Schiedsvereinbarung berufen, wenn er selbst zuvor noch die Schiedseinrede zu einem Zeitpunkt erhoben hat, zu dem er von der Gegenseite wegen eines anderen Streitgegenstands verklagt wurde.

Der Kläger handele damit zwar widersprüchlich, aber nicht schikanös, treu- oder sittenwidrig. In der bloßen Nutzung prozessualer Mittel liege noch kein Rechtsmissbrauch, der es rechtfertigen könne, den Kläger an der undurchführbaren Schiedsvereinbarung festzuhalten und damit praktisch rechtlos zu stellen.

---

85 *Schwab/Walter*, Schiedsgerichtsbarkeit, S. 53.
86 BGHZ 145, 116, 121.
87 *KG* SchiedsVZ 2003, 239; *Wagner*, Impecunious Parties and Arbitration Agreements, SchiedsVZ 2003, 206, 211 m.w.N.

bb) Keine Kündigung der Schiedsvereinbarung mehr erforderlich

Die letztgenannte Feststellung war dem BGH erst dadurch möglich geworden, dass er im Fall der Mittellosigkeit keine Kündigung der Schiedsvereinbarung mehr voraussetzt, wie er es früher getan hatte,[88] sondern die Lösung von der Schiedsabrede nunmehr *ipso iure* erfolgt. Durch die Zwischenschaltung des Gestaltungsrechts wurde nämlich bislang verhindert, dass sich eine Partei hier auf die Schiedseinrede berufen und dort die Durchführung des Schiedsverfahrens ablehnen konnte. War die Vereinbarung einmal gekündigt, so fanden sämtliche Verfahren zwischen den Parteien vor den ordentlichen Gerichten statt. Diese Rechtsprechungsänderung stieß in der Literatur auf Kritik,[89] insbesondere wurde der Vorwurf erhoben, es werde nun in vielen Fällen große Unsicherheit darüber bestehen, ob der Schiedsvertrag noch in Kraft sei oder nicht. Der BGH und Teile der Literatur stützen sich hingegen darauf, dass der Gesetzgeber bei Neufassung des § 1032 Abs. 1 ZPO das in der Rechtsprechung etablierte Kündigungsrecht nicht berücksichtigte.[90] In Anbetracht der Genese jener Vorschrift[91] erscheint das Gegenteil genauso plausibel.

cc) Vorliegen von Mittellosigkeit

Wann indes eine Mittellosigkeit vorliegt, die eine Lösung von der Schiedsvereinbarung erlaubt, ist noch nicht abschließend geklärt.

Festhalten lässt sich derzeit nur, dass Mittellosigkeit nicht gleichbedeutend mit einer Insolvenz sein muss, wie sich schon aus pragmatischen Überlegungen ergibt: Im Fall der Insolvenz des Beklagten wird sich der Kläger in aller Regel hüten, ein Schiedsverfahren einzuleiten, bei dem er Kosten vorschießen muss, die er später nicht mehr eintreiben kann. Ist umgekehrt der Kläger insolvent, wird die Masse selten die Mittel bereithalten, die zur Durchführung des Schiedsverfahrens vorzuschießen wären.[92]

Weiterhin bedarf es der Klärung durch die Schieds- bzw. Zivilgerichte, welche genauen Anforderungen an den Nachweis der Mittellosigkeit zu stellen sind. Der bloße Hinweis auf Armut dürfte hier nicht genügen.[93] Auch diesem Problem musste sich der BGH im obigen Fall nicht stellen, da bereits beide Parteien von Dritten zur Abgabe der eidesstattlichen Versicherung gezwungen worden waren und damit an ihrer Mittellosigkeit keine Zweifel bestanden.

---

88 BGHZ 41, 105, 108; 77, 65, 69.
89 *Risse*, Undurchführbarkeit der Schiedsvereinbarung bei Mittellosigkeit des Klägers, BB 2001, Beil. 6, S. 12; *Wagner*, Impecunious Parties and Arbitration Agreements, SchiedsVZ 2003, 206, 216.
90 BGHZ 145, 116 (119); *Kremer/Weimann*, Die Einrede der verarmten Partei – ein Ausweg aus der Schiedsvereinbarung oder bloße Verzögerungstaktik?, MDR 2004, 181, 182.
91 Vgl. IV.
92 *Kremer/Weimann*, Die Einrede der verarmten Partei – ein Ausweg aus der Schiedsvereinbarung oder bloße Verzögerungstaktik?, MDR 2004, 181, 184; zu den Auswirkungen eines Insolvenzverfahrens auf die Schiedsvereinbarung vgl. im Übrigen V.7.
93 *Lachmann*, Klippen für die Schiedsvereinbarung, SchiedsVZ 2003, 28 (32 [Fn. 24]).

dd) Abwendungsbefugnis der solventen Partei

Die Schiedsvereinbarung bleibt aber ausnahmsweise durchführbar, wenn die vermögende Partei die Vorschusspflicht des mittellosen Gegners übernimmt und gegebenenfalls auch für deren notwendige anwaltliche Beratung aufkommt.[94] Verpflichtet ist sie dazu aber keineswegs.[95] Im vom BGH zu entscheidenden Fall schied eine solche Lösung allerdings von vornherein aus, weil beide Parteien mittellos waren. Deshalb stellte sich auch nicht die Frage, ob die oben genannten Grundsätze auch im Fall der Verarmung des Beklagten gelten.

ee) Konsequenzen für die Praxis

Welche Konsequenzen sind aus der neuen Rechtsprechung für die Gestaltung zukünftiger Schiedsvereinbarungen zu ziehen?

Denkbar wäre zunächst, in der Schiedsvereinbarung die Zuständigkeit des Schiedsgerichts auch und gerade für die Fälle der Mittellosigkeit einer Partei festzuschreiben. Ob eine solche Regelung vor den Gerichten Bestand hätte, erscheint aber schon wegen Art. 101 Abs. 1 Satz 2 GG und Art. 6 EMRK sehr fraglich, zumal der Vorwurf einer Umgehung der neuen BGH-Rechtsprechung auf der Hand liegt. Zudem muss berücksichtigt werden, dass § 1032 Abs. 1 ZPO nicht dispositiv ist.

Aus demselben Grund dürfte auch ein in der Schiedsvereinbarung für den Fall der Mittellosigkeit statuiertes Kündigungserfordernis chancenlos sein.[96]

Empfehlenswert und möglich ist es hingegen, für den Fall der Undurchführbarkeit des Schiedsverfahrens vorzusorgen, indem neben der Schieds- auch eine (subsidiäre) Gerichtsstandsvereinbarung getroffen wird,[97] etwa durch folgende Klausel:

„Sollte diese Schiedsvereinbarung nichtig, unwirksam oder undurchführbar sein, entscheidet alle Streitigkeiten aus oder im Zusammenhang mit diesem Vertrag das LG XY, Kammer für Handelssachen."

---

94 Vgl. nur LM H. 2/2001 § 1032 ZPO Nr. 11 Bl. 302 (*Wagner*); *Risse*, Undurchführbarkeit der Schiedsvereinbarung bei Mittellosigkeit des Klägers, BB 2001 Beil. 6, S. 11; *Lachmann*, Klippen für die Schiedsvereinbarung, SchiedsVZ 2003, 28 (31); a. A. *Kremer/Weimann*, Die Einrede der verarmten Partei – ein Ausweg aus der Schiedsvereinbarung oder bloße Verzögerungstaktik?, MDR 2004, 181 (183), die die Abwendungsbefugnis der solventen Partei seit BGHZ 145, 116 ff. als überholt ansehen.
95 *Lachmann*, Handbuch für die Schiedsgerichtspraxis, 3. Aufl. 2008, Rdnr. 592.
96 *Risse*, Undurchführbarkeit der Schiedsvereinbarung bei Mittellosigkeit des Klägers, BB 2001 Beil. 6, S. 11.
97 *Kremer/Weimann*, Die Einrede der verarmten Partei – ein Ausweg aus der Schiedsvereinbarung oder bloße Verzögerungstaktik?, MDR 2004, 181, 184; *Risse*, Undurchführbarkeit der Schiedsvereinbarung bei Mittellosigkeit des Klägers, BB 2001 Beil. 6, S. 11.

b) Unklare Abfassung der Schiedsvereinbarung/fehlende Bestimmbarkeit des Schiedsgerichts

Denkbar ist eine Undurchführbarkeit des Schiedsverfahrens, weil entweder das Schiedsgericht nicht bestimmt werden kann oder die Vereinbarung insgesamt nicht eindeutig abgefasst ist. Tendenziell stellt die Rechtsprechung vergleichsweise geringe Anforderungen an die inhaltliche Bestimmtheit von Schiedsvereinbarungen.

Fall 9 (Hanseatisches OLG Hamburg, SchiedsVZ 2003, 284 ff.): Kaffeegroßhändler A schickt Kaffeegroßhändler B ein kaufmännisches Bestätigungsschreiben, das unter anderem folgende Klauseln enthält: „Terms as per: The European Contract for Spot Coffee (ECC)" sowie „Arbitration: Hamburg".
Ist eine wirksame Schiedsvereinbarung zustande gekommen?

Das OLG Hamburg führte hierzu aus, es genüge die Bestimmbarkeit des zur Entscheidung berufenen Schiedsgerichts, wobei die Vereinbarung gemäß §§ 133, 157 BGB auszulegen sei: Zwar enthielt das Schreiben lediglich die Bestimmung des Schiedsorts (Hamburg). Art. 18 ECC bestimmt jedoch, dass das Schiedsverfahren nach den am Schiedsort üblichen Usancen durchgeführt werden soll. Da das Schiedsgericht des Deutschen Kaffee-Verbandes das einzige in Hamburg vorhandene, in der internationalen Kaffee-Branche anerkannte Schiedsgericht ist, war nach Ansicht des OLG im vorliegenden Fall eben dieses als Schiedsgericht bestimmt und die Schiedsvereinbarung durchführbar.[98]

Aus einer Schiedsvereinbarung muss ferner hervorgehen, welches bestimmte Rechtsverhältnis ihr unterfallen soll. Mit diesem Kriterium ist also ein weiterer Ansatzpunkt ausgemacht, der zur Unwirksamkeit der Abrede führen kann.[99] Praktisch dürften derartige Fälle selten sein, da die Parteien in der Regel „alle Streitigkeiten" einer bestimmten Art der Schiedsgerichtsbarkeit zu unterwerfen pflegen; kurioserweise ist es damit gerade die sprachlich denkbar umfassendste Formulierung, die mit dem Bestimmtheitserfordernis am wenigsten kollidiert.[100]

Wird jedoch aus der jeweiligen Vereinbarung nicht mit einiger Sicherheit deutlich, ob ein Schiedsgutachten, eine Schlichtungs- oder aber Schiedsvereinbarung gemeint ist, kann sie unwirksam sein. Auch außerhalb der §§ 305 ff. BGB können Klauseln keine Wirkung entfalten, deren Sinn sich im Wege der Auslegung nicht zweifelsfrei ermitteln lässt.[101] Dass die Rechtsprechung aber selbst hier noch Wege sucht (und findet), einer Schiedsvereinbarung zur Geltung zu verhelfen, zeigt

---

98 *OLG Hamburg*, SchiedsVZ 2003, 288; schon nach dem hier maßgeblichen § 1027 Abs. 2 ZPO a. F. war die Schiedsvereinbarung im Wege eines kaufmännischen Bestätigungsschreibens möglich.
99 *Lachmann*, Klippen für die Schiedsvereinbarung, SchiedsVZ 2003, 28, 29.
100 *Lachmann*, Klippen für die Schiedsvereinbarung, SchiedsVZ 2003, 28, 29.
101 *Kröll*, Schiedsrechtliche Rechtsprechung 2003, SchiedsVZ 2004, 113, 114.

Fall 10: Die Parteien vereinbaren, bei allen zwischen ihnen entstehenden Streitigkeiten solle ein „Schiedsgutachter verbindlich und unter Ausschluss des Rechtswegs" über einen etwaigen Anspruch entscheiden.

Da aus einer solchen Abrede hervorgeht, dass der (vermeintliche) Schiedsgutachter nach dem Parteiwillen an die Stelle der staatlichen Gerichte treten soll, stuft die ständige höchstrichterliche Rechtsprechung eine solche Regelung als Schiedsvereinbarung ein.[102] Sie kann sich dabei auf den Grundsatz falsa demonstratio non nocet stützen.

c) Weitere Einzelfälle

- Der von den Parteien vorgesehene Schiedsrichter fällt vor oder während des Verfahrens weg, eine Ersatzbestellung wurde ausgeschlossen bzw. wird abgelehnt.[103]
- Ein weiterer Fall der Undurchführbarkeit liegt vor, wenn keine Einigung der Parteien über Person des Schiedsrichters zustande kommt und das Ernennungsverfahren gemäß §§ 1035 Abs. 3 bis 5, 1039 ZPO erfolglos bleibt.[104]
- Denkbar ist eine Undurchführbarkeit, wenn sich die Schiedsrichter eines Mehrpersonen-Schiedsgerichts nicht einigen können[105] und die Schiedsvereinbarung für diesen Fall keine Regelung vorsieht.

5. Heilung unwirksamer Schiedsvereinbarungen

Die staatlichen Gerichte erlangen ihre Entscheidungskompetenz nur dann zurück, wenn die Unwirksamkeit der Schiedsvereinbarung nicht dadurch geheilt wird, dass sich die verklagte Partei vorbehaltlos auf das Verfahren vor dem Schiedsgericht einlässt.[106]

V. Subjektive Grenzen der Schiedsvereinbarung

Die Schiedsvereinbarung wirkt unter den Vertragsparteien, grundsätzlich aber nicht gegenüber Dritten:

Da die Einbeziehung in ein Schiedsgerichtsverfahren stets mit dem Entzug des gesetzlichen Richters verbunden ist, liefe die Einbeziehung von Personen, die ihr nicht zugestimmt haben, nicht nur auf einen unzulässigen Vertrag zu Lasten Dritter hinaus, sondern wäre zudem kaum mit dem grundrechtsgleichen

---

102 Vgl. nur *Lachmann*, Klippen für die Schiedsvereinbarung, SchiedsVZ 2003, 28, der mit umfangreicher Judikatur die Häufigkeit dieser misslungenen Formulierung in der Praxis dokumentiert.
103 Häufig wird in solchen Fällen bereits eine Bedingung vorliegen, siehe oben IV.3.d).
104 *Schwab/Walter*, Schiedsgerichtsbarkeit, S. 53 f.
105 Vgl. im Einzelnen die Beispiele bei *Lachmann*, Handbuch für die Schiedsgerichtspraxis, 3. Aufl. 2008, Rdnr. 607.
106 *Lachmann*, Handbuch für die Schiedsgerichtspraxis, 3. Aufl. 2008, Rdnr. 585.

Art. 101 Abs. 1 Satz 2 GG, der mittelbar auch unter Privaten Geltung entfaltet, vereinbar.

Deshalb erstreckt sich z.B. eine Schiedsvereinbarung zwischen Gläubiger und Hauptschuldner nicht auf einen Bürgen-, Schuld- oder Garantieübernehmer.[107] Ebenso wenig bindet die von einer Tochtergesellschaft abgeschlossene Schiedsabrede die entsprechende Muttergesellschaft.[108] Auch durch Streitverkündung können Dritte nicht ohne weiteres in ein bestehendes Schiedsverfahren hineingezogen werden.[109]

Allerdings existieren einige Fallgruppen, in denen Personen an einer von anderen getroffenen Schiedsvereinbarung festgehalten werden:

1. Persönlich haftende Gesellschafter/Komplementäre

Die Gesellschafter einer oHG sowie die Komplementäre einer KG sind an die von der Gesellschaft vereinbarte Schiedsabrede gebunden. Dies wird auf deren persönliche Haftung aus § 128 HGB zurückgeführt.[110] Nach anderer Ansicht soll dagegen die Auslegung der fraglichen Schiedsvereinbarung sowie die Ausgestaltung der Vertretungsmacht entscheidend sein.[111] Folgt man der letztgenannten Ansicht, ist auch eine Bindung von Kommanditisten denkbar, sofern diesen Vertretungsmacht eingeräumt ist.

Zu weit geht dagegen eine Erstreckung der Schiedsvereinbarung auch auf gesetzliche Vertreter juristischer Personen,[112] da es hier grundsätzlich an einer persönlichen Haftung fehlt und auch nicht eine weitgehende materiell-rechtliche Identität gegeben ist, wie sie zwischen den persönlich haftenden Gesellschaftern und der oHG besteht.[113]

Jedenfalls kommt eine Erstreckung der Schiedsvereinbarung auf die Gesellschafter aber nur bei gesellschaftsbezogenen Ansprüchen in Betracht, nicht dagegen bei solchen aus Privatgeschäften.[114]

2. Ausblick zur Rechtslage bei der GbR[115]

Nach der Anerkennung der Parteifähigkeit der GbR durch den BGH[116], sowie seinem Übergang zur Akzessorietätslehre,[117] lassen sich die Ausführungen zu den persönlich haftenden Gesellschaftern auch auf die einer GbR übertragen.

---

107 *Geimer*, in: Zöller, ZPO, 26. Aufl. 2007, § 1029 Rdnr. 63.
108 *OLG Hamburg*, Beschluss vom 8. November 2001 – 6 Sch 4/01.
109 *Schwab/Walter*, Schiedsgerichtsbarkeit, S. 61.
110 *BGH*, NJW 1981, 2644 (2646); *BayObLG*, SchiedsVZ 2004, 45, 46.
111 *Sessler*, Anmerkung zu OLG München NJW-RR 1998, 198 ff., BB 1998, Beil. 9, S. 21 m.w.N.
112 So aber *OLG München*, NJW-RR 1998, 198 ff.
113 *Sessler*, Anmerkung zu OLG München NJW-RR 1998, 198 ff., BB 1998, Beil. 9, S. 21.
114 *Schwab/Walter*, Schiedsgerichtsbarkeit, S. 64.
115 Zu Detailfragen vgl. *Wiegand*, SchiedsVZ 2003, 52 ff.
116 BGHZ 146, 341, 347.
117 BGHZ 146, 341, 358.

3. Gesamtrechtsnachfolger/Testamentsvollstrecker

Die Erben sind ohne Weiteres der vom Erblasser geschlossenen Schiedsabrede unterworfen. Sofern vorhanden, tritt ebenso ein Testamentsvollstrecker in die Vereinbarung ein.[118]

4. Einzelrechtsnachfolge, vor allem Übertragung der Gesellschafterstellung

Strittig ist hingegen, ob eine Einbeziehung Dritter auch in den Fällen der Einzelrechtsnachfolge in Betracht kommt.

Nach Rechtsprechung des BGH geht bei Abtretung eines vertraglichen Rechts, insbesondere bei Übertragung eines Gesellschaftsanteils, eine mit dem Hauptvertrag verbundene Schiedsvereinbarung formfrei auf den Erwerber über, sofern nichts Gegenteiliges vereinbart oder den Umständen zu entnehmen ist. Der Schiedsvertrag stelle eine Eigenschaft des abgetretenen Rechts dar und werde aufgrund des Grundgedankens des § 401 BGB bei der Abtretung mit erfasst.[119] Die Form des § 1031 ZPO sei deshalb nicht zu wahren, weil der Eintritt eines Dritten in die Rechte und Pflichten eines bereits bestehenden Schiedsvertrags nicht mit dessen Zustandekommen vergleichbar sei. Die Warnfunktion des § 1031 ZPO müsse zurücktreten, zumal dem Erwerber zumutbar sei, sich über den Inhalt des abgetretenen Rechts einschließlich einer eventuellen Schiedsklausel zu informieren.

Gegen die Anwendung von § 401 BGB wird in der Literatur eingewandt, die Vorschrift solle nur den Übergang von Sicherungsrechten auf den neuen Gläubiger bewirken. Bezüglich der Schiedsvereinbarung bedürfe es bei einer Abtretung der Form des § 1031 ZPO.[120] Eine andere Literaturauffassung stellt auf die bereits angesprochene Selbständigkeit der Schiedsvereinbarung ab und verlangt für sie stets eine gesonderte Vertragsübernahme.[121] Der BGH hat diesen Argumenten entgegnet, trotz ihrer sonstigen Eigenständigkeit sei die Schiedsvereinbarung ein bloßes Hilfsgeschäft zum Hauptvertrag. Nach der Abtretung bilde sie einen Annex zum abgetretenen Recht, dessen verfahrensmäßiger Verwirklichung sie in erster Linie diene. Der Wortlaut des § 401 BGB schließe es deshalb nicht aus, die Schiedsklausel als Eigenschaft des abgetretenen Rechts zu behandeln.[122] Für die Ansicht des BGH spricht nicht zuletzt, dass sie sich positiv auf die Verkehrsfähigkeit von Anteilen an Publikumsgesellschaften auswirkt.

---

118 *Schwab/Walter*, Schiedsgerichtsbarkeit, S. 63 f.
119 BGHZ 71, 162, 165.
120 *Schwab/Walter*, Schiedsgerichtsbarkeit, S. 63.
121 *Schricker*, Zur Geltung von Schiedsverträgen bei Anspruchsabtretung, FS Quack, S. 104 f.; a. A. *Schwab/Walter*, Schiedsgerichtsbarkeit, S. 63, der von einem formlosen Übergang der Schiedsvereinbarung mit der Vertragsübernahme des Hauptvertrags ausgeht.
122 *BGH*, NJW 1998, 371.

5. Bindung des Zedenten/des ausgeschiedenen Gesellschafters

Sieht man die Schiedsvereinbarung als Eigenschaft des abgetretenen Rechts an, stellt sich die Frage, ob der Zedent weiter an sie gebunden bleibt, führt doch der Übergang von Nebenrechten i. S. d. § 401 BGB grundsätzlich dazu, dass der Zedent seine Gläubigerstellung an den Zessionar verliert.

Fall 11 (nach BGH NJW-RR 2002, 1462 ff.): A und B waren Kommanditisten der X-GmbH & Co KG. Zusätzlich zu dem Gesellschaftsvertrag war eine Schiedsvereinbarung getroffen worden, die „alle Streitigkeiten aus dem Rechtsverhältnis der Gesellschafter untereinander" erfassen sollte. A überträgt seine Kommanditbeteiligung an einen Dritten, worin B einen Verstoß gegen ein im Gesellschaftsvertrag genanntes Wettbewerbsverbot sieht. B fordert A deshalb auf, an der Konstituierung eines Schiedsgerichts mitzuwirken, worauf A entgegnet, er unterliege als ausgeschiedener Gesellschafter gar nicht mehr der Schiedsvereinbarung. A beantragt beim BayObLG die Feststellung der Unzulässigkeit des Schiedsverfahrens gemäß § 1032 Abs. 2 ZPO. Nachdem er damit erfolglos bleibt, legt er Rechtsbeschwerde zum BGH ein.

Anders als die sonst von § 401 BGB erfassten Nebenrechte enthält die Schiedsabrede zugleich immer auch eine Verpflichtung, nämlich die zur Unterwerfung unter das Schiedsverfahren. Dieser darf sich der Zedent nicht einfach durch Übertragung seines Anteils an einen Dritten entledigen können.[123]

Der BGH bestätigte in seiner Entscheidung über die Rechtsbeschwerde des A auch die Ansicht des BayObLG, wonach allein die Auslegung der Schiedsvereinbarung dafür maßgeblich ist, welche Auswirkungen der Eintritt des neuen Gesellschafters für den ausgeschiedenen hat. Im Zweifel gelte hierbei, dass alle aus dem Gesellschaftsverhältnis entspringenden Streitigkeiten, und zwar auch solche mit ausgeschiedenen Gesellschaftern, im Schiedsverfahren zu klären seien.[124]

6. Orderpapiere

Der Indossatar eines Orderpapiers unterliegt gemäß § 364 Abs. 2 HGB der Schiedsvereinbarung, falls sich diese aus der Urkunde ergibt.[125]

7. Insolvenzverwalter

Der Insolvenzverwalter ist nach gefestigter Rechtsprechung des BGH an die vom Schuldner abgeschlossene Schiedsvereinbarung gebunden.[126] Gestützt wird dies darauf, dass die Schiedsvereinbarung keinen Vertrag i. S. d. § 103 InsO darstellt, dessen Erfüllung abgelehnt werden könne. Ebensowenig handelt es sich

---

123 *Kröll*, EWiR § 1032 ZPO 1/02, S. 1023 f.
124 *BGH*, NJW-RR 2002, 1462, 1463; ähnlich weite Auslegung durch das *OLG Düsseldorf*, SchiedsVZ 2004, 161, 162.
125 *Hopt*, in: Baumbach/Hopt, HGB, 32. Aufl. 2006, § 364 Rdnr. 5.
126 *Wagner*, Impecunious Parties and Arbitration Agreements, SchiedsVZ 2003, 206, 207; BGHZ 24, 15, 18; *BGH*, Beschluss vom 20. November 2003 – III ZB 24/03 m. w. N.

um einen Auftrag i.S.d. § 115 InsO, der durch die Eröffnung des Insolvenzverfahrens erlöschen würde.

Jedoch hindert der Schiedsvertrag den Insolvenzverwalter nicht daran, Ansprüche aus Insolvenzanfechtung vor den staatlichen Gerichten geltend zu machen. Letztere resultieren nämlich aus dem selbständigen Recht des Insolvenzverwalters aus § 143 InsO und sind der Verfügungsgewalt des Schuldners entzogen. Dabei schließt der BGH auch eine Anfechtung der Schiedsvereinbarung nicht von vornherein aus.[127]

VI. § 1033 ZPO: Einstweiliger Rechtsschutz durch staatliche Gerichte

Auch bei Bestehen einer wirksamen Schiedsvereinbarung kann ein staatliches Gericht vor oder nach Beginn des schiedsrichterlichen Verfahrens vorläufige oder sichernde Maßnahmen treffen, § 1033 ZPO. Als solche Maßnahme kommt vor allem die einstweilige Verfügung gemäß §§ 935 ff. ZPO in Betracht. Daneben hat auch das selbständige Beweisverfahren gemäß §§ 485 ff. ZPO sichernden und vorbereitenden Charakter sowie die Wirkung der Verjährungsunterbrechung; es entspricht von seiner Zielsetzung daher dem Verfahren einstweiligen Rechtschutzes. Aus diesem Grund ist auch das Beweissicherungsverfahren vor den staatlichen Gerichten ungeachtet der Schiedseinrede möglich.[128]

Nach Konstituierung des Schiedsgerichts steht es den Parteien frei, alternativ einen entsprechenden Antrag beim Schiedsgericht zu stellen, § 1041 Abs. 1 Satz 1 ZPO. Im Ergebnis besteht damit eine konkurrierende Zuständigkeit. Es bleibt darauf hinzuweisen, dass für die Vollziehung einstweiliger Maßnahmen, auch wenn sie vom Schiedsgericht angeordnet wurden, der Beschluss eines staatlichen Gerichts erforderlich ist, § 1041 Abs. 2 Satz 1 ZPO. Das Schiedsgericht darf niemals Zwangsmittel verhängen oder auch nur androhen.[129]

VII. Urkunden-, Wechsel- und Scheckprozess

Fall 12 (nach BGH NJW 1994, 136 ff.): A macht gegen B im Wechselprozess Ansprüche aus einem Wechsel geltend. In dem Wechsel zugrunde liegenden Vertrag hieß es: „The following contract has been concluded in accordance with the rules and conditions of the Waren-Verein der Hamburger Börse e.V., whose arbitrators or experts shall be competent for final settlement of all and any dispute arising herefrom." B erhebt im Wechselprozess die Einrede des Schiedsvertrags.

Zwar sind bei einer Schiedsklausel, die alle Streitigkeiten aus dem abgeschlossenen Geschäft einem Schiedsgericht zuweist, grundsätzlich auch wechselrechtliche Ansprüche in die Schiedsvereinbarung einbezogen.

---

127 *BGH*, Beschluss vom 20. November 2003 – III ZB 24/03.
128 *OLG Koblenz*, BB 2001, Beilage 6, S. 22.
129 *Baumbach/Lauterbach/Albers/Hartmann*, ZPO, 65. Aufl. 2007, § 1041 Rdnr. 3.

Allerdings geht der BGH davon aus, dass ein Wechselgläubiger regelmäßig nicht auf den Vorteil verzichtet, der sich ihm mit der beschleunigten und vereinfachten gerichtlichen Durchsetzung von wechselrechtlichen Ansprüchen nach §§ 602 ff. ZPO bietet. Dies sei gerade einer der Hauptvorteile des Wechsels. Der Vertragspartner müsse daher ungeachtet der umfassenden Schiedsklausel davon ausgehen, dass sich der Wechselgläubiger das Recht auf ein Vorgehen im Wechselprozess vorbehält, weil er auf die besonderen Vorteile des beschleunigten Verfahrens nicht verzichten will.[130] Angesichts der Tatsache, dass § 605a ZPO für den Scheckprozess auf die Vorschriften zum Wechselprozess verweist und selbst die Bezeichnung der Scheck- als Wechselklage unschädlich ist,[131] dürften die oben genannten Grundsätze auch für den Scheckprozess gelten. In diesen Fällen hat aber das Nachverfahren sehr wohl vor dem Schiedsgericht stattzufinden.[132] Verfehlt wäre es, die Grundsätze zum Wechselprozess auf den Urkundenprozess zu übertragen.[133] Zwar stellt der Wechselprozess nur eine „Unterart des gewöhnlichen Urkundenprozesses" dar, jedoch kennt der gewöhnliche Urkundenprozess nicht die Möglichkeit einer außerordentlichen Beschleunigung des Verfahrens, sodass die Schiedseinrede auch im Urkundenprozess erhoben werden kann.[134]

Die Entscheidung zum Wechselprozess lässt jedoch durchblicken, dass die Unbeachtlichkeit der Schiedseinrede nicht absolut zwingend ist. So haben die Parteien durchaus die Möglichkeit, in der Schiedsvereinbarung auch für diesen Fall die ausschließliche Zuständigkeit des Schiedsgerichts zu statuieren, indem sie dies dort ausdrücklich festschreiben.[135] Formulierungen wie im obigen Fall („all and any dispute") reichen wegen der gegenteiligen Vermutung nicht aus, vielmehr muss die ausschließliche Schiedsgerichtszuständigkeit explizit auch auf solche Streitgegenstände ausgedehnt werden, bei denen sonst eine Entscheidung im Scheck- bzw. Wechselprozess möglich wäre.

VIII. Kompetenz zur Prüfung der Gültigkeit der Schiedsvereinbarung

Für die gerichtliche Prüfung der Wirksamkeit und der Reichweite einer Schiedsvereinbarung bestehen verschiedene Möglichkeiten:

---

130 *BGH*, NJW 1994, 136.
131 *Reichold*, in: Thomas/Putzo, ZPO, 28. Aufl. 2007, § 605a Rdnr. 1.
132 *Geimer*, in: Zöller, ZPO, 26. Aufl. 2007, § 1032 Rdnr. 10; *Münch*, in: Münchener Kommentar zur Zivilprozessordnung, 2. Aufl. 2001, § 1032 Rdnr. 6; *Czempiel/Kurth*, Schiedsvereinbarung und Wechselforderung im deutschen und internationalen Privatrecht, NJW 1987, 2118, 2123.
133 SchiedsVZ 2007, 215, 216.
134 BGH 2006, 779, 780.
135 Der BGH verlangt in NJW 1994, 136, 137 „tatsächliche Umstände" dafür, dass sich die Parteien der besonderen Möglichkeit des beschleunigten Verfahrens begeben wollten.

1. Kompetenz-Kompetenz des Schiedsgerichts, § 1040 Abs. 1 Satz 1 ZPO

Gemäß § 1040 Abs. 1 Satz 1 ZPO kann das Schiedsgericht über die eigene Zuständigkeit und im Zusammenhang hiermit über das Bestehen oder die Gültigkeit der Schiedsvereinbarung entscheiden.

Dies gilt unabhängig von etwaigen diesbezüglichen Regelungen in der jeweiligen Schiedsvereinbarung. Der jahrelange Streit über die Auswirkungen von Kompetenz-Kompetenz-Klauseln in Schiedsverträgen dürfte sich mit Einführung dieser Vorschrift erledigt haben. Beim Rechtsschutz gegen eine Entscheidung des Schiedsgerichts über seine Zuständigkeit ist zu unterscheiden:

- Sofern es sich für unzuständig hält, spricht das Schiedsgericht dies in einem (Prozess-)Schiedsspruch im Sinne des § 1054 ZPO aus, der im Aufhebungsverfahren gemäß § 1059 ZPO angreifbar ist. Zuständig hierfür ist in Bayern gemäß § 1062 Abs. 1 Nr. 4, Abs. 5 Satz 1 ZPO, § 8 GZVJu n. F. das Oberlandesgericht München.

- Hält sich das Schiedsgericht hingegen für zuständig, wurde aber seine Unzuständigkeit gemäß § 1040 Abs. 2 Satz 1 ZPO gerügt, so trifft es gemäß § 1040 Abs. 3 Satz 1 ZPO in der Regel einen Zwischenentscheid. Innerhalb eines Monats nach dessen schriftlicher Mitteilung kann jede Partei hiergegen die Entscheidung des staatlichen Gerichts beantragen. Gemäß § 1062 Abs. 1 Nr. 2, Abs. 5 Satz 1 ZPO, § 8 GZVJu ist dafür in Bayern ebenfalls das Oberlandesgericht München zuständig.

2. Feststellungsantrag i. S. d. § 1032 Abs. 2 ZPO

Daneben haben die Parteien die Möglichkeit, die Zulässigkeit bzw. die Unzulässigkeit des Schiedsverfahrens durch ein staatliches Gericht feststellen zu lassen. Für dessen Zuständigkeit gilt das zu Ziffer I.2. Gesagte.

Der Antrag ist nur bis zur Konstituierung des Schiedsgerichts möglich, danach können entsprechende Einwände ausschließlich vor dem Schiedsgericht (bzw. im Verfahren zur Aufhebung eines Zwischenentscheids) geltend gemacht werden.[136] Der Prüfungsmaßstab ist dabei auf folgende Fragen beschränkt:[137]
- Besteht eine wirksame Schiedsvereinbarung?
- Unterfällt ihr der Verfahrensgegenstand?
- Ist das Schiedsverfahren durchführbar?

Die (Un-)Zulässigkeitsprüfung kann global (Prüfung der Schiedsvereinbarung insgesamt) oder auch gezielt ([Nicht-]Erfassung eines konkreten Streitgegenstands durch die Schiedsvereinbarung) erfolgen.[138] Das Verfahren kann lediglich im Ganzen, nicht hinsichtlich einzelner Teile für (un-)zulässig erklärt werden; die Feststellung der Unzulässigkeit darf nur erfolgen, wenn nicht an-

---

136 *BayObLG*, SchiedsVZ 2004, 45.
137 BayObLGZ 1999, 255, 268.
138 *Münch*, in: Münchener Kommentar zur Zivilprozessordnung, 2. Aufl. 2001, § 1032 Rdnr. 11.

dere Streitgegenstände verbleiben, die von der Schiedsvereinbarung umfasst sind.[139] Ungeklärt ist bislang die Frage, wie sich ein Antrag gemäß § 1032 Abs. 2 ZPO auf die Verjährung auswirkt; denkbar ist hier eine Analogie zu § 204 Abs. 1 Nr. 13 BGB.[140] Aus dieser Unsicherheit resultieren die nur schleppende Annahme der Vorschrift durch die Praxis und die damit verbundene geringe Zahl von veröffentlichten Entscheidungen.

---

[139] *OLG Jena*, NJW-RR 2003, 1506, 1507.
[140] *Windthorst*, Die Wirkung des Antrags auf Feststellung der Zulässigkeit eines schiedsrichterlichen Verfahrens (§ 1032 Abs. 2 ZPO) auf die Verjährung, SchiedsVZ 2004, 230, 234.

Dr. Dietmar Hantke*

Auswahl der Schiedsrichter

Inhaltsübersicht

I. Zusammensetzung des Schiedsgerichts
1. Vorbemerkung
2. Freie Wahl der Parteien von Person und Anzahl der Schiedsrichter
3. Einzelschiedsrichter oder Dreier-Schiedsgericht?
   a) Einzelschiedsrichter
   b) Dreier-Schiedsgericht
II. Bestellung der Schiedsrichter
1. Im Schiedsvertrag
2. Durch eine Partei
3. Von beiden Parteien oder mehreren Parteien gemeinsam
   a) Zwei Parteien
   b) Mehrere Parteien
4. Ersatzbestellung
   a) Ersatzbenennung durch appointing-authority

b) Gerichtliche Ersatzbenennung
c) DIS, ICC
5. Bindung an eine Liste
III. Berücksichtigung von Beruf oder Qualifikation des Schiedsrichters
1. Keine gesetzlichen Vorgaben
2. Ein guter Freund
3. Erfolgsaussichten
4. Juristen
5. Richter
6. Techniker, Kaufleute, Professoren
7. Notare und Rechtsanwälte
IV. Hinweise zum Auswahlverfahren
1. Personennennungen
2. Abarbeiten von „Long-List" auf „Short-List"
3. Schriftlich, telefonisch, persönliches Gespräch

I. Zusammensetzung des Schiedsgerichts

1. Vorbemerkung

Ist es dem beratenden Rechtsanwalt am Ende langer, kontroverser und ermüdender Verhandlungen gelungen, in dem verhandelten Vertrag eine Schiedsklausel unterzubringen, so ist die erste Hürde auf dem Weg zur Bewältigung eines späteren Rechtsstreits genommen. Die zweite Hürde taucht auf, wenn es tatsächlich zum Streit kommt und die Parteien und/oder ihre Rechtsvertreter das Schiedsgericht zusammensetzen müssen. Niemand wird bestreiten, dass der zügige Ablauf des Verfahrens sowie Qualität und Unangreifbarkeit der Entscheidung abhängen von der **Qualität der Schiedsrichter**. Deshalb stellt die Konstituierung des Schiedsgerichts einen der wichtigsten Bestandteile des Schiedsverfahrens dar.[1]

---

* *Dr. Dietmar Hantke* ist Gründer und Seniorpartner der Kanzlei Hantke Rechtsanwälte in München.
1 *Kröll*, Die Entwicklung des Rechts der Schiedsgerichtsbarkeit in den Jahren 2003 und 2004, NJW 2005, 195. Nach *Geimer*, in: Zöller, ZPO, 26. Aufl. 2007, § 1034 Rdnr. 8, ist es „übertrieben", die Bildung des Schiedsgerichts als den überhaupt wichtigsten Akt im gesamten Schiedsverfahren zu bezeichnen.

2. Freie Wahl der Parteien von Person und Anzahl der Schiedsrichter

Bis zum Inkrafttreten des Schiedsrechts-Reformgesetzes zum 1.1.1998 sah § 1028 ZPO a. F. vor, dass jede Partei einen Schiedsrichter ernennt. Nach § 1033 Ziff. 2. ZPO a. F. trat der Schiedsvertrag außer Kraft, wenn die beiden Schiedsrichter sich nicht einigen konnten.

Die Gesetzeslage ist heute grundlegend anders. Die meisten Gesetze in der Schiedsgerichtsbarkeit, die in den letzten Jahren in Kraft getreten sind, haben das UNCITRAL-Modell-Gesetz im Wesentlichen bzw. nur geringfügig abgeändert in ihrer Gesetzgebung übernommen.[2]

Das 10. Buch der ZPO (§§ 1025 bis 1066 ZPO) enthält detaillierte Regelungen für die Ernennung der Schiedsrichter. Nach § 1034 ZPO können die Parteien die Anzahl der Schiedsrichter frei vereinbaren. Fehlt eine solche Vereinbarung, so ist die Zahl der Schiedsrichter **drei**, was in der Praxis der **Regelfall** sein dürfte. Naheliegender Sinn dieser gesetzlichen Neuregelung war, eine – wie nach der bisherigen Gesetzessituation mögliche – Patt-Situation zu vermeiden. Wenngleich es den Parteien danach freisteht, auch eine andere Anzahl von Schiedsrichtern zu vereinbaren, so wird dieses nur selten der Fall sein, und zwar schon aus Kostengründen.

3. Einzelschiedsrichter oder Dreier-Schiedsgericht?

a) Einzelschiedsrichter

Wenn absehbar ist, dass ein aus dem Vertrag evtl. erwachsender Rechtsstreit von Sachverhalt und Rechtslage her gesehen einfach strukturiert ist,[3] wenn erkennbar ist, dass ein schiedsgerichtliches Verfahren keinen hohen Aufwand erfordert und überschaubar ist oder wenn schließlich die Parteien Kosten sparen wollen und/oder müssen, dann bietet sich für solche Fälle die Wahl eines **Einzelschiedsrichters** an. Es kommt nicht selten vor, dass wirtschaftlich schwache Parteien in zivilrechtlichen Auseinandersetzungen ein Dreier-Schiedsgericht bestimmen, weil das angeblich so „üblich" sei. Spätestens jedoch bei der Anforderung des Honorar- und Auslagenvorschusses durch die Schiedsrichter wird jede Partei plötzlich ernüchtert feststellen, dass sie sich selbst in eine wirtschaftlich schwierige Situation hineinmanövriert hat.[4] Deshalb sollten die Parteien bzw. deren anwaltliche Berater sich genau überlegen, ob der Einzelschiedsrichter oder ein Dreier-Schiedsrichter-Gremium für den zu entscheidenden Fall angemessen sind.

---

2 So Deutschland, Australien, Kanada, Mexiko und Russland, s. *Söderlund*, Vergleichender Überblick zur Schiedsgerichtsbarkeit in Deutschland, England, Russland und Schweden, in SchiedsVZ, 2004, S. 130. Hinzugekommen ist mittlerweile Polen. Sonderregelungen gelten für England und Schweden.
3 Es ist natürlich nicht auszuschließen, dass man sich bei dieser ex-ante-Betrachtung auch täuschen kann.
4 Auf diesen Fall weist anschaulich *Lachmann* hin „Klippen für die Schiedsvereinbarung" in SchiedsVZ 2003, S. 31.

Es ist Aufgabe der anwaltlichen Berater, bei der Gestaltung einer Schiedsvereinbarung und bei Bildung des Schiedsgerichts konkret und im Einzelfall genau zu prüfen, ob angesichts des Volumens denkbarer Ansprüche und der wirtschaftlichen Möglichkeiten der Parteien ein Dreier-Schiedsgericht sinnvoll ist. Fahrlässigkeit in diesem Punkt kann zu **wirtschaftlich einschneidenden Folgen** für eine ggf. gar für beide Parteien führen.[5]

Es ist ein nicht ausrottbares **Vorurteil**, aus dem Umstand, dass nur ein Einzelschiedsrichter den Rechtsstreit entscheidet, zu schließen, dass dessen Prozessführung und abschließende Entscheidung anfechtbar sein müsse. Im Gegenteil ist es wahrscheinlich, dass der qualifizierte und erfahrene Einzelschiedsrichter einen Fall viel zügiger und mit einem guten von beiden Parteien akzeptierten Ergebnis zu einem Ende bringt, weil er sich nicht in die manchmal aufreibende Überzeugungsarbeit im Schiedsgerichtsgremium einlassen und mit der evtl. Obstruktion eines Schiedsrichters erst fertig werden muss. Von der juristischen Qualifikation her gibt es deshalb **keine prinzipiellen Unterschiede** zwischen dem Spruch eines Einzelschiedsrichters und dem eines Dreier-Schiedsgerichts.

b) Dreier-Schiedsgericht

Richtig ist, dass in voluminösen, sachlich und/oder rechtlich komplizierten Streitfällen das Dreier-Schiedsgericht zumindest in der Praxis der Handelsschiedsgerichtsbarkeit die **angemessene Besetzung** ist. Das gilt erst recht, wenn es sich um Spezialthemen handelt, z.B. aus dem Kartellrecht oder aus dem Bereich der nationalen, erst recht internationalen Unternehmenskäufe. In derartigen Fällen könnte der Einzelschiedsrichter schon vom Volumen des Streitfalles aus gesehen schnell überfordert sein.

Nicht ausgeschlossen, wenngleich wohl selten, sind Fälle, in denen die beiden Parteien innerhalb eines sehr speziellen Vertragsgegenstandes ausgesprochene Spezialisten als ihre jeweiligen Schiedsrichter benennen und dann als Vorsitzenden ihres Schiedsgerichts nicht noch einen dritten Spezialisten hinzuzuholen, sondern sich auf einen Vorsitzenden einigen, der versehen mit ausreichender schiedsrichterlicher Kenntnis und Erfahrung sich die Expertise seiner beiden Mitschiedsrichter zu Nutzen macht, um dann gewissermaßen neutral zu entscheiden. Es ist selbstverständlich, dass eine solche Konstellation ein besonderes Vertrauen in die juristische Kompetenz des Vorsitzenden voraussetzt.

Wie ist nun zu vorzugehen, wenn allein aus Inhalt und Umfang des Vertrages Ausmaß, Komplexität und auch Schwierigkeit eines künftigen Rechtsstreits nicht vorhergesehen werden können, was sicherlich häufig der Fall ist? In einem solchen Fall wäre es unsachgemäß, bereits im Vertrag verbindlich vorzusehen, dass ein sich ergebender Rechtsstreit zwingend von einem Einzelschiedsrichter oder einem Dreier-Gremium zu entscheiden sein wird. Um für diese Situation gewappnet zu sein, empfiehlt es sich, eine Schiedsklausel zu

---

5 *Lachmann*, ebenda.

vereinbaren, die die Parteien **nicht** von vorneherein vertraglich an ein Eineroder Dreier-Schiedsgericht **bindet**, sondern **beides vorsieht** oder **offenlässt**. Damit ist den Parteien die Entscheidung eingeräumt, sich bei Entstehen des Rechtsstreits für eine der beiden Möglichkeiten zu entscheiden. Sollte eine solche Einigung nicht zustande kommen, dann kann man z.B. ein Dreier-Schiedsgericht vorsehen, dieses ggf. aber vom Erreichen eines bestimmten Streitwertes abhängig machen. Dann liegt es an den Parteien, sich unter Berücksichtigung aller Umstände des Einzelfalles auf die Zahl der Schiedsrichter zu einigen.

II. Bestellung der Schiedsrichter

1. Im Schiedsvertrag

Es ist grundsätzlich zulässig, dass sich Parteien bereits im Vertrag und seiner Schiedsklausel auf einen gemeinsamen Schiedsrichter oder die jeweiligen Parteischiedsrichter fixieren, indem sie als Einzelschiedsrichter z.B. den Seniorpartner einer ihnen gemeinsam vertrauten Kanzlei benennen, einen Vorsitzenden Richter einer Kammer des Landgerichts oder des Senats eines Oberlandesgerichts oder indem jede Partei bereits eine konkrete Person bezeichnet. Allerdings ist Vorsicht angesagt. Es wäre unzulässig, wenn eine Partei auf die Zahl der Schiedsrichter oder auf die Ernennung des Einzelschiedsrichter bzw. des Vorsitzenden größeren Einfluss ausüben könnte als die andere. So hat der BGH bereits 1989 entschieden, dass einer Partei ein unangemessenes Übergewicht dann zukommt, wenn sie allein nach dem vereinbarten Schiedsvertrag den Einzelschiedsrichter bestimmt.[6] Dies gilt nach Auffassung des BGH auch dann, wenn die andere Partei ihr Ernennungsrecht versäumt hat, BGHZ 54, 392. In einer späteren Entscheidung, BGHZ 98, 70, hat der BGH den vorgenannten Fall allerdings anders entschieden, weil er auf ausländischem Recht beruhte und dessen Prozessordnung ein subsidiäres Alleinbestimmungsrecht einer Partei vorsah, um damit ein Druckmittel zur Erfüllung des Schiedsverfahrens vorzugeben. In diesem Fall, der einen englischen Schiedsspruch betraf, verneinte der BGH für das Vollstreckungsverfahren in Deutschland einen Verstoß gegen den deutschen ordre public.

Neben der Einschränkung des § 1034 ZPO, der das **Übergewicht einer Partei** bei der Zusammensetzung des Schiedsgerichts **vermeiden** will, können bei Benennung eines Schiedsrichters schon im Vertrag auch Probleme entstehen betreffend die schiedsrichterliche Unabhängigkeit und Unparteilichkeit. Es dürfte heute keinem Zweifel mehr unterliegen, dass eine Häufung von Schiedsrichtermandaten durch eine Partei den Schiedsrichter in ein Abhängigkeitsverhältnis bringen kann, das seine Unparteilichkeit und Unabhängigkeit be-

---

[6] In einem vom Unterzeichner betriebenen Schiedsverfahren hatte eine große deutsche Handelskette vorgesehen, dass alle entstehenden Rechtsstreitigkeiten durch einen sogar namentlich bezeichneten Vorsitzenden Richter einer Kammer für Handelssachen zu entscheiden sein sollten.

einflusst.[7] Diskussionswürdig ist, wann von einer solchen „Häufung" von Schiedsrichtermandaten gesprochen werden kann. Hier mögen die von der International Bar Association (IBA) entwickelten sog. „Conflict-Rules" hilfreich sein, wonach eine Befangenheit dann nicht besteht, wenn der Schiedsrichter in den vergangenen drei Jahren nicht mehr als zwei Bestellungen derselben Partei erhalten hat.[8]

2. Durch eine Partei

Die Benennung eines Schiedsrichters durch eine Partei und so, wie dieses im Vertrag vorgesehen ist und nach Entstehen des Streites notwendig wird, dürfte die übliche Form der Schiedsrichterbestellung sein. Dieses folgt aus § 1035 Abs. 1 ZPO, wonach die Parteien das Verfahren zur Bestellung des Schiedsrichters oder der Schiedsrichter **frei** vereinbaren können. Dieses kann auch noch **nach** Abschluss der Schiedsvereinbarung und sogar noch dann, wenn das Schiedsgericht bereits gebildet ist, geschehen.[9] D.h., die Parteien sind grundsätzlich frei, die Zahl der vertraglich vereinbarten oder im Einzelfall bereits ausgesuchten Schiedsrichter zu erweitern oder zu reduzieren.

Hat sich eine Partei jedoch einmal für eine bestimmte Person als ihren Parteischiedsrichter entschieden, so ist die Partei an diese Bestellung **gebunden**, sobald die andere Partei die Mitteilung über die Bestellung empfangen hat, § 1035 Abs. 2 ZPO. Üblicherweise geschieht diese Mitteilung durch Benennung des Schiedsrichters bereits in der Schiedsklage, in gesondertem Schriftsatz oder auch mündlich, z.B. telefonisch. Dabei muss die Mitteilung über die Bestellung des Schiedsrichters so konkret und aussagekräftig sein, dass die andere Seite in der Lage ist, mit dem bestellten Schiedsrichter Kontakt aufzunehmen oder, was in der Praxis wichtiger ist, Erkundigungen über ihn einzuziehen.

Die Mitteilung der Bestellung ist eine bedingungsfeindliche Prozesshandlung, die die ernennende Partei bindet und wonach der nominierte Schiedsrichter nicht mehr einseitig durch eine andere Person ausgewechselt werden kann. Deshalb ist es für jede ernennende Partei unerlässlich, sich **sorgfältig** zu überlegen, welcher Person das Amt des Parteischiedsrichters anvertraut werden soll. Zu Kollisionen kann das führen in Fällen, in denen der Rechtsvertreter einer Partei eine spezielle Person als Parteischiedsrichter benennt, ohne dieses zuvor mit seiner Mandantschaft abgeklärt zu haben. Eine solche vorherige Abstimmung ist zulässig, üblich und **dringend zu empfehlen**. Es gilt hier nichts anderes, als bei der Bestellung des Vorsitzenden des Schiedsgerichts durch beide Parteischiedsrichter. So wie sich diese vor der Auswahl des Vorsitzenden mit der sie benennenden Partei bzw. den diese Partei vertretenden Rechtsver-

---

[7] So auch *Schütze*, Schiedsgericht und Schiedsverfahren, 3. Aufl. 1999, S. 29, Rdnr. 37. Anders allerdings *Schlosser*, in: Stein/Jonas, ZPO, 22. Aufl. 2002, § 1036 Rdnr. 16.
[8] IBA Guidelines on Conflicts of Interest in International Arbitration vom 22. Mai 2004.
[9] *Lachmann*, Handbuch für die Schiedsgerichtspraxis, 3. Aufl. 2008, Rdnr. 789.

tretern abstimmen sollten, so gilt dieses gleichermaßen bei der Bestellung des Schiedsrichters durch die eigene Partei bzw. deren Rechtsvertreter.[10]

3. Von beiden Parteien oder mehreren Parteien gemeinsam

a) Zwei Parteien

Zunächst ist hier die Bestellung des Vorsitzenden oder Obmanns des Schiedsgerichts gemeint. Hier dürfte das **eigentliche Problem** bei der Bildung eines Dreier-Schiedsgerichts liegen. Während noch die Bestellung des eigenen Parteischiedsrichters unter normalen Umständen problemlos abläuft, so müssen sich jetzt die Parteien selbst und/oder deren Rechtsvertreter direkt mit der Gegenseite und/oder deren Rechtsvertreter auf den Vorsitzenden einigen. Das ist schon keine leichte Aufgabe im nationalen Rahmen, wird aber erst recht kompliziert bei internationalen Verfahren, wenn Sprachbarrieren auftreten und unterschiedliche Rechts- und Kulturkreise aufeinander treffen. Dass diese Thematik – soweit ersichtlich – in Literatur und Rechtsprechung nicht erörtert wird, liegt darin begründet, dass es sich hier weniger um juristische Problematik handelt als vielmehr um **Fragen der Diplomatie, Taktik und Psychologie**.[11] Die Einigung auf einen Vorsitzenden erfordert häufig nicht nur Geduld, sondern auch diplomatisches Geschick im Umgang mit dem Gesprächspartner, der ja von der getroffenen Wahl erst noch überzeugt werden soll. Hier geht es dann nicht mehr um juristische Probleme, sondern die psychologisch und taktisch richtige Vorgehensweise. Verbindliche Vorgaben oder Handlungsanweisungen gibt es dafür – bedauerlicherweise – nicht.

Das UNCITRAL-Model-Law regelt in Art. 11 Abs. 3 nur, dass jede Partei einen Schiedsrichter zu bestellen hat, sagt aber nichts darüber, zu welchem Zeitpunkt die Bestellung zu erfolgen hat. Demgegenüber legen die meisten Schiedsgerichtsordnungen eine Reihenfolge fest, in der sie die Benennung des vom Kläger zu bestimmenden Schiedsrichters mit der Klageerhebung verlangen, so dass es dann immer der Beklagte ist, der den zweiten Schiedsrichter benennen muss. Diese Reihenfolge gibt dem Beklagten die Möglichkeit, seine Schiedsrichterauswahl auf die Person des vom Kläger benannten Schiedsrichters auszurichten.[12] Diese Situation kann für den Beklagten problematisch werden, wenn der Schiedsvertrag Einschränkungen enthält z.B. bzgl. Spezialkenntnis oder Nationalität der Schiedsrichter und damit den Kreis der noch zur Verfügung stehenden Schiedsrichter eingrenzt. Auf der anderen Seite, und dieses dürfte die Regel sein, wird es der Beklagte als Vorteil empfinden, seine Schiedsrichterwahl orientieren und anpassen zu können an die vom Kläger benannte Person. Dieser Umstand wiederum kann den Kläger veranlassen, seine Schieds-

---

10 Darauf weist auch *Schlosser*, in: Stein/Jonas, ZPO, 22. Aufl. 2002, § 1036 Rdnr. 16 deutlich hin.
11 Dieses Problem besteht gleichermaßen, wenn sich die Parteien bzw. deren Rechtsvertreter auf die Person eines Alleinschiedsrichters einigen müssen.
12 Auf dieses Problem weisen zu Recht hin, *Lionnet/Lionnet*, Handbuch der Internationalen und Nationalen Schiedsgerichtsbarkeit, 3. Aufl. 2005, S. 278.

richterauswahl „nachbessern" zu wollen. Dieses ist jedoch nur in Ausnahmefällen zulässig, § 1035 Abs. 2 ZPO.

Das Problem bei der Abstimmung mit der Gegenseite, Partei oder Rechtsvertreter, liegt darin begründet, dass diese „prima facie" von dem empfohlenen Dritten, auf den man sich ja einigen will, den Eindruck haben, dass diese Person **nicht neutral** ist, sondern Interessen der Gegenseite wahrnimmt.[13] Der Vorschlagende, üblicherweise derjenige, der den ersten Schritt macht und zum Telefonhörer greift, ist dem Verdacht ausgesetzt, „seine" Partei – vielleicht nur unbewusst – zu bevorzugen. Häufig wird sich ja tatsächlich eine größere Nähe zur benennenden Partei nicht in Abrede stellen lassen. Umso mehr ist es dann Aufgabe des gemeinsam benannten Schiedsrichters, Neutralität in seinem Amt walten zu lassen.

Üblicherweise und gerade in der Praxis der Handelsschiedsgerichtsbarkeit ist es zumeist die Klägerseite, die für den Vorsitz eine Person benennt und diese in einem Telefonat vorschlägt oder eine Liste vorlegt mit zwei, drei oder noch mehr Personen. Empfehlenswert ist es, in solchen Fällen einen **Termin** zu vereinbaren, zu welchem beide Seiten einen oder mehrere Namen nennen. Mit etwas Glück, und das gibt es tatsächlich immer wieder, taucht dann zumindest eine identische Namensnennung auf, womit die Bestimmung des Vorsitzenden glücklich beendet wäre.

Gibt es solche Überschneidungen nicht, dann müssen die schon ausgetauschten Namen diskutiert werden oder, wenn eine Einigung nicht möglich ist, weitere Namensnennungen erfolgen. Aufgrund der Gesetzeslage und der Regelung der verschiedenen institutionalisierten Schiedsordnungen besteht hier alsbald Zeitdruck, was in der Sache dann auch hilfreich sein kann.

Obwohl eine Selbstverständlichkeit, ist es ratsam, in solchen direkten Abstimmungsgesprächen zwischen den Parteien bzw. ihren Rechtsvertretern mit **offenen Karten** zu spielen und gegenseitig gestellte Fragen **wahrheitsgemäß** zu beantworten. Wenn z. B. eine Partei auf Nachfrage der Gegenseite ausdrücklich die Unabhängigkeit und Neutralität eines von ihr ins Auge gefassten und vorgeschlagenen Vorsitzenden bestätigt, dann jedoch Recherchen der Gegenpartei aufdecken, dass hier durchaus Beziehungen bestehen zwischen dem vorgeschlagenen Vorsitzenden und der vorgeschlagenen Partei bzw. deren Rechtsvertretern, so mögen die gefundenen Erkenntnisse zu einer formellen Ablehnung eines Schiedsrichters nicht ausreichen, es entstehen aber Zweifel an der Richtigkeit und Wahrheit der gemachten Vorschläge, und das ist hinderlich für eine Einigung. So etwas führt allenfalls zu Misstrauen gegenüber neuen Vorschlägen bei der gemeinsamen weiteren Suche nach einem Vorsitzenden oder Alleinschiedsrichter.

---

13 Genau das ist das zu lösende Problem, so *Mankowski*, Die Ablehnung von Schiedsrichtern, SchiedsVZ 2004, S. 309.

b) Mehrere Parteien

Das Problem der gemeinsamen Benennung eines Schiedsrichters, jetzt Alleinschiedsrichters, besteht ebenfalls im Falle eines Mehr-Parteien-Schiedsverfahrens. Üblicherweise kommt so etwas vor bei Kauf-, Werk- und Lieferverträgen, in denen dem Auftraggeber eine Mehrzahl von Auftragnehmern gegenübersteht; bei Konsortial-, Gemeinschafts- und Poolverträgen.[14]

Das 10. Buch der ZPO enthält **keine** gesonderte Regelung zur Problematik bei der Bildung eines Mehrparteien-Schiedsgerichts. Nach der amtlichen Begründung zur Gesetzesnovelle hat der Gesetzgeber die damit zusammenhängenden Probleme durchaus gesehen, sie aber bewusst den Parteien zur Regelung überlassen.[15]

Die wesentlichen Probleme liegen darin, dass **jede Partei** das Recht hat, einen Schiedsrichter ihres Vertrauens zu benennen, und dass weiterhin gewährleistet sein muss, dass alle am Verfahren beteiligten Parteien bei der Besetzung des Schiedsgerichts **gleiche Chancen** haben. Wie dieses aber konkret zu lösen ist, lassen in der Praxis viele Schiedsklauseln offen. Es liegt auf der Hand, dass ein Schiedsverfahren undurchführbar wird, wenn bei einem Gesellschafterstreit einer zahlenmäßig großen Gesellschaft jeder einzelne Gesellschafter seinen eigenen Schiedsrichter bestellen wollte.[16]

Unproblematisch ist es, wenn bereits vertraglich ein Einzelschiedsrichter für mehrere Parteien vereinbart wurde, so dass sich jetzt die Kläger oder Beklagten auf eine einzige Person einigen müssen. Problematisch jedoch wird es beim Dreier-Schiedsgericht: Eine Partei könnte ihren Schiedsrichter frei ernennen und hätte damit einen größeren Einfluss auf die Besetzung des Schiedsgerichts als die Gegner, die alle gezwungen wären, sich auf einen einzigen Schiedsrichter zu einigen bzw. eine Zwangsbestellung zu akzeptieren.[17]

Gelöst ist dieses Problem für die institutionelle Schiedsgerichtsbarkeit. Beispielhaft sei verwiesen auf die Regelung in § 13 der Schiedsgerichtsordnung der Deutschen Institution für Schiedsgerichtsbarkeit e.V. (DIS). Danach haben mehrere Kläger oder mehrere Beklagte sich auf einen gemeinsamen Schiedsrichter zu einigen. Gelingt ihnen dieses in vorgegebener Frist nicht, so ernennt der DIS-Ernennungsausschuss die Schiedsrichter für beide Parteien. Diese müssen sich dann auf den Vorsitzenden einigen.

---

14 *Schwab/Walter*, Schiedsgerichtsbarkeit, 7. Aufl. 2005, Kap. 10., Rdnr. 14.
15 BT-Drucksache, 13/5274, 53.
16 Siehe zu dem Problemkreis *Hantke*, Die Bildung des Schiedsgerichts, SchiedsVZ 2003, S. 272.
17 Dazu in aller Ausführlichkeit: *Schlosser*, in: Stein/Jonas, ZPO, 22. Aufl. 2002, § 1036 Rdnr. 563 ff.

4. Ersatzbestellung

a) Ersatzbenennung durch appointing-authority

Normalerweise haben die Parteien in ihrer Schiedsvereinbarung für den Fall, dass eine von ihnen ihren Schiedsrichter nicht oder nicht rechtzeitig benennt, sie sich auf einen Einzelschiedsrichter nicht einigen können oder eine fristgemäße Einigung auf den Vorsitzenden nicht möglich ist, das Bestellungsrecht auf einen Dritten übertragen.

Zumindest für deutsche Verfahren ist ein solcher Dritter häufig der Präsident des Land- oder Oberlandesgerichts oder der Präsident der Industrie- und Handelskammer.[18] In einem solchen Fall entscheidet dann nicht irgendein Richter oder Rechtspfleger des Gerichts, sondern der **Präsident in persona** oder sein gesetzlicher Vertreter. Allerdings ist dieser **nicht verpflichtet**, die Ernennung vorzunehmen. Deshalb ist es ratsam, vor Abschluss einer derartigen Schiedsklausel sicherzustellen, dass bei dem ins Auge gefassten Dritten die Bereitschaft zur Bestellung überhaupt besteht. Sollten es hier Zweifel geben, so ist es ratsam, für den Ausfall dieses Dritten, z.B. durch Weigerung oder Wegfall eine Ersatz-appointing-authority vorzusehen.[19]

Der Benennende, z.B. der Präsident der IHK, ist im Rahmen seines Ersatzbestellungsverfahrens nicht an Weisungen der Partei, für die er einen Schiedsrichter benennt, gebunden.

b) Gerichtliche Ersatzbenennung

Grundsätzlich werden die Schiedsrichter von den das Verfahren beherrschenden Parteien ernannt. Können sich jedoch die Parteien über die Bestellung eines Einzelschiedsrichters nicht einigen oder unterlässt es eine Partei, bei Bildung eines Dreier-Schiedsgerichts ihren Schiedsrichter zu bestellen oder gelingt es beiden Parteien nicht, sich binnen eines Monats nach ihrer Bestellung auf den Vorsitzenden zu einigen, dann kommt es mangels anderer Vereinbarung zur gerichtlichen Ersatzbestellung nach § 1035 ZPO.

In allen Fällen ist der **Antrag** einer Partei notwendig, einen Schiedsrichter durch das Gericht bestellen zu lassen. Bei der Bestellung hat das Gericht die im Vertrag ggf. vorgesehenen Voraussetzungen für die Schiedsrichterqualifikation zu berücksichtigen.

Ob eine Partei ihr Ernennungsrecht endgültig verliert, wenn sie die Ernennungsfrist versäumt,[20] wird unterschiedlich beantwortet. Richtig dürfte die Auffassung von Lachmann sein, wonach die Gegenpartei nach Fristablauf das Verfahren auf Ersatzbestellung einleiten kann. Die säumige Partei kann dann die Benennung so lange **nachholen**, bis der Beschluss des OLG, in dem die Er-

---

18 *Glossner/Bredow/Bühler*, Das Schiedsgericht in der Praxis, 3. Aufl. 1997, Rdnr. 182.
19 Darauf weist ausdrücklich *Schütze*, Schiedsgericht und Schiedsverfahren, 3. Aufl. 1999, S. 29, Rdnr. 31 hin.
20 *Schütze*, Schiedsgericht und Schiedsverfahren, 3. Aufl. 1999, S. 29, Rdnr. 32.

satzbestellung erfolgt, ergangen ist.[21] Diese Auffassung erscheint deshalb richtig, weil sie am ehesten dem das Schiedsverfahrensrecht beherrschenden Grundsatz der Parteiautonomie Rechnung trägt.

Die notwendigen gerichtlichen Maßnahmen obliegen dem örtlich zuständigen Oberlandesgericht, das durch unanfechtbaren Beschluss, der ohne mündliche Verhandlung ergehen kann, entscheidet, §§ 1062, 1063 ZPO. Vor der Entscheidung des Gerichts ist der Gegner zu hören.

c) DIS, ICC

Im Rahmen der institutionellen Schiedsgerichtsbarkeit ist z.B. bei DIS-Verfahren Benennungsstelle der DIS-Ernennungsausschuss. Im Rahmen der ICC-Schiedsgerichtsbarkeit ist es der Schiedsgerichtshof, der die Benennungen vornimmt.

5. Bindung an eine Liste

Vereine, Verbände und Außenhandelskammern schränken häufig die Möglichkeit der Parteien in der Auswahl ihrer Schiedsrichter ein. Teilweise wird ein bereits bestehendes und schon von vorneherein mit Schiedsrichtern besetztes Schiedsgericht für zuständig erklärt; teilweise werden die Schiedsrichter in der jährlichen Hauptversammlung neu gewählt und bilden dann für die Dauer ihrer Wahlperiode die feste Zusammensetzung des Schiedsgerichts. Teilweise ist vorgesehen, dass z.B. in Sportvereinen die Schiedsrichter, wenn schon nicht von vorneherein festgelegt, nur aus Mitgliedern des Vereins oder Verbandes gewählt werden dürfen.[22]

Bei zahlreichen Außenhandelskammern vor allem in osteuropäischen Staaten gibt es nach wie vor **Schiedsrichterlisten**, die mittlerweile allerdings auch für Angehörige anderer Länder geöffnet sind.[23]

Eine seit ihrer Gründung und bis heute **geschlossene Schiedsrichterliste** findet sich beim Internationalen Sportsschiedsgericht am Sitz des Internationalen Olympischen Komitees (IOC) in Lausanne.[24] Dieses seit 1983 existierende Internationale Schiedsgericht tagt, wenn die Parteien nichts anderes ausdrücklich schriftlich vereinbart haben, in einer Dreierbesetzung in Lausanne unter Anwendung Schweizer Rechts. Die Parteien müssen ihre Schiedsrichter aus einer Liste von z. Zt. 150 Schiedsrichtern auswählen, ein nicht in dieser Liste

---

21 *Lachmann*, Handbuch für die Schiedsgerichtspraxis, 3. Aufl. 2008, Rdnr. 867.
22 Z.B. § 16 der Satzung des Deutschen Fußballbundes.
23 *Glossner/Bredow/Bühler*, Das Schiedsgericht in der Praxis, 3. Aufl. 1997, Rdnr. 168. Solche Listen führt z.B. das permanente Schiedsgericht bei der Industrie- und Handelskammer Slowenien, das Schiedsgericht bei der ungarischen Industrie- und Handelskammer und das Schiedsgericht bei der Wirtschafts- und Landwirtschaftskammer der Tschechischen Republik.
24 Der sog. Court of Arbitration for Sport „CAS" oder „TAS" Tribunal Arbitral du Sport.

enthaltener Schiedsrichter entfällt für diese Aufgabe.²⁵ Nach wohl richtiger Auffassung **widerspricht** eine derartige Beschränkung der Parteien auf eine vorliegende Schiedsrichterliste dem Grundgedanken des nationalen und internationalen Schiedsverfahrensrechts, nämlich der freien Auswahl des Schiedsrichters.²⁶ Das Gegenargument von *Walter*,²⁷ in der zahlenmäßig begrenzten Liste stünden ja genügend spezialisierte Fachpersonen zur Verfügung, überzeugt nicht.

Lediglich **empfehlenden Charakter** hat die Namensliste, die vom Internationalen Schiedsgericht bei der Wirtschaftskammer Österreich, Wien, geführt und alle vier Jahre aktualisiert wird.

III. Berücksichtigung von Beruf oder Qualifikation des Schiedsrichters

1. Keine gesetzlichen Vorgaben

Die deutsche ZPO enthält **keine** Regelung, die eine besondere Qualifikation für das Schiedsrichteramt vorschreibt. Für die Übernahme eines Schiedsrichteramtes ist eine Erlaubnis nach dem Rechtsberatungsgesetz nicht erforderlich. Die Parteien sind somit **völlig frei**, was Vor- und Ausbildung, Beruf, Sprache oder Nationalität des Schiedsrichters angeht.²⁸

In der Praxis kommt es immer wieder vor, dass Parteien oder ihre Rechtsvertreter in der Schiedsklage zur Vereinfachung und Beschleunigung sich gleich selbst als Schiedsrichter benennen. Dieses widerspricht § 1036 ZPO. Bedauerlicherweise ist diese Regelung auch in Rechtsanwaltskreisen noch nicht allgemein bekannt.

2. Ein guter Freund

Wenn man sich schon nicht selbst als Schiedsrichter benennen darf, so scheint weiterhin die Auffassung verbreitet, dass es dann doch zulässig sein müsse, seinen besten Freund als Schiedsrichter zu benennen. Auch hier bestehen aber Bedenken gegen die **Unparteilichkeit** oder die **Unabhängigkeit** des „guten Freundes" als Schiedsrichter, § 1036 ZPO. Aus diesem Grund entfällt für das Schiedsrichteramt, wer mit einer Partei verwandt, verheiratet, verlobt, ver-

---

25 Siehe dazu im Detail *Hantke*, Brauchen wir eine Sport-Schiedsgerichtsbarkeit? in: SpuRt 5, 1998, S. 186 ff.
26 Mit dieser Auffassung hat im Jahre 1993 der deutsche Springreiter Gundel eine CAS-Entscheidung beim Schweizer Bundesgericht angefochten. Dieses hat allerdings gegen die Beschränkung auf die Schiedsrichterliste keine Bedenken erhoben und den CAS als unabhängigen und objektiven Schiedsgerichtshof anerkannt.
27 *Walter*, Neuere Rechtsprechung des Schweizer Bundesgerichts für Schiedsgerichtsbarkeit, SchiedsVZ 2005, S. 59.
28 *Schwab/Walter*, Schiedsgerichtsbarkeit, 7. Aufl. 2005, Kap. 9, Rdnr. 1, weisen darauf hin, dass es selbstverständlich sein sollte, dass Geschäftsunfähige und Behörden sowie Gerichte als solche nicht zum Schiedsrichter bestellt werden können. Bestellt werden kann nur der Leiter einer Behörde oder eine konkrete Person eines Gerichts.

schwägert oder persönlich befreundet wie auch persönlich verfeindet ist.[29] Gerade bei bestehenden verwandtschaftlichen, persönlichen und/oder beruflichen Kontakten wie wirtschaftlichen Interessen am Verfahrensausgang ist die Grenze des § 1036 ZPO zu beachten. Für **internationale Verfahren** sind in diesem Zusammenhang hilfreich die „IBA Guidelines on Conflicts of Interest in International Arbitration" vom 22. Mai 2004. Im Zweifel ist ein Blick in diese Guidelines hilfreich und zu empfehlen.

3. Erfolgsaussichten

Mit dem Vorstehenden zusammenhängend könnte es nahe liegen, jemanden auszusuchen, der ein Sach- und Rechtsproblem gleichermaßen beurteilt wie der Ernennende selbst und deshalb verlässlich erscheint zur Erreichung des gewünschten Schiedsspruchs. Einen solchen Schiedsrichter auszusuchen und zu benennen, dürfte zulässig sein, so lange der Ernannte seine Rechtsauffassung nicht in dem konkret zu entscheidenden Fall und dann noch für die ernennende Partei abgegeben hat. Wenn der Schiedsrichter aber genau aus diesem Grunde benannt worden sein sollte, so bestehen Bedenken an seiner Unparteilichkeit und Unabhängigkeit.[30]

4. Juristen

Zur Frage, ob Schiedsrichter Juristen sein müssen, **sagt** die deutsche ZPO **nichts** und schweigen die meisten Schiedsordnungen. Allerdings enthält die Schiedsgerichtsordnung der Deutschen Institution für Schiedsgerichtsbarkeit e. V. (DIS) in § 2.2. eine Regelung, wonach dann, wenn die Parteien nichts anderes vereinbart haben, der Vorsitzende des Schiedsgerichts oder der Einzelschiedsrichter Juristen sein müssen. Es bedarf keiner Frage, dass entsprechende Fachkompetenz der Schiedsrichter dem Ablauf des Verfahrens und der Qualität des Schiedsspruchs nützlich ist. Üblicherweise ist das der entscheidende Grund, weshalb die Parteien eine Regelung treffen, wonach der zu benennende Schiedsrichter, zumindest aber der Vorsitzende des Schiedsgerichts, die Befähigung zum Richteramt haben müssen. Zu Recht weist Lachmann allerdings darauf hin, dass es grundsätzlich vermieden werden sollte, dass der Vorsitzende sowie ein weiterer Schiedsrichter Volljuristen sind, das dritte Mitglied des Schiedsgerichts jedoch nicht, weil eine solche Konstellation leicht zu Ungleichgewichten und Auseinandersetzungen führen kann.[31]

Zu beachten ist in diesem Zusammenhang, dass die deutschen Haftpflichtversicherer Schiedssprüche nur dann als urteilsgleiche Entscheidungen anerkennen, wenn neben einer Reihe anderer zu erfüllender Voraussetzungen zumindest der Vorsitzende des Schiedsgerichts Volljurist ist.

---

29 *Mankowski*, Die Ablehnung von Schiedsrichtern, SchiedsVZ 2004, 308 mit umfangreichen Hinweisen auf die einschlägige Literatur und Rechtsprechung; *Schütze*, Schiedsgericht und Schiedsverfahren, 3. Aufl. 1999, Rdnr. 36.
30 *Hanseatisches OLG Hamburg*, Beschl. v. 12.7.2005, SchiedsVZ 2006, 55.
31 *Lachmann*, Handbuch für die Schiedsgerichtspraxis, 3. Aufl. 2008, Rdnr. 817.

Dass es für Schiedsverfahren aus juristischen Spezialthemen wie z.B. dem Kartell-, Lizenz-, Patent- und auch dem Bereich der Unternehmenskäufe sinnvoll und hilfreich ist, Schiedsrichter zu benennen, die sich mit diesen Themen schon einmal befasst haben, wenn nicht gar auskennen, liegt auf der Hand. Es wäre geradezu sträflich, wenn eine Partei für die Entscheidung des Falles verlangtes **Spezialwissen** bei der Auswahl eines Schiedsrichters nicht in Anspruch nehmen wollte.

5. Richter

Soweit internationale Schiedsverfahren betroffen sind, sind die Begriffe „Volljurist" und „Befähigung zum Richteramt" wenig hilfreich, weil sie anderen Rechtsordnungen fremd sind.[32] Nach wie vor aber ist es üblich, dass Parteien in ihrem Bemühen, einen neutralen Schiedsrichter bzw. einen neutralen Vorsitzenden des Schiedsgerichts zu finden, einen Richter eines staatlichen Gerichts vorschlagen oder gar im Schiedsvertrag schon einen solchen verlangen. Diese Thematik hat immer wieder die Gerichte beschäftigt.[33] Gem. § 40 Abs. 1 DRiG darf die vom Gesetz verlangte Nebentätigkeitsgenehmigung nur erteilt werden, wenn die Parteien den Schiedsrichter **gemeinsam** beauftragen oder die Ernennung durch eine unbeteiligte Stelle erfolgt. § 40 Abs. 1 DRiG soll das Vertrauen in die Unabhängigkeit des einzelnen Richters und der Rechtsprechung aufrecht erhalten, weshalb diese Gesetzesregelung mehr als nur eine reine Verfahrensvorschrift ist.[34]

Danach ist es allenfalls unproblematisch, wenn zwei von den Parteien benannte Schiedsrichter sich auf einen Berufsrichter als Vorsitzenden einigen, was in der Praxis deutscher Verfahren häufig vorkommt, oder wenn die Parteien gleich übereinstimmend und gemeinsam einen Berufsrichter als Einzelschiedsrichter benennen. Sollte ein Richter eines staatlichen Gerichts eine nur von einer Partei vorgenommene Benennung annehmen, so riskiert er, dass der unter seiner Mitwirkung zustande gekommene Schiedsspruch dem **Risiko der Aufhebung** unterliegt. Zudem verstößt ein mit einem staatlichen Richter geschlossener Schiedsrichtervertrag gegen ein gesetzliches Verbot und ist nach § 134 BGB nichtig mit allen daraus folgenden Konsequenzen.

6. Techniker, Kaufleute, Professoren

Allgemein ist die Auffassung verbreitet, dass es in Schiedsverfahren mit komplizierten technischen Sachverhalten oder auch in Bausachen durchaus nützlich sei, wenn wenigstens der oder die Beisitzer selbst fundierte Kenntnisse der

---

32 *Lionnet/Lionnet*, Handbuch der Internationalen und Nationalen Schiedsgerichtsbarkeit, 3. Aufl. 2005, S. 165, mit der Empfehlung in einem internationalen Schiedsverfahren diese Frage wie folgt zu regeln: „The chairman of the Arbitral Tribunal or the Sole Arbitrator shall be a lawyer".
33 Z.B. *KG*, SchiedsVZ 2003, 185, 186; BGHZ 55, 313.
34 *Kröll*, Die Entwicklung des Rechts der Schiedsgerichtsbarkeit in den Jahren 2003 und 2004, NJW 2005, 195.

jeweiligen technischen Zusammenhänge besäßen, und es ausreichend sei, dass nur der Vorsitzende des Schiedsgerichts Jurist ist. Soweit man auf diesem Wege dem Schiedsgericht besonderes technisches Know-how zukommen lassen will, erscheint es sinnvoller, wenn das Schiedsgericht von den Parteien bestimmte **Partei-Sachverständige** hört bzw. selbst einen **Sachverständigen** beauftragt.[35]

Viel größer ist die Gefahr, dass der Nicht-Jurist sich im Ablauf eines komplizierten und langwierigen Schiedsverfahrens in den Fallstricken des Schiedsrechts verheddert. Wenn schwierige materielle und formelle Rechtsfragen auftauchen, ist ein noch so hochqualifizierter Techniker seinen Mitschiedsrichtern gegenüber stets im Nachteil.

Nichts anderes gilt für Kaufleute, deren kaufmännisches Wissen in wirtschaftsrechtlichen Verfahren außerordentlich hilfreich ist, was aber obige Bedenken nicht ausschließt.

Schließlich kommen Professoren als Schiedsrichter in Frage. Deren hohe fachliche und juristische Qualifikation gereicht jedem Verfahren zum Vorteil und ist – zudem noch – häufig lehrreich für die Parteien und deren Rechtsvertreter. Abklären sollte man hier vor entsprechender Benennung allerdings, ob der ins Auge gefasste Hochschullehrer neben Vorlesungen, internationalen Kongressen und Vorträgen sowie Lehrtätigkeit zeitlich überhaupt in der Lage ist, sich einem möglicherweise länger dauernden Schiedsverfahren zur Verfügung zu stellen. Es kann zu unerwarteten und für den Abschluss des Verfahrens hinderlichen Überraschungen führen, wenn ein, zwei oder sogar drei Professoren ihre diesbezüglichen Dienstverpflichtungen aufeinander abstimmen müssen. Das kann dann leicht zu erheblichen zeitlichen Verzögerungen im Verfahren führen.

7. Notare und Rechtsanwälte

Manche Parteien neigen schon deshalb dazu, einem Notar das Schiedsrichteramt zu übertragen, weil dieser nach § 14 der BNotO nicht Vertreter einer Partei ist, sondern unabhängiger und unparteiischer Betreuer der Beteiligten. Es bedarf keiner Bedenken, dass ein Notar ein hervorragender Fachmann ist für die Themen seines Notariats. Die zitierte Regelung zur Unparteilichkeit des Notars hat jedoch nichts zu tun mit der im Gesetz in § 1036 ZPO geforderten Unparteilichkeit oder Unabhängigkeit von der ernennenden Partei. Davon nämlich kann ein Notar betroffen sein, der regelmäßig für dieselbe Partei Beurkundungen vornimmt und erst recht, wenn diese entsprechenden Honorarumfang ausmachen. Entscheidend für die Bestimmung als Schiedsrichter ist und bleibt allein § 1036 ZPO.

Üblicherweise und gerade im Bereich der deutschen und internationalen Handelsschiedsgerichtsbarkeit ernennen die Parteien bzw. deren Rechtsvertreter

---

35 Verwiesen wird in diesem Zusammenhang auf die „IBA-Rules on Taking Evidence in International Commercial Arbitration", dort Art. 5.

Kollegen. Diese sind es gewohnt, auch umfangreiche Fälle sorgfältig, schnell und zügig zu bearbeiten. Wenn sie außerdem noch mit den Einzelheiten des Schiedsrechts vertraut sind, zeitlich ausreichend disposibel und gleichzeitig die Einschränkungen des § 1036 ZPO beachten, dürften sie als **ideale Schiedsrichter** in Frage kommen.

IV. Hinweise zum Auswahlverfahren

An dieser Stelle sollen aus der eigenen Erfahrung des Verfassers sowie Berichten aus anderen Schiedsverfahren einige Hinweise zur praktischen Abwicklung in der Abstimmung mit der Gegenseite bei der Suche nach einem Alleinschiedsrichter oder dem Vorsitzenden des Dreier-Schiedsgerichts gegeben werden. Es ist selbstverständlich, dass diese Liste keineswegs abschließenden Charakter hat. Jeder Schiedsrichter wird zu diesem Thema auch seine eigenen Erfahrungen einbringen.

1. Personennennungen

Üblich ist, der Gegenseite eine **Liste** vorzulegen mit einer, zwei oder drei Namensnennungen von in Frage kommenden Schiedsrichtern. Erfreulich ist, wenn dann die Gegenseite ihre Zustimmung erteilt zu einer oder mehreren der genannten Personen. Gleichermaßen häufig ist es, dass die Gegenseite ihrerseits mit einer Liste von verschiedenen Namensnennungen kontert. Es ist hilfreich, für die Vorlage der jeweiligen Listen einen **Termin** zu nennen, weil es ja nicht ausgeschlossen ist, dass auf den ausgewechselten Listen ein Name von beiden Parteien aufgeführt ist, dann ist die Wahl getroffen.

Ist das nicht der Fall, dann müssen die von beiden Parteien erwähnten Personen gemeinsam erörtert werden mit dem Ziel, sich auf eine Partei zu einigen. Scheitert dieses Verfahren, so wird nichts anderes übrig bleiben, als jeweils neue Listen zu erstellen.

2. Abarbeiten von „Long-List" auf „Short-List"

Auch in **internationalen Verfahren** ist es üblich, Listen auszutauschen, in denen die in Frage kommenden Personen aufgeführt sind. Diese Listen können länger, aber sollten nicht zu umfangreich sein und keineswegs alle in Frage kommenden Schiedsrichter enthalten, weil gerade in internationalen Verfahren das Misstrauen der Gegenseite betreffend die Neutralität der angebotenen Schiedsrichter besonders groß ist. Zu erwarten ist, dass die Gegenseite eine genauso lange Liste vorlegt. Die Gefahr besteht, dass die auf der eigenen Liste genannten Namen „**verbrannt**" sind für eine spätere Benennung durch die Schiedsinstitution.

Vorteilhaft ist es bereits, wenn es gelingt, aus der „Long-List" gemeinsam – und gewissermaßen im Ausschlussverfahren – solche Kandidaten **herauszufiltern**, die für das Amt nicht in Frage kommen. Dies aber setzt voraus, dass beide

Parteien überhaupt bereit sind, ihr Misstrauen gegenüber von der Gegenseite genannten Namen zurückzustellen.

3. Schriftlich, telefonisch, persönliches Gespräch

Bei der Bestimmung eines Schiedsrichters oder Vorsitzenden geschieht der Austausch der in Frage kommenden Namen häufig schriftlich. Trotz solcher schriftlichen Benennung ist es hilfreich, in einem **Telefonat** oder – besser noch – in einem **persönlichen Gespräch** die jeweiligen Kandidaten zu erörtern. Ein solches Gespräch schafft mehr Vertrauen als nur eine schriftliche Äußerung. Außerdem lassen sich in einem persönlichen Gespräch die Argumente pro und contra gleich an Ort und Stelle erledigen. Wenn möglich, sollte also ein solches Gespräch geführt werden. Auch in internationalen Verfahren ist zumindest ein Telefonat zu empfehlen.

Dr. Hans-Jürgen Schroth[*]

Taktik und einstweiliger Rechtsschutz im deutschen Schiedsverfahren

Inhaltsübersicht

I. Einleitung
II. Die Regelung in § 1041 ZPO
III. Die Parallelkompetenz von staatlichen Gerichten und Schiedsgerichten beim einstweiligen Rechtsschutz
   1. Die Konkurrenzlage
   2. Vor- und Nachteile der jeweiligen Maßnahmen
IV. Einstweiliger Rechtsschutz in den Schiedsordnungen
V. Zusammenfassung und Ergebnis

I. Einleitung

Taktische Überlegungen scheinen in der Prozessstrategie eines Schiedsverfahrens besonders dann eine Rolle zu spielen, wenn es um die Frage geht, ob einstweiliger Rechtsschutz beantragt werden soll. Grund hierfür ist die Öffnung des deutschen Schiedsverfahrens für den einstweiligen Rechtsschutz seit dem Schiedsverfahrens-Neuregelungsgesetz (SchiedsVfG), das am 1. Januar 1998 in Kraft getreten ist.[1] Davor waren nach deutschem Recht einstweilige Maßnahmen allein den staatlichen Gerichten vorbehalten, auch dann, wenn die Parteien sich auf eine Schiedsklausel verständigt hatten. Die Schiedsklausel schloss also den staatlichen einstweiligen Rechtsschutz nicht aus. Dieser Grundsatz gilt auch heute, d.h. die Parteien haben trotz der Schiedsklausel nach wie vor die Möglichkeit, einstweilige Rechtsschutzmaßnahmen vor staatlichen Gerichten zu beantragen. Daneben besteht aber seit dem 1. Januar 1998 in Anlehnung an Art. 17 des UNCITRAL-Modellgesetzes die Möglichkeit, dass die Schiedsgerichte selbst vorläufige und sichernde Maßnahmen anordnen, sofern die Parteien nichts anderes vereinbart haben (§ 1041 Abs. 1 ZPO).

Die damit geschaffene Parallelität zwischen staatlichem und schiedsgerichtlichem einstweiligen Rechtsschutz könnte taktische Überlegungen der Schiedsparteien befördern, wobei aber solche Überlegungen keineswegs per se anstößig oder unerwünscht sind. Im Gegenteil: Es ist völlig legitim, gerade bei einstweiligen Maßnahmen denjenigen Rechtsschutzweg zu beschreiten, der bessere Erfolgsaussichten verspricht. Es mag allerdings nicht die Intention des deutschen Gesetzgebers gewesen sein, den Parteien einer Schiedsklausel im

---

[*] *Dr. Hans-Jürgen Schroth* ist Rechtsanwalt und Partner der Kanzlei Beiten Burkhardt Rechtsanwalts GmbH, München, ferner Privatdozent an der Universität Gießen.
1 Gesetz v. 22.12.1997, BGBl. I S. 3224.

Bereich des einstweiligen Rechtsschutzes neue taktische Spielräume zu verschaffen, indem der einstweilige Rechtsschutz auch im Schiedsverfahren vorgesehen und damit das deutsche Schiedsverfahrensrecht dem internationalen Regelungsstandard angepasst wird. Die mögliche Parallelität von staatlichen und schiedsgerichtlichen einstweiligen Rechtsschutznormen ist eine Komponente dieses Standards, jedoch liegt es auf der Hand, dass aus der Parallelität keine Doppelung der einstweiligen Maßnahmen entstehen soll. Erst recht darf es keine widersprüchlichen einstweiligen Maßnahmen geben. Die Parteien einer Schiedsklausel müssen sich also entscheiden, welche einstweiligen Maßnahmen sie beantragen und erreichen wollen. Unter diesen Umständen ist nicht ohne weiteres ersichtlich, wie viel Raum tatsächlich für taktische Überlegungen im einstweiligen Rechtsschutz verbleibt.

II. Die Regelung in § 1041 ZPO

1. Nach § 1041 I ZPO kann das Schiedsgericht auf Antrag einer Partei vorläufige oder sichernde Maßnahmen anordnen, die es in Bezug auf den Streitgegenstand für erforderlich hält, soweit die Parteien nichts anderes vereinbart haben. Unklar ist, was unter dem Begriff der „vorläufigen und sichernden Maßnahmen" im Sinne des § 1041 I ZPO zu verstehen ist. Sowohl das Gesetz als auch die Materialien geben hierüber kaum Aufschluss. Die vorläufigen oder sichernden Maßnahmen sind in § 1041 I ZPO nicht typisiert worden. Eine Beschränkung auf Arrest und einstweilige Verfügung wie beim staatlichen einstweiligen Rechtsschutz ist nicht vorgesehen. Das Gesetz grenzt den Kreis der möglichen Maßnahmen jedoch dadurch ein, dass das Schiedsgericht nur solche vorläufigen oder sichernden Maßnahmen anordnen kann, die es im Bezug auf den Streitgegenstand für erforderlich hält. Außer den Begrenzungsmerkmalen „Streitgegenstand" und „Erforderlichkeit" sind keine Einschränkungen vorgesehen.

Das bedeutet, dass dem Schiedsgericht eine ganze Bandbreite möglicher einstweiliger Maßnahmen zur Verfügung steht, die in Bezug auf den Streitgegenstand auf Antrag einer Partei angeordnet werden können.[2] Bei der Wahl der erforderlichen Maßnahme darf der Bereich des einstweiligen Rechtsschutzes nicht verlassen werden, d.h. eine Vorwegnahme der Hauptsacheentscheidung ist nicht erlaubt, sondern die Maßnahme darf nur der vorsorglichen Sicherung eines behaupteten Rechtsanspruchs dienen. Allerdings sind auch (Teil-)Leis-

---

[2] *Brandel*, Einstweiliger Rechtsschutz im Schiedsverfahren, Diss. München 2000, S. 135 ff.; *Schroth*, Einstweiliger Rechtsschutz im deutschen Schiedsverfahren, SchiedsVZ 2003, 102 ff.; *Westpfahl/Busse*, Vorläufige Maßnahmen durch ein bei Großprojekten vereinbartes ständiges Schiedsgericht, SchiedsVZ 2006, 21, 25 ff.; *Zeiler*, Erstmals einstweilige Maßnahmen im Schiedsverfahren, SchiedsVZ 2006, 79, 82.

tungsverfügungen denkbar, wie sie insbesondere aus der Sportschiedsgerichtsbarkeit bekannt sind[3].

2. Nach § 1041 I 2 ZPO kann das Schiedsgericht von jeder Partei im Zusammenhang mit einer einstweiligen Maßnahme angemessene Sicherheit verlangen. Diese Anordnungsmöglichkeit unterstreicht die Vorläufigkeit der einstweiligen Maßnahme. Sie vermeidet einen anderenfalls denkbaren Rechtsverlust, falls sich nachträglich herausstellt, dass die einstweilige Maßnahme nicht angebracht war.

3. Die Durchsetzung von einstweiligen Maßnahmen des Schiedsgerichts bedarf nach § 1041 II ZPO einer Entscheidung des staatlichen Richters. Hiernach kann das staatliche Gericht auf Antrag einer Partei die Vollziehung einer schiedsrichterlichen Maßnahme zulassen, sofern nicht schon eine entsprechende Maßnahme des einstweiligen Rechtsschutzes bei einem staatlichen Gericht beantragt worden ist. Das staatliche Gericht kann die Anordnung abweichend fassen, wenn dies zur Vollziehung der schiedsrichterlichen Maßnahme notwendig ist (§ 1041 II 2 ZPO). Eine weitere Besonderheit liegt darin, dass die einstweilige Maßnahme des Schiedsgerichts nicht mit Zwangsgeld bewehrt werden kann, es sei denn, die Schiedsvereinbarung oder die anwendbare Schiedsordnung sähen eine solche Kompetenz vor.

Nach § 1041 III ZPO kann das staatliche Gericht auf Antrag einer Partei den Beschluss zur Zulassung der Vollziehung der einstweiligen schiedsgerichtlichen Maßnahme aufheben oder ändern.

Erweist sich die Anordnung einer einstweiligen schiedsgerichtlichen Maßnahme als von Anfang an ungerechtfertigt, so ist die Partei, die die Vollziehung erwirkt hat, verpflichtet, der anderen Partei den Schaden zu ersetzen, der ihr aus der Vollziehung der einstweiligen Maßnahme oder dadurch entsteht, dass sie Sicherheit geleistet hat um die Vollziehung abzuwenden (§ 1041 IV 1 ZPO). Dieser Anspruch kann im anhängigen Schiedsverfahren geltend gemacht werden (§ 1041 IV 2 ZPO).

III. Die Parallelkompetenz von staatlichen Gerichten und Schiedsgerichten beim einstweiligen Rechtsschutz

Schon diese Übersicht über die Neuregelung in § 1041 ZPO zeigt, dass die neue Kompetenz der Schiedsgerichte zum Erlass einstweiliger Maßnahmen vollständig in das System des Schiedsverfahrens eingebettet ist und sich deutlich von der herkömmlichen und trotz der Schiedsvereinbarung weiterhin geltenden Kompetenz der staatlichen Gerichte zum Erlass einstweiliger Maßnahmen in Bezug auf den Streitgegenstand unterscheidet. Beide Systeme des

---

3 *LG Lübeck*, NJW-RR 1988, S. 122; *OLG München*, SpuRt 1994, 89 ff.; s. hierzu: SpuRt 2001, 114 ff., 159 ff. und 198 ff.; im Vollziehungsverfahren führte das *OLG Frankfurt a. M.* (SpuRt 2001, 198, 198) aus, dass der Anspruch nur durch seine sofortige Verwirklichung gesichert werden könne; vgl. ferner *OLG München*, SpuRt 1995, 131, sowie die Urteilsanmerkung von *Schimke*, SpuRt 1996, 167 f.

einstweiligen Rechtsschutzes folgen ihren eigenen Regeln und lassen daher nur insoweit Raum für taktische Überlegungen, da die einmal getroffene Rechtsschutzentscheidung den weiteren Gang des Begehrens vorzeichnet und zunehmend weniger Spielraum für ein Ausweichen auf den anderen Rechtsschutzbereich belässt.

1. Die Konkurrenzlage

Sinn und Zweck der Neufassung des § 1041 ZPO ist nicht, die ordentliche Gerichtsbarkeit ihrer bisherigen Kompetenz zum Erlass einstweiliger Maßnahmen in Bezug auf den Streitgegenstand des Schiedsverfahrens zu berauben, sondern es geht darum, dem Schiedsgericht eine zusätzliche Anordnungskompetenz einzuräumen. Dies wird in § 1033 ZPO bestätigt, wonach eine Schiedsvereinbarung nicht ausschließt, dass ein ordentliches Gericht vor oder nach Beginn des schiedsrichterlichen Verfahrens auf Antrag einer Partei eine vorläufige oder sichernde Maßnahme in Bezug auf den Streitgegenstand des schiedsgerichtlichen Verfahrens anordnet.[4] Abweichend von § 1032 I ZPO kann die Schiedseinrede nur im Hauptverfahren erhoben werden, nicht aber im Verfahren des einstweiligen Rechtsschutzes. Dass den ordentlichen Gerichten auch bei Vorliegen einer Schiedsvereinbarung weiterhin die Kompetenz zum Erlass einstweiliger Maßnahmen zusteht, bestätigt indirekt § 1041 II ZPO. Ausgangslage dieser Regelung ist gerade die Situation, dass eine Partei des Schiedsverfahrens bereits einstweiligen Rechtsschutz beim staatlichen Gericht nachgesucht hat, weshalb die Vollziehung später ergangener einstweiliger schiedsgerichtlicher Anordnungen entfallen könnte. Voraussetzung einer solchen Regelung ist gerade eine bestehende parallele Konkurrenz hinsichtlich der *Anordnung* einstweiliger Maßnahmen.

2. Vor- und Nachteile der jeweiligen Maßnahmen

a) Welchen Weg der Antragsteller aus taktischen Gründen wählt, ist nach der Leistungsfähigkeit der jeweiligen einstweiligen Rechtsschutzsysteme zu entscheiden. Die Regelung des § 1033 ZPO bestätigt, dass der staatliche einstweilige Rechtsschutz vor oder nach Beginn des schiedsgerichtlichen Verfahrens auf Antrag einer Partei zur Verfügung steht. Selbst vor Beginn des schiedsgerichtlichen Verfahrens ist dies eigentlich keine Selbstverständlichkeit, denn die Parteien sind immerhin an die von ihnen vereinbarte Schiedsklausel gebunden. Nach Beginn des Schiedsverfahrens, d.h. nach Einreichen der Schiedsklage (§ 1044 ZPO) können einstweilige schiedsgerichtliche Maßnahmen erst angeordnet werden, wenn das Schiedsgericht konstituiert ist. Vor der Konstituierung des Schiedsgerichts gibt es praktisch nur den staatlichen einstweiligen Rechtsschutz. Schon nach Beginn des Schiedsverfahrens entsteht aber die parallele Kompetenz des Schiedsgerichts zum Erlass einstweiliger Maßnah-

---

4 Siehe dazu *Schwab/Walter*, Schiedsgerichtsbarkeit, 6. Aufl. 2000, Rdnr. 23 mit weiteren Nachweisen.

men, wobei anerkannt ist, dass diese zusätzliche Zuständigkeit nebeneinander und originär, nicht aber subsidiär im Verhältnis zum staatlichen Rechtsschutz besteht.[5] Die bereits geschilderten Unterschiede zwischen den beiden einstweiligen Rechtsschutzmechanismen mögen noch so groß sein – dies ändert nichts an der grundsätzlichen Gleichrangigkeit. Inhaltlich handelt es sich um zwei ungleiche Formen des einstweiligen Rechtsschutzes, die den Parteien nach der Konstituierung des Schiedsgerichts zur Verfügung stehen.

b) Die Einzelheiten der Konkurrenzlage und die daraus sich ergebenden Vor- und Nachteile der beiden Rechtsschutzmechanismen sind in § 1041 II ZPO unvollständig geregelt. Dem Wortlaut dieser Vorschrift nach ist die Vollziehung einer einstweiligen schiedsrichterlichen Maßnahme nicht zuzulassen, wenn bereits vor einem anderen staatlichen Gericht eine entsprechende Maßnahme des einstweiligen Rechtsschutzes beantragt wurde. Ausgeschlossen ist unter diesen Umständen nur die Vollziehung, nicht aber die *Anordnung* der einstweiligen schiedsgerichtlichen Maßnahme – vor allem mit dem Ziel, voneinander abweichende Entscheidungen zu vermeiden. Die Parteien können den einstweiligen Rechtsschutz sowohl beim staatlichen Gericht als auch beim Schiedsgericht beantragen. § 1041 II ZPO steht dem nicht entgegen. Im Schiedsverfahren kann darüber hinaus auch eine einstweilige Maßnahme angeordnet werden. Erst im Zuge der Vollstreckung greift § 1041 II ZPO ein, indem die Vollziehung nicht erteilt werden darf, wenn zuvor schon eine entsprechende Maßnahme bei einem staatlichen Gericht *beantragt* worden ist. So gesehen eröffnet § 1041 II ZPO durchaus Spielräume für taktische Überlegungen, wenn beide einstweiligen Rechtsschutzbegehren parallel beim staatlichen Gericht und beim Schiedsgericht beantragt werden. Es liegt auf der Hand, dass die einstweilige Maßnahme nur einmal angeordnet und vollzogen werden kann. Hat das staatliche Gericht eine Maßnahme bereits angeordnet, dann steht dem gleichen Begehren vor dem Schiedsgericht der Einwand der res judicata entgegen. Keine Bedenken bestehen nur dann, wenn vor dem Schiedsgericht eine anders lautende einstweilige Maßnahme beantragt wird. Hier bestätigt sich, dass die Konkurrenzlage mit ihren Schutzmechanismen durch den Begriff des Streitgegenstandes begrenzt wird, d.h. sobald sich der Streitgegenstand ändert, weil die Parteien ein anderes Schutzbegehren verfolgen, steht ihnen wiederum die konkurrierende Kompetenz des staatlichen Gerichts und des Schiedsgerichts zur Verfügung.

c) Im Übrigen fällt auf, dass das Problem der anderweitigen Rechtshängigkeit im einstweiligen Rechtsschutzverfahren nicht geregelt ist. Die Einrede der Schiedsgerichtsbarkeit ist bei einem einstweiligen Rechtsschutzverfahren vor staatlichen Gerichten gerade nicht vorgesehen, wie sich aus § 1033 ZPO ergibt. Die Schiedshängigkeit hat im Rahmen des staatlichen einstweiligen Rechtsschutzverfahrens keine weitere Bedeutung. Infolgedessen kann der Antragsteller zwei einstweilige Rechtsschutzverfahren gleichzeitig und nebeneinander führen. Das ist sicherlich taktisch richtig und auch sachgerecht, da

---

5 So insbesondere *Thomas/Putzo*, ZPO, 27. Aufl. 2005, § 1033 Rdnr. 4.

der staatliche einstweilige Rechtsschutz unter Umständen wirksamer ist, gerade für den Fall, dass der parallel bestehende schiedsrichterliche Rechtsschutz nicht ausreichen würde. Durch die Regelung des § 1041 II ZPO ist zudem gewährleistet, dass nicht zwei gegenläufige einstweilige Maßnahmen vollzogen werden. Auf der Ebene der Vollziehung endet die Parallelität der einstweiligen Rechtsschutzmöglichkeiten. In Folge dessen kann auch nicht der Einwand des missbräuchlichen Verhaltens des Antragstellers erhoben werden. Der staatliche Richter führt durch seine Zulassungsentscheidung eine abschließende Klärung herbei, welche einstweilige Maßnahme nun vollzogen und damit prozessual wirksam wird. Damit ist einerseits den Parteien im größtmöglichen Maße die Wahl zwischen zwei parallel vorhandenen Rechtsschutzmöglichkeiten eingeräumt, während zum anderen letztendlich nur *eine* der beiden einstweiligen Maßnahmen vollzogen werden kann. Das wird mit Hilfe des § 1041 II ZPO erreicht.

d) Darüber hinaus sorgt die wesentlich größere Bandbreite der möglichen einstweiligen Maßnahmen im Schiedsverfahren dafür, dass bei bereits beantragtem staatlichem Rechtsschutz dennoch andersartige einstweilige Maßnahmen des Schiedsgerichts denkbar sind. Beispielsweise könnte das Schiedsgericht eine teilweise Vertragserfüllung vorläufig anordnen oder eine Kündigung vorläufig aussetzen – beides Leistungsverfügungen, die vor einem staatlichen Gericht praktisch nicht in Betracht kommen. Es bleibt daher genügend Raum für vorläufige schiedsrichterliche Maßnahmen trotz bereits bestehender anderweitiger Rechtshängigkeit.

e) Die Parallelität zwischen staatlichem und schiedsgerichtlichem einstweiligen Rechtsschutz besteht selbst dann noch, wenn das Schiedsgericht bereits eine einstweilige Maßnahme angeordnet hat. Da für den Bereich des einstweiligen Rechtsschutzes eine Gleichstellungsregelung nach § 1055 ZPO, wie sie für das Hauptsacheverfahren gilt, fehlt, bleibt selbst dann noch ein Antrag auf staatlichen einstweiligen Rechtsschutz möglich. Die Regelung des § 1041 II ZPO belegt, dass die schiedsrichterliche einstweilige Maßnahme vor der staatlichen Zulassung der Vollziehung keine eigene prozessuale Wirkung entfaltet und in Folge dessen ein Parallelbegehren vor dem staatlichen Gericht nicht behindert, zumal die Gefahr zweier sich widersprechender Entscheidungen nicht besteht. Hat das Schiedsgericht die Anordnung einer einstweiligen Maßnahme abgelehnt, so ist der Antragsteller ebenfalls nicht gehindert, einen neuen Antrag bei dem staatlichen Richter auf Erlass einer einstweiligen Verfügung oder eines Arrestes zu stellen. Insoweit gelten keine anderen Grundsätze. Ist die vorläufige Maßnahme des Schiedsgerichts bereits vollzogen worden, dann fehlt für einen anschließenden Antrag auf Erlass einer staatlichen einstweiligen Maßnahme das Rechtsschutzbedürfnis. In der Praxis wird sich diese Konstellation kaum ergeben, da dem Rechtsschutzbegehren bereits Rechnung getragen wurde.

Hat das staatliche Gericht bereits eine einstweilige Maßnahme erlassen, dann ist zwar ein anschließender Antrag auf Erlass einer einstweiligen Maßnahme vor dem Schiedsgericht im Einklang mit § 1041 I ZPO zulässig; allerdings fehlt üblicherweise das Merkmal der „Erforderlichkeit", an das jeder Erlass einer einstweiligen schiedsgerichtlichen Maßnahme gebunden ist. Umgekehrt ist zu entscheiden, wenn der staatliche Richter die beantragte einstweilige Maßnahme abgelehnt hat. Dann besteht für eine nochmalige Entscheidung eines Schiedsgerichts in einem parallelen einstweiligen Maßnahmeverfahren kein Rechtsschutzbedürfnis, es sei denn, es hätte sich der Sachverhalt geändert oder es lägen keine neuen Beweismittel vor.

IV. Einstweiliger Rechtsschutz in den Schiedsordnungen

Eine weitere Frage ist, ob den Parteien mehr Spielraum für taktische Überlegungen verbleibt, wenn sie sich für ein institutionelles Schiedsverfahren entschieden haben. Es gelten dann für den einstweiligen Rechtsschutz die besonderen Regelungen der jeweiligen Schiedsordnungen, die inzwischen in aller Regel eigene Vorschriften über den einstweiligen Rechtsschutz im Schiedsverfahren enthalten.

Nach § 20.1 der DIS-Schiedsgerichtsordnung[6] kann das Schiedsgericht, wenn die Parteien nichts anderes vereinbart haben, auf Antrag einer Partei vorläufige oder sichernde Maßnahmen anordnen, die es im Bezug auf den Streitgegenstand für erforderlich hält. Das Schiedsgericht kann von jeder Partei im Zusammenhang mit einer solchen Maßnahme angemessene Sicherheit verlangen. Diese Regelung deckt sich fast wörtlich mit § 1041 I 1 und 2 ZPO.

Nach § 20.2 der DIS-Schiedsordnung schließt die Schiedsvereinbarung nicht aus, dass die Parteien vor oder nach Beginn des schiedsrichterlichen Verfahrens vorläufige oder sichernde Maßnahmen im Bezug auf den Streitgegenstand des schiedsrichterlichen Verfahrens bei einem staatlichen Gericht beantragen. Diese Regelung stimmt wiederum fast wörtlich mit der Vorschrift des § 1033 ZPO überein.

In Folge dessen spielt es unter dem Gesichtspunkt möglicher taktischer Überlegungen keine Rolle, ob die Parteien ein Ad-hoc-Schiedsverfahren führen und sich insoweit direkt auf § 1041 ZPO stützen oder ob sie im Rahmen einer DIS-Schiedsklausel auf Grundlage des § 20 der DIS-Schiedsgerichtsordnung sich für den einstweiligen Rechtsschutz vor dem Schiedsgericht entscheiden.

Zu dem gleichen Ergebnis kommt man, wenn eine ICC-Schiedsklausel vereinbart wurde und sich der einstweilige Rechtsschutz nach Art. 23 der ICC-Schiedsregeln[7] richtet. Art. 23 lautet: Soweit die Parteien nichts anderes vereinbart haben, kann das Schiedsgericht, sobald ihm die Akten übermittelt worden sind, auf Antrag einer Partei ihm angemessen erscheinende sichernde oder vorläufige Maßnahmen anordnen. Das Schiedsgericht kann die Anordnung solcher Maßnahmen von der Stellung angemessener Sicherheiten durch die antragstellende Partei abhängig machen. Solche Anordnungen ergehen nach

---

6 Stand 10.7.1998. In den früheren Fassungen war eine solche Regelung nicht enthalten.
7 Stand 1.1.1998. Die früheren Fassungen sahen keine Regelung des einstweiligen Rechtsschutzes vor.

Ermessen des Schiedsgerichts in Form eines begründeten Beschlusses oder eines Schiedsspruchs.

Nach Art. 23 II können die Parteien vor Übergabe der Akten an das Schiedsgericht und in geeigneten Fällen auch nach diesem Zeitpunkt bei jedem zuständigen Justizorgan sichernde und vorläufige Maßnahmen beantragen. Der Antrag einer Partei bei einem zuständigen Justizorgan auf Anordnung solcher Maßnahmen oder auf Vollziehung solcher vom Schiedsgericht angeordneter Maßnahmen stellt keinen Verstoß gegen oder Verzicht auf die Schiedsvereinbarung dar und lässt die dem Schiedsgericht zustehenden Befugnisse unberührt. Ein solcher Antrag sowie alle durch das Justizorgan angeordneten Maßnahmen sind unverzüglich dem Sekretariat mitzuteilen. Das Sekretariat unterrichtet das Schiedsgericht.

Das gleiche gilt, wenn auf der Grundlage entsprechender Schiedsklauseln Art. 26 der Schweizerischen Schiedsordnung[8] oder Art. 14a der Wiener Schiedsregeln[9] anwendbar sind. Art. 14a I 2 stellt klar, dass die Parteien verpflichtet sind, einstweilige Anordnungen des Schiedsgerichts zu befolgen, ungeachtet ob sie von staatlichen Gerichten vollstreckbar sind.

V. Zusammenfassung und Ergebnis

Die Einführung des einstweiligen schiedsgerichtlichen Rechtsschutzes nach § 1041 ZPO bei fortbestehendem staatlichem einstweiligem Rechtsschutz hat für die Parteien den Spielraum für eigene taktische Überlegungen in diesem Bereich erheblich erweitert. Zur Verfügung stehen nunmehr zwei Formen des einstweiligen Rechtsschutzes, deren Regelungen und Reichweite sehr unterschiedlich sind und die daher von den Parteien genau abgewogen werden sollten. Der einstweilige schiedsgerichtliche Rechtsschutz wertet das Schiedsverfahren auf und untermauert den auch in § 1055 ZPO verankerten Anspruch, wonach ein Schiedsspruch unter den Parteien die Wirkung eines rechtskräftigen gerichtlichen Urteils hat.

---

[8] Internationale Schiedsordnung der Schweizerischen Handelskammern, Stand August 2004.
[9] Schieds- und Schlichtungsordnung, Stand 1.1.2001.

Dr. Karl J. T. Wach*

Taktik in M&A-Schiedsverfahren

Inhaltsübersicht

I. Einleitung
 1. Quellen taktischer Spielräume in M&A-Schiedsverfahren
 2. M&A-Transaktion als Streitmaterie
 3. Blickwinkel
 4. Zeitpunkt und wirtschaftliche Bedeutung streittaktischer Überlegungen
II. Auswahl des passenden Verfahrens
 1. Schiedsverfahren contra ADR und staatliches Gerichtsverfahren
  a) In Betracht kommende Streiterledigungsverfahren
  b) Auswahlkriterien
   aa) Spruchkörper
   bb) Komplexität des Sachverhalts
   cc) Beweisführung
   dd) Dauer
   ee) Kosten
   ff) Geheimhaltung
   gg) Vermeidung von Grundsatzentscheidungen
   hh) Flexibilität und Vereinfachung des Verfahrens in internationalen Fällen
   ii) Mehrzahl von Beteiligten
   jj) Deliktssachverhalte
   kk) Vollstreckung
 2. Schiedsgutachten als Alternative oder Ergänzung?
  a) Unstreitige oder vom Schiedsgutachter leicht feststellbare Anknüpfungstatsachen
  b) Unmittelbare Entscheidungsrelevanz des Schiedsgutachtens
  c) Absicherung durch zweckmäßige Regelung des Verfahrens
   aa) Vermeidung eines „Hin- und Herschaltens" zwischen Schiedsgutachterverfahren und kontradiktorischem Verfahren
   bb) Vermeidung von Obstruktionsmöglichkeiten
   cc) Vermeidung des Missbrauchs der gerichtlichen Inhaltskontrolle
III. Gestaltung der Schiedsvereinbarung
 1. Festlegung der Verfahrensregeln
  a) Wahlfreiheit der Parteien
  b) Taktische Spielräume bei der Gestaltung der Verfahrensregeln
   aa) Infrastruktur
   bb) Konstituierung des Schiedsgerichts
   cc) Sachverhaltsbeibringung und Beweisregeln
   dd) Kontrollmöglichkeiten
  c) Bezugnahme auf publizierte Regelwerke
  d) Festlegung im Rahmen des begonnenen Schiedsverfahrens
 2. Wahl des Schiedsortes
  a) Gründe für die Bestimmung des Schiedsortes durch die Parteien
  b) Abgrenzung vom tatsächlichen Sitz des Schiedsgerichts
  c) Kriterien für die Bestimmung des Ortes in M&A-Fällen
 3. Wahl des materiellen Rechts
  a) Gründe für die Bestimmung des materiellen Rechts durch die Parteien
  b) Kriterien für die Bestimmung des anwendbaren Rechts in M&A-Fällen

---

* *Dr. Karl J. T. Wach* ist Rechtsanwalt und Partner der Kanzlei Ashurst LLP in München. Unter Mitarbeit der Rechtsanwälte *Philipp Beckers* und *Frank Meckes*, Ashurst LLP München sowie Rechtsanwalt *Dr. Lars Weihe*, LL.M. (UCL), Infineon Technologies AG.

4. Wahl der Verfahrenssprache
   a) Gründe für die Bestimmung der Verfahrenssprache durch die Parteien
   b) Kriterien für die Wahl der Verfahrenssprache in M&A-Fällen
5. Mehrpersonenkonstellationen
   a) Mehrparteienverfahren
   b) Indirekte Streitbeteiligung Dritter
IV. Vorbereitung des Verfahrens
   1. Aufbereitung des Sachverhalts
   2. Präventive Sachverhaltsaufarbeitung im Rahmen der Transaktion
      a) Post closing due diligence des Käufers
      b) Pre closing due diligence des Verkäufers
   3. Forensische Sachverhaltsaufarbeitung
V. Konstituierung des Schiedsgerichts
   1. Auswahl des durch die eigene Partei zu benennenden Schiedsrichters
      a) Verbindlichkeit der Benennung, Ersatzkandidat
      b) Auswahlkriterien
         aa) Berufliche und fachliche Qualifikation
         bb) Nationalität
         cc) Sprachen
         dd) Publikationen
         ee) Zeitliche Verfügbarkeit
         ff) Persönlichkeit des Schiedsrichters, Dispositionen
   2. Vom Gegner benannter Schiedsrichter
      a) Ermittlungen zu einer möglichen Befangenheit des vom Gegner benannten Schiedsrichters
      b) Reaktion auf Hinweise zu einer möglichen Befangenheit des vom Gegner benannten Schiedsrichters
   3. Reaktion auf Verzögerungsversuche
   4. Wahl des Obmanns
VI. Einstweiliger Rechtsschutz
   1. Wahl zwischen Schiedsgericht und staatlichem Gericht
   2. Typische Maßnahmen des einstweiligen Rechtsschutzes in M&A-Fällen
VII. Einleitung des Verfahrens und Verjährungshemmung
   1. Anspruchsschreiben oder Klage?
   2. Feststellungsklage
   3. Antrag auf Durchführung des Schiedsverfahrens
VIII. Beendigung des Schiedsverfahrens
IX. Maßnahmen gegen den Schiedsspruch
X. Anerkennung und Vollstreckbarerklärung des Schiedsspruchs
   1. Vollstreckbarerklärung des Schiedsspruchs
   2. Vollstreckbarerklärung der ausländischen Exequaturentscheidung

I. Einleitung

Streitigkeiten über M&A-Transaktionen sind häufig Gegenstand von Schiedsverfahren. Ein wesentlicher Grund hierfür ist die Flexibilität der Schiedsgerichtsbarkeit, insbesondere die Gestaltbarkeit des Verfahrens und die Wählbarkeit der Schiedsrichter nach Kriterien wie Sprache, Branchenbezug oder wirtschaftlicher Erfahrung.

Diese Flexibilität schafft Spielräume, deren geschickte Nutzung wesentlich zum erfolgreichen Ausgang einer Streitigkeit beitragen kann. Deshalb kommt der Taktik in Schiedsverfahren regelmäßig größere Bedeutung zu, als etwa in Prozessen vor staatlichen Gerichten, die nach feststehenden und sehr detaillierten Verfahrensordnungen abgewickelt werden. Für die Parteien ist es dabei wichtig, sich auf diese Spielräume rechtzeitig einzustellen.

Das Gesagte gilt grundsätzlich unabhängig vom Gegenstand der Streitigkeit. Dieser bestimmt jedoch, welche taktischen Möglichkeiten sich konkret ergeben können und welche praktische Bedeutung sie haben. Nachfolgend werden deshalb die Quellen taktischer Spielräume in M&A-Schiedsverfahren dargestellt sowie die Besonderheiten von M&A-Transaktionen, die die Nutzung solcher Spielräume bestimmen. Hierbei wird auch aufgezeigt, wie die (potenzielle) Rolle einer Partei in der Transaktion (Käufer, Verkäufer, Garant, etc.) und im potenziellen Schiedsverfahren (Anspruchsteller, Anspruchsgegner, etc.) die Nutzung taktischer Möglichkeiten beeinflusst.

Danach werden in der Systematik des Ablaufs eines Schiedsverfahrens die taktischen Möglichkeiten in den einzelnen Stationen vorgestellt und diskutiert.

1. Quellen taktischer Spielräume in M&A-Schiedsverfahren

Nur bestehende Spielräume können taktisch genutzt werden. Taktisches Handeln bedeutet deshalb zunächst, eigene Spielräume zu schaffen oder zu erweitern und solche des Gegenspielers auszuschließen oder einzuengen. Erst in zweiter Linie bedeutet taktisches Handeln, eigene Spielräume zu nutzen und der Nutzung von Spielräumen durch den Gegenspieler zu begegnen.

Taktisch relevante Spielräume ergeben sich bei M&A-Schiedsverfahren vor allem in den Bereichen der Verfahrensregeln, der Sachverhaltsgestaltung, der Beweisführung und der Vertragsgestaltung.

Die §§ 1025 ff. ZPO verlangen als notwendigen Inhalt einer Schiedsabrede lediglich die Vereinbarung, dass die Entscheidung einer bestimmten Streitigkeit durch einen oder mehrere Schiedsrichter erfolgen soll. Die weiteren zur Ausfüllung der Schiedsabrede notwendigen Regeln sind entweder nicht vom Gesetz vorgegeben oder dispositiv. Insbesondere gibt es für Schiedsverfahren keine Verfahrensordnungen, wie sie für Verfahren vor staatlichen Gerichten gelten. Im Rahmen der Schiedsabrede oder später im Zusammenwirken mit dem Schiedsgericht können die Parteien also sehr weite oder sehr enge Handlungsspielräume schaffen. Entsprechend liegt ein Schwerpunkt der nachfolgenden Ausführungen auf der taktischen Gestaltung der Schiedsabrede.

Der Sachverhalt einer (potenziellen) M&A-Streitigkeit entsteht zu einem nicht unwesentlichen Teil im Zuge der Durchführung der Transaktion. Dies gilt z.B. für das Verhalten der Parteien im Vorfeld der Transaktion (Verkaufsexpose, Bieterverfahren, etc.), während der Vertragsverhandlungen, bei der Durchführung einer Due Diligence (z.B. Datenraum-Index bzw. Prüfung desselben) oder bei der Herbeiführung der Closing Conditions.

Die frühzeitige Antizipation möglicher Streitpunkte und Streitpositionen eröffnet Möglichkeiten, den im Streitfall relevanten Sachverhalt präventiv zu gestalten. So kann die Gegenseite im Verhandlungsprozess veranlasst werden, bestimmte Erklärungen abzugeben, z.B. zur Existenz oder Nichtexistenz unklarer Fakten, die im Streitfall von Bedeutung sind.

Spielräume für die Beweisführung in einem späteren Schiedsverfahren können durch geeignete Dokumentation des Sachverhalts geschaffen werden. So erhält der Käufer nach dem Closing erstmals unbeschränkten Zugang zur Zielgesellschaft und ihren Unterlagen und Mitarbeitern, mit deren Hilfe er den bis dahin bestehenden Informationsvorsprung des Verkäufers nachträglich partiell ausgleichen kann. Eine zeitnahe Dokumentation der Verhältnisse zum Closing-Stichtag ist dabei wichtig, um Verantwortlichkeiten für etwaige Defizite (z.B. Fehlbestände im Inventar) später zeitlich zuordnen und beweisen zu können („post closing due diligence").

Der Verkäufer umgekehrt verliert mit dem Closing seinen Zugang zu wichtigen Informationsquellen. Er sollte sich deshalb präventiv mit einer entsprechenden Dokumentation ausstatten, z.B. im Rahmen einer „Sellers Due Diligence" (oder auch „pre closing due diligence").

Spielräume für ein späteres Schiedsverfahren ergeben sich ferner aus den Regelungen im Unternehmenskaufvertrag. Neben der Zuweisung von Chancen und Risken aus ungewissen Umständen im Rahmen der „representations and warranties" können (und sollten) dort auch Fragen der Beweislast und der Beweisführung geregelt werden. Entsprechendes gilt für Fragen der Verjährung und der Haftungsbeschränkungen.

2. M&A-Transaktion als Streitmaterie

Entsprechend ihres Wesens als Austauschgeschäft ist bei einer M&A-Transaktion dann Streit zu erwarten, wenn zumindest eine Seite die Äquivalenz von Leistung und Gegenleistung als gestört ansieht. Ursachen hierfür können falsche Vorstellungen oder Erwartungen in Bezug auf das Transaktionsobjekt sein, ausgelöst entweder durch selbst zu verantwortende Fehlvorstellungen des Erwerbers, oder durch unzutreffende Angaben, die der Verkäufer wissentlich oder unwissentlich gemacht hat. Ursache kann aber auch sein, dass eine Seite schlicht über das erzielte Verhandlungsergebnis enttäuscht ist oder sich ihre geschäftlichen Prioritäten geändert haben.

All diese Ursachen könne dazu führen, dass eine Seite entweder eine Korrektur des Äquivalenzverhältnisses verlangt oder zwischen Signing und Closing von der Transaktion Abstand nimmt bzw. nach dem Closing deren Rückabwicklung anstrebt.

Die **Korrektur des Äquivalenzverhältnisses** wird vorwiegend in Streitigkeiten über Garantien und Gewährleistungen (einschließlich der Freistellungsansprüche für erst künftig feststehende Steuerlasten, für Umweltrisiken, für laufende Prozesse mit Dritten und z.B. Garantien für zukünftig eintretende Ereignisse oder erst künftig bilanziell feststehende Eigenschaften des Unternehmens wie ein bestimmtes Eigenkapital per Closing), Kaufpreisanpassung (z.B. bei längeren Schwebezeiten zwischen Signing und Closing) oder variable Kaufpreisbestandteile (z.B. bei earn-out-Klauseln) angestrebt. Dabei werden typischerweise vertragliche Korrekturmechanismen in Anspruch genommen. Neben der Feststellung der relevanten Fakten, z.B. Eintritt oder Feststellung einer Garantievoraussetzung, und der Auslegung der vertraglichen Regelungen hierzu geht es sehr häufig um die Einordnung und Bewertung dieser Fakten im Rahmen der von den Parteien in Bezug genommenen Rechnungslegungswerke (Jahresabschluss, Stichtagsbilanz, Completion Accounts, etc.).

In Fällen, in denen der Äquivalenzstörung **unredliches Verhalten** einer Vertragspartei zugrunde liegt, sind häufig die Bilanzen oder sonstige relevante Daten wie Planzahlen, Inventuren, Verträge, etc., manipuliert. Ferner gibt es typischerweise Helfer und Mitwisser im Management des Unternehmens, die die Aufdeckung der Manipulationen zu behindern suchen. Auch sind Vorkehrungen gegen die Aufdeckung und Verfolgung der Manipulation und Täuschung getroffen, beispielsweise durch Vernichtung belastender Unterlagen, Einschränkungen der Due Diligence vor Vertragsschluss, Scheinaufklärung des Käufers, aber auch durch entsprechende Vertragsgestaltung wie maßgeschneiderte Haftungsbeschränkungen oder Vorbehalte. Die Aufdeckung und Verfolgung dieser Umstände steht unter zeitlichem Druck und verursacht einen erheblichen Ermittlungsaufwand. In diesen Fällen sind auch die Schadenssummen typischerweise besonders groß.

In den Fällen, in denen eine Partei vor dem Closing vom Vertrag Abstand nimmt bzw. das Closing verweigert, steht die Auslegung der Closing-Bedingungen im Vordergrund. Oft ist die Frage relevant, ob der Eintritt einer solchen Bedingung arglistig vereitelt worden ist. Typisch für die Vereitelungsfälle ist die Beweisnot des Klägers, hier des Verkäufers.

In Bezug auf die Transaktionen selbst lassen sich folgende Elemente nennen, die Bedeutung für die Taktik erlangen können:

– Nationaler oder internationaler Kontext,
– Sprache von Vertragswerk und Beteiligten sowie potenziellen Zeugen,
– Umfang der Schutzmechanismen für den Käufer (vorvertraglich: Due diligence; im Vertrag: Garantien, Gewährleistung, Haftungsausschlüsse)
– Kaufpreisbemessung und -anpassung,
– Branche der Zielgesellschaft und ggf. branchentypische Manipulationsmöglichkeiten,
– Zahl der Vertragsparteien und sonstigen Beteiligten sowie der potenziellen Streitparteien,
– Dauer zu erwartender Schwebezeiten.

Streitigkeiten aus den Phasen vor dem Signing, etwa bei einseitigem Abbruch der Verhandlungen, Verletzung von Vertraulichkeitsabreden, etc., sind selten Gegenstand eines Schiedsverfahrens, da es in diesen Phasen meist noch an einer Schiedsabrede fehlt.

3. Blickwinkel

Welche Bedeutung die Gestaltung und Nutzung von bestimmten Spielräumen hat, hängt stark von der jeweiligen Rolle der Partei in der Transaktion und im potenziellen Verfahren ab. So wird z.B. der potenzielle Kläger an einem effektiven und preisgünstigen Verfahren interessiert sein, eine beweisbelastete Partei an weitgehenden Discovery- und Disclosure-Möglichkeiten. Solche Möglichkeiten liegen typischerweise auch im Interesse des Käufers oder auch evtl. Garanten oder Finanziers. Denn diese haben in der Transaktion typischerweise ein erhebliches Informationsdefizit, das durch geeignete Due Diligence-Maßnahmen und Vertragsregelungen verringert, aber im Normalfall nicht ausgeglichen werden kann.

Soweit nachfolgend nichts Gegenteiliges gesagt wird, gehen die dargestellten taktischen Überlegungen von der Position einer Partei aus, die an einer raschen und effektiven Erledigung der betreffenden Streitigkeit interessiert ist. Die Position der Gegenpartei mag in vielen Fällen spiegelbildlich sein.

4. Zeitpunkt und wirtschaftliche Bedeutung streittaktischer Überlegungen

Hieraus wird auch bereits deutlich, dass taktische Erwägungen in Bezug auf potenzielle Streitigkeiten bereits lange vor dem Auftreten eines Streitfalls stattfinden sollten, spätestens jedoch bei der Entscheidung, welches Streitbeilegungsregime gewählt werden soll. Dabei hilft eine gute taktische Aufstellung für einen potenziellen Streit nicht nur, diesen erfolgreich zu bestehen, sondern oft, ihn bereits zu vermeiden. Dies wiederum kann entscheidend dafür sein, die mit der Transaktion verfolgten wirtschaftlichen Ziele zu erreichen bzw. zu sichern.

II. Auswahl des passenden Verfahrens

Die erste streittaktische Entscheidung der potenziellen Partei eines M&A-Streits ist die Wahl des Streitbeilegungsregimes. Denn der Ausgang des Streits und seine wirtschaftlichen Implikationen können wesentlich von dem gewählten Verfahren abhängen.

1. Schiedsverfahren contra ADR und staatliches Gerichtsverfahren

a) In Betracht kommende Streiterledigungsverfahren

Welches Streiterledigungsverfahren für die konkret zu erwartende Auseinandersetzung am besten geeignet ist, hängt von den Besonderheiten des Einzelfalles ab. Neben dem Schiedsgerichtsverfahren kommen einerseits das staatliche Gerichtsverfahren und andererseits Verfahren der alternativen Konfliktlösung (Alternative Dispute Resolution „ADR") grundsätzlich in Betracht.

Letztere zeichnen sich dadurch aus, dass sie auf den autoritativen Streitentscheid eines Dritten entweder gänzlich verzichten – so die ADR, zu der neben den auch in Deutschland inzwischen lange bekannten Formen der Mediation und der Schlichtung etwa das „Mini-Trial" oder die „Early Neutral Evaluation" zählen – oder Elemente konsensualer Streiterledigung mit der Möglichkeit einer bindenden Drittentscheidung kombinieren. Zu solchen sog. hybriden

Verfahrenstypen zählen etwa die „Michigan-Mediation" oder die „Last-Offer-Arbitration"[1].

Zwar finden sich in der Praxis durchaus Beispiele für erfolgreiche Mediationen im Bereich des Unternehmenskaufs[2]. Gleichwohl spielen ADR-Verfahren und die hybriden Verfahrenstypen bei der Lösung von M&A-Streitigkeiten in Deutschland bislang noch eine eher untergeordnete Rolle. Dies mag vor allem daran liegen, dass manche dieser Verfahren hierzulande wenig erprobt, die Abgrenzungen unter den einzelnen ADR-Formen und hybriden Verfahrenstypen teils noch unscharf und die konkreten Verfahrensabläufe nicht immer klar vorgezeichnet sind. Gerade zeit- und kostenbewusste Konfliktparteien wie die Beteiligten einer M&A-Transaktion mögen deshalb die bewährten Verfahrensformen vorziehen.

b) Auswahlkriterien

Die nachfolgend aufgezeigten Kriterien geben hier Entscheidungshilfen.

aa) Spruchkörper

Der Einfluss der Parteien auf die Zusammensetzung des streitentscheidenden Spruchkörpers spricht – gerade aus der Sicht des potenziellen Klägers, der auf eine kompetente und effektive Streiterledigung angewiesen ist –, für ein Schiedsverfahren und gegen ein staatliches Gerichtsverfahren. Denn die sachgerechte Behandlung einer M&A-Streitigkeit erfordert von den zur Streitentscheidung berufenen Personen nicht nur die Kenntnis des M&A-Geschäfts und relevantes rechtliches Know-how. Vielmehr werden auch ein besonderes Maß an wirtschaftlichem Verständnis, Branchenkenntnis, Erfahrung und – angesichts der oft komplexen Materie – die entsprechenden Zeitressourcen verlangt. Oft sind zusätzlich noch Spezialkenntnisse, z.B. des Bilanzrechts oder auch einer Fremdsprache von Bedeutung.

Das Schiedsverfahren bietet grundsätzlich die Möglichkeit, einen Schiedsrichter selbst zu berufen. Dabei können und sollten die aufgezeigten Kriterien berücksichtigt werden. Auf die Bestellung des Obmanns hat die Partei direkt oder mittelbar über den von ihr benannten Schiedsrichter Einfluss. Ferner kann sie durch die Definition von Qualifikationskriterien für die Schiedsrichter im allgemeinen oder den Obmann im besonderen in der Schiedsvereinbarung einen weiteren (beschränkenden) Einfluss auf die Bestellung des Obmann, aber auch des Schiedsrichters der Gegenseite nehmen.

---

1 Vgl. zu ADR und weiteren Mischformen etwa den Überblick bei *Münch*, in: Münchener Kommentar zur Zivilprozessordnung, Bd. 3, 2. Aufl. 2001, vor § 1025 Rdnr. 13.
2 Vgl. etwa *Duve*, Wirtschaftsmediation, Sieben Vorbehalte – sieben Antworten, S. 17 ff. in der Broschüre „Außergerichtliche Streitbeilegung", herausgegeben von der IHK Frankfurt/Main, September 2002.

Eine Kehrseite der freien Schiedsrichterwahl kann die unter Umständen fragliche Neutralität und Ausgewogenheit des Schiedsgerichts darstellen[3]. Schließlich kann die Qualifikation des Schiedsobmanns trotz der genannten Präventionsmöglichkeiten einen Unsicherheitsfaktor bilden (vgl. zur Wahl des Obmanns unten V.4). Insoweit empfiehlt sich ein institutionelles Schiedsverfahren oder ein Ad-hoc-Schiedsverfahren unter Anwendung der Verfahrensordnung einer Schiedsrechtsinstitution wie der ICC oder DIS. Denn dort wird der Schiedsobmann von der jeweiligen Institution aus einem Fundus erfahrener und qualifizierter Schiedsrichter ausgewählt, wenn sich die parteibenannten Schiedsrichter nicht auf die Person des dritten Schiedsrichters einigen können.

bb) Komplexität des Sachverhalts

Eher für die Wahl der staatlichen Gerichtsbarkeit mit ihrem Instanzenzug oder die Vereinbarung eines Oberschiedsgerichts spricht, dass M&A-Streitigkeiten häufig sehr komplexe und detailreiche Sachverhalte zugrunde liegen, die sich erst im Zuge des Verfahrens aus dem Wechsel mehrerer Schriftsätze und dem Ergebnis umfangreicher Beweisaufnahmen, Begutachtungen, etc., entwickeln und erschließen. Aus der Interaktion der Beteiligten ergibt sich hierbei nämlich zwangsläufig ein gruppendynamischer Prozess, bei dem die notwendige Objektivität leiden kann. Die ebenfalls fast zwangsläufig eintretende Ermüdung der Beteiligten nach einer gewissen Verfahrensdauer kann die Aufnahmebereitschaft für neue Tatsachen, Beweismittel und Argumente vorzeitig abnehmen lassen. Ein „frischer" Richter in der Rechtsmittelinstanz kann sich von diesen Problemen lösen und den angefallenen Streitstoff unvoreingenommen und im Zusammenhang bewerten.

cc) Beweisführung

Die Wahl des Schiedsverfahrens liegt nahe, wenn für einen zu erwartenden Streit eine schwierige Beweissituation zu antizipieren ist, sich insbesondere wichtige Beweismittel voraussichtlich im Herrschaftsbereich des Gegners befinden.

Denn während das staatliche Verfahren dem Kläger auch mit dem neu gefassten § 142 ZPO kaum Spielräume zur Nutzung nicht in seinem Besitz befindlicher Beweismittel eröffnet, kann ein Schiedsverfahren über entsprechende Regelungen zu Discovery und Disclosure den erforderlichen Zugriff ermöglichen. Voraussetzung ist die Vereinbarung entsprechender Regelungen. So kann eine Partei etwa nach Art. 3 der IBA-Rules in gewissem Umfang die Vorlage von Dokumenten durch ihren Streitgegner verlangen (vgl. hierzu ausführlich unten III.1). Zwar ist ein Schiedsgericht auch ohne solche Festlegungen in der Schiedsabrede nicht gehindert, z.B. die Vorlage von Dokumenten anzuordnen. Jedoch ist ein solches Vorgehen jedenfalls dann nicht ohne weiteres zu

---

[3] Vgl. hierzu etwa *Münch*, in: Münchener Kommentar zur Zivilprozessordnung, Bd. 3, 2. Aufl. 2001, vor § 1025 Rdnr. 31.

erwarten, wenn die Schiedsrichter in der deutschen Rechtstradition verhaftet sind.

Ferner kann ein Schiedsgericht im Gegensatz zum staatlichen Zivilgericht auch von Amts wegen Ermittlungen anstellen, da es an den Beibringungsgrundsatz der ZPO nicht gebunden ist. Schließlich gibt es in der Schiedsgerichtsbarkeit grundsätzlich auch kein Verbot der Ausforschung, dem die deutschen staatlichen Gerichte nach ständiger Rechtsprechung unterliegen[4].

dd) Dauer

Der typische Kläger in einem M&A-Streit möchte nicht nur sicher und kostengünstig, sondern auch möglichst rasch zu „seinem Recht" kommen. Denn dies schont Managementkapazität und öffnet geschäftliche Spielräume, die durch den Streit möglicherweise blockiert sind.

Der Zeitaspekt spricht prima facie für das Schiedsverfahren, das grundsätzlich nur eine Instanz kennt. Beschleunigungseffekte können sich insbesondere auch bei grenzüberschreitenden Sachverhalten und Verfahren ergeben (vgl. hierzu gleich unter gg).

Der Vorteil der Schiedsgerichtsbarkeit bei der Dauer kann jedoch stark relativiert oder gar konterkariert werden, wenn im Verfahren unterstützende Handlungen der staatlichen Gerichte[5] erforderlich werden können, wie z.B. bei der Vernehmung von Zeugen, die vor dem Schiedsgericht nicht erscheinen oder nicht aussagen wollen, bei der Beeidigung von Zeugen, bei Auskunfts- oder Rechtshilfeersuchen oder im Bereich des einstweiligen Rechtsschutzes.

Bei der Wahl eines reinen Ad-hoc-Schiedsverfahrens können sich ferner erhebliche Verzögerungen bei der Konstituierung des Schiedsgerichts ergeben. Auch ist das Schiedsverfahren anfällig für Verzögerungstaktiken.

Stellen sich Sachfragen nur in eng begrenztem Umfang oder überwiegend Fragen technischer Art, so kann unter Effizienzgesichtspunkten eine sog. „fast track arbitration" oder ein anderes hybrides Verfahren sinnvoll sein. Solche Verfahren sind vor allem aufgrund kürzerer Vortrags- und Erwiderungsfristen, einer straffen Verfahrensführung, eingeschränkter Beweiserhebung sowie aufgrund der Alleinentscheidung durch einen Schiedsrichter in der Regel deutlich schneller als gewöhnliche Schiedsverfahren oder staatliche Gerichtsverfahren.

ee) Kosten

Grundsätzlich ist davon auszugehen, dass ein Schiedsverfahren bei hohen Streitwerten durch den Wegfall des Instanzenzuges kostengünstiger ist als ein (mehrinstanzliches) Verfahren vor einem staatlichen Gericht. Zudem fallen in einem Schiedsverfahren selten Vollstreckungskosten an, da Schiedssprüche regelmäßig freiwillig befolgt werden.

---

4 Vgl. *Schlosser*, in: Stein/Jonas, ZPO, Bd. 9, 22. Aufl. 2002, § 1042 Rdnr. 9.
5 Vgl. § 1026 i.V.m. § 1050 ZPO.

Allerdings kommen bei der Wahl eines institutionellen Verfahrens zu den oft beträchtlichen Schiedsrichterhonoraren noch die Verwaltungskosten der Schiedsgerichtsinstitution hinzu, wodurch sich der Kostenvorteil eines Schiedsverfahrens im Einzelfall durchaus relativieren kann.

ff) Geheimhaltung

Bei Streitigkeiten über Transaktionen bekannter Unternehmen oder Investoren kann ein erhebliches Medieninteresse bestehen. Dem spiegelbildlichen Geheimhaltungsinteresse der Streitparteien kann in einem Schiedsverfahren oder alternativen Verfahren der Streiterledigung Rechnung getragen werden, da der Öffentlichkeitsgrundsatz des § 169 Satz 1 GVG hier nicht gilt.

gg) Vermeidung von Grundsatzentscheidungen

Sollen Grundsatzentscheidungen vermieden werden, bieten sich ebenfalls ein Schiedsverfahren oder ein alternatives Verfahren der Streiterledigung an. Denn Schiedsurteile werden nicht veröffentlicht und ADR-Verfahren kennen ohnehin keinen autoritativen Streitentscheid.

hh) Flexibilität und Vereinfachung des Verfahrens in internationalen Fällen

Deutliche Vorteile für den potenziellen Kläger haben Schiedsverfahren auch bei Streitigkeiten aus grenzüberschreitenden Transaktionen. Denn formale Erschwernisse wie komplizierte und zeitraubende Zustellungsverfahren oder Übersetzungserfordernisse entfallen.

Die Wahl des Schieds- und Verhandlungsortes, der Verfahrenssprache[6] sowie des auf das Verfahren und in der Sache anwendbaren Rechts ist frei. Das Verfahren kann den Bedürfnissen der Parteien weitgehend angepasst werden und so zu einer schnellen und sachgerechten Lösung der M&A-Streitigkeit beitragen.

Bei institutionellen Schiedsverfahren profitieren die Parteien zudem von der administrativen Unterstützung durch die jeweilige Schiedsorganisation, etwa bei Verfügungen, Ladungen und Zustellungen. Auch dies kann gerade bei grenzüberschreitenden Transaktionen mit Beteiligten verschiedener Nationalitäten eine erhebliche Entlastung für die Konfliktparteien bedeuten.

ii) Mehrzahl von Beteiligten

Ist für den Kläger absehbar, dass bei einem Rechtsstreit auf der Passivseite eine Mehrzahl von Personen stehen wird, die nicht alle Vertragspartner und ggf. auch keine Kaufleute sind, so ist das staatliche Gerichtsverfahren einem

---

6 In staatlichen Verfahren ist die Gerichtssprache hingegen gesetzlich festgelegt (vgl. § 184 GVG). Fremdsprachige Dokumente sind grundsätzlich in Übersetzung vorzulegen vgl. § 142 Abs. 3 ZPO.

Schiedsverfahren vorzuziehen. Denn eine „multi-party arbitration" wirft für die Beteiligten eine Reihe von Problemen auf. Diese rühren vor allem aus der vertraglichen Grundlage eines Schiedsverfahrens und dem Verbot von Verträgen zu Lasten Dritter. Denn ein Dritter ist nicht einfach schiedsgerichtspflichtig, so wie er staatlichen Gerichten ausgeliefert ist; vielmehr bedarf es seiner vertraglichen Unterwerfung unter ein Schiedsgericht[7].

Sehr umstritten bzw. noch weithin ungeklärt ist, inwieweit ein durch Parteierweiterung, Nebenintervention oder Streitverkündung später hinzutretender Dritter an Verfahrensergebnisse und Verfahrensvereinbarungen gebunden ist[8]. Da das Schiedsverfahren nicht zuletzt wegen seiner Vertraulichkeit vereinbart wird, muss die Einbeziehung eines Dritten wohl mit allen am Schiedsverfahren beteiligten Parteien vereinbart werden[9]. Weitere Probleme bei Mehrparteienschiedsverfahren können sich etwa bei der Besetzung des Schiedsgerichts ergeben[10].

Manche der skizzierten Schwierigkeiten können zwar durch eine zweckmäßige Gestaltung der Schiedsvereinbarung, etwa die Implementierung von Öffnungsklauseln für die künftige Beteiligung Dritter am Schiedsverfahren[11], abgemildert werden. Doch bleibt das staatliche Gerichtsverfahren in derartigen Fällen aufgrund seiner größeren Regelungsklarheit und Sicherheit für die Parteien insgesamt vorzugswürdig (vgl. zu Mehrparteienschiedsverfahren noch unten III.5).

jj) Deliktssachverhalte

Ist zu befürchten, dass es um einen der in der Praxis nicht seltenen Fälle fundamentaler Äquivalenzstörung aufgrund unredlichen Verhaltens einer Vertragsseite gehen könnte, so empfiehlt sich, es bei der Zuständigkeit der staatlichen Gerichte zu belassen. Schiedsverfahren und Mediation sind in diesen Fällen regelmäßig weniger geeignet. Mediatoren mangelt es insoweit bereits an den notwendigen autoritativen Befugnissen. Schiedsrichter reagieren erfahrungsgemäß eher zurückhaltend auf deliktsrechtliche Vorwürfe. Schließlich erfordert die Aufdeckung von Bilanz- und sonstigen Manipulationen ein großes Maß an strafrechtlicher Erfahrung und Sachkompetenz, was bei einem staatlichen Gericht häufiger anzutreffen ist, als bei dem typischen Schiedsrichter in

---

7 Vgl. *Münch*, in: Münchener Kommentar zur Zivilprozessordnung, Bd. 3, 2. Aufl. 2001, § 1029 Rdnr. 25; *Schlosser*, in: Stein/Jonas, ZPO, Bd. 9, 22. Aufl. 2002, § 1029 Rdnr. 33.
8 Vgl. *Voit*, in: Musielak, ZPO, 4. Aufl. 2005, § 1029 Rdnr. 9; *Schwab/Walter*, Schiedsgerichtsbarkeit, 7. Aufl. 2005, Kap. 7 Rdnr. 23; vgl. ausführlich *Elsing*, Streitverkündung und Schiedsverfahren, SchiedsVZ 2004, 88.
9 Vgl. *Voit*, in: Musielak, ZPO, 4. Aufl. 2005, § 1029 Rdnr. 9.
10 Vgl. *Münch*, in: Münchener Kommentar zur Zivilprozessordnung, Bd. 3, 2. Aufl. 2001, § 1035 Rdnr. 33 ff.
11 Vgl. hierzu *Voit*, in: Musielak, ZPO, 4. Aufl. 2005, § 1039 Rdnr. 9; *Elsing*, SchiedsVZ 2004, 88, 93.

einer M&A-Sache. Die besondere Komplexität solcher Verfahren spricht auch für den bei staatlichen Gerichten gegebenen Instanzenzug.

kk) Vollstreckung

Im Hinblick auf eine etwaige Vollstreckung von Entscheidungen im Ausland ist ein Schiedsverfahren dem staatlichen Gerichtsverfahren klar überlegen[12]. Denn im Rahmen eines Schiedsverfahrens profitieren die Konfliktparteien aufgrund des New Yorker UN-Übereinkommens über die Anerkennung und Vollstreckung ausländischer Schiedssprüche von 1958 (UNÜ), dem mittlerweile mehr als 130 Staaten beigetreten sind, von einer gegenüber staatlichen Urteilen erleichterten Anerkennung und Vollstreckbarerklärung ausländischer Schiedssprüche (vgl. hierzu noch unten X.). Insbesondere setzt die Wirkungserstreckung ausländischer Schiedssprüche im Inland keine Verbürgung der Gegenseitigkeit voraus[13].

Insoweit kann vor allem ein institutionelles Schiedsverfahren dem Kläger weitere Vorteile bieten. Denn durch die Überwachung eines ordnungsgemäßen Verfahrensablaufs wird das Risiko einer späteren Aufhebbarkeit des Schiedsspruchs bzw. der Versagung seiner Vollstreckbarerklärung reduziert. Schließlich kann auch bereits die Reputation einer internationalen Schiedsorganisation bei den Konfliktparteien einen faktischen Bindungsdruck hinsichtlich der dort ergehenden Entscheidung erzeugen oder verstärken, was eine Vollstreckbarerklärung des Schiedsspruchs überflüssig machen kann.

2. Schiedsgutachten als Alternative oder Ergänzung?

Kumulativ, weniger alternativ, zu einer Schiedsvereinbarung kommt in Unternehmenskaufverträgen die Vereinbarung eines Schiedsgutachtens in Betracht. Gegenstand eines solchen Gutachtens sind typischerweise Umstände, die für Bestehen oder Umfang von Ansprüchen aus dem Unternehmenskaufvertrag relevant sind und für deren Feststellung es eher auf das Fachwissen eines Sachverständigen oder Praktikers als auf die Fähigkeit zur Durchführung eines kontradiktorischen Verfahrens oder zur Beurteilung von Rechtsfragen ankommt. Beispiele sind die Klärung von Bilanzierungs- und Bewertungsfragen[14] oder die Feststellung von bestimmten Kennzahlen wie des EBIT oder EBITDA bezogen auf bestimmte Stichtage (etwa Closing) bzw. Perioden (etwa bestimmte Geschäftsjahre), welche in der Regel für die Bestimmung oder eine nachträgliche Anpassung des Kaufpreises oder ähnliche Ansprüche von Bedeutung sind. Durch das Schiedsgutachten sollen damit wesentliche Elemente potenzieller Ansprüche rasch, kompetent, verbindlich und kostengünstig festgestellt werden, um so Streitigkeiten von vorn herein zu vermeiden oder zumindest sachverständig vorzubereiten.

---

12 Vgl. auch *Schütze*, Rechtsverfolgung im Ausland, 3. Aufl. 2002, Rdnr. 247.
13 Vgl. insoweit für staatliche Urteile das Erfordernis in § 328 Abs. 1 Nr. 5 ZPO.
14 Vgl. *Sachs*, SchiedsVZ 2004, 123, 125.

Schiedsgutachten eignen sich zur Streitbeilegung in diesem Sinne jedoch regelmäßig nur, wenn

- die Anknüpfungstatsachen für die sachverständige Beurteilung entweder unstreitig sind oder durch den Schiedsgutachter allein durch Augenschein und/oder Auswertung von Dokumenten und ohne sonstige Beweisaufnahme festgestellt werden können,
- der Streit auf Basis des Ergebnisses des Gutachtens im Wesentlichen entschieden ist oder einer Entscheidung wesentlich näher gebracht wird und
- die genannten Vorteile des Schiedsgutachtens durch eine zweckmäßige Regelung des Verfahrens abgesichert sind.

a) Unstreitige oder vom Schiedsgutachter leicht feststellbare Anknüpfungstatsachen

Das Schiedsgutachten wird – jedenfalls isoliert betrachtet – regelmäßig schneller sein als ein kontradiktorisches (Schieds-)Verfahren. Denn zunächst ist es typischerweise auf die Feststellung bestimmter Umstände beschränkt. Ferner ist es grundsätzlich auch verbindlich in der Weise, dass seine Feststellungen einer erneuten Beurteilung durch Dritte (Schiedsgericht oder staatliches Gericht) entzogen sind[15], insbesondere keine Beweiserhebung in einem nachgelagerten Rechtsstreit mehr stattfinden darf[16]. Damit beschleunigt und entlastet es jedenfalls einen solchen Rechtsstreit. Eine Ausnahme hiervon gilt nur bei der Geltendmachung von offenbaren Unrichtigkeiten entsprechend § 319 Abs. 1 Satz 1 BGB. Nur in diesem Fall ist eine Ersetzung des Schiedsgutachtens durch Urteil der ordentlichen Gerichte möglich[17].

Da die Beurteilung der betreffenden Umstände typischerweise Sachverständigenkompetenz erfordert, hat das Schiedsgutachten auch eine entsprechende Richtigkeitsgewähr. Die Beschäftigung nur eines Gutachters anstelle von drei Schiedsrichtern (und ggf. eines zusätzlichen Sachverständigen) bringt zudem Kostenvorteile.

All dies gilt allerdings nur, wenn die für die Beurteilung erforderlichen Anknüpfungstatsachen unstreitig sind oder durch den Schiedsgutachter allein durch Augenschein und/oder Auswertung von Dokumenten und ohne sonstige Beweisaufnahme festgestellt werden können. Denn für eine Feststellung streitiger Anknüpfungstatsachen im Wege einer ordentlichen Beweisaufnahme ist der Schiedsgutachter als juristischer Laie typischerweise nicht kompetent. Nimmt er diese Aufgabe gleichwohl selbst wahr, leidet die Richtigkeitsgewähr. Wird diese Aufgabe einem vorgeschalteten Gerichts- oder Schiedsverfahren übertragen, ergeben sich keine Kosten- und Zeitvorteile gegenüber einem

---

15 Vgl. *Gross*, DStR 2000, 1959; *Rieble* in: Staudinger, BGB 2004, § 317 Rdnr. 17; BGHZ 6, 335.
16 Vgl. *Rieble* in: Staudinger, a.a.O.
17 Vgl. *Rieble* in: Staudinger, BGB 2004, § 317 Rn. 14; *BGH*, WM 1976, 269; BGHZ 43, 374; BGHZ 81, 229, 237.

Gerichts- oder Schiedsverfahren, in dem ein Sachverständiger hinzugezogen wird. Es ergeben sich vielmehr Abstimmungs- und Abgrenzungsprobleme, da die beiden Verfahren nebeneinander stehen. Erst recht ergeben sich keine Vorteile gegenüber solchen Schiedsverfahren, in denen zumindest einer der Schiedsrichter über die erforderliche Sachverständigenkompetenz verfügt (z.B. bei Doppelqualifikation).

b) Unmittelbare Entscheidungsrelevanz des Schiedsgutachtens

Das Schiedsgutachten sollte auch unmittelbare Entscheidungsrelevanz für die streitigen Fragen haben oder zumindest eine verbindliche Grundlage für einen nachfolgenden Rechtsstreit schaffen, welche den Anspruchsberechtigten bei der Durchsetzung seiner Ansprüche einen entscheidenden Schritt weiterbringt.

Zwar ist die Frage, welche Ansprüche und Rechtsfolgen sich für die Parteien in Anknüpfung an die Feststellungen des Schiedsgutachters ergeben, in Abweichung von § 317 BGB (Leistungsbestimmung durch einen Dritten) grundsätzlich nicht Gegenstand des Schiedsgutachtens[18]. Demgemäß kann das Schiedsgutachten auch nicht gemäß §§ 1060 ff. ZPO für vollstreckbar erklärt werden. Sind jedoch die Feststellungen des Schiedsgutachters für Bestehen oder Umfang von Ansprüchen aus dem Unternehmenskaufvertrag von unmittelbarer Entscheidungsrelevanz, kann das Schiedsgutachten wegen seiner Präjudizwirkung eine Einigung erleichtern oder jedenfalls einen nachfolgenden Rechtsstreit wesentlich beschleunigen.

Diese Wirkungen relativieren sich allerdings bzw. wenden sich in ihr Gegenteil, wenn vor oder nach Erstellung des Schiedsgutachten weitere Sach- und/oder Rechtsfragen zu klären sind, oder gar die Relevanz der durch das Schiedsgutachten zu klärenden Frage von der Beantwortung solcher Fragen abhängt.

c) Absicherung durch zweckmäßige Regelung des Verfahrens

Die Absicherung der Vorteile eines Schiedsgutachtens muss bei seinen möglichen Nachteilen und bei den Missbrauchs- und Obstruktionsmöglichkeiten ansetzen und diese unterbinden.

aa) Vermeidung eines „Hin- und Herschaltens" zwischen Schiedsgutachterverfahren und kontradiktorischem Verfahren

Ist zu erwarten, dass der eigentlichen Sachverständigenfrage Tatsachen- und/oder Rechtsfragen vor- oder nachgelagert sind, empfiehlt sich generell der Verzicht auf die Vereinbarung eines Schiedsgutachtens. Ein (Schieds-)Gericht ist in diesen Fällen am besten geeignet, – gegebenenfalls mit Hilfe eines Sachverständigen – den Streitstoff zweckmäßig zu ordnen und zielführend abzuarbeiten. Es wird insbesondere einem Sachverständigen aus der akuten Streit-

---

18 Vgl. *Gross*, DStR 2000, 1959.

situation heraus konkretere Vorgaben geben können, als dies den Parteien bereits im Rahmen der Vertragsgestaltung möglich ist. Auch lässt sich so ein zeit-, kosten- und streitintensives „Hin- und Herschalten" zwischen kontradiktorischem Verfahren (Tatsachenfeststellung und Rechtsfragen) und Schiedsgutachterverfahren (sachverständige Beurteilung) vermeiden.

Jedenfalls sollte jeder Partei das Recht eingeräumt werden, vor dessen Beginn vom Schiedsgutachterverfahren Abstand zu nehmen, wenn sie der Auffassung ist, dass zwischen den Parteien Streit über Anknüpfungstatsachen des Schiedsgutachtens oder über vorgreifliche Auslegungs- oder Rechtsfragen besteht oder das Schiedsgutachterverfahren aus anderen Gründen nicht in der erwünschten Weise zur Streitbeilegung beitragen kann.

Demgegenüber ist es regelmäßig nicht zweckmäßig, dem Schiedsgutachter generell die Feststellung der Anknüpfungstatsachen zu übertragen. Denn dieser ist typischerweise Kaufmann oder Techniker und nicht damit vertraut, ein kontradiktorisches Verfahren durchzuführen oder Beweislastregeln anzuwenden.

Erst recht wird er bei Fehlen entsprechender Verfahrensregelungen Mühe haben, das Verfahren nach billigem Ermessen durchzuführen, was nach einer Meinung in der Literatur zulässig wäre[19]. Ist er hierzu nicht im Stande, müsste nach § 319 Abs. 1 Satz 2 BGB die Bestimmung bzw. Beurteilung ohnehin durch Urteil bzw. Schiedsspruch erfolgen.

Auch ist ein Schiedsgutachter ohne entsprechende Parteivereinbarung nicht verpflichtet, den Parteien vor Erstellung seines Gutachtens rechtliches Gehör zu gewähren[20], weshalb ein Verzicht hierauf nicht zwingend eine offensichtliche Unrichtigkeit des Schiedsgutachtens begründen kann[21]. Die Parteien werden aber an der Gewährung rechtlichen Gehörs interessiert sein.

Will man auch bei streitigen Anknüpfungstatsachen nicht auf ein Schiedsgutachten verzichten, sollte die Vorabklärung derselben durch ein Schiedsgericht oder Gericht vorgesehen werden. Zwar ist nach gefestigter höchstrichterlicher Rechtsprechung eine Feststellungsklage zur isolierten Klärung einzelner Vorfragen, der Elemente eines Rechtsverhältnisses oder der Berechnungsgrundlagen eines Anspruchs unzulässig[22]. Jedoch hat der BGH bereits festgestellt, dass die Parteien eines Schiedsgutachtervertrages den Inhalt eines für die Leistungsbestimmung durch den Schiedsgutachter maßgeblichen Rechtsverhältnisses im Wege der Feststellungsklage durch die ordentlichen Gerichte klären lassen können[23]. Die Feststellungsklage ist insoweit nach Ansicht des BGH

---

19 Vgl. *Rieble*, in: Staudinger, BGB 2004, § 317 RZ 65.
20 Vgl. BGHZ 6, 335, 341; *Rieble*, in: Staudinger, BGB 2004, § 317 Rdnr. 63 m.w.N.; a.A. *Gottwald*, in: Münchener Kommentar zum Bürgerlichen Gesetzbuch, 4. Aufl. 2003, § 317 Rdnr. 42.
21 Vgl. BGHZ 6, 335. Vor diesem Hintergrund sollte bei einer Schiedsgutachterklausel im Unternehmenskaufvertrag eine zwingende Anhörung der Parteien durch den Schiedsgutachter ausdrücklich vereinbart werden.
22 Vgl. *BGH*, NJW 1982, 1878, 1879; *BGH*, NJW 1977, 1288; *BGH*, NJW 1979, 2099.
23 Vgl. *BGH*, NJW 1982, 1878, 1879.

dann zulässig, wenn es dem Kläger erkennbar darum geht, nicht nur eine isolierte Klärung der Vorfrage, sondern die Verpflichtung des Beklagten zur Leistung auf Grundlage von bestimmten Fakten und damit den Inhalt eines bestimmten Rechtsverhältnisses i. S. d. § 256 ZPO feststellen zu lassen[24]. Dies muss entsprechend auch für das Verhältnis Schiedsgutachterverfahren/Schiedsverfahren gelten.

Ferner ist es in der Regel auch nicht ratsam, dem Schiedsgutachter die Kompetenz zur Klärung von Auslegungs- oder sonstigen rechtlichen Vorfragen seiner Begutachtung zu übertragen. Hier gelten im Wesentlichen die gleichen Erwägungen wie bei streitigen Anknüpfungstatsachen. Fehler bei der Interpretation z.B. der kaufvertraglichen Vereinbarungen können dazu führen, dass das Schiedsgutachten auf falschen Prämissen beruht und damit unbrauchbar ist.

bb) Vermeidung von Obstruktionsmöglichkeiten

Möglicher Obstruktion eines vereinbarten Schiedsgutachterverfahrens sollte präventiv damit begegnet werden, dass eine Partei vom Schiedsgutachterverfahren Abstand nehmen kann, wenn die andere nicht innerhalb bestimmter Fristen ihre Mitwirkung an dem Verfahren ordnungsgemäß erbringt.

Zwar kann sich die vertragsbrüchige Partei auch ohne eine solche ausdrückliche Regelung in einem Rechtsstreit nicht mehr auf die Schiedsgutachterklausel und ihre Ausschlusswirkung berufen[25]. Dies folgt einerseits aus der analogen Anwendung des § 319 Abs. 1 Satz 2 BGB, wonach die Beurteilung durch Urteil bzw. Schiedsspruch zu erfolgen hat, wenn der Schiedsgutachter die Beurteilung nicht vornehmen kann oder er sie verzögert. Die Verschleppung und Behinderung des Schiedsgutachterverfahrens durch eine Partei steht dem gleich, so dass eine entsprechende Anwendung der Vorschrift geboten ist[26]. Ein Verschulden ist insoweit nicht erforderlich; vielmehr reicht aus, dass die erforderliche Handlung nicht innerhalb objektiv angemessener Zeit vorgenommen wird[27]. Andererseits ergibt sich dies aus § 242 BGB und dem entsprechend anzuwendenden allgemeinen Rechtsgedanken des § 162 BGB, wonach niemand aus einem von ihm treuwidrig herbeigeführten Ereignis Vorteile herleiten darf[28]. Allerdings kann allein der Streit über den Wegfall der Ausschlusswirkung der Schiedsgutachterklausel anhand der aufgezeigten Kriterien die mit ihrer Vereinbarung angestrebten Zeit- und Kostenvorteile konterkarieren.

Alternativ kann einer etwaigen Verzögerungstaktik des Gegners durch Obstruktion des Schiedsgutachterverfahrens auch durch geeignete vertragliche Sanktionsregelungen vorgebeugt werden. In Betracht kommen etwa Vertrags-

---

24 Vgl. *BGH*, NJW 1982, 1878, 1879.
25 Vgl. *BGH*, NJW 1990, 1231, 1232; *BGH*, NJW 1979, 1543.
26 Vgl. *BGH*, NJW 1990, 1231, 1232; *BGH*, NJW 1979, 1543 zur Weigerung einen Schiedsgutachter zu benennen.
27 Vgl. *BGH*, NJW 1990, 1231, 1232; *BGH*, NJW 1979, 1543.
28 Vgl. *OLG Brandenburg*, NJW-RR 2000, 766.

strafen oder auch Vermutungen zugunsten der nicht obstruktiven Partei, die nur durch das Schiedsgutachten widerlegt werden können.

Wenig praktikabel ist dagegen die theoretisch mögliche Durchsetzung der Mitwirkung in einem separaten Schieds- oder Gerichtsverfahren. Denn ein solches Vorgehen ist zeit- und kostenintensiv und eröffnet der Gegenseite weitere Obstruktionsmöglichkeiten.

cc) Vermeidung des Missbrauchs der gerichtlichen Inhaltskontrolle

Weiter eröffnet die gerichtliche Inhaltskontrolle des § 319 Abs. 1 Satz 1 BGB dem Anspruchsgegner – auch bei unbegründeten Einwendungen – die Möglichkeit, die Durchsetzung der Ansprüche des Berechtigten erheblich zu verzögern. Um dies zu vermeiden, ist eine vertragliche Abbedingung auch der beschränkten Inhaltskontrolle gemäß § 319 Abs. 1 Satz 1 BGB möglich[29]. Jedoch ist dies im Hinblick auf die Präjudizwirkung des Schiedsgutachtens für einen nachfolgenden Rechtsstreit ein zweischneidiges Schwert.

Wenn der Vertrag im Übrigen eine Schiedsklausel vorsieht, sollte gegebenenfalls auch die Entscheidung über die „offenbare Unrichtigkeit" durch Vereinbarung dem Schiedsgericht zugewiesen werden[30].

III. Gestaltung der Schiedsvereinbarung

1. Festlegung der Verfahrensregeln

a) Wahlfreiheit der Parteien

Das Schiedsverfahren eröffnet den Parteien große Freiheit bei der Gestaltung der Verfahrensregeln und damit erhebliche taktische Spielräume in Bezug auf eine potenzielle rechtliche Auseinandersetzung. Während staatliche Gerichtsverfahren meist detailliert geregelt sind – die ZPO hat z.B. über 1000 Paragrafen –, sind für Schiedsverfahren nur die Mindeststandards für ein faires Verfahren gesetzlich vorgeschrieben, nämlich die Gewährung von rechtlichem Gehör und die Gleichbehandlung der Parteien, § 1042 Abs. 1 ZPO.

Von dieser Freiheit bei der Gestaltung der Verfahrensregeln müssen die Parteien jedoch im Schiedsvertrag oder vor oder während eines laufenden Rechtsstreits aktiv Gebrauch machen. Sonst kommt diese Freiheit nicht ihnen, sondern dem Schiedsgericht zu. Denn es gibt prinzipiell keine subsidiär geltenden Regeln, die das Schiedsgericht binden würden. So gilt z.B. die ZPO bei Fehlen entsprechender Vereinbarungen der Parteien nicht subsidiär, § 1042 Abs. 3 ZPO. Und die oft pauschal vereinbarten Schiedsordnungen der bekannten Schiedsinstitutionen wie der DIS oder der ICC beschränken sich darauf, einen Verfahrensrahmen vorzugeben, der weit hinter staatlichen Verfahrensordnun-

---

[29] Vgl. *BGH*, NJW 1972, 827.
[30] Palandt/*Grüneberg*, BGB, 65. Aufl. 2006, § 319 Rdnr. 10 m.w.N.

gen zurückbleibt und für wichtige Verfahrensschritte keine detaillierten Regelungen enthält[31].

Auch soweit vereinbarte Schiedsordnungen Verfahrensregelungen enthalten, bleibt es bei der Gestaltungsfreiheit der Parteien. Denn die Schiedsordnungen können durch Parteivereinbarung jederzeit geändert werden, haben sie ja selbst nur den Charakter von Parteivereinbarungen.

b) Taktische Spielräume bei der Gestaltung der Verfahrensregeln

Die Nutzung taktischer Spielräume bei der Gestaltung der Verfahrensregeln ist vom jeweiligen Interesse der Partei bestimmt. So ist der potenzielle Schiedskläger primär interessiert, seinen Anspruch möglichst rasch und sicher durchzusetzen. Hierzu benötigt er eine funktionierende Infrastruktur für das Schiedsverfahren, ein möglichst schnell konstituiertes, neutrales, kompetentes und zügig arbeitendes Schiedsgericht sowie die Möglichkeit, die anspruchsbegründenden Tatsachen vortragen und beweisen zu können. Für den Fall einer Fehlbeurteilung durch das Schiedsgericht wäre außerdem eine Korrekturmöglichkeit wünschenswert.

Der potenzielle Schiedsbeklagte mag sich für die Klärung des Nichtbestehens des Klageanspruchs entsprechende Verhältnisse wünschen. Er dürfte es aber weniger eilig haben und weitgehenden Sachverhaltserforschungs- und Beweisführungsmöglichkeiten des Schiedsklägers zurückhaltend gegenüberstehen.

aa) Infrastruktur

Für den potenziellen Kläger ist es wichtig, das Verfahren geordnet einleiten zu können. Dies gilt vor allem, wenn – wie häufig – die Wahrung einer Frist von der Einleitung des Verfahrens abhängt. Hier empfiehlt sich die Vereinbarung eines institutionalisierten Schiedsverfahrens, in dem klar geregelt ist, wie das Verfahren eingeleitet wird, wer die Zustellung der Klageschrift bewirkt, etc.

bb) Konstituierung des Schiedsgerichts

Der potenzielle Kläger wünscht sich eine rasche Konstituierung des Schiedsgerichts. Er wünscht sich bei Nichteinigung der Parteien insbesondere auch eine rasche Besetzung der Position des Obmanns mit einer kompetenten und neutralen Persönlichkeit. Auch hier empfiehlt sich die Vereinbarung eines institu-

---

31 So belässt es etwa § 27 der DIS Schiedsordnung bei der Feststellung, das Schiedsgericht habe den zugrunde liegenden Sachverhalt zu ermitteln. Hierzu könne es nach seinem Ermessen Anordnungen treffen, insbesondere Zeugen und Sachverständige vernehmen und die Vorlage von Urkunden anordnen. Es soll an die Beweisanträge der Parteien nicht gebunden sein. Nach Art. 15 der ICC Schiedsordnung sind auf das Verfahren vor dem Schiedsgericht diejenigen Regeln anzuwenden, die von den Parteien oder, falls diese es unterlassen, vom Schiedsgericht festgelegt werden, unabhängig davon, ob dabei auf eine auf das Schiedsverfahren anzuwendende nationale Prozessordnung Bezug genommen wird.

tionalisierten Schiedsverfahrens, in dem die Konstituierung geregelt ist und administriert wird, insbesondere durch Besetzung der Position des Obmanns aus einem Kreis kompetenter Professionals. Ferner empfiehlt sich in geeigneten Fällen, durch Definition von Qualifikations- oder Ausschlusskriterien die Zusammensetzung, Kompetenz und Neutralität des Schiedsgerichts präventiv zu beeinflussen.

cc) Sachverhaltsbeibringung und Beweisregeln

Wenn eine Partei zur Durchsetzung möglicher Ansprüche aus der M&A-Transaktion voraussichtlich auf Informationen oder Unterlagen aus der Sphäre der Gegenseite angewiesen sein wird, sollte sie Verfahrensregeln anstreben, die – ähnlich wie im US-amerikanischen *discovery* Verfahren – die Offenbarung von Tatsachen und die Vorlage von Urkunden durch die jeweilige Gegenpartei vorsehen, ohne dass deren Relevanz für das Verfahren im einzelnen vorher nachgewiesen muss.

Solche Regelungen sollten insbesondere angestrebt werden, wenn sich während der Verhandlungen *Anhaltspunkte für unredliches Verhalten* der Gegenpartei ergeben, etwa für unrichtige Angaben zum Kaufobjekt oder zu anderen wichtigen Umständen. Eine ablehnende Reaktion auf einen entsprechenden Verfahrensvorschlag dürfte das Verdachtsmoment erhöhen, was wiederum bei den weiteren Verhandlung bzw. due diligence-Maßnahmen zu berücksichtigen ist.

Auch bei einem Haftungsausschluss für fahrlässig falsche Angaben im Vertrag sollte auf großzügige Regelungen für die Sachverhaltsbeschaffung und Beweisführung im Schiedsverfahren gedrungen werden. Stellt sich nämlich nach Übernahme der Zielgesellschaft, etwa bei der *post closing due diligence*, die Unrichtigkeit solcher Angaben heraus, wird der erforderliche Beweis des Vorsatzes weiteren Sachverhalt erfordern.

Eine weitere Fallgruppe, in der die Vereinbarung von Offenbarungs- und Vorlagepflichten zweckmäßig sein kann, sind Transaktionen, deren Vollzug von Bedingungen abhängt, deren Erfüllung – auch – von der Mitwirkung der Gegenpartei abhängt. Zu denken ist hier u.a. an Finanzierungsvorbehalte oder kartellrechtliche Bedingungen. Zwar streiten im Falle der Nichterfüllung solcher Bedingungen oft Beweislastregeln für das Vorliegen einer treuwidrigen Vereitelung der Bedingung bzw. schuldhaften Vertragsverletzung. Allerdings lassen sich die Erfolgschancen für die Durchsetzung von Erfüllungs- oder Schadensersatzansprüchen deutlich steigern, wenn sich die Absicht der Gegenpartei, die Transaktion platzen zu lassen, durch entsprechenden Sachverhalt belegen oder jedenfalls plausibel machen lässt.

Zwar ist ein Schiedsgericht vorbehaltlich anderer Regelung in der Schiedsvereinbarung nicht an den Beibringungsgrundsatz oder das Ausforschungsverbot der ZPO oder entsprechende Regelungen in anderen Verfahrensordnungen gebunden. Gleichwohl neigen in der ZPO- oder ähnlichen Traditionen verhaftete Schiedsrichter dazu, diese Grundsätze auch in Schiedsverfahren anzuwenden.

Aus der Verhaftung deutscher bzw. kontinentaleuropäischer Parteien (und deren Vertreter) in einer ausforschungsfeindlichen Tradition resultieren weitere Vor- und Nachteile solcher Offenbarungs- und Vorlagepflichten, die in das taktische Kalkül einzubeziehen sind. So sind an den Beibringungsgrundsatz gewöhnte Prozessgegner auf *„fishing expeditions"* nach amerikanischem Muster nicht eingestellt. Sie achten deshalb bei der internen Kommunikation viel weniger als etwa amerikanische Unternehmen auf die Vermeidung potenziell schädlicher bzw. missverständlicher Dokumentation. Andererseits können weitgehende Offenbarungs- und Vorlagepflichten sich auch gegen den Anspruchsteller wenden, der z.B. in Due Diligence Reports und interner Korrespondenz tatsächliche oder vermeintliche Kenntnisstände dokumentiert.

Aus dem Vorstehenden ergeben sich auch taktische Überlegungen und Möglichkeiten des potenziellen Streitgegners, der typischerweise daran interessiert ist, die Beweisführung des Klägers möglichst zu erschweren. Er wird daher auf eine möglichst strenge Form des Beibringungsgrundsatzes achten und Ausnahmeregelungen wie Beweiserleichterungen, Beweislastumkehr und Anscheinsbeweis nicht zulassen wollen. Auch wird er ausschließen wollen, dass das Schiedsgericht auch ohne Beweisantritt zur Aufklärung des Sachverhalts Unterlagen von den Parteien anfordern kann. Dies ist insbesondere bei der Vereinbarung institutioneller Schiedsordnungen relevant, die häufig dem Schiedsgericht die Ermittlung des Sachverhaltes unabhängig von den Beweisanträgen erlauben[32].

Ferner wird er die Anforderungen an ein substantiiertes Bestreiten niedrig halten und die Möglichkeiten des Bestreitens mit Nichtwissen ausweiten wollen. So ist etwa eine Regelung denkbar, nach der nach Übergang des verkauften Unternehmens an den Käufer das Wissen des Managements über den derzeitigen und früheren Zustand des Unternehmens nicht mehr als für den Verkäufer bekannt gilt und er entsprechende Behauptungen über diesen Zustand generell mit Nichtwissen bestreiten kann.

Hinsichtlich des Beweisrechtes sollte der potenzielle Beklagte auf ein Strengbeweisverfahren und die Möglichkeit des Gegenbeweises achten. Insbesondere falls Streitigkeiten über Bewertungsfragen wahrscheinlich sind, sollte der potenzielle Beklagte gegen ein schiedsgerichtliches Sachverständigengutachten Einwände erheben können und auf eine mündliche Verhandlung über das Gutachten bestehen. Unabhängig vom Inhalt des schiedsgerichtlichen Gutachtens wird eine solche Verfahrensregel die Entscheidungsfindung jedenfalls verzögern und durch ihre „Lästigkeit" die Chance auf eine Vergleichslösung erhöhen. Denn derjenige, für den das Gutachten negativ ist, wird von der Möglichkeit, Einwände zu erheben, mit hoher Wahrscheinlichkeit Gebrauch machen und über diese Einwände auch mündlich verhandeln wollen.

---

32 So enthält etwa § 27.1 der DIS-Schiedsordnung die Befugnis für das Schiedsgericht, nach seinem Ermessen Zeugen und Sachverständige zu vernehmen und die Vorlage von Unterlagen anzuordnen.

Soweit Streitigkeiten über die nachvertragliche Bestimmung der Vertragsäquivalenz erwartet werden, etwa über Kaufpreisanpassungen oder Bilanzgarantien, sind regelmäßig Bewertungsfragen entscheidend. Hier sind Verfahrensregelungen zum Sachverständigenbeweis wichtig. Insoweit kann eine Beschleunigung u. a. dadurch erreicht werden, dass die Bestimmung von Sachverständigen allein dem Schiedsgericht vorbehalten bleibt und der Sachverständige die Möglichkeit erhält, ohne Einschaltung des Schiedsgerichts die Vorlage von Unterlagen direkt von den Parteien zu verlangen. Ebenso ist ein Verzicht auf die Notwendigkeit einer mündlichen Erörterung des Sachverständigengutachtens denkbar. Allerdings sind die zu erwartenden Beschleunigungseffekte gegen die Qualitätsrisiken eines verkürzten Verfahrens abzuwägen.

dd) Kontrollmöglichkeiten

Die potenzielle Klageseite kann unter dem Gesichtspunkt der höheren Richtigkeit der Entscheidung ein mehrinstanzliches Verfahren bevorzugen. Die potenzielle Beklagtenseite kann unter dem Aspekt der Verfahrensverzögerung Gleiches anstreben. Hier wäre ein Oberschiedsgericht zu vereinbaren.

c) Bezugnahme auf publizierte Regelwerke

Von einer blinden Bezugnahme auf marktübliche Regelungswerke ohne Analyse ihres konkreten Inhalts ist auf Basis des oben Ausgeführten dringend abzuraten. Denn soweit diese Regelungswerke zu wichtigen Verfahrensfragen keine Regelungen enthalten, sind die Parteien den Präferenzen des Schiedsgerichts ausgeliefert, da sie sich in der Streitsituation kaum noch auf gemeinsame Regeln einigen können werden. Taktischer Spielraum hinsichtlich der Bestimmung der Verfahrensregeln besteht dann allenfalls noch mittelbar durch die Wahl des Schiedsrichters (vgl. hierzu näher V).

Nach entsprechender Analyse der eigenen Interessen kann es allerdings richtig sein, auf eine marktübliche Verfahrensordnung zu verweisen, um zumindest die Unwägbarkeiten der Verfahrensausgestaltung durch das Schiedsgericht zu reduzieren. Ferner kann es taktisch vorteilhaft sein, statt entsprechender konkreter Regelungen eine marktübliche Verfahrensordnung vorzuschlagen, die den eigenen Präferenzen weitgehend Rechnung trägt. Ein solcher Vorschlag lässt sich wegen seiner scheinbaren Neutralität leichter durchsetzen, gerade wegen des Desinteresses vieler Parteien und Verhandlungsvertreter an verfahrensrechtlichen Fragen und ihrer hieraus folgenden Unkenntnis der Materie. In diesem Kontext empfiehlt es sich jedenfalls, in der Verhandlungssituation im Hintergrund den Rat eines erfahrenen Schiedsrechtlers einzuholen.

In internationalen Konstellationen werden zunehmend die von der International Bar Association herausgegebenen *IBA Rules on the Taking of Evidence in International Commercial Arbitration*[33] als neutrale Verfahrensordnung ver-

---

33 Erhältlich als Download auf der Website der IBA (www.ibanet.org).

einbart. Die dort niedergelegten Verfahrensregeln behandeln insbesondere die Urkundenvorlagepflicht, die Zeugenvernehmung, den Sachverständigen- und den Augenscheinsbeweis und wollen einen Kompromiss zwischen angloamerikanischem und kontinentalem Verfahrensverständnis erreichen. Aufgrund ihrer Ausgewogenheit und der dennoch vorhandenen Flexibilität[34] werden die *IBA Rules* in internationalen Schiedsverfahren auch zunehmend von Schiedsgerichten als Verfahrensrichtlinien vorgeschlagen. Aber auch hier gilt, dass diese Regeln nicht in jedem Fall und vor allem nicht für jede Partei zweckmäßig sind. Eine Analyse ist zwingend erforderlich. Aus Sicht eines potenziellen Beklagten mag sich die ZPO mit ihren weit restriktiveren Beweis- und Ausforschungsregelungen als wesentlich günstiger erweisen.

d) Festlegung im Rahmen des begonnenen Schiedsverfahrens

Soweit im Rahmen des Schiedsverfahrens das Schiedsgericht selbst mit den Parteien die Festlegung (oder Änderung) von Verfahrensregelungen erörtert, ist wiederum eine Analyse der Position der Streitparteien vor dem Hintergrund der bereits begonnenen, aber auch potenziell noch folgender, Streitigkeiten, geboten. Dabei ist auch zu klären, ob eine Festlegung in eine bestimmte Richtung vorzuziehen ist, oder ob das Unterlassen einer solchen Festlegung den eigenen Interessen besser dient. Soweit die übereinstimmenden Interessen der Parteien dies gebieten, etwa unter Kostengesichtspunkten, sollten diese unabhängig vom Schiedsgericht entsprechende Vereinbarungen treffen, und damit das Schiedsgericht binden. Dies ist in einer Form zu tun, die die Neutralität des Schiedsgerichts nicht beeinträchtigt.

2. Wahl des Schiedsortes

a) Gründe für die Bestimmung des Schiedsortes durch die Parteien

Die Parteien sollten – gerade im Rahmen einer internationalen Transaktion – von der in § 1043 Abs. 1 Satz 1 ZPO eröffneten Möglichkeit, den „Ort des schiedsrichterlichen Verfahrens" (Schiedsort) frei[35] und formlos wählen zu können, dringend Gebrauch machen. Denn der Schiedsort verankert das jeweilige Verfahren in einer bestimmten Rechtsordnung[36] und beeinflusst damit insbesondere:

– das anwendbare Verfahrensrecht[37],

---

34 So werden etwa sowohl die Sachverständigenbenennung durch die Parteien wie durch das Schiedsgericht selbst behandelt.
35 Der von den Parteien gewählte Schiedsort muss weder eine Beziehung zu den Parteien noch zum Schiedsgericht noch zu der jeweiligen Streitsache erkennen lassen.
36 Vgl. auch *Schwab/Walter*, Schiedsgerichtsbarkeit, 7. Aufl. 2005, Kap. 15 Rdnr. 39: „Formales Legaldomizil".
37 Vgl. das seit dem 1.1.1998 in § 1025 Abs. 1 ZPO gesetzlich verankerte Territorialitätsprinzip.

- die Frage, ob ein in- oder ausländischer Schiedsspruch vorliegt[38] und damit zugleich das staatliche Aufhebungs- und Vollstreckbarerklärungsverfahren gem. §§ 1059 ff. ZPO, sowie

- die (örtliche) Zuständigkeit der staatlichen Gerichte für etwaige[39] das Schiedsverfahren begleitende Maßnahmen wie beispielsweise die Schiedsrichterablehnung[40], Unterstützungshandlungen bei der Beweisaufnahme[41] oder Maßnahmen des einstweiligen Rechtsschutzes nach § 1033 ZPO bzw. § 1041 i.V.m. § 1062 Abs. 1 Nr. 3 ZPO.

Wählen die Parteien den Schiedsort nicht, so erfolgt dessen Festlegung gem. § 1043 Abs. 1 Satz 2 ZPO subsidiär durch das Schiedsgericht. Dieses hat nach § 1043 Abs. 1 Satz 3 ZPO bei seiner Entscheidung zwar die Umstände des Falles einschließlich der Eignung des Ortes für die Parteien zu berücksichtigen. Gleichwohl birgt die Festlegung des Schiedsortes durch das Schiedsgericht für die Parteien einen Unsicherheitsfaktor und kann schließlich zu einem aus Sicht der Parteien unerwünschten Ergebnis führen.

b) Abgrenzung vom tatsächlichen Sitz des Schiedsgerichts

Vom Schiedsort nach § 1043 Abs. 1 ZPO zu unterscheiden ist derjenige Ort, an dem das Schiedsgericht seinen tatsächlichen Sitz hat und entsprechend etwa seine Beratungen, mündliche Verhandlungen oder Beweisaufnahmen durchführt (sog. Verhandlungs- oder Tagungsort). Auch diesen Ort können die Parteien gem. § 1043 Abs. 2 ZPO zwar selbst bestimmen. Eine ausdrückliche Festlegung des Tagungsortes des Schiedsgerichts ist in den meisten Fällen jedoch nicht angezeigt. Vielmehr können die Parteien darauf vertrauen, dass das Schiedsgericht seinen tatsächlichen Sitz nach Zweckmäßigkeitsgesichtspunkten bestimmen wird. Damit bewahrt es sich zugleich eine gewisse Flexibilität, von der letztlich auch die Parteien durch ein effizientes Verfahren profitieren. Umgekehrt können durch eine Festlegung des Tagungsortes des Schiedsgerichts durch die Parteien höhere Kosten und zeitliche Verzögerungen entstehen, etwa infolge einer dann ggf. nötigen Herbeischaffung von Beweismitteln oder durch die Anreise von Parteien, Schiedsrichtern und Zeugen.

c) Kriterien für die Bestimmung des Ortes in M&A-Fällen

Bei der Wahl des Schiedsortes sollten die Parteien zunächst unbedingt beachten, ob die Anerkennung und Vollstreckung eines nach dem Verfahrensrecht des jeweiligen Schiedsortes ergangenen Schiedsspruchs auch im potenziellen Vollstreckungsstaat gewährleistet ist. Dies wird aufgrund der territorialen Verbreitung des New Yorker UN-Übereinkommens jedoch regelmäßig der Fall sein (vgl. hierzu auch unten X.).

---

38 Vgl. §§ 1060, 1061 ZPO.
39 Vgl. § 1026 ZPO.
40 Vgl. § 1062 Abs. 1 Nr. 1 i.V.m. § 1037 ZPO.
41 Vgl. § 1062 Abs. 4 i.V.m. § 1050 ZPO.

In M&A-Fällen empfiehlt es sich vor allem aus Sicht des beweisbelasteten Klägers regelmäßig, einen Schiedsort am Sitz oder jedenfalls in der Nähe der jeweiligen Zielgesellschaft zu wählen. Denn etwaige Streitigkeiten aus einem Unternehmenskauf erwachsen häufig aus Garantien oder einem Verhalten des Verkäufers in Bezug auf das jeweilige Kaufobjekt.

Die Parteien einer transaktionsbezogenen Streitigkeit sollten schließlich auch im Auge behalten, ob an dem von Ihnen gewählten Schiedsort sachkundige, M&A-erfahrene und ggf. mehrsprachige Schiedsrichter zur Verfügung stehen. Denn gerade wenn die Ernennung des Schiedsobmanns durch eine Schiedsinstitution oder einen sonstigen neutralen Dritten erfolgt, wird in der Praxis häufig auf Schiedsrichter aus dem jeweiligen Land bzw. der Region des Schiedsortes zurückgegriffen.

3. Wahl des materiellen Rechts

a) Gründe für die Bestimmung des materiellen Rechts durch die Parteien

Nach § 1051 Abs. 1 ZPO sind die Parteien berechtigt, das in der Sache anwendbare Recht frei zu wählen. Diese Rechtswahl kann formlos und damit etwa auch durch eine entsprechende Rechtswahlklausel im Unternehmenskaufvertrag erfolgen.

Zur Meidung erheblicher Rechtsunsicherheit und unerwünschter Rechtsfolgen ist den Parteien dringend zu empfehlen, eine Rechtswahl zu treffen. Andernfalls hat nämlich das Schiedsgericht das anzuwendende Recht gem. § 1051 Abs. 2 ZPO subsidiär nach der aus seiner Sicht engsten Verbindung des Streitgegenstands zu bestimmen. Hierbei ist den Schiedsrichtern – insbesondere in ICC-Verfahren und Verfahren vor dem London Court of International Arbitration – ein weites Ermessen eingeräumt, was zu Überraschungen führen kann.

b) Kriterien für die Bestimmung des anwendbaren Rechts in M&A-Fällen

Bei M&A-Streitigkeiten bietet sich grundsätzlich die Wahl des materiellen Rechts am Sitz der Zielgesellschaft an, da etwaige Streitigkeiten aus einem Unternehmenskauf häufig aus Garantien oder einem Verhalten des Verkäufers in Bezug auf das jeweilige Kaufobjekt erwachsen. Insoweit dürfte die Rechtswahl der Parteien in der Regel mit ihrer Wahl des Schiedsortes oder der subsidiären Bestimmung des Schiedsortes durch das Schiedsgericht aufgrund der engsten Verbindung i.S.d. § 1051 Abs. 2 ZPO übereinstimmen (vgl. hierzu oben III.2). Im Einzelfall kann sich jedoch auch die Wahl eines neutralen Rechts anbieten, um keiner der Parteien im Streitfall einen möglichen Vorteil zu verschaffen.

Soweit die Parteien nicht ausdrücklich das Kollisionsrecht einer bestimmten Rechtsordnung für anwendbar erklären – wovon auch in M&A-Fällen generell abzuraten ist, da die Parteien durch die dann erst vom Schiedsgericht vorzunehmende kollisionsrechtliche Anknüpfung unnötigerweise Rechtsunsicherheit hinsichtlich des Ergebnisses dieser Anknüpfung schaffen würden – wird nach § 1051 Abs. 1 Satz 2 ZPO vermutet, dass ihre Rechtswahl sich unmittelbar auf die Sachvorschriften der jeweiligen Rechtsordnung bezieht. Bei *asset deals* sollten die Parteien dabei die Anwendung des Wiener UN-Kaufrechts (CISG) ausdrücklich ausschließen, da andernfalls das CISG Anwendung finden könnte, wenn der warenkaufrechtliche Teil der Transaktion den nicht warenkaufrechtlichen Teil (also etwa den Erwerb von Immobilien, Immaterialgütern und Rechten) wertmäßig überwiegt[42]. Die Regelungen des CISG sind jedoch für Unternehmenskäufe unpassend, weshalb sie – wie das gesetzliche Gewährleistungsrecht der §§ 434 ff. BGB – ausgeschlossen werden sollten. Auf einen *share deal* findet das CISG dagegen nach h. M. ohnehin keine Anwendung[43].

Auch sollten die Parteien eines Unternehmenskaufs davon absehen, das Schiedsgericht zu einer Entscheidung nach beliebigen „Rechtsvorschriften" wie dem kaufmännischen Gewohnheitsrecht (lex mercatoria) oder einer Billigkeitsentscheidung „ex aequo et bono" nach § 1051 Abs. 3 ZPO zu ermächtigen, da dies wiederum erhebliche Rechtsunsicherheit schaffen würde. Wenn, wie typischerweise der Fall, die Parteien in ihrem Unternehmenskaufvertrag bereits ein vertragliches Haftungs- und Rechtsfolgenregime geschaffen haben, ist davon auszugehen, dass sie insoweit auch eine rechtliche und damit weitgehend vorhersehbare Lösung etwaiger Streitigkeiten begehren.

In taktischer Hinsicht ist weiterhin zu beachten, dass bei der Wahl des Rechts eines common law-Staates zu diesem auch die Präjudizien der dortigen staatlichen Gerichte gehören[44]. Schließlich ist das von den Parteien gewählte Recht auch auf unerlaubte Handlungen anwendbar, die bei Vorbereitung des Vertragsabschlusses oder im Zuge der Vertragsabwicklung vorgenommen wurden[45].

4. Wahl der Verfahrenssprache

a) Gründe für die Bestimmung der Verfahrenssprache durch die Parteien

Die Konfliktparteien können nach § 1045 Abs. 1 ZPO die Sprache des Schiedsverfahrens – auch formlos[46] und ggf. auch noch während des Verfahrens[47] – frei

---

42 Vgl. *Merkt*, in: Reithmann/Martiny, Internationales Vertragsrecht, 6. Aufl. 2004, Rdnr. 890.
43 Vgl. *Merkt*, in: Reithmann/Martiny, Internationales Vertragsrecht, 6. Aufl. 2004, Rdnr. 852 m.w.N.
44 Vgl. *Schlosser*, in: Stein/Jonas, ZPO, Bd. 9, 22. Aufl. 2002, § 1051 Rdnr. 5.
45 Vgl. *Schlosser*, in: Stein/Jonas, ZPO, Bd. 9, 22. Aufl. 2002, § 1051 Rdnr. 5.
46 Bei Verfahren ohne Auslandsbezug geschieht die Festlegung der Verfahrenssprache i.d.R. schlüssig dadurch, dass das Schiedsgericht die in deutscher Sprache verfasste Klageschrift kommentarlos entgegennimmt, vgl. *Schlosser*, in: Stein/Jonas, ZPO, Bd. 9, 22. Aufl. 2002, § 1045 Rdnr. 1.
47 Ob die Parteien die Verfahrenssprache auch noch in Abänderung einer etwaigen schiedsgerichtlichen Festlegung nach § 1045 Abs. 2 ZPO festlegen können, ist allerdings umstritten:
bejahend etwa *Voit*, in: Musielak, ZPO, 4. Aufl. 2005, § 1045 Rdnr. 2; dagegen etwa *Münch*, in: Münchener Kommentar zur Zivilprozessordnung, Bd. 3, 2. Aufl. 2001, § 1045 Rdnr. 3.

bestimmen. Von dieser Möglichkeit sollten die Parteien dringend Gebrauch machen, denn die Verfahrenssprache ist im internationalen Schiedsverkehr von erheblicher Bedeutung[48]. Gerade in grenzüberschreitenden M&A-Fällen sind regelmäßig besonders komplexe Sachverhalte darzustellen und rechtlich zu bewerten, was besondere Anforderungen auch an die sprachliche Darstellung und das Verständnis der Parteien und der Schiedsrichter stellen kann, zumal keine Partei vom Schiedsgericht die Zuziehung eines Dolmetschers verlangen kann[49].

Wählen die Parteien die Verfahrenssprache nicht, so wird diese nach § 1045 Abs. 1 Satz 2 ZPO subsidiär durch das Schiedsgericht bestimmt. Dies kann unerwünschte Folgen für die Konfliktparteien haben, wenn etwa die von Ihnen präferierten Verfahrensvertreter der vom Schiedsgericht bestimmten Sprache nicht mächtig sind.

b) Kriterien für die Wahl der Verfahrenssprache in M&A-Fällen

In M&A-Fällen kann es sich insbesondere aus Sicht der Klägerpartei empfehlen, als Verfahrenssprache die Sprache des Unternehmenskaufvertrages oder diejenige Sprache zu wählen, die möglichst wenige Übersetzungen erforderlich macht und generell die Beweisführung nicht erschwert. Denn das Schiedsgericht kann nach § 1045 Abs. 2 ZPO anordnen, dass schriftliche Beweismittel mit einer Übersetzung in die vereinbarte oder subsidiär vom Schiedsgericht bestimmte Sprache zu versehen sind; andernfalls kann das Beweismittel als ungeeignet zurückgewiesen werden.

Andererseits ist es gerade bei komplexen M&A-Streitigkeiten sinnvoll, die Sprache des für anwendbar erklärten Rechts und zugleich die Muttersprache der Verfahrensvertreter zu wählen. Denn eine Verhandlung in einer fremden Sprache über deutsche Rechtsbegriffe oder Rechnungslegungsvorschriften, denen die Zielgesellschaft unterliegt, kann zu vermeidbaren Unschärfen bei der Sachverhaltsdarstellung wie auch bei der Rechtsanwendung führen.

Aus Zweckmäßigkeitserwägungen sollten die Parteien im Einzelfall auch die ihnen in § 1045 Abs. 1 Satz 3 ZPO gewährte Freiheit nutzen, den Umfang der gewählten Verfahrenssprache festzulegen und für bestimmte Abschnitte des Verfahrens eine abweichende Sprache zu vereinbaren, etwa für die Einvernahme ausländischer Zeugen. Dies setzt allerdings eine Zwei- bzw. Mehrsprachigkeit der Verfahrensvertreter voraus.

Hochgradig unzweckmäßig ist die Durchführung des Verfahrens in zwei Sprachen. Eine solche Zweisprachigkeit führt durch die notwendigen Übersetzungen zu Zeitverlust und Mehrkosten. Ferner entsteht fast zwangsläufig neues Streitpotential durch die Arbitrage der Parteien zwischen den Ausführungen

---

[48] Vgl. *Albers*, in: Baumbach/Lauterbach/Albers/Hartmann, ZPO, 63. Aufl. 2005, § 1045 Rdnr. 1; *Lörcher/Lörcher*, Das Schiedsverfahren – national/international – nach deutschem Recht, 2. Aufl. 2001, Rdnr. 196 m.w.N.
[49] Vgl. *Schlosser*, in: Stein/Jonas, ZPO, Bd. 9, 22. Aufl. 2002, § 1045 Rdnr. 4.

der Gegenpartei in den verschiedenen Sprachen. Da eine der Sprachen nicht die des anwendbaren Rechts sein muss, und juristische Begrifflichkeiten sich nicht ohne Bedeutungsverlust in fremde Sprachen (mit den dahinter stehenden Rechtstraditionen) übertragen lassen, sind Bedeutungsdifferenzen unvermeidbar. Dies kann gerade in typischerweise komplexen M&A-Fällen zu einer Verzögerung und Kostenaufblähung führen, die die Durchsetzung des Anspruchs allein bereits in Frage stellt.

5. Mehrpersonenkonstellationen

M&A-Transaktionen sind typischerweise komplex. Neben den Parteien des Kaufvertrags wirken regelmäßig weitere Beteiligte mit, wie etwa Garanten, Sicherungsgeber oder Finanziers, Manager des Zielunternehmens, Berater der Beteiligten, etc. Dementsprechend sind potenzielle Streitigkeiten nicht zwangsläufig auf die eigentlichen Kaufvertragsparteien beschränkt. Und selbst in diesem Fall können auf Käufer- wie auf Verkäuferseite jeweils mehrere Personen beteiligt sein.

Konstellationen mit einer Mehrzahl von Parteien bzw. sonstigen Beteiligten werfen besondere taktische Fragen auf. Dabei ist grundsätzlich zu unterscheiden, ob die betreffende Person potenziell Partei des primären Streits oder Beteiligte eines Folgestreits (z.B. Regressprozess) ist.

a) Mehrparteienverfahren

Gehört das Zielunternehmen oder gehören dessen Wirtschaftsgüter verschiedenen Personen, ergibt sich eine Personenmehrheit auf Verkäuferseite. Diese wird oft erweitert durch etwa mithaftende Konzerngesellschaften oder sonstige Garanten, etc. Auf Erwerberseite kann es mehrere Käufer geben, z.B. bei einem Erwerberkonsortium oder bei der Beteiligung des Managements neben einem Finanzinvestor (MBO).

Schon aus Zeit- und Kostengründen muss der potenzielle Kläger daran interessiert sein, seine Ansprüche in einem einheitlichen Verfahren durchzusetzen. Das hat ferner den Vorteil, dass nur so ein Auftreten der potenziellen Streitgegner als Zeugen in den Verfahren der jeweils anderen unterbunden werden kann[50]. Der potenzielle Kläger sollte deshalb versuchen, sämtliche potenziellen Streitgegner in eine einheitliche Schiedsvereinbarung einzubeziehen.

Gelingt dies nicht, müssen zur Wahrung der vollen Rechtsposition die Gegner einzeln oder in Gruppen verklagt werden. Das Vorziehen der Klage gegen zunächst nur eine Partei ist problematisch, da die restlichen Haftungsgegner durch einen Schiedsspruch gegen den ersten nicht gebunden sind (vgl. § 425 Abs. 2 BGB). Zudem können Verjährungsfristen einer späteren Verfolgung der entsprechenden Ansprüche entgegenstehen.

---

50 Verklagt etwa der Verkäufer nach einem MBO auch das neben dem Finanzinvestor als Käufer aufgetretene Management, können die Manager u.U. nicht für den Finanzinvestor als Zeugen aussagen.

Bei einer potenziellen Erstreckung der Schiedsklage auf mehrere Personen muss der Kläger darauf achten, dass im Schiedsvertrag die notwendigen Regelungen für die Konstituierung des Schiedsgerichts bei einer Mehrzahl von Parteien geregelt werden. So kann z.B. vereinbart werden, dass bei Nichteinigung der Streitgenossen einer Seite auf ihren Parteischiedsrichter binnen einer festzulegenden Frist das gesamte Schiedsgericht vom ordentlichen Gericht oder einer anderen Institution bestimmt wird. Alternativ kann man die Geltung der Verfahrensregeln einer Schiedsgerichtsinstitution vereinbaren, die insoweit entsprechende Regelungen enthalten[51].

Andernfalls droht eine erhebliche Verzögerung des Verfahrens bis hin zur völligen Blockade. Denn ohne entsprechende Regelungen können die Beklagten bei dem für M&A-Streitigkeiten üblichen Dreierschiedsgericht die Benennung ihres Schiedsrichters gem. §§ 1034 Abs. 1 Satz 2, 1035 Abs. 3 Satz 2 ZPO verweigern und sich darauf berufen, sich nicht auf einen gemeinsamen Schiedsrichter einigen zu können. Die ersatzweise Benennung des Parteischiedsrichters der beklagten Streitgenossen durch ein Gericht oder eine sonstige unabhängige Instanz, hilft dann nicht weiter. Denn nach der Rechtsprechung[52] kann keine Partei gegen ihren Willen gezwungen werden, einen nicht von ihr benannten Schiedsrichter als den ihren zu akzeptieren. Ein unter Mitwirkung eines zwangsweise ernannten Parteischiedsrichters erlangter Schiedsspruch unterliegt deshalb der Aufhebung wegen Verletzung des zwingenden Prinzips der Parteigleichheit in § 1042 Abs. 1 Satz 1 ZPO. Denn während die eine Seite ihren Schiedsrichter frei wählen kann, wird der anderen Seite des Schiedsverfahrens ein Schiedsrichter aufgezwungen. Zwar ist in § 1035 Abs. 3 Satz 3 ZPO vorgesehen, dass der Schiedsrichter durch das Gericht benannt wird, wenn die beklagte Partei ihren Schiedsrichter nicht innerhalb eines Monats nach Aufforderung durch die Klagepartei bestellt. Dies passt jedoch nicht auf Fälle wie Mehrparteienschiedsverfahren, in denen eine Partei allein einen Schiedsrichter nicht bestellen kann, weil sie sich mit ihren Streitgenossen auf einen gemeinsamen Parteischiedsrichter einigen müsste.

Bei einer potenziellen Erstreckung der Schiedsklage auf mehrere Personen muss der Kläger ferner darauf achten, dass in Bezug auf alle Schiedsparteien die einschlägigen Formvorschriften für die Schiedsabrede eingehalten werden, um eine Aufspaltung des Rechtswegs zu vermeiden. So muss eine Schiedsvereinbarung, an der ein Verbraucher beteiligt ist, von den Parteien eigenhändig unterschrieben werden. An M&A-Transaktionen sind nicht selten Verbraucher beteiligt, nämlich Privatpersonen, die ihre Unternehmensbeteiligung verkaufen oder, im Falle eines MBO, eine solche erwerben.

Eine Vertretung der Parteien im Beurkundungstermin, wie sie bei M&A-Verträgen üblich ist, ist wegen § 1031 Abs. 5 ZPO beim Abschluss eines Schiedsvertrages durch einen Verbraucher nicht zulässig. Der Mangel dieser Form

---

51 Vgl. etwa § 13 DIS-Schiedsordnung, Art. 10 ICC Rules.
52 Court de Cassation, *BKMI v Dutco*, Rev Arb 470; *BGH*, NJW 1996, 1753.

führt zur Unwirksamkeit der Schiedsvereinbarung jedenfalls gegenüber dem Verbraucher, es sei denn er lässt sich rügelos auf eine Schiedsverhandlung ein, § 1031 Abs. 6 ZPO. Deshalb kann es zweckmäßig sein, die Schiedsvereinbarung in einer vom Unternehmenskaufvertrag getrennten Urkunde zu treffen.

b) Indirekte Streitbeteiligung Dritter

Soweit absehbar ist, dass Dritte an einem potenziellen Schiedsverfahren sekundär beteiligt werden müssen, etwa als mögliche Regressschuldner einer der Streitparteien, sollte versucht werden, die Voraussetzungen für eine Streitverkündung im Schiedsverfahren zu schaffen.

Denn nach h. M. ist eine Streitverkündung in Schiedsverfahren möglich[53]. Ihre Wirkung tritt allerdings nur ein, wenn der Streitverkündete dem Schiedsverfahren beitritt und die andere Partei seinem Beitritt zustimmt[54]. Tritt er nicht bei, ist das Ergebnis des Schiedsverfahrens für ihn in keiner Weise bindend. Die Nebeninterventionswirkung tritt dann anders als im staatlichen Verfahren nicht ein[55]. Entsprechend dürfte ein freiwilliger Beitritt nur selten zu erwarten sein.

Bei der Abfassung der Schiedsabrede ist beiden Parteien aus taktischer Sicht zu empfehlen, die für eine Streitverkündung in Frage kommenden Dritten an der Schiedsabrede zu beteiligen oder in den jeweiligen Verträgen mit den Dritten vorzusehen, dass sich diese der Entscheidungszuständigkeit des von den Parteien bestimmten Schiedsgerichts unterwerfen. In diesem Fall hat die Streitverkündung dieselbe Wirkung wie im staatlichen Verfahren, d.h. auch ohne Beitritt ist der Streitverkündungsempfänger an den Schiedsspruch gebunden[56].

Lässt sich dies nicht erreichen und erscheint die Möglichkeit einer Streitverkündung für die zweckmäßige Bewältigung eines zu erwartenden Konflikts wesentlich, sollte im Zweifel von einer Schiedsabrede abgesehen werden, da staatliche Verfahrensordnungen wegen der allgemeinen Gerichtspflichtigkeit mit Mehrpersonenverhältnissen besser umgehen können.

---

53 Vgl. *Geimer*, in: Zöller, ZPO, 26. Aufl. 2007, § 1042 Rdnr. 42; *Baumbach/Lauterbach/Albers*, ZPO, 64. Aufl. § 1042 Rdnr. 14 jeweils m.w.N.; *Schlosser*, in: Stein/Jonas, ZPO, 22. Aufl. 2002, § 1024 Rdnr. 28, sieht für eine Streitverkündung kein praktisches Bedürfnis, weil gegen den denkbaren Streitverkündungsempfänger im Schiedsverfahren auch eine Drittwiderklage erhoben werden könne. Auch hier stellt sich aber das Problem der Unterwerfung des Dritten unter die Schiedsabrede.
54 *Lachmann*, Handbuch für die Schiedsgerichtspraxis, 3. Aufl. 2008, Rdnr. 2832 m.w.N.; *Elsing*, SchiedsVZ 2004, 88, 92 empfiehlt, die Wirkungen des Beitritts ausdrücklich in einer gemeinsamen Vereinbarung festzuhalten.
55 *Vollkommer*, in: Zöller, ZPO, 26. Aufl. 2007, § 74 Rdnr. 7.
56 *Vollkommer*, in: Zöller, ZPO, 26. Aufl. 2007, § 74 Rdnr. 7; *Massuras*, Dogmatische Strukturen der Mehrparteienschiedsbarkeit, 1998, 504 ff.

IV. Vorbereitung des Verfahrens

1. Aufbereitung des Sachverhalts

Die sorgfältige und vollständige Strukturierung und Aufarbeitung des Sachverhaltes *vor Beginn des Verfahrens* ist gerade in komplexen M&A-Schiedsverfahren von besonderer Bedeutung. Angesichts der typischen Stofffülle läuft sonst vor allem der Schiedskläger Gefahr, dem Schiedsgericht kein zutreffendes Gesamtbild des Falles vermitteln zu können. Denn spätere und vor allem wiederholte Korrekturen oder Ergänzungen machen den Sachverhalt unübersichtlich. Es entsteht das Risiko, dass das Schiedsgericht die Änderungen nicht mehr in den Gesamtzusammenhang einordnen kann, unbewusst auf einem Zwischenstand verharrt, und letztendlich über diesen Zwischenstand entscheidet.

Durch dieses Phänomen können die Vorzüge des Schiedsverfahrens gegenüber dem Verfahren vor den ordentlichen Gerichten in ihr Gegenteil verkehrt werden. Denn während der Vorzug, den Spruchkörper mit für M&A-Verfahren besonders qualifizierten Schiedsrichtern besetzen zu können, auf diese Weise nicht zum Tragen kommt, macht sich das Fehlen einer zweiten Instanz negativ bemerkbar. Denn in dieser läge der Sachverhalt – ggf. nach vorheriger Tatbestandsberichtigung – einem neuen Spruchkörper von Beginn an im Wesentlichen komplett zur Prüfung vor. Eine unvollständige Würdigung durch die erste Instanz könnte deshalb korrigiert werden.

Schon aus diesen Gründen sollten Entscheidungen im Bereich der Sachverhaltsaufarbeitung in M&A-Schiedsverfahren grundsätzlich unter Beachtung ihrer Auswirkungen auf die Qualität des späteren Sachvortrages getroffen werden.

Eine sorgfältige Vorbereitung einer M&A-Streitigkeit gliedert sich dabei in zwei Phasen:

die Phase der primär präventiven Beweissicherung bereits innerhalb der laufenden Transaktion (s. unten IV.2) und die zeitlich spätere Phase der forensischen Aufarbeitung konkret streitiger Sachverhalte bzw. von Anhaltspunkten für solche Sachverhalte. Diese Aufarbeitung bedarf dabei in aller Regel der Bearbeitung durch ein Team aus Prozessanwälten, Mitarbeitern der Partei und den Abschlussprüfern der Partei oder des erworbenen Unternehmens (s. unten IV. 3).

2. Präventive Sachverhaltsaufarbeitung im Rahmen der Transaktion

a) Post closing due diligence des Käufers

Die umfassende Vorbereitung eines eventuell später einzuleitenden M&A-Schiedsverfahrens beginnt auf Käuferseite spätestens im Zuge der *post closing due diligence*, d. h. unmittelbar im Anschluss an das *Closing* der M&A-Transaktion. Zu diesem Zeitpunkt hat der Käufer erstmals unbeschränkten Zugang zum erworbenen Unternehmen und so die Möglichkeit, sich ein eigenes, vom

Einfluss des Verkäufers freies Bild vom Zustand des Unternehmens im Zeitpunkt des Erwerbs zu machen. Eine *post closing due diligence* sollte dabei obligatorischer Bestandteil jeder M&A-Transaktion sein.

Anwaltsseitig sollte die *post closing due diligence* dabei von dem bereits im Rahmen der Transaktion beratenden M&A-Anwalt gemeinsam mit einem Prozessanwalt betreut werden. Denn eine umfassende *post closing due diligence* erschöpft sich nicht einer (ersten) Überprüfung der ordnungsgemäßen Erfüllung des zwischen den Parteien geschlossenen Unternehmenskaufvertrages seitens des Verkäufers. Sie muss vielmehr auch eine Beweissicherung für Ansprüche mit umfassen, die typischerweise erst später erkennbar werden. Zu deren Organisation bedarf es forensicher Erfahrung.

Im Rahmen dieser Beweissicherung ist insbesondere der Status quo des erworbenen Unternehmens zum Zeitpunkt der Übernahme durch den Käufer aufzuzeichnen. Besonderes Augenmerk ist hierbei auf Bereiche zu legen, die im jeweiligen Industriezweig bzw. in der jeweiligen Branche von besonderer Bedeutung oder besonders manipulationsanfällig sind. Ferner sollten solche Bereiche überprüft werden, bezüglich derer die Verkäuferseite sich in den Vertragsverhandlungen auffällig verhalten hat (beispielsweise eine Garantie für einen Umstand abgelehnt hat, den sie ohne Weiteres hätte überprüfen können, oder eine Klausel für nicht verhandelbar erklärt hat, ohne dass hierfür ein plausibler Grund erkennbar gewesen wäre). Solche Auffälligkeiten sind zusammen mit den an den Verhandlungen beteiligte Parteivertretern und Anwälten zu identifizieren.

Weiter sind u. a. folgenden Bereiche regelmäßig einzubeziehen:
- die interne Organisation des erworbenen Unternehmens (Zuständigkeiten, Organigramme, Berichtswege, Aufsichtsverhältnisse, etc.),
- der Mitarbeiterbestand des erworbenen Unternehmens (wer hatte zum Zeitpunkt der Übernahme und in der Vorphase welche Position, wer hat das Unternehmen im zeitlichen Zusammenhang mit der Übernahme ggf. wohin verlassen?),
- der Aktenbestand beim erworbenen Unternehmen (fehlen Akten, z.B. Schutzrechtsakten, die evtl. bei Patentanwälten der Verkäufer liegen?),
- das Inventar des erworbenen Unternehmens (stimmen Buchbestand und Ist-Bestand überein?),
- Positionen von besonderer wirtschaftlicher Bedeutung sowie
- die kaufvertraglich garantierten oder gewährleisteten Umstände beim erworbenen Unternehmen.

Ergeben sich aus der *post closing due diligence* Anhaltspunkte für mögliche Vertragsverletzungen, schließt sich die eigentliche forensische Sachverhaltsaufarbeitung an. Diese sollte von einem Prozessanwalt geleitet werden, zu dessen Kernkompetenzen diese Aufgabe gehört (vgl. dazu im Einzelnen unten IV.3).

Dabei sind dann in einem ersten Schritt die Voraussetzungen und Verfahren zu klären, die nach dem Unternehmenskaufvertrag ggf. bei der Durchsetzung möglicher Ansprüche gegen den Verkäufer zu beachten sind, etwa Anzeigepflichten für erkannte Gewährleistungsansprüche, deren Verletzung zum Anspruchsausschluss führen kann oder auch Verjährungsfristen.

Soweit die zu erwartenden Differenzen potenziell substantiell sind, sollte ein eventuell noch vorhandener Informationsfluss aus dem erworbenen Unternehmen zum Verkäufer kontrolliert und ggf. abgeschnitten werden. Dies gilt ganz wesentlich auch für Informationen über den möglicherweise anstehenden Rechtsstreit.

b) Pre closing due diligence des Verkäufers

Auch der Verkäufer sollte sich auf einen potenziellen Streit bereits während der laufenden Transaktion vorbereiten. Dabei stellt wiederum das *Closing* der Transaktion einen entscheidenden Einschnitt dar. Denn mit Übergang des verkauften Unternehmens auf den Käufer verliert der Verkäufer seinen Zugriff auf die bei dem verkauften Unternehmen befindlichen Beweismittel, insbesondere auf die dort verbleibenden Akten und Mitarbeiter. Letztere unterliegen nun einer Loyalitätspflicht gegenüber dem nun vom Käufer kontrollierten Unternehmen, sowie oft auch vertraglichen oder gesetzlichen Verschwiegenheitspflichten. Mitarbeiter, die gleichwohl dem Verkäufer loyal bleiben, können unter Umständen vom Käufer als solche identifiziert und isoliert oder aus dem Unternehmen entfernt werden (vgl. dazu oben a)).

Zur Beweissicherung sollte deshalb auch der Verkäufer den Status Quo des verkauften Unternehmens zum Zeitpunkt des *Closings* prüfen und die Ergebnisse gerichtsfest dokumentieren. In diese Überprüfung, die man als *pre closing due diligence* bezeichnen kann, sollten regelmäßig einbezogen werden:

- Bereiche mit besonderer wirtschaftlicher Bedeutung für die Transaktion,
- Bereiche, die im jeweiligen Industriezweig bzw. in der jeweiligen Branche besonders streit- oder fehleranfällig sind,
- Bereiche, die für die Feststellung eines etwaigen Earn-outs oder von Completion Accounts von Bedeutung sind, sowie
- soweit praktikabel die oben aufgeführten Gegenstände der *post closing due diligence* des Käufers.

Auch bei der *pre closing due diligence* sollten die Mitarbeiter und Berater des Verkäufers beteiligt werden, die die Transaktion begleitet haben, insbesondere der M&A-Anwalt. Dessen Kenntnisse über die Transaktion und deren wirtschaftliche Hintergründe erleichtert regelmäßig die Identifizierung der in die *pre closing due diligence* einzubeziehenden Bereiche. Ferner ist aus den oben genannten Gründen auch hier die Hinzuziehung eines forensischen Anwalts zu empfehlen, der die Auswahl der festzuhaltenden Fakten trifft und den Umfang der Dokumentation bestimmt.

3. Forensische Sachverhaltsaufarbeitung

Ergeben sich im Zuge der *post closing due diligence* des Käufers Anhaltspunkte für Ansprüche gegen den Verkäufer, sollte unverzüglich mit der eigentlichen forensischen Sachverhaltsaufarbeitung begonnen werden.

Diese sollte unter der Leitung eines erfahrenen Prozessanwalts stehen. Denn dieser kann am besten beurteilen, welche Tatsachen zur Begründung der geltend zu machenden Ansprüche zu ermitteln sind, wie diese Tatsachen ggf. zu beweisen sein werden, mit welchen Einwänden der Gegenseite oder des Schiedsgerichts zu rechnen ist und wie diesen ggf. zu begegnen sein kann.

Weniger geeignet für die Leitung solcher Recherchen sind in der Regel Abschlussprüfer, denen naturgemäß die forensische Erfahrung fehlt und die entsprechend der andersartigen Aufgabenstellung einer Abschlussprüfung (ist ein gegebener Sachverhalt ordnungsgemäß verbucht?) nicht gewohnt sind, gerichtsfeste Beweismittel zu liefern. Dies fällt vielmehr in die Kernkompetenz eines Prozessanwaltes.

Ähnlich der Transaktion selbst ist auch die Aufarbeitung des meist komplexen Sachverhalts für ein M&A-Schiedsverfahren (und auch das spätere Schiedsverfahren) eine Teamaufgabe. Die Partei sollte deshalb hierfür einen zentralen Ansprechpartner benennen, der zusammen mit dem Prozessanwalt die fraglichen Informationen lokalisiert, zusammenträgt und würdigt. Als Ansprechpartner wird typischerweise ein Mitarbeiter aus den Bereichen Controlling, Finanzbuchhaltung oder Innenrevision in Betracht kommen, der mit den Strukturen des erworbenen Unternehmens und ggf. des Unternehmens der Partei gut vertraut ist. Er sollte das volle Vertrauen des Prinzipals und insbesondere die Kompetenz haben, die notwendigen Recherchen beim erworbenen Unternehmen bzw. beim Unternehmen der Partei anzuordnen und die entsprechenden Mitarbeiter für die Rechercheaufgaben freizustellen. Hierbei ist nützlich, wenn er bei den Belegschaften des erworbenen Unternehmens und der Partei selbst ein möglichst großes Maß an Vertrauen und Autorität genießt. Soweit es Themen gibt (z.B. vertrauliche Nebenabreden zum Unternehmenskaufvertrag), die nur mit dem Prinzipal der Partei besprochen werden können, muss dies dem Prozessanwalt bekannt sein.

Der Prozessanwalt sollte mit dem zentralen Ansprechpartner einen Plan für die Rechercheaktivitäten erarbeiten und dessen Durchführung in ständiger Abstimmung mit diesem Ansprechpartner leiten und überwachen. Hierfür sind die Rechercheziele sowie die potenziellen Informationsquellen zu identifizieren. Je nach Fallgestaltung können wichtige Quellen sein:

- der M&A-Anwalt (zum Verlauf der Verhandlungen und zur Vorbereitung und zur Durchführung der Transaktion),
- die Mitarbeiter des erworbenen Unternehmens, in deren Fachbereich die zu ermittelnden Sachverhaltsinformationen fallen,
- die Unterlagen des erworbenen Unternehmens,
- der Abschlussprüfer des erworbenen Unternehmens und/oder der Partei,

- die Staatsanwaltschaft,
- private Ermittler und
- öffentlich zugängliche Quellen wie Register oder Kataster oder auch das Internet.

Es ist wichtig, dass die Rechercheaufträge genau spezifiziert sind und das Ziel der Recherche erkennen lassen. So können die vor Ort recherchierenden Personen, z. B aus ihrer fachlichen Spezialisierung oder ihrer Kenntnis der internen Struktur des erworbenen Unternehmens heraus, eigene Anknüpfungspunkte für weitere Recherchen identifizieren. Ferner muss der Fortgang der Recherchen zeitnah überwacht und müssen Zwischenstände gemeinsam mit den vor Ort recherchierenden Personen evaluiert werden. So können ggf. notwendige Korrekturen oder Präzisierungen des Rechercheauftrages zeitnah vorgenommen und Anknüpfungspunkte für weitere Recherchen unmittelbar aufgegriffen werden.

Um seine leitende Rolle ausfüllen zu können, muss der Prozessanwalt mit den Abschlussprüfern der Partei und den Personen, die vor Ort die Recherchen durchführen, auch in deren Fachgebiet kommunizieren können. Erfahrung mit M&A-Transaktionen und betriebswirtschaftliche Kenntnisse sind hierfür zwar Voraussetzung, genügen allein jedoch nicht. Zusätzlich ist ein vertieftes Verständnis des wirtschaftlichen Hintergrunds der zugrunde liegenden M&A-Transaktion sowie des Geschäftes des Käufers und des erworbenen Unternehmens notwendig.

V. Konstituierung des Schiedsgerichts

Schiedsklauseln in Unternehmenskaufverträgen sehen in aller Regel ein Dreierschiedsgericht vor. Dabei kann jede Partei einen Schiedsrichter benennen. Der Schiedsobmann wird je nach Vereinbarung oder gewählter Schiedsordnung durch die Parteien bzw. die von diesen benannten Schiedsrichtern benannt, bei Nichteinigung durch eine neutrale dritte Partei. Die Ausnutzung der bei der Auswahl der Schiedsrichter in der Schiedsvereinbarung geschaffenen oder nach ihr verbliebenen Spielräume kann aus den bereits genannten Gründen (vgl. oben III.1.b) bb)) für den Ausgang des Schiedsverfahrens von großer Bedeutung sein.

1. Auswahl des durch die eigene Partei zu benennenden Schiedsrichters

Anders als bei der Festlegung von allgemeinen Kriterien für die Auswahl der Schiedsrichter (vgl. oben III.1.b) bb)) ist in der Phase der Konstituierung des Schiedsgerichts der Streitstoff im Wesentlichen bekannt. Aus dieser Kenntnis heraus ist nun zu definieren, welche Merkmale und Qualifikationen des zu ernennenden Parteischiedsrichters in der konkreten Situation für die Partei wichtig sind. Im Rahmen der etwaigen Vorgaben der Schiedsvereinbarung und den Grenzen des Gebots der Überparteilichkeit des Schiedsrichteramtes sind die Parteien dabei in der Wahl der Parteischiedsrichter frei[57].

a) Verbindlichkeit der Benennung, Ersatzkandidat

Wegen der Bedeutung der Besetzung des Parteischiedsrichters sollte bei der Auswahl größte Sorgfalt an den Tag gelegt werden. Eine in Schiedssachen nicht erfahrene Partei sollte die Auswahl in keinem Fall ohne vorherige Beratung durch ihren Vertreter im Schiedsverfahren treffen. Dies ist besonders wichtig, weil eine einmal erfolgte Benennung des Parteischiedsrichters – vorbehaltlich einer anderweitigen Vereinbarung der Parteien – grundsätzlich bindend ist, sobald die andere Partei die Mitteilung über die Bestellung empfangen hat (§ 1035 Abs. 2 ZPO). Bei der Mitteilung handelt es sich um eine unwiderrufliche und nicht anfechtbare Prozesshandlung[58]. Schließlich kann ein von der Partei selbst ernannter Schiedsrichter von dieser auch nur aus Gründen abgelehnt werden, die ihr erst nach der Bestellung bekannt geworden sind (§ 1036 Abs. 2 Satz 2 ZPO).

Aus diesen Gründen und im Hinblick auf mögliche Hinderungsgründe sollte vorsorglich ein qualifizierter Ersatzkandidat ausgewählt werden. Anderenfalls besteht das Risiko, dass die Partei wegen Ablauf der Benennungsfristen[59] ihr Benennungsrecht verliert[60].

b) Auswahlkriterien

Welche Bedeutung die potenziellen Auswahlkriterien für einen Schiedsrichter (z.B. spezielle Rechts- oder Branchenkenntnis, wirtschaftliches Verständnis, schiedsrichterliche Erfahrung, zeitliche Verfügbarkeit, Persönlichkeit, Sprachkenntnisse, Nationalität) in einer konkreten Streitsache haben, hängt stark vom Einzelfall ab. Nachfolgend werden die Kriterien vorgestellt, die speziell in M&A-Streitsachen von Bedeutung sein können.

aa) Berufliche und fachliche Qualifikation

Bei aller Freiheit der Parteien bei der Verfahrensgestaltung bleibt ein Schiedsverfahren stets ein Akt der Rechtsprechung mit rechtlich definierten Mindestanforderungen an die Durchführung des Verfahrens. Ferner spielen oft recht

---

57 Vgl. *Lachmann*, Handbuch für die Schiedsgerichtspraxis, 3. Aufl. 2008, Kapitel 10, Rdnr. 815.
58 Vgl. *Schlosser*, in: Stein/Jonas, ZPO, 22. Aufl. 2002, § 1035 Rdnr. 2.
59 Vgl. beispielsweise die Fristen in § 1035 Abs. 3 S. 3 ZPO, § 12.1 DIS-Schiedsordnung 1998 und Art. 5.1 der ICC Rules 1998.
60 Vgl. *BayObLG*, NJW-RR 2002, 933 m.w.N., streitig; a.A.: *Baumbach/Lauterbach/Albers/Hartmann*, ZPO, 61. Aufl., § 1035 Rdnr. 9; *Thomas/Putzo*, ZPO, 26. Aufl., § 1035 Rdnr. 8; *Voit*, in: Musielak, ZPO, 4. Aufl., § 1035 Rdnr. 10; *Lachmann*, Handbuch für die Schiedsgerichtspraxis, 3. Aufl. 2008, Rdnr. 905; *Schwab/Walter*, Schiedsgerichtsbarkeit, 6. Aufl., Abschnitt II., Kapitel 11, Rdnr. 2 ff.

komplexe Rechtsfragen eine Rolle, deren Verständnis und Lösung für einen juristischen Laien schwierig ist. Deshalb sind **Juristen** als Schiedsrichter prädestiniert, soweit sie forensische Erfahrung haben. Dies ist bei vielen **Rechtsanwälten** der Fall und selbstredend bei Richtern.

Aktive **Richter** kommen allerdings als Parteischiedsrichter regelmäßig nicht in Betracht. Denn sie benötigen zur Übernahme des Schiedsrichteramts einer Nebentätigkeitsgenehmigung[61] ihres Dienstherrn. Diese wird in der Regel nur erteilt, wenn die Parteien den Richter gemeinsam beauftragen oder er von einer neutralen Stelle vorgeschlagen wird, um bereits den Anschein einer Interessenvertretung einer Partei zu vermeiden[62].

Das **M&A-Geschäft** als Verfahrensgegenstand verlangt jedenfalls nach einem Schiedsrichter, der mit dem Geschäft und seinen besonderen Gepflogenheiten, Strukturen und Abläufen sowie seinen typischen Konflikten und Problemen **vertraut** ist. Unter diesem Kriterium reduziert sich der Kreis in Betracht kommender Anwälte deutlich.

Wenn im konkreten Fall Rechts- und Verfahrensfragen im Hintergrund stehen, kann ausnahmsweise die Benennung eines **Nicht-Juristen** als Schiedsrichter sinnvoll sein. Erscheint etwa die Beurteilung betriebswirtschaftlicher, technischer oder branchenspezifischer Fragen streitentscheidend, spricht einiges dafür, diese Kompetenz im Schiedsgericht durch den eigenen Parteischiedsrichter abzudecken. So kommen je nach Art der Transaktion und der konkreten Streitpunkte etwa Ingenieure, Informatiker, Architekten, Mediziner, Steuerberater, M&A-Berater, Banker oder Investmentbanker als Parteischiedsrichter in Betracht.

Soweit, wie in M&A-Schiedsverfahren häufig, betriebswirtschaftliche und/oder bilanzrechtliche Fragen (z.B. Bewertungsfragen) im Vordergrund stehen, erscheinen **Wirtschaftsprüfer** als Schiedsrichter besonders geeignet.

Durch diese Entsendung eines „Sachverständigen" in das Schiedsgericht kann unter Umständen vermieden werden, dass das Schiedsgericht entscheidende Fragen an einen Sachverständigen auslagert, auf dessen Bestellung die Partei keinen oder nur geringen Einfluss hat und dessen Einschaltung das Verfahren verzögert und verteuert. Ferner hat der sachverständige Parteischiedsrichter kraft seiner Spezialkompetenz einen verstärkten Einfluss auf die Entscheidung.

Allerdings ist für die konkrete Situation stets sorgfältig abzuwägen, ob die genannten Vorteile den Nachteil aufwiegen, dass der juristisch nicht geschulte Schiedsrichter bei Erörterungen von Verfahrens- und Rechtsfragen weniger Gewicht haben wird. Es besteht insoweit die Gefahr, dass er als Nicht-Jurist

---

61 Vgl. § 40 DRiG; § 65 BBG; § 42 BRRG.
62 Vgl. *Schwab/Walter*, Schiedsgerichtsbarkeit, 6. Aufl., Abschnitt II., Kapitel 11, Rdnr. 2 ff.; *Lachmann*, Handbuch für die Schiedsgerichtspraxis, 3. Aufl. 2008, Kapitel 10, Rdnr. 832 ff.

innerhalb des Schiedsgerichts in eine Außenseiterrolle gedrängt wird, insbesondere wenn die Gegenseite einen Juristen zum Schiedsrichter ernannt hat[63].

Diese Nachteile entfallen, wenn ein Kandidat mit der entsprechenden **Doppelqualifikation** zur Verfügung steht, etwa als Rechtsanwalt und Wirtschaftsprüfer. Die Erfahrung zeigt, dass einem Schiedsrichter mit einer derartigen Doppelqualifikation innerhalb des Schiedsgerichts besonderes Gewicht zukommen kann, weil sich die übrigen Schiedsrichter häufig auf dessen Fachwissen verlassen. Da die Zahl geeigneter Kandidaten mit der einschlägigen Doppelqualifikation oft beschränkt ist, kann sich der Kläger mit einer entsprechenden Bestellung einen echten Vorteil verschaffen.

bb) Nationalität

War die streitige M&A-Transaktion grenzüberschreitend, kann die Nationalität des von der Partei zu ernennenden Schiedsrichters ein weiteres wichtiges Auswahlkriterium sei. Wenn der Parteischiedsrichter derselben Nationalität angehört wie die Partei, kann er deren kulturelle und rechtliche Vorstellung im Schiedsgericht besser zur Geltung bringen. Auch kann eine „landsmannschaftliche Verbundenheit" zu einer der Schiedsparteien, insbesondere wenn es sich um ein staatliches Unternehmen handelt, durchaus eine psychologische Auswirkung auf den Schiedsrichter haben. Gleiches gilt, wenn die Transaktion aufgrund ihrer Bedeutung und auch der Ausgang des Schiedsverfahrens volkswirtschaftliche Auswirkungen auf ein bestimmtes Land hat oder haben kann. Diese Aspekte sollten jedoch nicht überschätzt werden, zumal auch Parteischiedsrichter zur Neutralität verpflichtet sind und die Kenntnis des einschlägigen materiellen Rechts regelmäßig von größerer Bedeutung ist.

cc) Sprachen

Neben der Beherrschung der Verfahrenssprache[64] ist es von Vorteil, wenn der Schiedsrichter andere Sprachen beherrscht, die in der Transaktion eine Rolle spielen. Sind beispielsweise die Vertragsdokumentation oder wesentliche Beweisurkunden in einer anderen als der Verfahrenssprache abgefasst, kann die Beherrschung dieser Sprachen durch den bzw. die Schiedsrichter Kosten sparen (Übersetzungen, Dolmetscher) und das Verfahren beschleunigen. Beherrscht der Parteischiedsrichter als einziger die zusätzlichen Sprachkenntnisse, können sich ähnliche Vorteile ergeben, wie bei einer Doppelqualifikation.

dd) Publikationen

Auch einschlägige Fachpublikationen möglicher Schiedsrichterkandidaten können ein Auswahlkriterium sein. Wissenschaftliche Publikationen tragen

---

63 Vgl. *Lionnet/Lionnet*, Handbuch der nationalen und internationalen Schiedsgerichtsbarkeit, 3. Aufl., Kapitel 4, S. 242.
64 Vgl. *Lörcher/Lörcher*, Das Schiedsverfahren – national/international – nach deutschem Recht, 2. Aufl., Rdnr. 99.

zwar zum Ansehen des Schiedsrichters bei und können damit zu einem größeren Einfluss des Schiedsrichters innerhalb des Schiedsgerichts führen. Vorrangig ist durch entsprechende Recherchen allerdings sicherzustellen, dass der Kandidat in einer entscheidenden Rechtsfrage nicht zu Lasten der Partei festgelegt ist. Ergibt die Recherche eine mögliche Festlegung zugunsten der Partei, ist zu beachten, dass eine entsprechende Vorveröffentlichung eines Schiedsrichters nach gewichtigen Stimmen in der Literatur einen Befangenheits- und Ablehnungsgrund im Sinne des § 1036 ZPO jedenfalls dann begründen soll, wenn die fragliche Publikation eine besonders kontroverse, von der Rechtsprechung noch nicht geklärte Rechtsfrage betrifft, deren Lösung für den Schiedsfall von zentraler Relevanz sein wird[65]. Die höchstrichterliche Rechtsprechung hat dies zwar für Richter der staatlichen Gerichte verneint[66]. Jedoch ist diese Frage für das Schiedsverfahren – soweit ersichtlich – noch nicht höchstrichterlich geklärt.

ee) Zeitliche Verfügbarkeit

Eines der wichtigsten und gleichzeitig am schwersten zu beurteilenden Auswahlkriterien ist die zeitliche Verfügbarkeit des Schiedsrichters. Streitigkeiten über Unternehmenskaufverträge stellen typischerweise hohe Anforderungen an die zeitlichen Ressourcen der Schiedsrichter. Dies darf nicht dazu führen, dass der Parteischiedsrichter das Verfahren im Wesentlichen dem Obmann und oder dem anderen Parteischiedsrichter überlässt oder wesentliche Verzögerungen verursacht. Um dies auszuschließen, empfiehlt es sich, diesen Punkt im Rahmen von Sondierungsgesprächen mit potenziellen Schiedsrichterkandidaten anzusprechen und diesen konkrete Zusagen abzuverlangen[67].

Daneben sollte die zeitliche Verfügbarkeit anhand von objektiven Kriterien abgeschätzt werden. So stehen Transaktionsanwälte während laufender Transaktionen oft längere Zeit nicht zur Verfügung. Ähnliches gilt für Investmentbanker. Auch eine intensive Publikationstätigkeit, z.B. die Mitwirkung an jährlich neu erscheinenden juristischen Standardwerken, kann die Verfügbarkeit einschränken.

ff) Persönlichkeit des Schiedsrichters, Dispositionen

Schließlich ist, wie in jedem Schiedsverfahren, die Persönlichkeit des Schiedsrichters ein wesentliches Auswahlkriterium. Dieser sollte sich durch persönliche Autorität, analytischen Verstand, Aufgeschlossenheit, Kollegialität – sowohl innerhalb des Schiedsgerichts als auch gegenüber den Parteivertretern –

---

[65] Vgl. *Lachmann*, Handbuch für die Schiedsgerichtspraxis, 3. Aufl. 2008, Kapitel 11, Rdnr. 1011; *Schlosser*, in: Stein/Jonas, ZPO, 22. Aufl., § 1036 Rdnr. 25; a.A. *Schwab/Walter*, Schiedsgerichtsbarkeit, 6. Aufl., Abschnitt II., Kapitel 14, Rdnr. 8.
[66] Vgl. BVerfGE, NJW 1973, 1267.
[67] Vgl. *Lörcher/Lörcher*, Das Schiedsverfahren – national/international – nach deutschem Recht, 2. Aufl., Rdnr. 100.

sowie gesunden Menschenverstand und allgemeine Lebenserfahrung auszeichnen[68].

Zu beachten sind auch besondere Dispositionen. So dürfte ein praktizierender M&A-Anwalt dazu neigen, ihm vertraute Vertragsklauseln oder Abläufe a priori für wirksam bzw. zulässig zu halten. Für deliktische Ansprüche dürfte er weniger Sympathien haben, als etwa ein im Wirtschaftsstrafrecht erfahrener Richter oder Anwalt.

2. Vom Gegner benannter Schiedsrichter

In Bezug auf die vom Gegner benannten Schiedsrichter ergeben sich für M&A-Streitigkeiten keine wesentlichen Besonderheiten. Auch hier geht es darum, eine mögliche Befangenheit frühzeitig aufzudecken und zu bekämpfen. Ferner ist Verzögerungsversuchen entgegen zu treten.

a) Ermittlungen zu einer möglichen Befangenheit des vom Gegner benannten Schiedsrichters

Die größere Transparenz am Anwaltsmarkt und vor allem die inzwischen übliche Publizierung von Mandaten im M&A-Bereich gibt gute Möglichkeiten, mittels öffentlich zugänglicher Informationsquellen (Internet, JUVE, etc.) zu prüfen, ob der vom Gegner benannte Schiedsrichter gemäß § 1036 Abs. 1 ZPO die Umstände offen gelegt hat, die Zweifel an seiner Unparteilichkeit oder Unabhängigkeit wecken können. Neben möglichen Mandatskonflikten und wirtschaftlich relevanten Mandatsbeziehungen zwischen der Sozietät des Schiedsrichters und dem Gegner können dies auch Informationen über den beruflichen Werdegang des Schiedsrichters einschließlich etwaiger früherer Anstellungsverhältnisse beim Gegner oder einem mit diesem verbundenen Unternehmen sein[69]. Ferner lässt sich hierdurch meist feststellen, ob der vom Gegner ernannte Schiedsrichter die zwischen den Parteien gegebenenfalls vereinbarten Voraussetzungen erfüllt.

Auch hinsichtlich des vom Gegner benannten Schiedsrichters sollte die Fachliteratur auf einschlägige Vorveröffentlichungen zu streitigen Rechtsfragen überprüft werden (vgl. hierzu oben V.1.b) dd)).

b) Reaktion auf Hinweise zu einer möglichen Befangenheit des vom Gegner benannten Schiedsrichters

Falls Anhaltspunkte für Zweifel an der Neutralität des vom Gegner benannten Schiedsrichters vorliegen, sollte zunächst versucht werden, diese Zweifel durch konkrete schriftliche Fragen auszuräumen. Auf dieser Grundlage muss dann im jeweiligen Einzelfall entschieden werden, ob es sinnvoll erscheint, ein Ab-

---

68 Vgl. *Lörcher/Lörcher*, Das Schiedsverfahren – national/international – nach deutschem Recht, 2. Aufl., Rdnr. 101.
69 Vgl. *Schlosser*, in: Stein/Jonas, ZPO, 22. Aufl. 2002, § 1036 Rdnr. 22.

lehnungsverfahren gegen den vom Gegner benannten Schiedsrichter anzustrengen. Hierbei ist zu bedenken, dass ein solches Ablehnungsverfahren im Stadium vor der Konstituierung des Schiedsgerichts den Beginn des eigentlichen Schiedsverfahrens nicht unerheblich verzögern kann. Die von den Parteien benannten Schiedsrichter werden während eines schwebenden Ablehnungsantrags gegen einen von Ihnen nicht mit der weiteren Konstituierung des Schiedsgerichts fortfahren.

Auch wenn durch ein Ablehnungsverfahren in diesem Stadium eine aus prozesstaktischen Gründen möglicherweise wünschenswerte Verfahrensverzögerung erreicht werden kann, ist dennoch von offensichtlich unbegründeten Ablehnungsanträgen zu Verschleppungszwecken abzuraten. Ein als obstruktiv erkanntes Verhalten schwächt die Glaubwürdigkeit der rechtlichen Position und belastet die Atmosphäre zu Lasten der obstruierenden Partei[70].

Soweit vor Beginn oder im Laufe des Schiedsverfahrens ein Ablehnungsantrag erforderlich werden sollte, richtet sich das hierfür einschlägige Verfahren – unbeschadet der unabdingbaren Entscheidungskompetenz der staatlichen Gerichte über einen erfolglosen Ablehnungsantrag gemäß § 1037 Abs. 3 ZPO[71] – primär nach den Vereinbarungen der Parteien bzw. den speziellen Regelungen der gegebenenfalls vereinbarten Schiedsordnung[72] oder sonst nach § 1037 ZPO. Hiernach muss ein Ablehnungsantrag binnen zwei Wochen nach Kenntnis von Zusammensetzung des Schiedsgerichts oder des Ablehnungsgrundes an das Schiedsgericht gerichtet werden (§ 1037 Abs. 2 ZPO). Soweit das Schiedsgericht den Befangenheitsantrag ablehnen sollte, kann die ablehnende Partei innerhalb eines Monats, nachdem sie von der Entscheidung mit der die Ablehnung verweigert wurde, Kenntnis erlangt hat, beim zuständigen Oberlandesgericht eine Entscheidung über die Ablehnung beantragen (§§ 1037 Abs. 3, 1062 Abs. 1 Nr. 1 ZPO). Allerdings ist zu beachten, dass das Schiedsgericht während des gerichtlichen Ablehnungsverfahrens das Schiedsverfahren fortsetzen und einen Schiedsspruch erlassen kann (§ 1037 Abs. 3 Satz 2 ZPO).

Schließlich kann ein missglückter Ablehnungsantrag für die Partei auch zu nicht unerheblichen zusätzlichen Kosten führen, insbesondere bei hohen Streitwerten, die in Streitigkeiten aus Unternehmenskaufverträgen die Regel sind. An Gerichtskosten fällt im Rahmen des Ablehnungsverfahrens vor den staatlichen Gerichten gemäß KV-GKG 1624 eine halbe Gerichtsgebühr je abgelehntem Schiedsrichter an. Zwar können Rechtsanwälte, die (auch) für das schiedsrichterliche Verfahren beauftragt sind, für das Ablehnungsverfahren vor den staatlichen Gerichten gemäß §§ 15 Abs. 2 Satz 2, 16 Abs. 1 Nr. 10 RVG keine gesonderten Gebühren erheben. Jedoch erhält ein nur für das Ablehnungsverfahren bestellter Rechtsanwalt eine 0,75 Verfahrensgebühr und gegebenenfalls eine 0,5 Termingebühr gemäß VV-RVG 3327, 3332. Umstritten ist allerdings,

---

70 Vgl. *Lörcher/Lörcher*, Das Schiedsverfahren – national/international – nach deutschem Recht, 2. Aufl., Rdnr. 111.
71 Vgl. *Geimer*, in: Zöller, ZPO, 26. Aufl. 2007, § 1037 Rdnr. 1.
72 Vgl. beispielsweise § 18 DIS-Schiedsordnung 1998; Article 11 ICC Rules 1998.

ob der Streitwert des Ablehnungsverfahrens nach dem Streitwert der Hauptsache[73], einem Bruchteil (zwischen 1/10 und 1/3) des Hauptsachestreitwerts[74] zu bemessen ist oder es sich bei dem Ablehnungsverfahren um eine nichtvermögensrechtliche Streitigkeit handelt, deren Wert nach freiem Ermessen[75] gemäß § 12 Abs. 2 GKG zu schätzen ist. Unabhängig davon kann ein erfolgloser Ablehnungsantrag somit erhebliche Kostenfolgen haben.

3. Reaktion auf Verzögerungsversuche

Sofern der Gegner versucht, in der Konstituierungsphase eines Dreierschiedsgericht das Verfahren zu verzögern und er seiner Bestellungsverpflichtung nicht innerhalb eines Monats nach Empfang einer entsprechenden Aufforderung durch die eigene Partei nachgekommen ist, kann nach deutschem Schiedsverfahrensrecht beim zuständigen Oberlandesgericht (§ 1062 Abs. 1 Nr. 1 ZPO) ein Antrag auf Bestellung des (eigentlich vom Gegner zu benennenden) Schiedsrichters gestellt werden (§ 1035 Abs. 3 Satz 3 ZPO). Der Fristversäumnis steht

---

73 Vgl. *Baumbach/Lauterbach/Albers/Hartmann*, ZPO, 61. Aufl. 2003, Anh. § 3 „Ablehnung des Schiedsrichters"; *Münch*, in Münchener Kommentar zur Zivilprozessordnung, Bd. 3, 2. Aufl. 2001, § 1035 Rdnr. 32 a. E. und § 1037 Rdnr. 11 a. E.: „der Hauptsachewert ist Streitwert"; *Hartmann*, Kostengesetze, 32. Aufl. 2003, Anh. I § 12 GKG Rdnr. 96; *Schwab/Walter*, Schiedsgerichtsbarkeit (Kommentar), 6. Aufl. 2000, Kap. 34 Rdnr. 6; *OLG Düsseldorf*, ZIP 1982, 225; *OLG Hamm*, JMBlNRW 1978, 87; für Ablehnung staatlicher Richter (Nachweise bei *Herget*, in: Zöller, ZPO, 26. Aufl. 2007, § 3 „Ablehnung"): *Hartmann*, Kostengesetze, 32. Aufl. 2003, Anh. I § 12 GKG Rdnr. 10; *BGH*, NJW 1968, 796; *OLG Düsseldorf*, NJW-RR 1994, 1086; *OLG München*, AnwBl 1995, 572; *KG*, KGR 1998, 92; *OLG Stuttgart*, OLGR 1998, 75; *OLG Koblenz*, NJW-RR 1998, 1222 = OLGR 1998, 133; Bremen, OLGR 1998, 111; *OLG Hamm*, MDR 1978, 582; *OLG Brandenburg*, NJW-RR 1999, 1291; 2000, 1091.
74 Vgl. *Thomas/Reichold*, in: Thomas/Putzo, ZPO, 25. Aufl. 2003, § 1063 Rdnr. 5 („Bruchteil der Hauptsache") und § 3 „Schiedsgerichtsverfahren" („kleiner Bruchteil der Hauptsache; gem. § 3 zu schätzen"); *Herget*, in: Zöller, ZPO, 26. Aufl. 2007, § 3 „Schiedsrichterliches Verfahren" („nach h.M. Bruchteil der Hauptsache"); so wohl auch *Schlosser*, in: Stein/Jonas, ZPO, Bd. 9, 22. Aufl. 2002, § 1063 Rdnr. 14: „Der Streitwert wird grundsätzlich durch den Wert des Anspruchs bestimmt, über den im Schiedsspruch erkannt und soweit der Antragsteller die Vollstreckbarerklärung begehrt [...]"; *Roth*, in: Stein/Jonas, ZPO, Bd. 1, 22. Aufl. 2003, § 3 Rdnr. 22 m.w.N.; Hamburg, MDR 1990, 58 (1/3 der Hauptsache); *OLG Koblenz*, MDR 1989, 71; RGZ 41, 362; *OLG Hamburg*, RPfl 1963, 314; *OLG Düsseldorf*, NJW 1954, 1492; *OLG Kiel*, HRR 1932, Nr. 2303; *LG Hannover*, NJW 1959, 945; für Ablehnung staatlicher Richter: *OLG Frankfurt*, MDR 1980, 145; *OLG Zweibrücken*, ZSW 1980, 260; *OLG Nürnberg*, JurBüro 1960, 169; *OLG München*, WRP 1972, 541; *OLG Koblenz*, MDR 1989, 71; Hamburg, MDR 1958, 47 und MDR 1990, 58. Die Streitwerte liegen dann zwischen 1/10 und 1/3 der Hauptsache (vgl. *Herget*, in: Zöller, ZPO, 26. Aufl. 2007, § 3 „Ablehnung"; *Roth*, in: Stein/Jonas, ZPO, Bd. 1, 22. Aufl. 2003, § 3 Rdnr. 22). Für einen Regelwert von 10 % je abgelehnten Richter: *OLG Koblenz*, Rechtspfleger 1988, 507; JurBüro 1991, 503.
75 Vgl. *OLG Köln*, Rechtspfleger 1987, 166; für Ablehnung staatlicher Richter: *Schneider*, MDR 2001, 130; *Markl/Meyer*, Gerichtskostengesetz, 5. Aufl. 2003, Anh. zu § 12 Rdnr. 7 „Ablehnung von Richtern" („überzeugender"); *OLG Köln*, MDR 1976, 322; *OLG Köln*, MDR 1979, 177; *OLG Oldenburg*, OLGR 1994, 341; *OLG Koblenz*, JurBüro 1980, 1509; *OLG Bamberg*, MDR 1982, 589; *OLG Nürnberg*, MDR 1983, 846; nach *Herget*, in: Zöller, ZPO, 26. Aufl. 2007, § 3 „Ablehnung": „zutreffend".

die unzulässige Ernennung eines den Anforderungen der Schiedsvereinbarung offensichtlich nicht entsprechenden Schiedsrichters gleich[76].

Zur Beweissicherung sollte die Aufforderung zur Benennung eines Schiedsrichters schriftlich erfolgen und dem Gegner zugestellt werden, wobei sie neben der Benennung des eigenen Schiedsrichters, die hinreichende Bezeichnung der Rechtsstreitigkeit und einen Hinweis auf die Monatsfrist des § 1035 Abs. 3 Satz 3 ZPO enthalten sollte[77].

Zwar ist streitig, ob bereits die bloße Fristversäumung (Ausschlussfrist)[78], erst die Einreichung des Antrags auf Ersatzbenennung beim Oberlandesgericht[79] oder sogar erst der Beschluss, mit dem das Oberlandesgericht die Ersatzbestellung vornimmt[80] zu einem Verlust des Bestellungsrechts führt. Nach der zitierten Entscheidung des Bayerischen Obersten Landesgerichts kommt auch der verspätet abgegebenen Bestellungserklärung des Gegners nur noch die Bedeutung einer Anregung gegenüber dem nach § 1035 Abs. 3 ZPO angerufenen Gericht bzw. eines Angebots auf Ergänzung der Schiedsvereinbarung gegenüber dem die gerichtliche Bestellung beantragenden Schiedskläger zu[81]. Im Hinblick auf diese jüngere Rechsprechung, wonach es sich um eine Ausschlussfrist handelt, kann man den Gegner mit der Ankündigung eines entsprechenden Antrags erheblich unter Druck setzen, insbesondere in dem man selbst im Rahmen des Antrags Vorschläge bezüglich der Person des vom Gericht zu bestellenden Schiedsrichters „der Gegenseite" macht.

Auch können die durch den Antrag auf Bestellung des Schiedsrichters durch die staatlichen Gerichte anfallenden Kosten wiederum erheblich sein (vgl. insoweit die Ausführungen zu den Kosten des Ablehnungsverfahrens V.2.b)).

Haben sich die Parteien auf eine bestimmte Schiedsordnung geeinigt, hängt es von den Verfahrensregeln der jeweiligen Schiedsinstitution ab, welche Konsequenzen eine Versäumung der Benennungsfrist hat[82]. Unabhängig von den individuellen Schiedsordnungen kann aber auch hier der Gegner bei einer Fristversäumung in der Regel durch einen Antrag auf Ernennung des Schiedsrichters durch die Schiedsinstitution unter Druck gesetzt werden.

---

76 Vgl. *Schwab/Walter*, Schiedsgerichtsbarkeit, 6. Aufl., Abschnitt II., Kapitel 10, Rdnr. 21; *OLG Bremen*, NJW 1972, 454.
77 Vgl. *Geimer*, in: Zöller, ZPO, 26. Aufl. 2007, § 1035, Rdnr. 14.
78 Vgl. *BayObLG*, NJW-RR 2002, 933 m.w.N.
79 Vgl. *Baumbach/Lauterbach/Albers/Hartmann*, ZPO, 61. Aufl., § 1035 Rdnr. 9; *Thomas/Putzo*, ZPO, 26. Aufl., § 1035 Rdnr. 8.
80 Vgl. *Musielak/Voit*, ZPO, 4. Aufl., § 1035 Rdnr. 10; *Lachmann*, Handbuch für die Schiedsgerichtspraxis, 3. Aufl. 2008, Rdnr. 905; *Schwab/Walter*, Schiedsgerichtsbarkeit, 6. Aufl., Abschnitt II., Kapitel 10, Rdnr. 21.
81 Vgl. *BayObLG*, a.a.O.
82 Während die Versäumung der Frist beispielsweise nach Art. 2.3 der LCIA-Rules 1998 einen unwiderruflichen Verzicht („irrevocable waiver") auf die Ausübung des Benennungsrechts darstellt, ist nach § 12.1 S. 4 DIS-Schiedsordnung 1998 auch eine Benennung nach Fristablauf noch rechtzeitig, wenn sie vor dem Antrag des Gegners auf Benennung durch die Schiedsinstitution bei dieser eingeht.

4. Wahl des Obmanns

Da bei einem Dreierschiedsgericht die Wahl des Schiedsobmanns durch die parteiernannten Schiedsrichter (§ 1035 Abs. 3 Satz 2 ZPO) oder die Parteien nur einvernehmlich erfolgt, sind die diesbezüglichen Einflussmöglichkeiten begrenzt. Im Falle der Ernennung durch die parteiernannten Schiedsrichter sollte der von der Partei zu benennende Schiedsrichter bereits im Rahmen der Sondierungsgespräche mögliche Kandidaten für das Amt des Schiedsobmanns und deren jeweilige Eignung speziell für Streitigkeiten aus Unternehmenskaufverträgen erörtern.

Unabhängig davon, dass der Schiedsobmann in jedem Fall ein Jurist sein sollte, gelten für dessen Auswahl im Wesentlichen dieselben Auswahlkriterien wie für den von der eigenen Partei zu ernennenden Schiedsrichter (vgl. oben V.1.a)).

In Bezug auf Richter als Obleute kann man zwar die Auffassung vertreten, die M&A-Erfahrung könne im Schiedsgericht durch die Parteischiedsrichter eingebracht werden. Von dem Richter als Obmann solle die Erfahrung in der Prozessleitung eingebracht werden. Hierbei ist allerdings zu bedenken, dass bei Uneinigkeit der Parteischiedsrichter die Stimme des Obmanns entscheidet. Versteht dieser das M&A-Geschäft nicht, ist eine Zufallsentscheidung zu befürchten. Auch bei der Verfahrensleitung, gerade z.B. bei der Einvernahme von Zeugen, ist besonders wichtig, dass der Obmann versteht, von was die Zeugen sprechen. Sonst besteht die Gefahr lückenhafter oder missverständlicher Befragung der Zeugen und Dokumentation der Aussagen.

Soweit der Schiedsobmann ein Richter oder Beamter sein soll, ist noch einmal auf die erforderlichen Nebentätigkeitsgenehmigungen hinzuweisen: Die Konsequenzen des Fehlens oder der Rechtswidrigkeit einer solchen Nebentätigkeitsgenehmigung für das Schiedsverfahren und den Schiedsspruch sind in der Rechtsprechung und Literatur bislang weitgehend ungeklärt, wobei jedoch in diesen Fällen das Bestehen eines Aufhebungsgrundes nicht ausgeschlossen werden kann[83].

Wenn sich die Parteien bzw. die von ihnen benannten Schiedsrichter nicht auf den Schiedsobmann einigen können, wird dieser nach dem Schiedsverfahrensrecht auf Antrag einer Partei vom Oberlandesgericht (§ 1035 Abs. 3 Satz 3 ZPO) oder nach den Schiedsordnungen durch die Schiedsinstitution[84] bestellt, wobei der Antragsteller jeweils wiederum die Möglichkeit hat, Vorschläge bezüglich der Person des Obmanns zu unterbreiten.

---

83 Vgl. *Lachmann*, Handbuch für die Schiedsgerichtspraxis, 3. Aufl. 2008, Rdnr. 831 ff.
84 Vgl. beispielsweise § 12.2 S. 3 DIS-Schiedsordnung 1998, Art. 8.4 ICC Rules 1998, Art. 8.2 Swiss Rules 2004.

VI. Einstweiliger Rechtsschutz

1. Wahl zwischen Schiedsgericht und staatlichem Gericht

Der Erlass einstweiliger Maßnahmen kann heute sowohl beim Schiedsgericht als auch beim staatlichen Gericht beantragt werden. Denn seit dem 1. Januar 1998 anerkennt das deutsche Recht in § 1041 ZPO die Kompetenz der Schiedsgerichte, auf Antrag einer Partei und vorbehaltlich einer abweichenden (nicht formbedürftigen) Parteivereinbarung, „vorläufige oder sichernde Maßnahmen" anzuordnen, die es in Bezug auf den Streitgegenstand für erforderlich hält. Daneben bleiben die staatlichen Gerichte für den Erlass vorläufiger oder sichernder Maßnahmen – nunmehr parallel – zuständig, § 1033 ZPO.

Den Parteien ist grundsätzlich zu empfehlen, für den Erlass einstweiliger Maßnahmen das zuständige staatliche Gericht anzurufen. Dies gilt aufgrund der zu unterstellenden Eilbedürftigkeit zunächst für solche Fälle, in denen das Schiedsgericht noch gar nicht konstituiert ist. Dies gilt jedoch auch nach der Konstituierung des Schiedsgerichts.

Die Anrufung des Schiedsgerichts empfiehlt sich nur, wenn davon ausgegangen werden kann, dass sich die Gegenseite der Anordnung des Schiedsgerichts freiwillig beugt oder wenn eine Maßnahme erforderlich ist, die vom staatlichen Gericht nicht erlassen werden könnte und wenn davon auszugehen ist, dass das Schiedsgericht aufgrund seiner besonderen Sachkompetenz eine solche besonders geeignete Maßnahme auch erlassen würde.

Denn jede vom Schiedsgericht erlassene Maßnahme bedarf zu ihrer zwangsweisen Durchsetzung noch einer Vollziehbarerklärung durch das jeweils zuständige Oberlandesgericht[85]. Dies kann trotz der in § 1063 Abs. 3 Satz 1 Alt. 2 ZPO vorgesehenen Möglichkeit, eine einstweilige Vollziehbarkeit durch den Vorsitzenden des zuständigen OLG-Senats zu beantragen, zu erheblichem Zeitverlust führen. Hat ein Schiedsgericht mit Sitz im Ausland die fragliche einstweilige Maßnahme angeordnet, so ist zudem nicht endgültig gesichert, ob eine solche Anordnung von einem deutschen staatlichen Gericht überhaupt für vollziehbar erklärt werden könnte[86].

In den beiden genannten Ausnahmesituationen ist die Anrufung des Schiedsgerichts jedoch zweckmäßig. Denn in der Praxis respektieren die Schiedsparteien einstweilige Anordnungen des Schiedsgerichts oft auch ohne Zwang. Ein bereits in die Sache eingearbeitetes Schiedsgericht kann ferner gerade in komplexen Fällen regelmäßig schneller und treffsicherer agieren, als ein neu mit der Sache befasstes staatliches Gericht. Soweit bereits Verhandlungen vor dem Schiedsgericht stattgefunden haben, ist es für die Parteien auch leichter

---

85 Vgl. §§ 1041 Abs. 2, 1062 Abs. 1 Nr. 3 ZPO.
86 Bejahend insoweit die wohl h.M., vgl. *Schwab/Walter*, Schiedsgerichtsbarkeit, 7. Aufl. 2005, Kap. 30 Rdnr. 12; *Münch*, in: Münchener Kommentar zur Zivilprozessordnung, Bd. 3, 2. Aufl. 2001, § 1041 Rdnr. 19; ablehnend dagegen *Voit*, in: Musielak, ZPO, 4. Aufl. 2005, § 1041 Rdnr. 6.

vorherzusehen, ob und ggf. welche einstweilige Maßnahme des Schiedsgericht anordnen wird. Und anders als das staatliche Gericht ist das Schiedsgericht nicht durch den Maßnahmenkatalog der §§ 916 ff. ZPO beschränkt, sondern kann alle denkbaren Maßnahmen erlassen, selbst wenn deren Vollstreckung in Deutschland nicht möglich wäre[87].

2. Typische Maßnahmen des einstweiligen Rechtsschutzes in M&A-Fällen

Maßnahmen des einstweiligen Rechtsschutzes kommen in M&A-Fällen etwa bei Verstößen gegen sog. Seller's Covenants in Betracht, also bei Verletzungen der vertraglichen Verpflichtung des Verkäufers, im Zeitraum zwischen signing und closing bestimmte Handlungen in Bezug auf das target zu unterlassen bzw. solche nicht ohne Einwilligung des Käufers vorzunehmen. Zu denken ist weiterhin an Verstöße gegen Vertraulichkeits- und Exklusivitätsvereinbarungen, wie sie insbesondere im vorvertraglichen Bereich im Rahmen eines Bieterverfahrens abgeschlossen werden, sowie Verstöße gegen Wettbewerbsvereinbarungen.

In solchen Fällen kommen aufgrund der Natur des einstweiligen Rechtsschutzes, welche regelmäßig eine vorweggenommene Befriedigung des Gläubigers verbietet, insbesondere Sicherungsmaßnahmen in Betracht, etwa Verfügungsbeschränkungen hinsichtlich der Geschäftsanteile der Zielgesellschaft, wenn eine Partei durch ihr Verhalten die Transaktion gefährdet. Ausnahmsweise sind auch einstweilige Maßnahmen denkbar, die bereits zu einer Befriedigung des Gläubigers führen, etwa im Hinblick auf die Herbeiführung von closing-Bedingungen, deren Eintritt von einer Partei treuwidrig vereitelt wird.

Schließlich ist als „sichernde Maßnahme" i. S. d. § 1033 ZPO auch das selbständige Beweisverfahren nach §§ 485 ff. ZPO zu verstehen. Dieses kann insbesondere vor Konstituierung des Schiedsgerichts eine Rolle spielen, wenn die Gefahr besteht, dass infolge Zeitverlustes die Erweislichkeit bestimmter Tatsachen erschwert oder gar ausgeschlossen wird. Hier kann vor allem die schriftliche Begutachtung durch einen Sachverständigen nach § 485 Abs. 2 ZPO für den späteren Schiedskläger hilfreich sein[88].

VII. Einleitung des Verfahrens und Verjährungshemmung

Die Komplexität der typischen M&A-Transaktion bringt es mit sich, dass es zahlreiche Ansatzpunkte für nachfolgende Streitigkeiten gibt. Die Parteien sind jedoch prinzipiell daran interessiert, solche zu vermeiden. Vor allem wegen potenzieller Rückstellungserfordernisse ist die Verkäuferseite außerdem interessiert, rasch Klarheit darüber zu gewinnen, ob und worüber ggf. gestritten werden muss. Folge sind typischerweise kurze Verjährungsfristen, oft ge-

---

87 Vgl. *Voit*, in: Musielak, ZPO, 4. Aufl. 2005, § 1041 Rdnr. 4 m. w. N.
88 *Münch*, in: Münchener Kommentar zur Zivilprozessordnung, Bd. 3, 2. Aufl. 2001, § 1033 Rdnr. 6 a. E.

staffelt nach der Art des Anspruchs (z. B. aus Garantien auf bestimmte Unternehmenseigenschaften oder auf Freistellung von Steuerverbindlichkeiten oder Umweltlasten) und dem Zeithorizont, innerhalb dessen er sich typischerweise manifestiert. Weitere Folge ist die Vereinbarung von Bagatellklauseln, z. B. in Form von sog. de minimis Schwellen, Freibeträgen oder Freigrenzen. Diese werden oft miteinander kombiniert, und zwar meist unabhängig von der Länge der jeweils vereinbarten Verjährungsfristen.

Die zuerst ablaufende Verjährungsfrist determiniert dann den Zeitpunkt der Geltendmachung von Ansprüchen. Trotz der Post-Closing Due Diligence können sich Anhaltspunkte für mögliche Ansprüche oft erst recht spät ergeben haben. Der Schaden kann sich noch nicht vollständig manifestiert haben. Aufgrund der relativ knappen Verjährungsfristen und auch aus Kostengründen ist in Unternehmenskaufverträgen dabei häufig vorgesehen, dass die Verjährung bereits durch ein einfaches Anspruchsschreiben gehemmt wird.

Wenn in dieser Situation die Gegenseite nicht kooperiert, etwa durch Verlängerung von Verjährungsfristen, muss die Verjährung durch geeignete Maßnahmen gehemmt werden. Aus taktischer Sicht stellt sich dann die Frage, wie angesichts drohenden Verjährungsablaufs mit noch nicht vollständig ermittelten Ansprüchen umgegangen werden soll, wie die Hemmung der Verjährungsfristen zu bewirken ist und was in Bezug auf Ansprüche zu unternehmen ist, die für sich genommen erforderliche Schwellenwerte nicht erreichen und deren Verjährung droht, bevor feststeht, ob sie in Summe mit anderen, später verjährenden Ansprüchen den Schwellenwert überschreiten werden.

1. Anspruchsschreiben oder Klage?

Die Verjährung durch ein einfaches Anspruchsschreiben hemmen zu wollen, kann sich als gefährlich erweisen. Je nach Fall- und Vertragsgestaltung ist die Klageerhebung vorzuziehen oder gar die Kombination aus beiden Mitteln geboten.

Zwar ist es nach neuem Verjährungsrecht ohne Weiteres zulässig[89], eine Verjährungshemmung durch einfaches Anspruchsschreiben vorzusehen. Jedoch muss das Anspruchsschreiben, um die Verjährung hemmen zu können, vorbehaltlich weitergehender Anforderungen im Unternehmenskaufvertrag, den Streitgegenstand eindeutig bezeichnen. Dies setzt neben der Angabe der Rechtsbegehr, z. B. Zahlung eines bestimmten Betrages, die Bezeichnung des zugrunde liegenden Lebenssachverhalts voraus. Dieser kann in M&A-Fällen durchaus komplex sein, gerade wenn eine Reihe von einzelnen Anspruchspositionen geltend gemacht werden soll. Wie die Rechtsprechung zu der ähnlichen Problematik bei der Verjährungshemmung durch den Mahnbescheid zeigt, können

---

89 Vgl. nur Palandt/*Heinrichs*, BGB, 65. Aufl. 2006, § 202 Rdnr. 2a; nach § 225 BGB a. F. waren Erschwerungen der Verjährung grundsätzlich verboten.

die Anforderungen an die Individualisierung des Streitgegenstandes durchaus hoch sein[90].

Ferner können sich Zustellungsprobleme ergeben, die der Fristwahrung im Wege stehen. Soweit die Parteien nicht vorsorglich zuverlässige Zustellungsadressen vereinbart haben, etwa bei ihren Anwälten, kann es im entscheidenden Zeitpunkt an der Kenntnis einer solchen fehlen.

Soweit der Unternehmenskaufvertrag nicht eindeutig regelt, ob die Verjährungshemmung durch einfaches Anspruchsschreiben als weitere Möglichkeit neben die gesetzlichen Mittel zur Verjährungshemmung treten oder diese ausschließen soll, wird man sicherheitshalber beide Methoden kombinieren müssen.

Im Hinblick auf mögliche Zustellungsprobleme erscheint die Erhebung einer Schiedsklage regelmäßig sicherer als die Versendung eines Anspruchsschreibens. Denn jedenfalls bei institutionellen Schiedsverfahren ergeben sich im Fall einer Klageerhebung keine Zustellungsprobleme. Denn hier kann die Klage bei der Institution eingereicht werden[91] und bereits diese Einreichung bewirkt die Verjährungshemmung.

2. Feststellungsklage

Die eingangs erwähnten Probleme, nämlich die Bedrohung nicht vollständig ermittelter oder bestimmte Schwellenwerte noch nicht erreichender Ansprüche durch Verjährungsfristen, lassen sich durch Erhebung einer entsprechend konzipierten Feststellungsklage bewältigen.

Erreicht etwa ein Garantieanspruch, der zu verjähren droht, betragsmäßig nicht die notwendige Schwelle, und lässt sich noch nicht feststellen, ob weitere für die Schwelle relevante und später verjährende Ansprüche bestehen (z.B. aus späteren Steuerfestsetzungen), kann auf Feststellung des durch das Bestehen weiterer Ansprüche bedingten Garantieanspruchs geklagt werden.

Das Feststellungsinteresse ergibt sich einerseits aus der drohenden Verjährung, andererseits aus der Tatsache, dass das Entstehen der den Anspruch durchsetzbar machenden weiteren Ansprüche noch möglich, aber ungewiss ist. Da infolge der noch nicht erreichten Haftungsschwelle eine Klage auf Zahlung (noch) nicht möglich ist, entfällt das Feststellungsinteresse auch nicht aufgrund einer besseren Rechtsschutzmöglichkeit. Durch eine Feststellungsklage wird die Verjährungshemmung aber ebenfalls bewirkt[92]. Ergeben sich die zunächst ungewissen weiteren Ansprüche im weiteren Verlauf, hat man sich durch diese Feststellungsklage das betreffende „Anspruchsvolumen" für den Schwellenwert gesichert und kann die ggf. noch anhängige Schiedsklage auf Zahlung umstellen oder die Leistungsklage erheben.

---

90 Vgl. hierzu etwa *Egon Schneider*, Die Klage im Zivilprozess, 2. Aufl. Rdnr. 799 ff.
91 Vgl. § 6.1 der DIS-Schiedsordnung 1998.
92 Vgl. nur Palandt/*Heinrichs*, BGB, 65. Aufl. 2006, § 204 Rdnr. 2.

Die Hemmung eines noch nicht hinreichend substantiierbaren, aber verjährenden Anspruchs lässt sich ebenfalls durch Erhebung einer Feststellungsklage lösen. Denn auch eine unsubstantiierte Klage hemmt die Verjährung[93], wenn darin der Streitgegenstand eindeutig bestimmt ist. Zwar ist die unsubstantiierte Klage unbegründet und kann als solche abgewiesen werden. Jedoch besteht die Möglichkeit, sich zur Substantiierung der Klage eine hinreichende Frist einräumen zu lassen. Wenn glaubhaft gemacht werden kann, weshalb eine frühere Substantiierung nicht möglich war, sollte die Frist vom Schiedsgericht im Rahmen der Gewährung rechtlichen Gehörs auch eingeräumt werden.

Wählt man diesen Weg, sollte in der Schiedsklage der Sachvortrag auf die Bestimmung des Streitgegenstandes beschränkt bleiben. Insbesondere sollte über ungeklärte Sachverhaltsdetails nicht spekuliert werden. Denn nur so können unnötige spätere Korrekturen des Klagevortrags vermieden werden, die sich negativ auf die Überzeugungskraft des Vortrags auswirken könnten.

3. Antrag auf Durchführung des Schiedsverfahrens

Die kurzfristige Erhebung einer Schieds(feststellungs-)klage zur Verjährungshemmung ist nur bei institutionellen Schiedsverfahren wie etwa nach dem DIS Verfahrensrecht[94] problemlos möglich. Denn bei Ad-hoc-Schiedsverfahren gibt es im Zeitpunkt der Verfahrenseinleitung noch kein Schiedsgericht, das die Klage entgegennehmen könnte. Ein solches müsste sich zuvor erst konstituieren.

Um dieser Schwierigkeit für den Kläger zu begegnen, tritt nach deutschem materiellem Recht eine Verjährungshemmung gem. § 204 Abs. 1 Nr. 11 BGB schon mit dem Beginn des schiedsrichterlichen Verfahrens gem. § 1044 ZPO ein. Danach beginnt das schiedsrichterliche Verfahren mit dem Tag, an dem der Beklagte den Antrag empfangen hat, die Streitigkeit einem Schiedsgericht vorzulegen. Dieser Antrag muss gem. § 1044 ZPO die Bezeichnung der Parteien, die Angabe des Streitgegenstandes und einen Hinweis auf die Schiedsvereinbarung enthalten. Nicht erforderlich ist die Darlegung der den Anspruch begründenden Tatsachen[95].

Im Gegensatz zur früheren, allerdings strittigen Rechtslage[96] ist für die Verjährungshemmung nach dem Gesetzeswortlaut nicht mehr Voraussetzung, dass der Kläger in dem Antrag auch schon seinen Schiedsrichter benennt. Dies ist aus taktischer Sicht für den Kläger von großem Vorteil, da dieser Benennung große Bedeutung zukommt und sie hinreichender Überlegungszeit bedarf – Zeit, die bei einer kurzfristig notwendigen Verjährungshemmung oft nicht zur Verfügung steht.

---

93 *BGH*, NJW 1959, 1819.
94 Vgl. etwa § 6.1 der DIS-Schiedsordnung: „Der Kläger hat die Klage bei einer DIS-Geschäftsstelle einzureichen. Das schiedsrichterliche Verfahren beginnt mit Zugang der Klage bei einer DIS-Geschäftsstelle".
95 Vgl. *Geimer*, in: Zöller, ZPO, 26. Aufl. 2007, § 1044 Rdnr. 2.
96 Vgl. hierzu *Voit*, in: Musielak, ZPO, 4. Aufl., § 1044 Rdnr. 5 m.w.N.

Zur Bestimmung des Streitgegenstandes gilt das oben zum vertraglich vereinbarten Anspruchsschreiben Gesagte. Auch hier ist zur Sicherstellung der Verjährungshemmung unbedingt darauf zu achten, dass in dem Antrag der Streitgegenstand des zu initiierenden Schiedsverfahrens ausreichend individualisiert wird. Praktisch bietet es sich an, dies bereits in der Form eines beigefügten Entwurfs der Schiedsklage zu tun, ggf. in der oben ausgeführten auf die Bestimmung des Streitgegenstandes reduzierten Form.

VIII. Beendigung des Schiedsverfahrens

Taktische Spielräume bei der Beendigung des Schiedsverfahrens ergeben sich im Hinblick auf die Form einer vergleichsweisen Einigung. Dem Kläger ist insoweit dringend zu empfehlen, den Vergleich vom Schiedsgericht in Form eines sog. Schiedsspruchs mit vereinbartem Wortlaut nach § 1053 Abs. 1 Satz 2 ZPO festhalten zu lassen. Denn dieser ergeht nach § 1053 Abs. 2 ZPO in Form eines Schiedsspruchs nach § 1054 ZPO und hat dieselbe Wirkung wie jeder andere Schiedsspruch zur Sache (vgl. § 1055 ZPO). Auf diese Weise kann der Kläger die internationale Vollstreckbarkeit der Entscheidung im Rahmen des UN-Übereinkommens sichern, da das UN-Übereinkommen in Art. I nur den Schiedsspruch als Entscheidungsform anerkennt.

Zwar wäre auch ein Anwaltsvergleich nach § 796a-5c ZPO vollstreckbar und würde nach § 1056 Abs. 2 Nr. 2 ZPO das Schiedsverfahren wirksam beenden, doch wäre seine Vollstreckbarkeit international nicht gesichert. Ein einfacher materiell-rechtlicher Vergleich nach § 779 ZPO würde schließlich zwar ebenfalls das Schiedsverfahren beenden, doch wäre dieser Vergleich weder im Inland noch im Ausland vollstreckbar. Vielmehr wäre ggf. eine weitere Klage auf Erfüllung der Vergleichsverpflichtung erforderlich.

IX. Maßnahmen gegen den Schiedsspruch

Anders als bei Entscheidungen staatlicher Gerichte können die Schiedsparteien in einem gewissen Rahmen Einfluss auf die Beständigkeit des Schiedsspruchs nehmen, indem sie durch bestimmtes Verhalten – etwa bereits bei Abfassung der Schiedsklausel im jeweiligen Unternehmenskaufvertrag oder durch ihr Verhalten im Schiedsverfahren – entweder die spätere Anfechtbarkeit des Schiedsspruchs bewusst provozieren oder umgekehrt versuchen, der anderen Partei keine Gründe für seine Anfechtbarkeit zu bieten. Denn obgleich ein Schiedsspruch nach § 1055 ZPO grundsätzlich die Wirkungen eines rechtskräftigen gerichtlichen Urteils hat, kann dieser – anders als ein staatsgerichtliches Urteil, dessen Rechtskraft grundsätzlich nur in einem Wiederaufnahmeverfahren oder im Falle einer Urteilserschleichung nach § 826 BGB angegriffen werden kann – aufgrund einer Reihe von abschließend normierten Gründen wieder aufgehoben werden[97] bzw. kann ihm die Anerkennung und

---

97 Vgl. § 1059 ZPO.

Vollstreckbarerklärung aus solchen Gründen versagt werden[98]. Nach wohl h. M. in Rechtsprechung und Literatur[99] sind die Parteien darüber hinaus auch berechtigt, den Schiedsspruch durch vertragliche Vereinbarung wieder aufzuheben, was bei einem staatlichen Urteil nicht möglich ist.

In M&A-Fällen ist insoweit vor allem zu berücksichtigen, dass Konflikte hier grundsätzlich in allen Phasen einer Transaktion auftreten können und später durchaus fraglich sein kann, ob die Schiedsklausel tatsächlich alle Streitigkeiten erfasst, also etwa auch vorvertragliche Ansprüche nach § 311 Abs. 2, 3 BGB. Die Parteien sollten daher bereits bei Abfassung der Schiedsklausel ein besonderes Augenmerk darauf haben, ob tatsächlich alle Streitigkeiten vom Beginn des Transaktionsprozesses bis zum closing von der Schiedsklausel erfasst sind, denn andernfalls kann eine Aufhebung des Schiedsspruchs bzw. die Versagung seiner Vollstreckbarerklärung nach § 1059 Abs. 2 Nr. 1 lit. c ZPO bzw. Art. V Abs. 1 lit. c UNÜ drohen.

X. Anerkennung und Vollstreckbarerklärung des Schiedsspruchs

1. Vollstreckbarerklärung des Schiedsspruchs

Schiedssprüche werden im nationalen wie grenzüberschreitenden Handelsverkehr in der Regel freiwillig erfüllt. Dies gilt insbesondere für Schiedssprüche, die von renommierten institutionellen Schiedsgerichten erlassen wurden[100].

Sollte im Einzelfall gleichwohl eine Zwangsvollstreckung aus dem Schiedsspruch notwendig werden und hat der im Schiedsspruch rechtskräftig verurteilte Schuldner verwertbare Vermögensgegenstände in mehreren Staaten, so kann und sollte der obsiegende Schiedskläger gleichzeitig in den jeweiligen Staaten die Vollstreckbarerklärung des Schiedsspruchs betreiben, um die Chancen eines Vollstreckungserfolgs zu erhöhen. Wird der Schiedsspruch dann im Ausland für vollstreckbar erklärt und führt die Zwangsvollstreckung aus dem Schiedsspruch dort bereits zur Erfüllung, so ist dieser Einwand in einem parallelen Vollstreckbarerklärungsverfahren im Inland nach § 767 ZPO zu berücksichtigen[101].

Der Streitwert im Vollstreckbarerklärungsverfahren entspricht grundsätzlich dem Wert des Schiedsspruchs, der für vollstreckbar erklärt werden soll. In welchem Umfang die Zwangsvollstreckung letztlich betrieben werden soll, ist insoweit irrelevant, denn mit der Vollstreckbarerklärung erlangt der Antragsteller die rechtskraftfähige Anerkennung der Rechtswirksamkeit des Titels.

---

98 Vgl. § 1060 Abs. 2 ZPO für inländische Schiedssprüche und § 1061 ZPO i. V. m. Art. V UNÜ für ausländische Schiedssprüche.
99 Vgl. für die h. M. *Münch*, in Münchener Kommentar zur Zivilprozessordnung, Bd. 3, 2. Aufl. 2001, § 1029 Rdnr. 41; a. A. etwa *Schwab/Walter*, Schiedsgerichtsbarkeit, 7. Aufl. 2005, Kap. 21 Rdnr. 7.
100 Vgl. *Lionnet/Lionnet*, Handbuch der internationalen und nationalen Schiedsgerichtsbarkeit, 3. Aufl. 2005, S. 417 mit Fn. 123.
101 Vgl. auch *Geimer*, Internationales Zivilprozessrecht, 4. Aufl. 2001, Rdnr. 3927 f.

Der Kläger kann jedoch, um den Streitwert zu senken und Kosten zu sparen, den Antrag auf Vollstreckbarerklärung auch auf einen abtrennbaren Teil des Schiedsspruchs, der Gegenstand eines Teilschiedspruchs sein könnte, oder auf eine Nebenentscheidung etwa hinsichtlich der Kosten beschränken[102].

Eine effiziente Möglichkeit, den Erfolg einer künftigen Vollstreckung aus dem Schiedsspruch zu sichern, bietet der mit der Schiedsrechtsnovelle zum 1. Januar 1998 neu eingefügte § 1063 Abs. 3 ZPO. Hiernach kann der Schiedskläger nun beim Vorsitzenden des sachbefassten OLG-Senats eine einstweilige Sicherungsvollstreckung beantragen. Er kann auf diese Weise etwa Vermögen des Schuldners pfänden, jedoch noch nicht verwerten, bis über seinen Antrag auf Vollstreckbarerklärung des Schiedsspruchs vom zuständigen Oberlandesgericht endgültig entschieden wurde.

2. Vollstreckbarerklärung der ausländischen Exequaturentscheidung

Der Kläger ist nicht gezwungen, den ausländischen Schiedsspruch in Deutschland für vollstreckbar zu erklären, um die Zwangsvollstreckung betreiben zu können. Er kann nach einer Entscheidung des BGH[103] stattdessen auch eine ausländische Exequaturentscheidung nach §§ 722, 723 ZPO in Deutschland für vollstreckbar erklären lassen. Dem Kläger ist von diesem Weg jedoch abzuraten, da das Schrifttum eine solche „Doppelexequatur" ablehnt[104] und wohl die Gefahr besteht, dass der BGH seine über 20 Jahre alte Entscheidung revidiert.

---

102 Vgl. zur Teilanerkennung bzw. -vollstreckbarerklärung des Schiedsspruchs etwa *Schwab/Walter*, Schiedsgerichtsbarkeit, 7. Aufl. 2005, Kap. 27 Rdnr. 3 und Kap. 34 Rdnr. 8; *Münch*, in Münchener Kommentar zur Zivilprozessordnung, Bd. 3, 2. Aufl. 2001, § 1064 Rdnr. 2; *Schlosser*, in: Stein/Jonas, ZPO, Bd. 9, 22. Aufl. 2002, § 1060 Rdnr. 11; *Geimer*, Internationales Zivilprozessrecht, 4. Aufl. 2001, Rdnr. 3884.
103 *BGH*, NJW 1984, 2765 = RIW 1984, 557.
104 Vgl. *Geimer*, in: Zöller, ZPO, 26. Aufl. 2007, § 722 Rdnr. 12; *Geimer*, Internationales Zivilverfahrensrecht, 4. Aufl. 2001, Rdnr. 3899.

Prof. Dr. Reinhold Geimer*

Nichtvertragliche Schiedsgerichte

Inhaltsübersicht

I. § 1066 ZPO im Kontrast zu § 1029 ZPO
II. Anwendungsbereich
III. § 1066 ZPO als Ermächtigungsnorm
IV. Multilaterale Schiedsgerichtsverfahren
V. Nichtkonsensuale Schiedsbindung
VI. Drittklagen
VII. Verfassungsrechtliche Unbedenklichkeit des durch § 1066 ZPO ermöglichten Schiedszwangs

I. § 1066 ZPO im Kontrast zu § 1029 ZPO

Im Rampenlicht der Diskussion über die Schiedsgerichtsbarkeit stehen die **vertraglich vereinbarten** Schiedsgerichte. Neben diesen gibt es aber auch solche, die auf einen **außervertraglichen Rechtsakt** des Privatrechts gegründet sind. Bereits in der Überschrift des zehnten Abschnitts des Zehnten Buchs der ZPO ist von „außervertraglichen" Schiedsgerichten die Rede. Das heißt: Der deutsche Gesetzgeber will in § 1066 ZPO auch solche Schiedsgerichte zulassen, die ihre Entstehung und ihren „Jurisdiktionsbereich" einem einseitigen privatrechtlichen Rechtsgeschäft verdanken.[1] Dies ist plausibel beim durch letztwillige Verfügung errichteten Schiedsgericht; es trifft nach der hier vertretenen Auffassung aber auch zu für „andere nicht auf Vereinbarung beruhende Verfügungen", insbesondere für die im Rahmen der Verbandsautonomie eingerichteten Schiedsgerichte.[2] Satzungsmäßige Schiedsklauseln, die ohne Rück-

---

* *Prof. Dr. Reinhold Geimer* ist Notar a.D. und Honorarprofessor der Juristischen Fakultät der Universität München.
1 Zum Folgenden schon *Geimer*, in: Festschrift Schlosser, 2005, 197; *ders.*, Beteiligung weiterer Personen im Schiedsgerichtsverfahren, insbesondere die Drittwiderklage, in: Böckstiegel/Berger/Bredow, Die Beteiligung Dritter am Schiedsverfahren, 2005, 71. – Umfangreiche Nachweise nun auch bei *Beckmann*, Statutarische Schiedsklauseln im deutschen Recht und internationalen Kontext, 2007.
2 Bei der Änderung der Satzung eines Vereins differenziert BGHZ 144, 146 = NJW 2000, 1713 wie folgt: Der neu in der Satzung eingefügten Schiedsklausel seien auf jeden Fall diejenigen Mitglieder unterworfen, die der Satzungsänderung zugestimmt haben. Die Mitglieder, die nicht zugestimmt haben, können sich durch Austritt (§ 39 BGB) der Unterwerfung unter die Schiedsgerichtsbarkeit entziehen. Tun sie es nicht, sind auch sie grundsätzlich an die Schiedsklausel in der geänderten Vereinssatzung gebunden. Ihre (indirekte) Unterwerfung unter die Schiedsklausel liegt in der Aufrechterhaltung ihrer Mitgliedschaft trotz der Möglichkeit des Austritts. Dies gilt jedoch nicht, wenn der Vereinsaustritt keine zumutbare Alternative zum Verzicht auf den Zugang zu den staatlichen Gerichten darstellt. Dies ist in der Regel bei Monopolvereinen der Fall. In concreto ging es um den Verein, welcher das Zuchtbuch für Deutsche Schäferhunde führt. Ein Austritt hätte für das Mitglied schwerwiegende wirtschaftliche Folgen: Er

sicht auf eine konkrete Unterwerfung des Betroffenen eine Schiedsbindung und damit den Ausschluss des Zugangs zu den staatlichen Gerichten bewirken, erfassen in subjektiver Hinsicht nur Mitglieder der juristischen Person bzw. des Verbandes[3] und in objektiver Hinsicht nur Streitigkeiten, die Gegenstand statutarischer Bindung sind,[4] nicht aber individualrechtliche Streitigkeiten.[5]

II. Anwendungsbereich

Unter § 1066 ZPO fällt z.B. die Anordnung eines Schiedsgerichts durch Stiftungsurkunde oder Vereinssatzung.[6] Der Verein kann in Vereinsangelegenheiten einseitig durch Satzung ein Schiedsgericht einsetzen, das für Streitigkeiten mit oder unter den Mitgliedern zuständig ist. Eine in die Satzung einer Kapitalgesellschaft (AG oder GmbH) aufgenommene Schiedsklausel[7] kann die Zuständigkeit des Schiedsgerichts für Streitigkeiten über Rechtsverhältnisse anordnen, welche der Bestimmung der Gesellschafter unterliegen.[8] § 1066 ZPO ist z.B. anwendbar für den Ausschluss eines Gesellschafters und dessen Abfindung.[9] Das Gleiche gilt aber für das Verfahren nach § 306 AktG zur Festsetzung der Höhe der Abfindung sowie für Streitigkeiten im Zusammenhang mit einer in der Satzung vorgesehenen Kaduzierung[10] oder Zwangsamortisation.[11]

---

könnte keine Deutschen Schäferhunde züchten und nicht an Ausstellungen teilnehmen.
Kritisch hierzu unten V und VII; *Adolphsen*, Internationale Dopingstrafen, 2003, 558 ff. Ausführlich zur nachträglichen Einfügung von Schiedsgerichtsklauseln in die Satzung des Vereins bzw. Verbandes *Kölbl*, Schiedsklauseln in Vereinssatzungen, Diss. Marburg 2003, 53 ff. Siehe auch *Gerhard Wagner*, Prozessverträge, 1998, 494.

3 Bestritten ist, ob § 1066 ZPO auch auf körperschaftlich organisierte Personengesellschaften anwendbar ist. Dies befürwortet vor allem *Karsten Schmidt* ZHR 162 (1998), 265, 277 ff.; Zustimmend *Rosenberg/Schwab/Gottwald*, Zivilprozessrecht, 16. Aufl. 2004, § 175 Rdnr. 5; *Geimer*, in: Zöller, ZPO, 26. Aufl. 2007, § 1066 Rdnr. 1, 6. Ablehnend die h.M., *BGH*, NJW 1980, 1049; Nachweise z.B. bei *Münch*, in Münchener Kommentar zur Zivilprozessordnung, 2. Aufl. 2001, § 1066 Rdnr. 10.
4 *Münch*, in: Münchener Kommentar zur Zivilprozessordnung, 2. Aufl. 2001, § 1066 Rdnr. 9; *Rosenberg/Schwab/Gottwald*, Zivilprozessrecht, 16. Aufl. 2004, § 175 Rdnr. 8; *Schlosser*, in: Stein/Jonas, ZPO, 22. Aufl. 2002, § 1066 Rdnr. 6.
5 Zu diesen zählt BGHZ 38, 155, 160 = NJW 63, 203 auch Streitigkeiten aus einem satzungsmäßigen Ankaufsrecht.
6 BGHZ 144, 146 = NJW 2000, 1713 sub II 1. Hierzu ausführlich *Adolphsen*, Internationale Dopingstrafen, 2003, 558 ff.; *Habersack*, SchiedsVZ 2003, 241, 243.
Zur Abgrenzung der Schiedsgerichte im Sinne von § 1066 ZPO gegenüber (bloßen) Vereinsorganen *BGH*, NJW 2004, 2226 = SchiedsVZ 2004, 205 = BGHReport 2004, 1182 (*Kröll*) = ZIP 2005, 46 (*Kröll* 13); hierzu *Schroeder*, SchiedsVZ 2005, 244; *OLG Braunschweig*, SchiedsVZ 2005, 262.
7 *Hachenburg/Raiser*, GmbHG, 8. Aufl. 1992 ff., § 13 Rdnr. 18.
8 *Karsten Schmidt* ZHR 162 (1998), 265, 275 und BB 2001, 1857, 1860; *Ebbing*, NZG 1998, 281; *Reichert*, FS Ulmer, 2003, 529.
9 *BGH*, WM 1983, 1207; *Baumbach/Hueck*, GmbHG, 18. Aufl. 2006, § 34 Anh Rdnr. 16; *Scholz/Winter*, GmbHG, 9. Aufl. 2000, § 15 Rdnr. 142, 152.
10 *OLG Hamm*, OLGZ 90, 453; *Kornmeier*, DB 1980, 193.
11 *Scholz/Westermann*, GmbHG, 9. Aufl. 2000, § 34 Rdnr. 17.

Mit Ausnahme individualrechtlicher Streitigkeiten kann die Satzung auch eine Schiedsklausel für Organstreitigkeiten vorsehen.[12]

§ 23 V AktG sowie § 18 Satz 2 GenG sind kein Hindernis für statutarische Schiedsgerichte.[13] Dies ist allerdings nicht unbestritten. Die Gegenposition vertritt *Karsten Schmidt*: Er ist der Meinung, weder in der Satzung der Aktiengesellschaft (§ 1066 ZPO) noch durch Vertrag des Klägers mit der beklagten Aktiengesellschaft (§ 1029 ZPO) noch durch rügelose Einlassung auf die Schiedsklage (§ 1031 VI ZPO in Verbindung mit § 1066 ZPO) könne eine Zuständigkeit des Schiedsgerichts begründet werden, weil das Aktiengesetz Rechtsschutz durch die staatlichen Gerichte zwingend vorschreibe.[14] Die gleiche Frage stellt sich im Hinblick auf die Parallelbestimmung in § 18 Satz 2 GenG.

§ 23 V 1 2 AktG[15] und § 18 Satz 2 GenG regeln aber nach richtiger Ansicht nur den **materiellrechtlichen Inhalt** der Satzung, enthalten sich aber einer Stellungnahme zu prozessualen Fragen. Sie stehen z.B. auch einer Gerichtsstandsbestimmung für verbandsrechtliche Streitigkeiten nicht im Wege.[16] Im Übrigen ist § 1066 ZPO lex posterior.

III. § 1066 ZPO als Ermächtigungsnorm

§ 1066 ZPO lässt die einseitige Anordnung eines Schiedsgerichts zu, ohne dass die „Schiedsgerichtsunterworfenen" ihr Einverständnis mit dem Ausschluss des Rechtswegs zu den staatlichen Gerichten erteilt haben. Dabei ist § 1066 ZPO eine ausreichende normative Grundlage für die einseitige Anordnung eines Schiedsgerichts. Allerdings soll nach bisherigem (allerdings wenig reflektiertem) Verständnis § 1066 ZPO nicht die Zulässigkeit von außervertraglichen Schiedsgerichten selbst regeln, sondern nur auf „andere Normen, die solche Möglichkeiten statuieren", verweisen.[17] Es ist aber nicht zwingend, § 1066 ZPO als **reine Verweisungsnorm** zu verstehen. Einleuchtender erscheint es, ihn als eigenständige **Grundlage für die einseitige Anordnung eines Schiedsgerichts** zu interpretieren: § 1066 ZPO gibt sowohl dem Erblasser als auch dem Verband eine Organisationsmacht zum Ausschluss des Rechtsweges

---

12 *Hentzen*, FS Sandrock, 1995, 181; *Hachenburg/Mertens*, GmbHG, 8. Aufl. 1992, § 35 Rdnr. 328 ff.
13 *Pentz*, in: Münchener Kommentar zum Aktiengesetz, 2. Aufl. 2001, § 23 Rdnr. 161.
14 *Karsten Schmidt*, AG 1995, 553; *ders.*, ZHR 162 (1998), 265, 285; *ders.*, BB 2001, 1860; *Hüffer*, Aktiengesetz, 6. Aufl. 2004, § 246 Rdnr. 19; *ders.* in Münchener Kommentar zum Aktiengesetz, 2. Aufl. 2001, § 246 Rdnr. 30; *Voit*, in: Musielak, ZPO, 5. Aufl. 2007, § 1066 Rdnr. 8.
15 „Ergänzende Bestimmungen der Satzung sind zulässig, es sei denn, dass dieses Gesetz eine abschließende Regelung enthält."
16 *Schlosser*, in: Stein/Jonas, ZPO, 22. Aufl. 2002, § 1034 Rdnr. 29; *Gerhard Wagner*, Prozessverträge, 1998, 593; *ders.*, Scheinauslandsgesellschaften im Europäischen Zivilprozessrecht in *Lutter* (ed.), Europäische Auslandsgesellschaften in Deutschland mit Rechts- und Steuerfragen des Wegzugs deutscher Gesellschaften, 2005, 300; *Geimer*, in: Zöller, ZPO, 26. Aufl. 2007, § 1029 Rdnr. 65c.
17 *Schlosser*, in: Stein/Jonas, ZPO, 22. Aufl. 2002, § 1066 Rdnr. 1.

zu den staatlichen Gerichten durch einseitige Einsetzung eines Schiedsgerichts. Mit anderen Worten: Die Zulässigkeit der Einsetzung eines Schiedsgerichts ergibt sich bereits aus § 1066 ZPO, so dass es einer Suche nach anderen Normen nicht mehr bedarf.

Bei einem Rückgriff auf Normen des materiellen Rechts würde die **Trennung zwischen Verfahren und dem in der Sache anzuwendenden Recht** verschwimmen. Der hier vertretene Ansatz bewährt sich vor allem in **Fällen mit Auslandsberührung**. Über die Zulässigkeit eines einseitig angeordneten Schiedsgerichts mit Sitz in Deutschland (§§ 1025 I, 1043 I ZPO) befindet allein das deutsche Recht (§ 1066 ZPO), auch wenn der Rechtsstreit nach ausländischem Recht zu entscheiden ist.

Die herrschende **Verweisungstheorie** müsste die ausländische lex causae befragen.[18] Das deutsche Recht will aber über die Zulässigkeit einseitig angeordneter Schiedsgerichte mit Sitz in Deutschland selbst entscheiden. Der Standpunkt ausländischer Gesetzgeber zu dieser Frage ist irrelevant.

Dies gilt insbesondere für statutarische Schiedsgerichte der Verbände. So kann z.B. für eine niederländische oder österreichische Gesellschaft nach § 1066 ZPO ein Schiedsgericht mit Sitz in München etabliert werden.

Die Zulässigkeit des Schiedsverfahrens und das für die Entscheidung der Streitsache anzuwendende materielle Recht sind – wie auch sonst im internationalen Verfahrensrecht – auseinander zu halten. Die Zulässigkeitsfrage ist lege fori zu beantworten.

Vorstehendes gilt vice versa auch für die **Befugnis des Erblassers zur Einsetzung eines Schiedsgerichts**, das seinen Sitz in Deutschland hat; dies ist nach § 1066 ZPO zulässig, auch wenn für die Erbfolge aus deutscher Sicht[19] ausländisches Recht zur Anwendung kommt. Die Frage der Zulässigkeit der schiedsgerichtlichen Streiterledigung überlassen wir nicht dem ausländischen Erbstatut.[20] Auf die Anerkennungsfähigkeit des vom deutschen Schiedsgericht erlassenen Schiedsspruchs im Ausland kommt es dabei nicht an.

IV. Multilaterale Schiedsgerichtsverfahren

Mit den durch § 1066 ZPO eröffneten Möglichkeiten kann man auch die Hürden nehmen, die der Bundesgerichtshof[21] für auf Anfechtung bzw. Nichtig-

---

18 So *Voit*, in: Musielak, ZPO, 5. Aufl. 2007, § 1066 Rdnr. 1: „Die Frage der Wirksamkeit eines solchen [Gründungs-] Aktes ist eine Frage des materiellen Rechts. Soweit anderes als deutsches Recht anwendbar ist, entscheidet dieses über die Wirksamkeit der Schiedsklausel."
19 D. h. nach dem maßgeblichen völkerrechtlichen Vertrag (Art. 3 II EGBGB) und in Ermangelung eines solchen nach Art. 25 EGBGB.
20 Damit entfallen auch komplizierte Anknüpfungsprobleme im Falle der kollisionsrechtlichen Nachlassspaltung.
21 BGHZ 132, 278 = NJW 1996, 1753 = ZIP 1996, 830 = WM 1996, 856 = BB 1996, 1074 = DZWiR 1997, 116 (*Geimer*).

erklärung von Gesellschafterbeschlüssen gerichtete Klagen aufgestellt hat.[22] Denn im Anwendungsbereich des § 1066 ZPO lassen sich die Probleme, die unter dem Stichwort „**Mehrparteienschiedsgerichte**" abgehandelt werden, eleganter lösen als in den Fällen des § 1029 ZPO, in denen die Entscheidungszuständigkeit des Schiedsgerichts auf der Einigung der Parteien beruht.

§§ 241 ff. AktG finden auch für die Gesellschafterbeschlüsse der GmbH-Gesellschafter Anwendung.[23] Hier dürfte das Hauptanwendungsfeld für **Beschlussmängelstreitigkeiten vor Schiedsgerichten** zu verorten sein. Denn die Ausgestaltung des schiedsrichterlichen Verfahrens muss dem multilateralen Charakter des Verfahrens (vor den staatlichen Gerichten) nach dem Modell der §§ 246 ff. AktG Rechnung tragen: Es darf nur ein einziges Schiedsgerichtsverfahren stattfinden, in dem alle Aktionäre bzw. Gesellschafter und sonstige interessierte Parteien eine den §§ 246 ff. AktG im Wesentlichen vergleichbare **Mitwirkungsmöglichkeit** haben.[24]

Dies dürfte bei großen Publikumsgesellschaften für Schiedsgerichte praktisch nicht machbar sein. Aber für kleine bis mittlere Gesellschaften, vor allem für so genannte Familiengesellschaften, lässt sich das arbitrale Verfahren sehr wohl so gestalten, dass den Besonderheiten der §§ 246 ff. AktG Genüge getan ist:[25] In der Satzung muss nicht nur die Zuständigkeit eines Schiedsgerichts begründet werden, sondern auch das notwendige verfahrensrechtliche Instrumentarium zur Teilnahme aller Beteiligten bereit gestellt werden.[26] Dies sei hier kurz skizziert:

(1) Die **Chancengleichheit bei Bildung des Schiedsgerichts** wird am einfachsten dadurch sichergestellt, dass alle Schiedsrichter von dritter Seite bestellt werden. Notfalls ist auf § 1034 II ZPO zu rekurrieren.[27]

(2) Die wegen § 246 III 3 AktG erforderliche **Konzentration in einem Verfahren** ist durch Beiladung zu bewerkstelligen.[28]

(3) Allen anfechtungsberechtigten Gesellschaftern, Organmitgliedern und sonstigen Beteiligten ist in gleichem Umfang wie beim staatlichen Gericht

---

22 *Schlosser*, in: Stein/Jonas, ZPO, 22. Aufl. 2002, § 1034 Rdnr. 22 ff.; *Lutter/Hommelhoff*, GmbH-Gesetz, 16. Aufl. 2004, § 47 Anh 77 ff.; *Michalski/Römermann*, GmbHG, 2002, § 47 Anh. Rdnr. 557 ff.
23 *Lutter/Hommelhoff*, GmbH-Gesetz, 16. Aufl. 2004, § 47 Anh. 1 ff.
24 *Gerhard Wagner* 592; ähnlich *Lüke/Blenske* ZGR 98, 253; *Raeschke-Kessler/Berger* Rdnr. 179, 356, 796 ff.; *Schlosser*, in: Stein/Jonas ZPO, 22. Aufl. 2002, § 1034 Rdnr. 24. Formulierungsvorschlag von *Zilles* BB 1999, Beil 4, 2 f.; a. A. *K. Schmidt* ZGR 88, 537 wegen § 23 V AktG.
25 *Raeschke-Kessler* SchiedsVZ 2003, 145, 152.
26 *Schlosser*, in: Stein/Jonas, ZPO, 22. Aufl. 2002, § 1034 Rdnr. 22 ff.; vgl. auch BGHZ 132, 278; BGH, NJW 2001, 2176; *Bayer* ZIP 2003, 881; *Karsten Schmidt*, BB 2001, 1857, 1861; *Reichert*, FS Ulmer, 2003, 531; *Wolff*, in Münchener Handbuch des Gesellschaftsrechts III (GmbH), 2. Aufl. 2001, § 40 Rdnr. 116 ff., jeweils mit weiteren Nachweisen.
27 *Schlosser*, in: Stein/Jonas, ZPO, 22. Aufl. 2002, § 1034 Rdnr. 23.
28 Zur Beiladung zum Schiedsgerichtsverfahren ausführlich *Schlosser* in Festschrift Geimer, 2002, 947.

durch **Beiladung** Gelegenheit zu geben, am Verfahren teilzunehmen. Die Ermächtigung zur Beiladung durch das Schiedsgericht basiert auf der jeweiligen Satzungsklausel, welche für gesellschaftsrechtliche Streitigkeiten die Zuständigkeit des Schiedsgerichts begründet. Die Möglichkeit der Beiladung braucht dort nicht ausdrücklich vorgesehen zu sein. Ohne Beiladung wären Schiedsverfahren in den Fällen der §§ 246 ff. AktG unter Beachtung der vom BGH[29] aufgestellten Voraussetzungen nicht durchführbar. Daraus folgt bei einer den Satzungszweck sinnvoll berücksichtigenden Auslegung, dass die übliche Schiedsklausel in der Satzung eine solche Ermächtigung zur Beiladung konkludent enthält.[30] Die Satzung bindet aufgrund der Ermächtigung in § 1066 ZPO alle am Gesellschaftsverhältnis Beteiligten und die Organe der Gesellschaft. Deshalb bedarf es auch keiner Zustimmung der beigeladenen Dritten (Nicht-Parteien des Schiedsverfahrens), da § 1066 ZPO in Verbindung mit der Satzung hierfür eine ausreichende Basis gibt.

(4) Auch erstrecken sich die **Wirkungen des Schiedsspruchs** in gleicher Weise wie das Urteil des staatlichen Gerichts nach §§ 248 I, 249 I AktG auf alle Beteiligten. Denn der Parteibegriff des § 1055 ZPO ist im Anwendungsbereich des § 1066 ZPO weit zu definieren. Er umfasst auch die Beigeladenen.[31] Jedenfalls ist die jeweilige Satzungsklausel eine ausreichende Basis für die Wirkungserstreckung.

V. Nichtkonsensuale Schiedsbindung

Fazit: Für nicht vertraglich basierte Schiedsgerichte besteht im Verbands- und Gesellschaftsrecht großer Bedarf. Gleiches gilt aber auch im erbrechtlichen Bereich: Man denke z.B. an den Erbprätendentenstreit unter mehr als zwei Personen.[32]

---

29 BGHZ 132, 278, 289.
30 Aus kautelarjuristischer Sicht ist zur Klarstellung eine *ausdrückliche Anordnung* der Wirkungserstreckung in der Satzung zu empfehlen. Sie ist jedoch nicht unerlässlich notwendig, weil sich die vorbeschriebene Wirkungserstreckung auch konkludent in die üblichen (alle Streitigkeiten bezüglich des Gesellschafts- bzw. Mitgliedverhältnisses erfassenden) Schiedsgerichtsklauseln hineininterpretieren lässt. Aus diesen ergibt sich der eindeutige Wille der Satzungsgeber, dass alle die Gesellschaft bzw. den Verband und das Gesellschafts- bzw. Mitgliedschaftsverhältnis betreffenden Streitigkeiten nicht von den staatlichen Gerichten, sondern dem (statutarischen) Schiedsgericht entschieden werden sollen. Bei verständiger Auslegung ordnet die Satzung mithin an, dass die Wirkungen des Schiedsspruchs auf alle am Gesellschafts- bzw. sonstigen Mitgliedschaftsverhältnis Beteiligten erstreckt werden. Andernfalls würde die statutarische Schiedsgerichtsklausel leer laufen, welche die *Schiedsgerichtspflichtigkeit* aller an der Gesellschaft, ihren Organen und sonst am Gesellschaftsverhältnis Beteiligten gemäß § 1066 ZPO begründet, ohne deren individuelles Einverständnis vorauszusetzen.
31 So österreichischer *OGH* NZG 1999, 307, 308 = RdW 1999, 206 zur Parallelnorm in § 594 österr. ZPO.
32 *Geimer*, in: Festschrift Schlosser, 2005, 197, 209.

Allerdings sind eine Reihe von Rechtsfragen noch klärungsbedürftig, die daraus resultieren, dass bei den Schiedsgerichten, von denen hier die Rede ist, die schiedsgerichtliche Zuständigkeit nicht auf der **Vereinbarung der Beteiligten**, sondern auf einer **Anordnung von dritter Seite** beruht, d. h. konkret: im Bereich des Verbandsrechts auf der Anordnung des autonomen Satzungsgebers bzw. im erbrechtlichen Bereich auf der Verfügung von Todes wegen des Erblassers. Beide können im Rahmen des ihnen durch § 1066 ZPO zugestandenen Regelungsspielraums für die Parteien des konkreten Rechtsstreits den Zugang zu den staatlichen Gerichten ausschließen und an deren Stelle die Zuständigkeit eines Schiedsgerichts begründen. Dabei sind die Postulate verfahrensrechtlicher Gleichbehandlung sowie Fairness bei der Bildung des Schiedsgerichts und der Gestaltung des schiedsrichterlichen Verfahrens zu beachten. Ansonsten sind der Verbandsmacht bzw. dem Erblasserwillen keine Grenzen gesetzt. So kann z.B. auch eine über den Wortlaut des § 1055 ZPO hinausgehende Rechtskrafterstreckung dekretiert werden.[33]

Dies bedeutet konkret: Ein am Schiedsgerichtsverfahren nicht beteiligter Dritter, nämlich der Satzungsgeber, kann die der Verbandsmacht unterworfenen Personen zum Schiedsgericht hinzwingen. D.h. der Kläger, der sich eigentlich gerne an das staatliche Gericht wenden möchte, muss seine Klage beim vom Satzungsgeber etablierten Schiedsgericht einreichen und vice versa muss der Beklagte dort sein Recht nehmen, obwohl er sich mit seiner Rechtsverteidigung eigentlich beim staatlichen Gericht besser aufgehoben und deshalb wohler fühlen würde.

Von Freiwilligkeit der Unterwerfung der Parteien unter die vom Verbandsgesetzgeber angeordnete Schiedsgerichtsbarkeit kann keine Rede sein, es sei denn man schlägt einen ganz großen Bogen und sieht im Beitritt zum Verband bereits die ausreichende Zustimmung zur Gerichtspflichtigkeit vor dem Schiedsgericht. Diese Betrachtungsweise ist aber nicht tragfähig.[34]

Noch weniger kann von einem konsensualen Moment gesprochen werden, wenn der Erblasser durch Verfügung von Todes wegen ein Schiedsgericht einsetzt und damit ein schiedsrichterlichen Verfahren für alle seinen Nachlass betreffenden Streitigkeiten dekretiert. Der Erbe, der Vermächtnisnehmer, der Pflichtteilsberechtigte etc. möchte in der einen oder anderen Form am Nachlass partizipieren. In die Annahme der Erbschaft, des Vermächtnisses, die Entgegennahme der Pflichtteilszahlung etc. kann man aber nicht eine Unterwerfung unter die Jurisdiktion des vom Erblasser eingerichteten Schiedsgerichts hineingeheimnissen, um so das Vertragsprinzip des § 1029 ZPO auch in die ratio des § 1066 ZPO zu inferieren.

Deshalb gehen alle Versuche, die Schiedsbindung von Verbandsmitgliedern (Mitgliedern von Vereinen, Kapitalgesellschaften und sonstigen Korporationen)

---

33 *Geimer*, in: Zöller, ZPO, 26. Aufl. 2007, § 1030 Rdnr. 10b.
34 Zum Schiedszwang in Monopolverbänden siehe auch *Adolphsen*, Internationale Dopingstrafen, 2003, 556 ff.; *Haas/Reiche*, SchiedsVZ 2007, 334, 336. Siehe auch unten VII.

doch einer verdeckten Vereinbarung, die in der Gründung bzw. dem Beitritt zum Verband hineininterpretiert wird, zumindest von unsicheren Prämissen aus.[35] Denn an der eingangs getroffenen Feststellung lässt sich nicht deuteln: Der Gesetzgeber wollte die Schiedsgerichtsunterworfenheit und damit den Ausschluss des Zugangs zu den staatlichen Gerichten auch ohne die Einwilligung des Betroffenen möglich machen. Das Vertrags- bzw. Konsensprinzip als Erklärung des § 1066 ZPO scheidet somit aus.

Dagegen wurde behauptet, die Schiedsbindung kraft letztwilliger Verfügung sei nur auf den ersten Blick „vollständig einseitig".[36] Zwar könne der Schiedsgebundene regelmäßig nicht über das Ob und Wie der Bindung verhandeln. Dem durch die letztwillige Verfügung angeordneten Schiedsgericht könne er sich aber entziehen, indem er die Erbschaft, das Vermächtnis etc. ausschlägt. Wenn er dies unterlasse, zeige er sein Einverständnis mit der Schiedsklausel. So pointiert *Kölbl*:[37] „Selbst die letztwillige Verfügung, die § 1066 ZPO als Beispiel für nicht durch Vereinbarung errichtete Schiedsgerichte nennt, bewirkt keine vollständig einseitige Errichtung. Vielmehr wohnt auch der Schiedsbindung kraft letztwilliger Verfügung ein Willenselement des Schiedsunterworfenen inne. Insoweit mag man von einem ‚kleinen Konsens' sprechen."

Dabei wird aber übersehen, dass der Kompetenzbereich des letztwillig angeordneten Schiedsgerichts viel umfangreicher ausgestaltet werden kann, z.B. auch Pflichtteilsberechtigte erfassen kann.[38] Zudem ist der typische Erbe, Vermächtnisnehmer und sonstige Begünstigte an dem Erwerb der ihm zugewandten Nachlassgegenstände interessiert, er hat jedoch keinen (rechtsgeschäftlichen) Willen, eine Schiedsbindung einzugehen.

Auch bei den Vereinen, Verbänden, Korporationen und sonstigen juristischen Personen kann der „**kleine Konsens**" des Betroffenen, der in seiner Mitwirkung bei der **Gründung** bzw. in seinem **Beitritt** liegt, die Schiedsbindung nicht ausreichend deuten. Dies gilt nicht nur für die Errichtung einer Stiftung oder einer Einpersonen-Gesellschaft („Ein-Mann"-GmbH oder „Ein-Mann"-AG), sondern auch für die Gründung einer Mehrpersonengesellschaft durch „Gesellschaftsvertrag". Denn als Satzungsregelung stellt die Schiedsklausel keine

---

35 *Michalski*, GmbHG, 2002, § 13 Rdnr. 91: „In der GmbH-Satzung kann die Zuständigkeit eines Schiedsgerichts für alle Streitigkeiten aus dem Gesellschaftsverhältnis unter Ausschluss des ordentlichen Rechtsweges als körperschaftliche Bestimmung angeordnet werden. Auch wenn die Satzung auf einer vertraglichen Vereinbarung beruht, so ist doch mit dem Entstehen der körperschaftlichen Struktur der GmbH das Schiedsgericht als ein sog. angeordnetes Schiedsgericht iSd § 1066 ZPO anzusehen. Auch jeder Rechtsnachfolger eines Gesellschafters ist an diese körperschaftliche Bestimmung gebunden, da er sich mit dem Eintritt in die GmbH der Satzung unterwirft."
Ebenso *Hüffer*, Aktiengesetz, 6. Aufl. 2004, § 246 Rdnr. 19: „Als Satzungsregelung stellt Schiedsklausel keine Vereinbarung iSd § 1029 ZPO dar, weil Satzung Aktionäre ähnlich wie obj[ektives] Recht bindet." Ähnlich *ders.* in Münchener Kommentar zum Aktiengesetz, 2. Aufl. 2001, § 246 Rdnr. 30.
36 *Kölbl*, Schiedsklauseln in Vereinssatzungen, Diss. Marburg 2003, 29.
37 *Kölbl* a.a.O.
38 *Geimer*, in: Festschrift Schlosser, 2005, 197, 209.

Vereinbarung dar, weil die Satzung die Gesellschafter bzw. Aktionäre auch ohne und gegen ihren Geltungswillen „ähnlich wie objektives Recht bindet."[39] Der nichtvertragliche Charakter satzungsmäßiger Schiedsklauseln ist bei Stiftungen und Einpersonengesellschaften evident. Aber auch sonst steht bei Schiedsklauseln in Satzungen – wie *Münch* formuliert[40] – „eher die Mitgliedschaft im Vordergrund und nicht der Vertragsgrund, der auch nur die Gründer binden würde. ... Gegen den vertraglichen Charakter satzungsmäßiger Schiedsklauseln spricht noch ..., daß die Mitglieder in der Regel keine Möglichkeit haben, auf den Inhalt maßgeblichen Einfluß zu nehmen, sondern die Satzung vielmehr mit dem Eintritt Verbindlichkeit für das Mitglied erlangt."[41] Dabei spielt es keine entscheidende Rolle, wie man die Verbindlichkeit der Satzung ohne Rücksicht auf die Zustimmung der Mitglieder rechtsdogmatisch erklärt, insbesondere ob man der Satzung einen irgendwie gearteten Normcharakter zuspricht.[42]

Auch der Gesetzgeber sieht dies so: Wären nämlich die in § 1066 ZPO angesprochenen Konstellationen mit dem Vertragsprinzip zu erklären, hätte es eines eigenen Abschnitts des Zehnten Buchs der ZPO gar nicht bedurft.

VI. Drittklagen

Keine der Parteien kann allein der Gerichtspflichtigkeit vor dem ihr unerwünschten Schiedsgericht entkommen: Nur dann gibt es einen Exit, wenn beide zusammenspielen und sich verständigen, die Schiedsklausel zu ignorie-

---

39 So deutlich *Hüffer*, Aktiengesetz, 6. Aufl. 2004, § 246 Rdnr. 19; *ders.* in Münchener Kommentar zum Aktiengesetz, 2. Aufl. 2001, § 246 Rdnr. 30.
40 *Münch*, in: Münchener Kommentar zur Zivilprozeßordnung, 2. Aufl. 2001, § 1066 Rdnr. 4.
41 *Münch*, in: Münchener Kommentar zur Zivilprozeßordnung, 2. Aufl. 2001, § 1066 Rdnr. 8: „Eine statutarische Schiedsgerichtsanordnung bindet – von Beginn weg (Gründung) oder später erst (Beitritt) – jeden, der einmal Gesellschafter bzw. Vereinsmitglied wird. Eine besondere Billigung (,Unterwerfungswille') wird dadurch entbehrlich; die Mitglieder sind allein aufgrund dieser ihrer Eigenschaft die betreffende Bindung eingegangen (,vinkulierte Mitgliedschaft'). Sie kann nur unter den Bedingungen der Satzungsänderung wieder beseitigt werden."
Zustimmend z.B. *Kölbl*, Schiedsklauseln in Vereinssatzungen, Diss. Marburg 2003, 33: „Denn mit dem Beitrittsvertrag einigen sich die Parteien gerade nicht ausdrücklich über die Schiedsbindung. Die Unterwerfung unter ein Schiedsgericht, und nur diese ist entscheidend, kommt gerade nicht kraft beiderseitiger Willensübereinstimmung zustande."
Die Reformkommission (Bericht 226) hob jedoch unter Hinweis auf die EuGH-Rechtsprechung zu Art. 17 EuGVÜ (EuGH 10.3.1992 Rs 214/89 Powell Duffryn/Petereit Slg. 1992, 1769 Rdnr. 16 = RIW 1992, 492) den vertraglichen Charakter hervor. Siehe auch Bundestags-Drucksache 13/5274 S. 66. Sympathien hierfür bei *Schlosser*, in: Stein/Jonas, ZPO, 22. Aufl. 2002, § 1066 Rdnr. 10. Kritisch jedoch *Münch* a.a.O. Rdnr. 4 sowie *Gerhard Wagner*, Prozeßverträge, 1998, 495.
42 Zu den von der Normentheorie aufgeworfenen heiklen Fragen unter Geltung des Grundgesetzes *Karsten Schmidt*, Gesellschaftsrecht, 4. Aufl. 2002, 75, 78; *Reuter* in Münchener Kommentar zum BGB, 4. Aufl. 2000, § 25 Rdnr. 17; *Kölbl*, Schiedsklauseln in Vereinssatzungen, Diss. Marburg 2003, 14 jeweils mit weiteren Nachweisen.

ren. Dies ist insbesondere der Fall, wenn die beklagte Partei auf die Klage der anderen nicht auf die Zuständigkeit des Schiedsgerichts rekurriert, d. h. vor dem staatlichen Gericht nicht die Einrede der Schiedsklausel gemäß § 1066 in Verbindung mit § 1032 I ZPO erhebt. Dies dürfte zumindest bei Klagen gegen den Verband und/oder seine Organe nur Theorie sein. Aber auch in erbrechtlichen Fällen dürfte wohl immer eine Partei daran interessiert sein, an der vom Erblasser dekretierten Schiedsklausel festzuhalten.

Wie dem auch rechtstatsächlich sei, aus dogmatischer Sicht bleibt festzuhalten: Vorstehende Erörterungen in Bezug auf § 1032 I ZPO betrifft nur das **Ausstiegsszenario**. Unberührt bleibt die in unserem Zusammenhang wichtige Feststellung: Primär kann ein Dritter in den in § 1066 ZPO angesprochenen Fällen aufgrund seiner **verbandsrechtlichen bzw. erbrechtlichen Gestaltungsmacht** die Parteien vor ein von ihm organisiertes Schiedsgericht zwingen.[43]

Wenn dem aber so ist, so kann der Verband bzw. der Erblasser im Gegensatz zu dem Bereich der durch Vertrag der Parteien fundierten Schiedsgerichtsbarkeit (§ 1029 ZPO) ohne Zustimmung der betroffenen Parteien auch **Drittklagen** in beiderlei Richtungen vor dem von ihm eingesetzten Schiedsgericht zulassen, also Klagen eines Dritten gegen eine oder gegen beide der ursprünglichen Parteien des Schiedsgerichtsverfahrens und umgekehrt Klagen einer der ursprünglichen Parteien oder beider gegen einen am Schiedsgerichtsverfahren bisher nicht beteiligten Dritten, natürlich immer unter der Voraussetzung, dass der durch die Schiedsklausel belastete Dritte unter die Regelungsbefugnis des Satzungsgebers bzw. Erblassers fällt.[44] Diese können auch eine über den Wortlaut des § 1055 ZPO hinausgehende Rechtskrafterstreckung dekretieren.

VII. Verfassungsrechtliche Unbedenklichkeit des durch § 1066 ZPO ermöglichten Schiedszwangs

Dabei drängt sich die Frage auf, wie sich das Verschließen der Türen zu den staatlichen Gerichten und die obligatorische Verweisung an ein von dritter Seite eingerichtetes und organisiertes Schiedsgericht *verfassungsrechtlich* begründen lässt. Ist man der Ansicht, dass nur die freiwillige Unterwerfung des Betroffenen unter die Schiedsgerichtsbarkeit den Ausschluss des Zugangs zu den staatlichen Gerichten rechtfertigen kann, wäre § 1066 ZPO verfassungswidrig.[45]

---

43 *Geimer*, Beteiligung weiterer Personen im Schiedsgerichtsverfahren, insbesondere die Drittwiderklage, in *Böckstiegel/Berger/Bredow*, Die Beteiligung Dritter am Schiedsverfahren, 2005, 71, 75.
44 Andernfalls bleibt es bei dem Erfordernis der Zustimmung des Betroffenen, *Massuras*, Dogmatische Strukturen der Mehrparteienschiedsgerichtsbarkeit, 1998, 469. Der Satzungsgeber bzw. der Erblasser kann aber auch Personen, die seiner „Regelungsgewalt" nicht unterliegen, ein *Recht* zur Teilnahme am Schiedsverfahren begründen.
45 Zum Folgenden *Geimer*, in: Festschrift Schlosser, 2005, 197, 200.

In der Tat wird meist die verfassungsrechtliche Zulässigkeit der Derogation des Zugangs zu den staatlichen Gerichten allein mit der Freiwilligkeit des Abschlusses der Schiedsvereinbarung begründet.[46] Dieses Argument kann den durch einseitiges Rechtsgeschäft bzw. durch einen korporativen (privatrechtlichen) Organisationsakt oktroyierten Ausschluss des Zugangs zu den staatlichen Gerichten nicht zufriedenstellend erklären. Daher muss die außervertragliche Schiedsgerichtsbarkeit verfassungsrechtlich anders legitimiert werden:

(1) Art. 9 I GG gibt dem Gesetzgeber den Gestaltungsspielraum, den Satzungsgeber im Rahmen der Verbandsautonomie zu ermächtigen, ein Schiedsgericht zur Regelung aller den Verband betreffenden Rechtsstreitigkeiten zu etablieren, dessen Kompetenz diejenige der staatlichen Gerichte verdrängt.[47]

(2) Vergleichbares gilt für die Garantie des Erbrechts: Art. 14 I GG gibt dem Gesetzgeber die Befugnis, dem Erblasser die Rechtsmacht zu verleihen, durch letztwillige Verfügung ein Schiedsgericht einsetzen zu können und damit den Zugang zu den staatlichen Gerichten hinsichtlich der im Zusammenhang mit dem Erbgang nach dem Erblasser entstehenden Rechts-

---

46 Nachweise bei *Schlosser*, in: Stein/Jonas, ZPO, 22. Aufl. 2002, vor § 1025 Rdnr. 3; *Geimer*, Schiedsgerichtsbarkeit und Verfassung, in: Schlosser, Integritätsprobleme im Umfeld der Justiz, 1994, 113, 161.
Zur Verfügung über den verfassungsrechtlich garantierten Justizgewährungsanspruch durch Mitwirkung bei der Gründung bzw. durch Beitrittserklärung bei fortbestehender Austrittsfreiheit *Kölbl*, Schiedsklauseln in Vereinssatzungen, Diss. Marburg 2003, 82 ff.
Vollmer, Satzungsmäßige Schiedsklauseln, 1970, 122 ff. hält Schiedsklauseln in Satzungen von Monopolverbänden mit Aufnahmezwang verfassungsrechtlich für unzulässig, weil dem Mitglied ohne seine Zustimmung der Rechtsschutz durch die staatlichen Gerichte entzogen werde. Keine Bedenken hat er jedoch bei Geselligkeits- und Liebhaberverbänden. Kritisch zu dieser Differenzierung *Schlosser*, Vereins- und Verbandsgerichtsbarkeit, 1972, 117.
Vgl. auch *Gerhard Wagner*, Prozessverträge, 1998, 494: Der Gründungs- bzw. Beitrittsakt bedeute eine „rechtsgeschäftliche Übertragung von Gestaltungsmacht auf die Vereinsorgane". Die Verfassungsgarantie des gesetzlichen Richters verlange keinen „rechtsgeschäftlichen Konsens im anspruchsvollen Sinn des ausgehandelten Einzelvertrags".
47 In diese Richtung lässt sich auch folgende Passage bei *Voit*, in: Musielak, ZPO, 5. Aufl. 2007, § 1066 Rdnr. 7 deuten: Bei juristischen Personen, bei denen der Mitgliederbestand wechseln kann, bestehe „ein besonderes Interesse an der Einheitlichkeit der Rechtsbeziehungen zwischen juristischer Person und allen Mitgliedern" „Hinzu kommt, dass insbesondere bei Idealvereinen ein Interesse daran besteht, interne Streitigkeiten auf der Grundlage der den Vereinen grundgesetzlich garantierten Autonomie auch unter weitgehender Ausschaltung staatlicher Gerichtsbarkeit zu entscheiden."
Ähnlich *Kölbl*, Schiedsklauseln in Vereinssatzungen, Diss. Marburg 2003, 98: „Gewiß hat der Verein ein Interesse daran, seine Angelegenheiten im Rahmen seiner Organisationsgewalt einheitlich für alle Mitglieder zu regeln. Die Selbstbestimmung über seine Organisation wird sogar durch Art. 9 I GG grundrechtlich geschützt."
Anders mit wenig überzeugender Pauschalargumentation *Monheim*, Sportlerrechte und Sportgerichte im Lichte des Rechtsstaatsprinzips, 2006, 159 ff.

streitigkeiten auszuschließen.[48] § 1066 ZPO ist zwar nicht verfassungsfest in dem Sinne, dass die dort genannte Befugnis des Erblassers Inhalt der Bestandsgarantie des Erbrechts wäre, mit der Folge, dass die Streichung des § 1066 ZPO verfassungswidrig wäre.[49] Aber man kann mit guten Gründen die Auffassung vertreten, dass Art. 14 I 2 GG dem Gesetzgeber die Regelungsbefugnis gibt, eine Norm wie § 1066 ZPO zu erlassen: Die dem Erblasser eingeräumte Befugnis, ein Schiedsgericht bezüglich der seinen Nachlass betreffenden Streitigkeiten einzusetzen, bedeutet aus der Sicht der von der Schiedsgerichtsanordnung betroffenen Beteiligten (Erben, Vermächtnisnehmer, Auflagenbegünstigte, Testamentsvollstrecker etc.), dass sie durch die Rechtsnachfolge von Todes wegen bzw. in deren Zusammenhang Rechtspositionen erlangen, die sie (primär) nur vor dem Schiedsgericht einklagen bzw. geltend machen können.[50]

---

48 Denn nach Art. 14 I 2 GG „werden Inhalt und Schranken [des Erbrechts] durch die Gesetze bestimmt." Das *Bundesverfassungsgericht* hat sich mit der hier gestellten Frage noch nicht befasst. In seiner bisherigen Rechtsprechung hat es jedoch dem Gesetzgeber einen sehr großen Spielraum eingeräumt, BVerfGE 67, 329, 341.
49 *Geimer*, Schiedsgerichtsbarkeit und Verfassung, in: Schlosser, Integritätsprobleme im Umfeld der Justiz, 1994, 113, 197. A. A. *Stober* NJW 1979, 2008.
50 Sofern die vor dem staatlichen Gerichte beklagte Partei sich gemäß § 1066 ZPO in Verbindung mit § 1032 I ZPO auf die Zuständigkeit des Schiedsgerichts beruft.

Dr. Thilo von Bodungen und Karl Pörnbacher*

Kosten und Kostentragung im Schiedsverfahren

Inhaltsübersicht

I. Einleitung
II. Die Kostenentscheidung des Schiedsgerichts
  1. Die Kostenentscheidung im Schiedsspruch
    a) Allgemeines
    b) Kostengrundentscheidung und summenmäßige Kostenfestsetzung
    c) Die Kostenentscheidung bei Unzuständigkeit des Schiedsgerichts
    d) Die Auswirkungen der Aufhebung des Schiedsspruchs auf die Kostenentscheidung
  2. Die Kosten des Schiedsverfahrens
    a) Überblick
    b) Kosten des Schiedsgerichts
      aa) Administrierte Verfahren
      bb) Ad-hoc-Verfahren
    c) Kosten der Parteien
      aa) Anwaltliche Vertretung
      bb) Parteieigene Rechtsabteilung
      cc) Executive time
    d) Kosten der Beweisaufnahme
      aa) Zeugen
      bb) Sachverständige
    e) Kostenvorschuss
      aa) Verpflichtung zur Vorschusszahlung
      bb) Gerichtliche Durchsetzbarkeit der Vorschusszahlung
    f) Sicherheitsleistung für Kostenerstattungsanspruch
      aa) § 110 ZPO, § 1041 ZPO
      bb) Regelungen in Schiedsordnungen
    g) Auswirkungen der Mittellosigkeit einer Partei auf die Schiedsvereinbarung
      aa) Mittellosigkeit des Klägers
      bb) Mittellosigkeit des Beklagten
      cc) Anwendbares Recht
III. Die Kosten gerichtlicher Verfahren in Zusammenhang mit Schiedsverfahren
  1. Allgemeines
  2. Anfallende Kosten im Rahmen der Verfahren nach § 1062 ZPO
  3. Kosten des Verfahrens zur Ersatzbestellung gemäß § 1035 Abs. 4 ZPO
  4. Kosten gerichtlicher Unterstützung bei der Beweisaufnahme
  5. Erstattungsfähigkeit der Kosten eines Verfahrens vor einem unzuständigen staatlichen Gericht
  6. Kosten des einstweiligen Rechtsschutzes
  7. Kosten des Verfahrens zur Vollstreckbarerklärung von Schiedsentscheidungen

I. Einleitung

Zu einer der am häufigsten im Zusammenhang mit der Schiedsgerichtsbarkeit diskutierten Fragen gehört der Kostenvergleich zwischen Schiedsverfahren und Verfahren vor staatlichen Gerichten. Während traditionell als Vorteil der

---

* *Dr. Thilo von Bodungen*, M.C.L., ist Rechtsanwalt und Of Counsel bei LOVELLS LLP. *Karl Pörnbacher* ist Rechtsanwalt und Partner bei LOVELLS LLP. Wir danken Frau Rechtsanwältin *Thiel* für ihre Mitarbeit.

Schiedsgerichtsbarkeit angeführt wird, dass diese kostengünstiger als das Gerichtsverfahren sei[1], wird zu Recht darauf hingewiesen, dass diese Aussage bei niedrigen und mittleren Streitwerten tatsächlich nur in seltenen Fällen richtig sein dürfte[2]. Obwohl Unternehmen auch beim Austragen von Prozessstreitigkeiten zunehmend kostenbewusst agieren, dürfte dennoch vor allem im internationalen Wirtschaftsverkehr die Frage der Höhe der unmittelbaren Verfahrenskosten selten allein bei der Wahl der Verfahrensart ausschlaggebend sein. Abstrakte Kostenvergleiche können daher allenfalls Ausgangspunkt für die im konkreten Fall anzustellenden Erwägungen sein. Sie reflektieren jedoch weder die tatsächlich unmittelbar durch ein Verfahren verursachten Gesamtkosten eines Unternehmens, noch die gesamten finanziellen Auswirkungen einer (schieds-)gerichtlichen Auseinandersetzung für die Beteiligten. Im Übrigen besteht eine zunehmende Tendenz bei Konflikten im internationalen Wirtschaftsverkehr, verschiedene ADR-Mechanismen flexibel zur Konfliktlösung einzusetzen. Die Schiedsgerichtsbarkeit stellt dabei nur eine von verschiedenen möglichen Optionen dar, so dass der traditionelle Dualismus zwischen Schiedsgerichtsbarkeit und staatlichen Gerichten an Bedeutung verliert.

Von Parteien und vielfach auch von beratenden Anwälten wird das Fehlen umfassender Vorschriften und Regelungen zur Berechnung und Bestimmung der Kosten und die damit verbundene geringere Bestimmbarkeit des mit einem Schiedsverfahren verbundenen Kostenrisikos häufig als nachteilig empfunden[3].

In diesem Beitrag soll deswegen auch kein Versuch eines weiteren Kostenvergleiches unternommen werden. Vielmehr sollen einige grundlegende Fragen der Kosten und Kostentragung im Schiedsverfahren erläutert werden, die sich für die Parteien und die sie beratenden Rechtsanwälte bei der Entscheidung über den Abschluss einer Schiedsvereinbarung oder der Durchführung eines Schiedsverfahren stellen. Schwerpunktmäßig wird dabei auf die in Deutschland geltende Rechtslage abgestellt.

II. Die Kostenentscheidung des Schiedsgerichts

1. Die Kostenentscheidung im Schiedsspruch

a) Allgemeines

In **Verfahren vor staatlichen Gerichten** entscheidet das Gericht von Amts wegen im Rahmen der Kostengrundentscheidung, in welchem Umfang die Parteien die Prozesskosten zu tragen haben, § 308 Abs. 2 i.V.m. §§ 91 ff. ZPO, und legt den für die Bemessung der Gerichtskosten (§ 48 GKG) und Anwaltsgebühren (§§ 2 Abs. 1, 22 Abs. 1 RVG) maßgeblichen Streitwert fest. Die Höhe der zu erstattenden Prozesskosten wird durch das Prozessgericht in dem vor dem Rechtspfleger stattfindenden Kostenfestsetzungsverfahren (§§ 103 ff. ZPO,

---

1 *BGH*, NJW-RR 1991, 423, 424; *OLG Köln*, NJW 1961, 1312, 1313.
2 *Lachmann*, Handbuch für die Schiedsgerichtspraxis, 3. Aufl. 2008, Rdnr. 163 sowie Rdnr. 1872 ff. mit einem detaillierten Kostenvergleich bei Rdnr. 4666 ff.
3 *Bredow*, in: Kosten im Schiedsgerichtsverfahren, DIS Materialien Band X, 2005, 1.

§ 21 Nr. 1 RPflG) festgesetzt und die jeweiligen Erstattungsansprüche gesondert in Form eines Kostenfestsetzungsbescheids tituliert.

Für **Schiedsverfahren** sind diese Bestimmungen unanwendbar[4]. Trotzdem besteht selbstverständlich auch im Schiedsverfahren die Notwendigkeit, über die Tragung der Verfahrenskosten durch die Prozessparteien sowohl dem Grunde als auch der Höhe nach in vollstreckungsfähiger Form zu entscheiden.

Bereits vor Inkrafttreten des Gesetzes zur Neuregelung des Schiedsverfahrensrechtes im Jahre 1998 war die Befugnis (und Pflicht) des Schiedsgerichts, eine Kostengrundentscheidung zu treffen und die zu erstattenden Kosten festzusetzen, trotz Fehlens einer gesetzlichen Bestimmung grundsätzlich anerkannt[5]. Soweit sich dies nicht bereits aus der anwendbaren Verfahrensordnung oder der Schiedsvereinbarung ausdrücklich ergab, wurde diese Befugnis aus einer weiten bzw. ergänzenden Auslegung der jeweiligen Schiedsvereinbarungen abgeleitet.

Auch das UNCITRAL-Modell Gesetz enthält keine Regelung über die Kostentragung.

In der Praxis bereitete dieser Zustand viele Probleme. Abgesehen von der bereits erwähnten fehlenden Kostentransparenz zeigte sich immer wieder, dass Parteien, die sie beratenden Rechtsanwälte und Schiedsrichter erhebliche Schwierigkeiten damit hatten, zu Beginn des Verfahrens eine einvernehmliche, abschließende Vereinbarung über die Kosten zu treffen oder ohne eine derartige Vereinbarung die Frage der Kostentragung und -erstattung im Laufe des Schiedsverfahren rechtwirksam zu regeln.

Viele **Schiedsordnungen** wie z.B. die UNCITRAL Arbitration Rules (dort Art. 40) tragen diesen Umständen bereits Rechnung und enthalten detaillierte Kostenregelungen. Auch der deutsche Gesetzgeber sah das Bedürfnis einer gesetzlichen Regelung[6] und nahm 1998 in § 1057 ZPO erstmals eine Regelung über die Kosten in Schiedsverfahren auf. Unterschiede zwischen den einzelnen Regelungen bestehen insbesondere hinsichtlich des für die Kostenverteilung geltenden Maßstabes. Art. 31 Abs. 3 ICC Rules, Art. 28.2 LCIA Arbitration Rules oder auch Art. 19 Wiener Regeln sehen beispielsweise nur vor, dass das Schiedsgericht über die Kostentragung durch die Parteien zu entscheiden hat, ohne einen Entscheidungsmaßstab zu nennen. Ähnlich ist auch Art. 31 AAA International Arbitration Rules, der es in das Ermessen des Schiedsgerichts stellt, ob es eine Entscheidung über die Kostentragung trifft. Anders hingegen regeln § 35 DIS-SchGO, Art. 40 UNCITRAL Arbitration Rules oder Art. 40 Swiss Rules die Kostenfrage, indem sie ähnlich wie § 1057 ZPO oder § 609 öZPO als grundsätzlichen bzw. zumindest maßgeblich zu berücksichtigenden Maßstab für die Kostenverteilung das Maß des jeweiligen Obsiegens bzw. Unterliegens in der Sache nennen.

---

[4] *BGH*, WM 1977, 319, 320; *Lionnet*, Handbuch der internationalen und nationalen Schiedsgerichtsbarkeit, 3. Aufl. 2005, Kapitel 10 I. 1 b) (3).
[5] *BGH*, WM 1977, 319, 320.
[6] BT-Drucks. 13/5274, Begründung zu § 1057 ZPO.

Ein weites Ermessen des Schiedsgerichts bei der Kostenentscheidung kann dazu führen, dass die Entscheidung von den Erwartungen der Parteien erheblich abweicht. Dies gilt aus deutscher Sicht insbesondere in internationalen Verfahren, wenn das Schiedsgericht mit Schiedsrichtern aus Ländern besetzt ist, deren Rechtsordnungen keine grundsätzlich am Maß des Obsiegens bzw. Unterliegens orientierte Kostenerstattung kennen wie etwa die USA[7].

b) Kostengrundentscheidung und summenmäßige Kostenfestsetzung

Mangels abweichender Regelung durch die Parteien hat das Schiedsgericht eine Kostenentscheidung grundsätzlich von Amts wegen zu treffen. Anträge sind insoweit nicht notwendig, vgl. § 1057 Abs. 1 Satz 1, § 35.1 DIS-SchGO.

Gemäß § 1057 ZPO (ähnlich auch § 35 DIS-SchGO) hat das Schiedsgericht, wenn die Parteien nichts anderes vereinbart haben, in dem Schiedsspruch sowohl eine **Kostengrundentscheidung** zu treffen (Abs. 1) als auch, soweit die Kosten des schiedsrichterlichen Verfahrens feststehen, die von der jeweiligen Partei zu tragenden Kosten ziffernmäßig festzusetzen (Abs. 2).

§ 1057 Abs. 1 Satz 2 ZPO sieht vor, dass mangels anderweitiger Regelung durch die Parteien das Schiedsgericht seine Entscheidung nach pflichtgemäßem Ermessen unter Berücksichtigung der Umstände des Einzelfalles, insbesondere des Ausgangs des Verfahrens zu treffen hat. Auch wenn die §§ 91 ff ZPO nicht unmittelbar gelten, sollte das Schiedsgericht sich bei der Bestimmung der Kostenquotelung an die in den §§ 91 ff ZPO enthaltenen Grundsätzen anlehnen[8]. Es kann bei begründetem Anlass aber auch davon abweichen und weitere Umstände berücksichtigen, z.B. eine obstruktive Verfahrensführung oder die Verletzung der Wahrheitspflicht durch eine Partei[9].

Differenzierter ist die Regelung in Art. 40 der UNCITRAL Arbitration Rules. Diese sieht ebenfalls in Abs. 1 vor, dass die unterlegene Partei die Kosten des Verfahrens trägt. Allerdings gilt dies nicht für die Kosten der anwaltlichen Vertretung der Parteien. Insoweit hat das Schiedsgericht bei seiner Entscheidung freies Ermessen, vgl. Art. 40 Abs. 2 UNCITRAL Arbitration Rules.

Gemäß § 1057 Abs. 2 Satz 1 ZPO kann die **Festsetzung der Kostensumme** mit der Kostengrundentscheidung verbunden werden, wenn und soweit die Kosten des schiedsrichterlichen Verfahrens zu diesem Zeitpunkt bereits feststehen. Es ist auch eine zunächst nur teilweise bezifferte Kostenentscheidung möglich[10].

---

[7] Siehe dazu ausführlich *Bühler*, Awarding Costs in International Commercial Arbitration: an Overview, ASA Bulletin 2/2004, 249, 250 ff.

[8] *Lionnet*, Handbuch der internationalen und nationalen Schiedsgerichtsbarkeit, 3. Aufl. 2005, Kapitel 10 I 1 b) (3); *Albers*, in: Baumbach/Lauterbach/Albers/Hartmann, ZPO, 64. Aufl. 2006, § 1057, Rdnr. 2; *Lachmann*, Handbuch für die Schiedsgerichtspraxis. 3. Aufl. 2008, Rdnr. 1875.

[9] *Lionnet*, Handbuch der internationalen und nationalen Schiedsgerichtsbarkeit, 3. Aufl. 2005, Kapitel 10 I 1 b) (3); BT-Drucks. 13/5274, Begründung zu § 1057 ZPO, S. 57.

[10] *Münch*, in: Münchener Kommentar zur Zivilprozessordnung, 2. Aufl. 2001, § 1057, Rdnr. 8.

Soweit die Kosten des Verfahrens zum Zeitpunkt der Quotenentscheidung noch nicht feststehen, wird hierüber in einem gesonderten Schiedsspruch gemäß § 1057 Abs. 2 Satz 2 ZPO entschieden.

Erlischt die Schiedsvereinbarung oder wird sie von den Parteien aufgehoben, kann der Kostenanspruch im Wege des ordentlichen Rechtsweges geltend gemacht werden[11]. Dasselbe sollte gelten, wenn das Schiedsgericht eine Kostengrundentscheidung getroffen hat, es aber zum Erlass eines bezifferten Kostenschiedsspruchs nicht mehr zusammentreten kann[12]. Fraglich ist, ob dies selbst in dem Fall gilt, in dem nicht einmal eine Kostengrundentscheidung vorliegt[13]. Eine Geltendmachung von Kosten im Rahmen der Vollstreckbarerklärung, so sinnvoll dieses Vorgehen praktisch auch sein mag, dürfte nach der aktuellen Rechtslage wegen Zuständigkeitsdivergenz jedenfalls nicht möglich sein[14].

Die Kostenentscheidung erfasst immer nur das Innenverhältnis zwischen den Parteien und sie entfaltet keinerlei Wirkung gegenüber Dritten, wie z.B. Schiedsrichtern, Rechtsanwälten (z.B. analog, § 11 RVG) oder Sachverständigen[15].

c) Die Kostenentscheidung bei Unzuständigkeit des Schiedsgerichts

Hält ein Schiedsgericht sich aufgrund einer fehlenden bzw. nicht ausreichenden Schiedsvereinbarung für unzuständig und weist es eine Schiedsklage durch Erlass eines (Prozess-)Schiedsspruchs aufgrund seiner vorläufigen Kompetenz-Kompetenz ab bzw. stellt es die Beendigung des Schiedsverfahrens gemäß § 1056 ZPO fest, hat es aufgrund der ihm vom Gesetzgeber gemäß § 1040 Abs. 1 ZPO ausdrücklich eingeräumten vorläufigen Kompetenz-Kompetenz auch die Befugnis und damit die Pflicht, eine **Kostenentscheidung gemäß § 1057 ZPO zu treffen**[16].

---

11 *Schwab/Walter*, Schiedsgerichtsbarkeit, 7. Aufl. 2005, Kapitel 33, Rdnr. 10.
12 *Schlosser*, in: Stein/Jonas, 22. Aufl. 2002, § 1057, Rdnr. 11.
13 *Münch*, in: Münchener Kommentar zur Zivilprozessordnung, 2. Aufl. 2001, § 1057 Rdnr. 5 a.A. *Schlosser*, in: Stein/Jonas, 22. Aufl. 2002, § 1057, Rdnr. 11 (ein neues Schiedsgericht muss konstituiert werden).
14 *Münch*, in: Münchener Kommentar zur Zivilprozessordnung, 2. Aufl. 2001, § 1057 Rdnr. 5; *Schlosser*, in: Stein/Jonas, ZPO, 22. Aufl. § 1057, Rdnr. 12; a.A. *Schwab/Walter*, Schiedsgerichtsbarkeit, 7. Aufl. 2005, Kapitel 33, Rdnr. 11.
15 *Geimer*, in: Zöller, ZPO, 26. Aufl. 2007, § 1057, Rdnr. 1. Ein derartiges Erfordernis ist nach der aktuellen Rechtslage wegen der vorläufigen Kompetenz-Kompetenz des Schiedsgerichts gemäß § 1040 Abs. 1 ZPO gerade nicht mehr erforderlich.
16 BGH SchiedsVZ 2003, 39; *Schlosser*, in: Stein/Jonas, ZPO, 22. Aufl. 2002, § 1057, Rdnr. 2; a. A; *Voit*, in: Musielak, ZPO, 4. Aufl. 2005, § 1057, Rdnr. 2; wohl auch *Reichhold*, in: Thomas/Putzo, ZPO, 27. Aufl. 2005, § 1057 Rdnr. 9, wobei die Begründung (Fehlen jeder Befugnisse des Schiedsgerichts zur Ausübung der Schiedsgerichtsbarkeit) mit der aktuell in § 1040 Rdnr. 9 vertretenen Meinung nicht zu vereinbaren ist. Einschränkend auch *Geimer*, in: Zöller, ZPO, 26. Aufl. 2007, § 1057 Rdnr. 3 („sofern der Wille der Parteien, für diesen Fall eine Zuständigkeit des Schiedsgerichts für die Kostenentscheidung zu begründen, hinreichend und deutlich erkennbar ist"). Zu ICC Fällen *Bühler*, Awarding Costs in International Commercial Arbitration: an Overview, ASA Bulletin 2/2004, 249, 259.

Eine ähnliche Situation besteht, wenn nach Konstituierung des Schiedsgerichts der Schiedskläger versucht, durch **subjektive Klageerweiterung** eine weitere Person als Beklagte in ein Schiedsverfahren einzubeziehen, dieser Versuch jedoch z.B. am Fehlen einer Schiedsvereinbarung mit dem Dritten oder am mangelnden Einverständnis des potentiell weiteren Beklagten scheitert. Auch insoweit sollte das durch die subjektive Klageerweiterung gegenüber dem weiteren Beklagten entstandene Prozessverhältnis entsprechend §§ 1040, 1056 ZPO durch Prozessschiedsspruch bzw. Beschluss beendet werden. Gemäß § 1057 ZPO hat das Schiedsgericht auch über die Kosten zu entscheiden. Der betroffene Beklagte hat ein Interesse daran, die Kosten ersetzt zu bekommen, die ihm durch die Verteidigung gegen ein Verfahren, an dem er seiner Meinung nach nicht beteiligt sein sollte, entstanden sind. Die vorläufige Kompetenz-Kompetenz des Schiedsgerichts muss auch bzw. erst recht in den Fällen gelten, in denen die Unzuständigkeit des Schiedsgerichts, in der Sache zu entscheiden, selbst bei Vorliegen einer Schiedsklausel nur deswegen besteht, weil der (neue) Beklagte nicht ordnungsgemäß an der Bildung des Schiedsgerichts beteiligt war.

d) Die Auswirkungen der Aufhebung des Schiedsspruchs auf die Kostenentscheidung

Die Aufhebung des Schiedsspruchs nach § 1059 ZPO führt automatisch zur **Unwirksamkeit der Kostenentscheidung**[17]. Die aufgrund der Kostenentscheidung zwischen den Parteien geleisteten Beträge sind nach § 812 BGB zurückzugewähren. Problematisch ist, inwieweit der Beklagte die Kosten des Schiedsverfahrens ersetzt verlangen kann. Sie werden nicht von der Kostenentscheidung im Aufhebungsverfahren umfasst[18]. Ein Erstattungsanspruch bedarf grundsätzlich einer materiellrechtlichen Grundlage, da er nicht aus den Kostenvorschriften der ZPO hergeleitet werden kann[19]. Der materiellrechtliche Kostenersatzanspruch kann seine Grundlage in der (ggf. ergänzend auszulegenden) Schiedsvereinbarung haben[20]. Es ist aber auch vertretbar, dass er Teil eines Schadenersatzanspruches aufgrund einer dem Streit zugrunde liegenden (vor-)vertraglichen Pflichtverletzung ist (z.B. positive Vertragsverletzung, § 280 Abs. 1 BGB, oder Schuldnerverzug, §§ 280 Abs. 1, 286 BGB)[21]. Denkbar wäre gegebenenfalls auch ein Anspruch aus § 826 BGB.

Eine einfachere Möglichkeit ergibt sich, wenn das staatliche Gericht an das Schiedsgericht zurückverweist (§ 1059 Abs. 4 ZPO). Das Schiedsgericht kann dann in seinem erneuten Schiedsspruch auch über die Kosten des ersten

---

17 *Münch*, in: Münchener Kommentar zur Zivilprozessordnung, 2. Aufl. 2001, § 1057 Rdnr. 14; *Reichhold*, in: Thomas/Putzo, ZPO, 27. Aufl. 2005, § 1057 Rdnr. 8.
18 *Münch*, in: Münchener Kommentar zur Zivilprozessordnung, 2. Aufl. 2001, § 1057, Rdnr. 14.
19 *BGH* NJW-RR 1998, 234, 235.
20 *BGH* NJW-RR 1998, 234, 235; *Voit*, in: Musielak, ZPO, 4. Aufl. 2005, § 1057, Rdnr. 4.
21 Vgl. auch *BGH* NJW-RR 1998, 234, 235.

Schiedsspruches entscheiden[22]. Muss nach § 1059 Abs. 5 ZPO ein neues Schiedsgericht konstituiert werden, besteht diese Möglichkeit nicht. Es kann nur über die Kosten in dem vor ihm stattfindenden Verfahren entscheiden. Dabei kann es aber im Rahmen seiner Ermessensentscheidung gemäß § 1057 Abs. 1 Satz 2 ZPO auch die vor dem ersten Schiedsgericht entstandene Kostenbelastung mitberücksichtigen[23].

2. Die Kosten des Schiedsverfahrens

a) Überblick

Zu den Kosten eines Schiedsverfahrens[24] gehören die Honorare und Auslagen der Schiedsrichter, die Kosten der logistischen Durchführung des Schiedsverfahrens (z.B. Inanspruchnahme von Konferenzräumen, Übersetzungs- oder Protokollierungsdiensten) sowie eventuelle Kosten für die Administrierung durch eine Schiedsgerichtsinstitution, die Kosten für die rechtliche Vertretung der Parteien und deren eigener Aufwand für Vorbereitung und Durchführung des Verfahrens und die Honorare und Auslagen für vom Schiedsgericht oder den Parteien benannte Sachverständige und Zeugen.

Weitere Kosten können den Parteien im Zusammenhang mit einem Schiedsverfahren entstehen durch Verfahren vor staatlichen Gerichten, welche notwendig werden sollten, um die ordnungsgemäße Durchführung eines Schiedsverfahrens zu ermöglichen, Rechte vorläufig zu sichern sowie einen Schiedsspruch anzugreifen oder durchzusetzen[25].

b) Kosten des Schiedsgerichts

Die Kosten des Schiedsgerichts umfassen die Vergütung der Schiedsrichter, den Ersatz ihrer Aufwendungen sowie eventuelle Bearbeitungs- bzw. Verwaltungsgebühren bei administrierten Schiedsverfahren.

aa) Administrierte Verfahren

Die Verfahrensordnungen der verschiedenen Schiedsgerichtsinstitutionen enthalten meist detaillierte Bestimmungen über die von den Parteien zu tragenden Kosten. Diese richten sich in der Regel nach dem Streitwert bzw. dem angefallenen Zeitaufwand[26]. So werden nach der **DIS-SchGO** von 1998 und den **Wiener Regeln** von 2001 Schiedsrichterhonorare und Verwaltungskosten anhand eines degressiven streitwertabhängigen Prozentsatzes berechnet, der einer Kostentabelle zu entnehmen ist. Nach § 40.3 DIS-SchGO kann das Ho-

---

22 *Schlosser*, in: Stein/Jonas, ZPO, 22. Aufl. 2002, § 1057, Rdnr. 14.
23 *Schlosser*, in: Stein/Jonas, ZPO, 22. Aufl. 2002, § 1057, Rdnr. 14.
24 Vgl. z.B. die Aufstellung in Art. 38 UNICTRAL-Rules oder Art. 31 ICC Rules 1998.
25 Siehe hierzu ausführlich unter Zif. 3.
26 Ein Überblick über die verschiedenen Kostenregelungen gibt *Schroth*, in: Kosten im Schiedsgerichtsverfahren, DIS-Materialien Band X, 2005, 44 ff.

norar bei einer vorzeitigen Erledigung des Verfahrens entsprechend dem Verfahrensstand ermäßigt werden. Nach der seit 1.1.2005 geltenden DIS-Kostenordnung können aber die Schiedsrichterhonorare auch bei besonders komplexen Fällen um bis zu 50 % erhöht werden, nach den Wiener Regeln um 1/6. Nach den **LCIA Arbitration Rules** und den **AAA International Arbitration Rules** bestimmt sich die Vergütung der Schiedsrichter und der Verwaltungskosten nach festgesetzten Stunden- bzw. Tagessätzen. Die **ICC Rules** und die **Swiss Rules** sehen im Grundsatz eine streitwertabhängige Bestimmung der Verwaltungskosten und der Schiedsrichtervergütung vor, die dann abhängig vom Arbeitsaufwand, der Verfahrensdauer und dem Schwierigkeitsgrad des jeweiligen Verfahrens in einem bestimmten Rahmen den Umständen angepasst werden kann. Interessant ist, dass bei der ICC bei der Festlegung der Vergütung eine kurze Verfahrensdauer grundsätzlich positiv, d.h. mit einer höheren Vergütung berücksichtigt wird, um die Schiedsrichter zu einer straffen Verfahrensführung anzuhalten[27].

bb) Ad-hoc-Verfahren

Bei Ad-hoc-Schiedsverfahren muss die Höhe der Vergütung der Schiedsrichter zwischen den Schiedsrichtern und den Parteien individuell vereinbart werden.

Die **UNICTRAL Arbitration Rules** sehen in Art. 39.1 folgende Regelung vor: *"The fees of the arbitral tribunal shall be reasonable in amount, taking into account the amount in dispute, the complexity of the subject-matter, the time spent by the arbitrators and other relevant circumstances of the case."* Ist eine *appointing authority* für die Benennung von Schiedsrichtern bestimmt, soll das Schiedsgericht gemäß Art. 39.2 bei der Festlegung der Schiedsrichterhonorare eine eventuell vorhandene Kostenordnung dieser *appointing authority* berücksichtigen. Dies ist besonders relevant, wenn die Kostenordnung eine relativ niedrige streitwertabhängige Schiedsrichtervergütung vorsieht.

In internationalen Ad-hoc-Verfahren, die nicht den UNCITRAL-Arbitration Rules unterliegen, werden die Schiedsrichter in der Regel nach Stunden- bzw. Tageshonoraren vergütet.

Bei Anwendbarkeit der **ZPO** gilt folgendes: Schiedsrichter sind nicht berechtigt, ihre Gebühren unmittelbar oder mittelbar selbst festzusetzen oder im Schiedsspruch darüber zu entscheiden[28]. Das heißt, dass auch eine Streitwertfestsetzung, wenn von ihr im Ergebnis die Höhe der Vergütung der Schiedsrichter abhängt, oder der Erlass eines bezifferten Schiedsspruches, der die Schiedsrichterhonorare mitberücksichtigt, unzulässig ist. Nach Ansicht des BGH kann die Vergütung der Mitglieder eines Schiedsgerichts als Teil der Verfahrenskosten nur dann in einem Schiedsspruch ziffernmäßig festgesetzt wer-

---

27 *Derains/Schwarz*, Guide to the New ICC Rules of Arbitration, 2. Aufl. 2005, 360.
28 Entgegen *Wolff*, Streitwertfestsetzung bei wertabhängiger Schiedsrichtervergütung – Schiedsrichter in eigener Sache?, SchiedsVZ 2006, 131, 132 dürfte sich auch aus BGHZ (BGHZ 142, 204 ff. = NJW 1999, 2974 ff.) nicht ergeben, dass es fragwürdig ist, ob der BGH an dieser Rechtsprechung festhält.

den, wenn ihre Höhe feststeht und der dafür benötigte Betrag bereits vorschussweise eingezahlt worden ist[29]. Ein anderes Vorgehen würde gegen das vom ordre public umfasste Verbot verstoßen, als **Richter in eigener Sache** zu entscheiden. Entsprechende Entscheidungen, werden sie dennoch erlassen, können nicht für vollstreckbar erklärt werden und sind nach § 1059 Abs. 2 Nr. 1a ZPO aufzuheben. Die vom BGH vertretene Ansicht führt in der Praxis immer dann zu Schwierigkeiten, wenn eine vom Streitwert abhängige Vergütung vereinbart wird und die Parteien der Streitwertfestsetzung für die Zwecke der Bestimmung der Höhe der Schiedsrichtervergütung nicht zugestimmt haben. Entscheidet das Schiedsgericht gemäß § 1057 ZPO umfassend über die Kosten, einschließlich eines abschließenden, bezifferten Ausspruch über den Kostenausgleich zwischen den Parteien, kann die unterlegene Partei gegen die Vollstreckbarkeitserklärung einwenden, dass die im Rahmen der Kostenentscheidung durch das Schiedsgericht erfolgte Bestimmung des Streitwerts zumindest mittelbar eine unzulässige Entscheidung in eigener Sache darstellt.

Von der Praxis wird dieses Verbot der Entscheidung in eigener Sache vielfach nicht beachtet. Dies mag daran liegen, dass insbesondere bei bezifferten Leistungsklagen die Streitwertbestimmung in der Regel unproblematisch ist und daher von den Parteien nicht in Frage gestellt wird.

Zum Teil wird in der Rechtsprechung der Oberlandesgerichte und der Literatur argumentiert, dass bereits keine Entscheidung des Schiedsgerichts in eigener Sache mehr vorliege, wenn die Parteien einen Kostenvorschuss geleistet hätten. Begründet wird dies unter anderem damit, dass das Schiedsgericht in diesen Fällen lediglich noch über die Verteilung der als Vorschüsse bereits entrichteten Kosten des Schiedsverfahren mit Wirkung nur zwischen den Parteien und nicht mit Wirkung im Verhältnis zu den Schiedsrichtern entscheide. Die Parteien hätten ein praktisches Bedürfnis und die Erwartung, eine umfassende und auch hinsichtlich der Kosten abschließende Entscheidung durch das Schiedsgericht zu erhalten. Im Übrigen könne man in der Leistung des Kostenvorschusses ein Einverständnis mit der Streitwertfestsetzung durch das Schiedsgericht auch in den Fällen sehen, in denen die Höhe der Vergütung der Schiedsrichter von diesem Streitwert abhänge[30].

Diese Ansichten sind mit dem vom BGH formulierten Verbot der auch mittelbaren Entscheidung in eigener Sache nicht zu vereinbaren. Da dieses Verbot zum **ordre public** gehört, steht es nicht zur Disposition der Parteien. Dies gilt auch, wenn die Parteien aufgrund einer vorläufigen Streitwertfestlegung einen

---

[29] *BGH* WM 1977, 319, 320; *Geimer*, in: Zöller, ZPO, 26. Aufl. 2007, § 1057, Rdnr. 4; *Kröll*, Schiedsrechtliche Rechtsprechung 2003, SchiedsVZ 2004, 113, 119.

[30] *Schroth*, in: Kosten im Schiedsgerichtsverfahren, DIS Materialien Band X, 2005, 44 ff.; *Kühn/Gantenberg*, in: Kosten im Schiedsgerichtsverfahren, DIS Materialien Band X, 2005, 85, 95; *OLG Dresden*, BB 2001, Beilage 6, 20; BB 2001, Beilage 7, 22 f.; SchiedsVZ 2004, 44; *KG Berlin*, DIS-Datenbank, 23/29 Sch 21/01; *Kröll*, Schiedsrechtliche Rechsprechung 2003, SchiedsVZ 2004, 113, 119; *Wolff* Streitwertfestsetzung bei wertabhängiger Schiedsrichtervergütung – Schiedsrichter in eigener Sache?, SchiedsVZ 2006, 131, 137.

Kostenvorschuss geleistet haben[31]. Der Hinweis, das Schiedsgericht erlasse keine Titel bzw. keine vollstreckbare Entscheidung in eigener Sache, sondern nur mit Wirkung zwischen den Parteien, ändert nichts daran, dass eine derartige Entscheidung jedenfalls eine mittelbare Entscheidung in eigener Sache darstellt. Parteien, welche mit der Schiedsrichtervergütung nicht einverstanden sind und damit auch die bezifferte Kostenentscheidung zumindest teilweise für unrichtig halten, müssten ansonsten nicht nur von den Schiedsrichtern vor den ordentlichen Gerichten eine teilweise Rückerstattung der geleisteten Vorschüsse verlangen, sondern sich im Erfolgsfall auch der Zwangvollsteckung aus dem für vollstreckbar erklärten Schiedsspruch gemäß § 767 ZPO widersetzten bzw. die aufgrund des Schiedsspruches an die anderen Parteien zuviel ausgeglichenen Kosten zurückverlangen. Dies dürfte wenig praxisgerecht sein.

Fehlt es daher an einer einvernehmlichen Festlegung des Streitwertes der im Schiedsverfahren erhobenen Ansprüche durch die Parteien, kann das Schiedsgericht in Bezug auf die Verfahrenskosten den entsprechenden Kostenausgleich nur insoweit beziffern, wie er nicht durch die streitwertabhängige Vergütung der Schiedsrichter bedingt ist. Diesbezüglich bleibt es bei einer Kostengrundentscheidung.

Das Schiedsgericht ist aber in der Regel als berechtigt anzusehen, seine eigene **Vergütung gemäß § 315 BGB** festzulegen[32]. Im Zweifel ist davon auszugehen, dass die Bestimmung nach billigem Ermessen zu erfolgen hat.

Weigert sich eine Partei, den sich aus dieser Vergütungsfestlegung in Verbindung mit der vom Schiedsgericht getroffenen Kostengrundentscheidung ergebenden Kostenausgleich zu leisten, muss dieser Anspruch vor den staatlichen Gerichten in der Regel im Wege einer Urkundenklage durchgesetzt werden.

Fehlt es an einer Vergütungsvereinbarung zwischen den Verfahrensparteien und den Schiedsrichtern, ergibt sich der Vergütungsanspruch der Schiedsrichter aus § 612 BGB[33].

Empfehlenswert und in der Praxis üblich ist es, vor der endgültigen Übernahme des Schiedsrichteramts in einer zwischen den Schiedsrichtern und den Parteien abzuschließenden **Schiedsrichtervereinbarung** die Höhe und Fälligkeit der Vergütung sowie die Frage des Kostenvorschusses zu regeln.

Mitunter enthalten Schiedsvereinbarungen Bestimmungen über die Vergütung der Schiedsrichter. Dies kann bei der Vereinbarung der Zuständigkeit von Ad-hoc-Schiedsgerichten unter Umständen sinnvoll sein, um bereits vor Beginn einer möglichen Auseinandersetzung zwischen den Parteien insoweit Einver-

---

31 Der *BGH* (WM 1977, 319, 320) stellt ausdrücklich klar, dass eine ziffernmäßige Festsetzung der Verfahrenskosten nur zulässig ist, wenn die Vergütung der Schiedsrichter feststeht *und* der entsprechende Vorschuss geleistet worden ist.
32 *BGH*, WM 1977, 319, 320. Nach *Schlosser*, Das Recht der internationalen privaten Schiedsgerichtsbarkeit, 1989, Rdnr. 709 kann ein Schiedsspruch, der wegen Entscheidung in eigener Sache gegen den ordre public verstößt, als Festsetzung nach § 315 BGB aufrechterhalten werden.
33 *Lachmann*, Handbuch für die Schiedsgerichtspraxis, 3. Aufl. 2008, Rdnr. 4172.

nehmen zu erzielen. Im Übrigen kann der Verweis auf eine derartige Regelung helfen, im Verhältnis zu den Schiedsrichtern eine aus Sicht der Parteien vernünftige Kostenregelung zu erreichen. Rechtlich haben diese Vereinbarungen keine Wirkung gegenüber Dritten und damit auch nicht gegenüber den Schiedsrichtern. Die Parteien und insbesondere die Schiedsrichter können die Vergütung völlig unabhängig davon aushandeln. Da oft nur schwer abzusehen ist, welche Streitigkeiten sich aus einem Vertragsverhältnis ergeben können, ist darauf zu achten, dass die Regelung hinreichend flexibel und unter allen denkbaren Szenarien angemessen ist. Ein in der Schiedsvereinbarung enthaltener Verweis auf die Kostenordnung einer Schiedsinstitution mag in vielen Fällen eine sinnvolle Lösung sein.

Bei in Deutschland durchgeführten Ad-hoc-Schiedsverfahren mit deutschen Schiedsrichtern wurde vielfach vereinbart, die Schiedsrichter entsprechend der für Rechtsanwälte geltenden Gebührenordnung zu vergüten, d. h. bis zum 30. Juni 2004 nach der **Bundesgebührenordnung für Rechtsanwälte (BRAGO)** und nach diesem Datum nach dem **Rechtsanwaltsvergütungsgesetz (RVG)**. Zum Teil wurde dieses Gebührensystem sogar als üblich im Sinn des § 612 Abs. 2 BGB angesehen und damit auch als anwendbar, soweit die Parteien keine Regelung über die Vergütung getroffen haben[34]. Die BRAGO war gemäß § 1 Abs. 2 auf die schiedsrichterliche Tätigkeit zwar nicht unmittelbar anwendbar. Das ihr zugrunde liegende Vergütungssystem wurde jedoch als ein sinnvoller Maßstab erachtet. Da das Schiedsverfahren grundsätzlich nur eine vollständige Instanz umfasst und daher die tatsächliche und rechtliche Diskussion in vielen Fällen umfassender ist als in einem erstinstanzlichen Verfahren vor staatlichen Gerichten, wurden oft die in Berufungsverfahren für Rechtsanwälte anwendbaren 13/10 Gebühren und für die Vorsitzenden bzw. Einzelschiedsrichter wegen ihrer besonderen Verantwortung bzw. ihres erhöhten Arbeitsaufwandes bei der Prozessleitung und der Abfassung der Schiedssprüche die 15/10 Gebühren angewendet. In Anwendung dieser Grundsätze wurde vom Deutschen Anwaltverein im Einvernehmen mit dem Deutschen Richterbund eine **Mustervereinbarung über die Vergütung von Schiedsrichtern** erstellt[35].

Nun ist bereits zweifelhaft, ob der der BRAGO bzw. dem RVG zugrunde liegende Ansatz auf die Vergütung von Schiedsrichtern übertragbar ist. Eine streng streitwertabhängige Vergütung ist aus Sicht des bearbeitenden Anwalts allenfalls dann wirtschaftlich akzeptabel, wenn die durch das Tätigwerden in Verfahren mit geringen Streitwerten anfallenden Verluste durch Gewinne in Verfahren mit höheren Streitwerten ausgeglichen werden können. Abgesehen davon, dass auch in der anwaltlichen Praxis zunehmend dazu übergegangen wird, komplizierte Verfahren mit geringeren Streitwerten entsprechend dem anfallenden Zeitaufwand abzurechnen, sollte die Vergütung für die Schieds-

---

34 *Bischof*, RVG: Erste Gebührenprobleme für Schiedsverfahren und Mediation, SchiedsVZ 2004, 252, 252; kritisch dazu *Lachmann*, Handbuch für die Schiedsgerichtspraxis, 3. Aufl. 2008, Rdnr. 4190 jeweils m. w. N.
35 Abgedruckt bei *Lachmann*, Handbuch für die Schiedsgerichtspraxis, 3. Aufl. 2008, Rdnr. 4775.

richter in einem Schiedsverfahren in jedem Fall dem notwendigen Aufwand und der Verantwortung der Schiedsrichter entsprechen. Im Übrigen ist zu berücksichtigen, dass der durch ein Schiedsverfahren verursachte Arbeitsaufwand für Schiedsrichter überwiegend geringer ist als der für die Parteivertreter, die den Prozessstoff aufarbeiten müssen.

Die auch in der Mustervereinbarung vorgesehene entsprechende Anwendung der BRAGO führte bisweilen insbesondere unter zwei Gesichtspunkte zu wenig angemessenen Ergebnissen: Die mangelnde Deckelung der BRAGO-Vergütungen resultierte bei hohen Streitwerten in Vergütungen der Schiedsrichter (und damit in von den Parteien zu tragenden Kosten für das Schiedsgericht), die oftmals in keinem Verhältnis zu dem tatsächlich zu leistenden Arbeitsaufwand standen. Zum anderen waren die BRAGO-Gebührentatbestände, die zumindest im Ausgangspunkt an den Arbeitsanfall von Rechtsanwälten in einem Gerichtsverfahren anknüpften, nicht immer angemessen für die Tätigkeit der Schiedsrichter. So besteht ein wesentlicher Teil der Arbeit der Parteivertreter in der Prüfung und Aufbereitung der Sach- und Rechtslage sowie dem Abfassen der Klage bzw. Klageerwiderung und der eventuell weiteren, die erste mündliche Verhandlung vorbereitenden Schriftsätze, während die Schiedsrichter sich in vielen Fällen erst nach Vorliegen dieser Schriftsätze im Rahmen der Vorbereitung der mündlichen Verhandlung mit der Materie im einzelnen auseinandersetzen werden und ein wesentlicher Teil ihrer Arbeit erst nach Abschluss der mündlichen Verhandlung bei der Abfassung des Schiedsspruches anfällt. Diesen und anderen Nachteilen der unmittelbaren Anwendung der BRAGO-Gebührentatbestände konnte durch entsprechende Modifizierung und Anpassung der Mustervereinbarung Rechnung getragen werden[36].

Auch unter Geltung des seit 1. Juli 2004 geltenden **RVG** ist dessen pauschale entsprechende Anwendung auf die Schiedsrichtervergütung wenig zu empfehlen. Das RVG sieht für ein Verfahren mit Beweisaufnahme statt der ehemaligen drei BRAGO-Gebühren (Prozess-, Verhandlungs- bzw. Erörterungs- sowie Beweisgebühr[37], in erster Instanz insgesamt 30/10, in der Berufungsinstanz 39/10) nur noch die Verfahrensgebühr von 1,3 Gebühren in erster Instanz (bzw. 1,6 Gebühren in der Berufungsinstanz)[38] und die Terminsgebühr von 1,2 Gebühren[39], insgesamt also 2,5 bzw. 2,8 Gebühren vor. Zudem wurde eine Begrenzung des maximalen Gegenstandswerts auf 30 Mio. Euro vorgeschrieben[40]. Die unmittelbare Anwendung der RVG führt somit gegenüber der BRAGO zu einer Reduzierung der Schiedsrichtervergütung.

Es empfiehlt sich jedoch auch bei Geltung des RVG, in der Schiedsrichtervereinbarung eigene Gebührentatbestände zu definieren, die sicherstellen, dass

---

36 Zu den einzelnen Problemen bei der Anwendung der BRAGO sowie entsprechende Lösungsvorschläge vgl. *Lachmann*, Handbuch für die Schiedsgerichtspraxis, 3. Aufl. 2008, Rdnr. 4186 ff.
37 § 31 Abs. 1 BRAGO.
38 Nummer 3100 bzw. 3200 des Vergütungsverzeichnisses zum RVG.
39 Nummer 3104 bzw. 3202 des Vergütungsverzeichnisses zum RVG.
40 § 22 Abs. 2 Satz 1 RVG.

der anfallende Arbeitsaufwand der Schiedsrichter entsprechend honoriert wird, die aber vermeiden, dass die vollen Gebühren selbst dann anfallen, wenn das Verfahren in einem frühen Stadium beendet wird. Dies gilt auch für die Festlegung der Höhe einzelner Gebühren. Hier kann die gesetzliche Festlegung nur ein Anhaltspunkt sein. Sinnvoll ist es, gegebenenfalls die Gebühren zu erhöhen oder auch bei möglicherweise hohen Streitwerten eine zusätzliche Degression oder Kappung der Schiedsrichtervergütung zu vereinbaren[41].

c) Kosten der Parteien

Die Kosten der Parteien im schiedsrichterlichen Verfahren umfassen insbesondere die Kosten für ihre (anwaltliche) Vertretung und die Beweisaufnahme (Sachverständigengutachten und Zeugenvergütung).

aa) Anwaltliche Vertretung

Mangels anderweitiger Vereinbarung gemäß § 4 RVG[42] richtet sich die Vergütung des Rechtsanwalts im Schiedsverfahren in Deutschland nach § 36 Abs. 1 Nr. 1 RVG i.V.m. Nr. 3100 und 3104 VV RVG, d.h. nach den für erstinstanzliche Verfahren vor staatlichen Gerichten vorgesehenen Gebühren. Da diese dem in aller Regel bei Schiedsverfahren anfallenden größeren Arbeitsaufwand der Parteivertreter nicht gerecht werden, ist der Abschluss einer Gebührenvereinbarung zu empfehlen. Soweit nicht nach anfallendem Zeitaufwand abgerechnet wird, ist jedenfalls die Vereinbarung der für Berufungsverfahren anwendbaren Gebühren angemessen[43].

Typischerweise sind die **Kosten der anwaltlichen Vertretung** erstattungsfähig. Nach § 1057 Abs. 1 ZPO gehören diese zu den *„den Parteien erwachsenen und zur zweckentsprechenden Rechtsverfolgung notwendigen Kosten"*. Es ist keiner Partei zuzumuten, einen Prozess vor einem Schiedsgericht ohne anwaltliche Beratung zu führen[44]. Die **gesetzlichen Gebühren** des Rechtsanwalts, wie auch dessen Reisekosten, sind demnach grundsätzlich erstattungsfähig[45]. In komplexeren Verfahren, insbesondere in Wirtschaftsstreitigkeiten mit entsprechenden Streitwerten werden auch in den meisten Fällen die in diesem Zusammenhang **üblichen Stundensätze** als erstattungsfähig anerkannt.

Unterschiede in der Höhe der Kosten für die anwaltliche Vertretung zwischen den Parteien sind grundsätzlich hinzunehmen. Bestehen jedoch extreme Un-

---

41 A.A. *Bischof*, RVG: Erste Gebührenprobleme für Schiedsverfahren und Mediation, SchiedsVZ 2004, 252, 235, der sich grundsätzlich für eine Beibehaltung der Gebühren der BRAGO ausspricht.
42 Zu beachten ist, dass die gesetzliche Vergütung nach dem RVG Untergrenze für die Vergütungsvereinbarung ist.
43 Vgl. *Bischof*, RVG: Erste Gebührenprobleme für Schiedsverfahren und Mediation, SchiedsVZ 2004, 252.
44 *Münch*, in: Münchener Kommentar zur Zivilprozessordnung, 2. Aufl. 2001, § 1057 Rdnr. 10.
45 *Lachmann*, Handbuch für die Schiedsgerichtspraxis, 3. Aufl. 2008, Rdnr. 1965.

terschiede („*US-Großkanzlei gegen Einzelanwalt*") ist eine Interessenabwägung im Einzelfall vorzunehmen. Auszugehen ist dabei von dem Grundsatz, dass eine professionelle Vertretung in der Regel nicht unangemessen ist und dass jede Partei in der Wahl ihrer Prozessstrategie und damit in der Wahl ihres Rechtsanwaltes frei ist[46]. Maßgeblich ist, ob danach die Kosten noch **für eine sachgerechte Verteidigung notwendig** sind. Nicht notwendig sind unnötige oder verfrühte prozessuale Maßnahmen einer Partei[47], sowie Kosten für „überflüssigen" Verteidigungsaufwand. So können die Komplexität oder internationale Aspekte eines Falles die Einschaltung mehrerer, auch ausländischer Rechtsanwälte rechtfertigen. Generell ist dies aber nicht in jedem Schiedsverfahren anzuerkennen.

Damit eine Partei ihre Kosten erstattet bekommt, muss sie grundsätzlich ihren Kostenaufwand substantiiert darlegen und ggf. beweisen. Da die Vorlage von Tätigkeitsnachweisen mit z.T. genauer Beschreibung der erbrachten anwaltlichen Leistungen unter dem Gesichtspunkt des Geheimhaltungsbedürfnisses problematisch sein kann, empfiehlt es sich, die Anforderungen an die **Substantiierungs- und Beweispflicht** mit dem Schiedsgericht zu klären. Unter Umständen genügt es, vertrauliche Informationen nicht oder nur dem Schiedsgericht vorzulegen, welches diese prüft, ohne sie der Gegenpartei zugänglich zu machen. Allerdings kann nicht verkannt werden, dass es gerade dann, wenn der Streitwert und die angefallenen Kosten in einem auffallenden Missverhältnis zueinander stehen, der unterliegenden Partei kaum zumutbar ist, hohe Kosten ohne substantiierte Darlegung der geleisteten Tätigkeiten zu tragen. Die Anforderungen an die Substantiierungspflicht variieren je nach Einzelfall.

Ähnliche Prinzipien wie nach der Kostenerstattungsregelung in § 1057 Abs. 1 ZPO gelten nach den meisten Schiedsordnungen, vgl. § 35 Abs. 1 DIS-SchiedsgerichtsO, Art. 28. 3 LCIA Arbitration Rules, Art. 21 lit. b Wiener Regeln, Art. 31 Ziff. 1 ICC Rules, Art. 31 AAA International Arbitration Rules. Allerdings existieren auch Schiedsordnungen, die nur eine eingeschränkte Kostenerstattung vorsehen, z.B. die Schiedsordnung der Nationalen Handelskammer in Warschau, welche eine Höchstgrenze von PLN 80.000 (ca. 20.000 Euro) vorsieht, vgl. § 36 Abs. 2 Nr. 3. Dies führt in größeren Schiedsverfahren praktisch zum Ausschluss der Kostenerstattung.

bb) Parteieigene Rechtsabteilung

Problematisch und umstritten ist die Erstattung der Kosten, die durch die Vertretung einer Partei durch die eigene Rechtsabteilung oder sonstige Mitarbeiter entstehen. Es besteht keine einhellige Meinung über die Anerkennungsfähigkeit von internen Kosten wie dem Zeitaufwand der parteieigenen Mitarbeiter und insbesondere der internen Rechtsabteilung[48]. In der Literatur und in der

---

46 *Wehrli*, in: Kosten im Schiedsgerichtsverfahren, DIS Materialien Band X, 2005, 53, 64.
47 *Wehrli*, in: Kosten im Schiedsgerichtsverfahren, DIS Materialien Band X, 2005, 53, 64.
48 *Lionnet*, Handbuch der internationalen und nationalen Schiedsgerichtsbarkeit, 3. Aufl. 2005, Kapitel 10 II 1 b) (2).

ICC-Praxis wird teilweise mit der Begründung, es mache keinen Unterschied, ob die Schiedspartei durch einen externen Rechtsanwalt oder eine interne Rechtsabteilung vertreten werde, die Erstattungsfähigkeit der Kosten der internen Rechtsabteilung bejaht[49]. Probleme können sich hinsichtlich der Bezifferung der Kosten und ihrer Nachweisbarkeit ergeben. Dem kann begegnet werden, indem auch die Mitarbeiter der Partei die für das Schiedsverfahren anfallende Arbeitszeit konkret aufzeichnen, ähnlich wie es bei zeitabhängigen Vergütungsvereinbarungen mit externen Rechtsanwälten in der Regel der Fall sein wird[50]. Fraglich ist, ob für die Bewertung der Arbeitszeit die interne Rechtsabteilung externen Anwälten gleichgestellt werden kann[51]. Es sollten jedoch mindestens die Stundensätze herangezogen werden, die den Lohnkosten, Sozialabgaben und einem angemessenen Anteil an Allgemeinkosten entsprechen[52].

In der Praxis ist die Erstattung der der Partei unmittelbar durch die Tätigkeit der Mitarbeiter, insbesondere ihrer internen Rechtsabteilung entstehenden Kosten, soweit diese nicht ausdrücklich vereinbart wurde, eher selten[53]. Dies gilt insbesondere dann, wenn zusätzlich zu der internen Rechtsabteilung auch externe Rechtsanwälte die Partei vertreten. Besonders relevant wird die Frage jedoch, wenn eine Partei nur von ihrer Rechtsabteilung vertreten wird. Dann gibt es keinen Grund, die dadurch angefallenen Kosten nicht zu berücksichtigen. Grundsätzlich sollte die Frage der Erstattungsfähigkeit der Kosten der Vertretung der Partei durch eigene Mitarbeiter im Zusammenhang mit den Kosten der externen Rechtsvertretung betrachtet und daraufhin beurteilt werden, ob sie zu einer notwendigen zweckentsprechenden Rechtsverfolgung erforderlich waren[54]. Es darf keinen Unterschied machen, ob eine Partei sich von mehreren Rechtsanwälten vertreten lässt oder von mehreren eigenen Mitarbeitern bzw. einem Anwalt und zusätzlich von Mitarbeitern der eigenen Rechtsabteilung.

cc) Executive time

Als „executive time" wird die Zeit verstanden, die Mitarbeiter der Partei aufwenden, um den Sachverhalt für das Schiedsverfahren aufzubereiten. Grund-

---

49 ICC Case 6564 (1993), ICC Ct. Bulletin 1993, 45, 46; ICC Case 8786 (1997), ASA Bulletin 1/2002, 68; *Bühler*, Awarding Costs in International Commercial Arbitration: an Overview, ASA Bulletin 2/2004, 249, 275; *Bühler/Jarvin*, in: Practitioner's Handbook on International Arbitration, 2002, Art. 31, Rdnr. 43; *Wehrli*, in: Kosten im Schiedsgerichtsverfahren, DIS Materialien Band X, 2005, 53, 67; vgl. auch *Derains/Schwartz*, A Guide to the ICC Rules of Arbitration, 2. Aufl. 2005, 366.
50 *Bühler*, Awarding Costs in International Commercial Arbitration: an Overview, ASA Bulletin 2/2004, 249, 275.
51 *Bühler*, Awarding Costs in International Commercial Arbitration: an Overview, ASA Bulletin 2/2004, 249, 276.
52 Vgl. *Wehrli*, in: Kosten im Schiedsgerichtsverfahren, DIS Materialien Band X, 2005, 53, 67.
53 Vgl. auch *Karrer*, Naives Sparen birgt Gefahren, SchiedsVZ 2006, 113, 115.
54 So auch *Wehrli*, in: Kosten im Schiedsgerichtsverfahren, DIS Materialien Band X, 2005, 53, 67.

sätzlich werden diese Kosten als nicht erstattungsfähig angesehen werden müssen. Es gehört für eine Partei zum allgemeinen Risiko, dass sie einen Prozess führen und dafür den Sachverhalt aufbereiten muss[55]. Ausnahmen sollten jedoch gemacht werden für besondere Fälle, so z.B. wenn eine Partei einen Mitarbeiter zur Bearbeitung des Falles fast ausschließlich freistellt oder wenn ein Mitarbeiter nur aufgrund seiner Hilfe in dem Verfahren weiter beschäftigt wird, obwohl er eigentlich im Rahmen einer Umstrukturierung, seiner Pensionierung oder ähnlicher Maßnahmen entlassen worden wäre. Hierbei ist insbesondere der Gleichbehandlungsgrundsatz bei der Betrachtung der Kosten relevant. Es sollte auch hier keinen Unterschied machen, ob eine Partei sich solche Hilfe durch einen externen Berater einkauft und dadurch erstattungsfähige Kosten anfallen, oder ob sie diese Kosten als internen Aufwand verursacht[56].

d) Kosten der Beweisaufnahme

Relevante Kosten im Rahmen der Beweisaufnahme sind insbesondere Honorare und Auslagen der Zeugen und Sachverständigen.

aa) Zeugen

Problematisch ist, inwieweit etwaige den Zeugen von den Parteien gezahlte Entschädigungen für den von ihnen aufgewendeten Zeitaufwand erstattungsfähige Parteiauslagen darstellen[57].

Im Rahmen von § 1057 ZPO sind es erstattungsfähige Rechtsverfolgungskosten, soweit sie angemessen sind[58]. Ob hier das Justizvergütungs- und -entschädigungsgesetz einen angemessen Maßstab für die Höhe der Zeugengebühren bietet[59], ist jedoch fraglich, da die Zeugen, wie erwähnt, im Schiedsverfahren zur Aussage nicht verpflichtet sind.

In der **internationalen Schiedspraxis** wird die Zulässigkeit der Zahlung von Aufwandsentschädigungen an Zeugen in der Regel anerkannt, sofern die Zahlungen einen Erwerbsausfall des Zeugen ausgleichen oder einem üblichen Honorar entsprechen und sich diese Zeugenentschädigung nicht als „Zeugenkauf" darstellt[60]. Angemessen sollte sein, wenn Dritte die für ihre sonstige Tätigkeit üblicherweise in Rechnung gestellten Stundensätze ansetzen. Das gleiche gilt für ehemalige Mitarbeiter einer Partei.

---

55 Vgl. auch *Wehrli*, in: Kosten im Schiedsverfahren, DIS Materialien Band X, 2005, 53, 71.
56 Vgl. auch *Wehrli*, in Kosten im Schiedsverfahren, DIS Materialien Band X, 2005, 53, 71.
57 Gegen eine Erstattungsfähigkeit im Rahmen der UNICTRAL Arbitration Rules *Patocchi*, in: *Schütze*, Institutionelle Schiedsgerichtsbarkeit, 2005, 665, 791.
58 Vgl. *Schwab/Walter*, Schiedsgerichtsbarkeit, 7. Aufl. 2005, Kapitel 15 Rdnr. 12.
59 *Geimer*, in: Zöller, ZPO, 26. Aufl. 2007, § 1042, Rdnr. 36.
60 *Wehrli*, in: Kosten in Schiedsverfahren, DIS Materialien Band X, 2005, 53, 70.

Dagegen ist für Mitarbeiter einer Partei in der Regel keine Entschädigung für die aufgewendete Zeit gerechtfertigt.

Der Dritte (Zeuge) hat einen materiell-rechtlichen Anspruch auf Zahlung eines Honorars oder/und auf Erstattung seiner Auslagen gegen die Partei, die die Aussage veranlasst hat[61]. Dieser Anspruch richtet sich nach materiellem Recht. Ersucht eine Partei einen Zeugen um eine Aussage vor einem Schiedsgericht, ist darin in der Regel zugleich das Versprechen zu sehen, die notwendigen Auslagen und gegebenenfalls eine Vergütung zu tragen[62]. Weiterhin können die Parteien auch mit den Zeugen ausdrückliche **Entgeltvereinbarungen** treffen[63]. Dabei ist zu berücksichtigen, dass selbstverständlich kein Entgelt für eine unrichtige oder irreführende Aussage oder wegen des Integritätsanspruchs des Schiedsverfahrens auch nicht für eine inhaltlich bestimmte Aussage vereinbart werden darf, selbst wenn diese der Wahrheit entspricht[64]. Wünschenswert wäre es, wenn das Schiedsgericht in jedem Fall darauf hinweist, dass die von den Parteien mit den Zeugen getroffenen Vereinbarungen in dem Schiedsverfahren offen gelegt werden, um die Integrität des Schiedsverfahrens und der Zeugen zu gewährleisten.

bb) Sachverständige

Da es vor dem Schiedsgericht keine Aussagepflicht für Zeugen und Parteisachverständige gibt[65] und diese daher vom Schiedsgericht nur „eingeladen" werden, in einem Verfahren auszusagen, überlassen es die Schiedsgerichte fast immer den Parteien, die Zeugen und Sachverständigen zur Verhandlung mitzubringen[66].

Hinzukommt, dass, wenn insoweit keine ausdrückliche Regelung zwischen den Parteien und Schiedsrichtern getroffen worden ist, fraglich ist, ob ein Schiedsgericht berechtigt ist, darüber zu entscheiden, ob bzw. wie die Zeugen und Sachverständigen für ihren Aufwand honoriert oder entschädigt werden sollen[67], oder ob es nur in der Kostenentscheidung gemäß § 1057 ZPO der ob-

---

61 A. A. wohl *Geimer*, in: Zöller, ZPO, 26. Aufl. 2007, § 1042 Rdnr. 36, der davon ausgeht, dass die Zeugen einen Anspruch gegen beide Schiedsparteien haben, die als Gesamtschuldner haften.
62 *Voit*, in: Musielak, ZPO, 4. Aufl. 2005, § 1042 Rdnr. 23.
63 Kritisch zu solchen Vereinbarungen *Schütze/Tscherning/Wais*, Handbuch des Schiedsverfahrens, 2. Aufl. 1990, Rdnr. 469; *Schwab/Walter*, Schiedsgerichtsbarkeit, 7. Aufl. 2005, Kapitel 15 Rdnr. 12.
64 *Schlosser*, Der Privatvertrag mit Zeugen und Forumsexperten, RIW 2005, 81, 83. Ausführlich zu der Rechtmäßigkeit solcher Vereinbarungen auch im Hinblick auf § 138 BGB ibid, 84.
65 Im Rahmen der ZPO besteht allerdings gemäß § 1050 ZPO die Möglichkeit, dass ein nicht aussagebereiter Zeuge aushilfsweise durch ein staatliches Gericht zur Aussage gezwungen werden kann.
66 *Münch*, in: Münchener Kommentar zur Zivilprozessordnung, 2. Aufl. 2001, § 1049 Rdnr. 28.
67 Dagegen z.B. für den Bereich der Anwendbarkeit der ZPO *Schwab/Walter*, Schiedsgerichtsbarkeit, 7. Aufl. 2005, Kapitel 15 Rdnr. 12; a. A.: *Münch*, in: Münchener Kommentar zur Zivilprozessordnung, 2. Aufl. 2001, § 1049 Rdnr. 29.

siegenden Partei einen Erstattungsanspruch für derartige Zahlungen zusprechen kann[68].

Derartige Kosten für die Auslagen der Zeugen und Sachverständigen (z. B. Reise- und Verpflegungskosten) sind grundsätzlich erstattungsfähige Parteiauslagen[69]. So enthalten beispielsweise Art. 38 Abs. 1 d) **UNCITRAL Arbitration Rules** und Art. 38 Abs. 1 d) **Swiss Rules** entsprechende Regelungen.

Wird ein Sachverständiger durch das Schiedsgericht beauftragt, kommt zwischen dem Sachverständigen und den Verfahrensparteien ein Vertrag sui generis zustande[70]. Etwas anderes gilt nur, wenn die Schiedsparteien in der Schiedsabrede vereinbart hatten, auf die Beauftragung von Sachverständigen zu verzichten und dies den Schiedsrichtern bekannt war. Die Schiedsparteien können auch einvernehmlich die mögliche Honorarhöhe limitieren[71].

Beauftragt eine Partei einen Gutachter, kommt grundsätzlich lediglich ein Vertrag mit der beauftragenden Partei zustande. Das Schiedsgericht entscheidet dann im Rahmen des § 1057 ZPO über die Erstattung der angefallenen Kosten[72]. Die Erstattungsfähigkeit sollte jedenfalls gegeben sein, wenn die Parteien auf Anregung oder in Absprache mit dem Schiedsgericht zu einer bestimmten Frage ein Parteigutachten vorlegen. Im Übrigen dürfte es darauf ankommen, inwieweit aus Sicht der jeweiligen Partei die Vorlage eines Gutachtens zu bestimmten Fragen zur zweckentsprechenden Rechtsverfolgung notwendig war.

Für die Vergütung von Sachverständigen oder sachverständigen Zeugen, die Mitarbeiter einer Partei sind, gelten die oben bei den Kosten der internen Rechtsabteilung genannten Ausführungen. Grundsätzlich sollte jede intern ausgeführte Tätigkeit, die auch extern ausgeführt hätte werden können, erstattungsfähig sein[73]. Das Zurückgreifen auf interne Sachverständige kann zudem zum einem sehr viel kostengünstiger als ein externer Sachverständiger sein und zum anderen oft die einzige Möglichkeit für die Partei bedeuten, einen

---

68 *Schwab/Walter*, Schiedsgerichtsbarkeit, 7. Aufl. 2005, Kapitel 15 Rdnr. 12; vgl. allgemein *Schlosser*, Der Privatvertrag mit Zeugen und Forumsexperten, RIW 2005, 81, 83.
69 *Wehrli*, Kosten in Schiedsverfahren, DIS Materialien Band X, 2005, 53, 69.
70 BGH, NJW 1965, 298 ff.; *Voit*, in: Musielak, ZPO, 4. Aufl. 2005, § 1049 Rdnr. 8; *Geimer*, in: Zöller, ZPO, 26. Aufl. 2007, § 1042 Rdnr. 36; a. A. *Münch*, in: Münchener Kommentar zur Zivilprozessordnung, 2. Aufl. 2001, § 1049 Rdnr. 12, 16, der von einem Werkvertragsverhältnis zwischen dem Schiedsrichter und dem Sachverständigen und einer Freistellungsverpflichtung der Schiedsparteien gegenüber den Schiedsrichtern ausgeht; a. A. *Schlosser*, in: Stein/Jonas, ZPO, 22. Aufl. 2002, § 1049 Rdnr. 2, der von einem Vertrag nur zulasten der Partei, die den Beweis angetreten ist, ausgeht.
71 *Voit*, in: Musielak, ZPO, 4. Aufl. 2005, § 1049 Rdnr. 8.
72 *Lionnet*, Handbuch der internationalen und nationalen Schiedsgerichtsbarkeit, 3. Aufl. 2005, Kapitel 10 I 1 (2); *Schwab/Walter*, Schiedsgerichtsbarkeit, 7. Aufl. 2005, Kapitel 33 Rdnr. 18.
73 *Bühler*, Awarding Costs in International Commercial Arbitration: an Overview, ASA Bulletin 2/2004, 249, 276.

Sachverständigen für zu beweisende Tatsachen aus einer Spezialmaterie beizubringen.

e) Kostenvorschuss

aa) Verpflichtung zur Vorschusszahlung

Gegenüber den Schiedsrichtern ergibt sich die Verpflichtung zur Zahlung eines Kostenvorschusses regelmäßig aus dem Schiedsrichtervertrag[74]. Sie besteht aber auch, wenn eine solche vertragliche Vereinbarung fehlt. Hinsichtlich der Auslagen ergibt sich dies nach deutschem Recht aus § 669 BGB[75]. In Bezug auf die Vergütung wird ein Vorschuss den Schiedsrichtern von der Rechtsprechung zuerkannt[76]. Daneben wird der Vorschussanspruch in einigen **Schiedsordnungen** ausdrücklich geregelt (vgl. z.B. Art. 30 ICC Rules oder § 25 DIS SchO). Die Schiedsrichter selbst können allerdings weder Klage auf Vorschusszahlung vor den ordentlichen Gerichten erheben, noch zur ihrer Durchsetzung selbst richterlich tätig werden (Verbot der Tätigkeit als Richter in eigener Sache)[77]. Ihnen steht als Sanktion lediglich ihr Zurückbehaltungsrecht nach § 273 BGB zu, das ihnen ermöglicht, bis zur Einzahlung des Vorschusses untätig zu bleiben[78]. Aus der **unterbliebenen Vorschusszahlung** dürfen jedoch keine sonstigen verfahrensrechtlichen Nachteile zu Lasten der betroffenen Partei hergeleitet werden[79]. Das Schiedsgericht darf daher nicht so weit gehen, dass es wegen der Weigerung einer Partei, einen Kostenvorschuss für die eigene Vergütung zu bezahlen, eine für erheblich gehaltene Beweisaufnahme nicht durchführt und ohne Verwertung der Beweismittel in der Sache entscheidet. Damit würde es gegen das Verbot der Entscheidung in eigener Sache verstoßen[80]. Das Schiedsgericht kann jedoch die Beauftragung der Sachverständigen und damit die Durchführung der Beweisaufnahme von der Leistung einer Vorschusszahlung durch die Parteien abhängig machen[81]. Es darf sich nur nicht über die nicht durchgeführte Beweisaufnahme hinwegsetzen und ohne Verwertung der Beweismittel in der Sache entscheiden.

---

74 Entgegen den üblichen Mustervereinbarungen dürfte es aus Sicht des Beklagten nur selten gerechtfertigt sein, für den Vorschuss eine gesamtschuldnerische Haftung zu übernehmen.
75 *Lionnet*, Handbuch der internationalen und nationalen Schiedsgerichtsbarkeit, 3. Aufl. 2005, Kapitel 4 III 4 c).
76 Z.B. BGHZ 102, 199, 202; *Lachmann*, Handbuch für die Schiedsgerichtspraxis, 3. Aufl. 2008, Rdnr. 4346; *Voit*, in: Musielak, ZPO, 4. Aufl. 2005, § 1035 Rdnr. 27.
77 BGHZ 94, 92 ff. = NJW 1985, 1903; *Lachmann*, Handbuch für die Schiedsgerichtspraxis, 3. Aufl. 2008, Rdnr. 4254; a. A. *Münch*, in: Münchener Kommentar zur Zivilprozessordnung, 2. Aufl. 2001, Vor § 1034 Rdnr. 22 für eine grundsätzliche Klagemöglichkeit der Schiedsrichter vor den ordentlichen Gerichten.
78 BGHZ 94, 92 ff. = NJW 1985, 1903; *Lachmann*, Handbuch für die Schiedsgerichtspraxis, 3. Aufl. 2008, Rdnr. 4254; *Schwab/Walter*, Schiedsgerichtsbarkeit, 7. Aufl. 2005, Kapitel 12 Rdnr. 19.
79 *Lachmann*, Handbuch für die Schiedsgerichtspraxis, 3. Aufl. 2008, Rdnr. 1264 f.
80 *BGH*, NJW 1985, 1903; *Geimer*, in: Zöller, ZPO, 26. Aufl. 2007, § 1059 Rdnr. 42 und § 1057 Rdnr. 6.
81 *Voit*, in: Musielak, ZPO, 4. Aufl. 2005, § 1049 Rdnr. 9.

In der Regel sehen die **Schiedsordnungen** vor, dass die Schiedsparteien den Vorschuss je hälftig zu zahlen haben (vgl. auch Art. 30 Abs. 3 Satz 1 ICC Rules oder § 25 DIS SchO). Dies dürfte auch bei Ad-hoc-Verfahren gelten, jedenfalls wenn die Schiedsvereinbarung deutschem Recht unterliegt. Diese Verpflichtung besteht nicht nur gegenüber den Schiedsrichtern, sondern auch im Verhältnis zwischen den Parteien, da die Schiedsvereinbarung Mitwirkungs- und Förderungspflichten hinsichtlich des Schiedsverfahrens begründet[82]. Hierzu gehört auch die Einzahlung des Vorschusses. Wird diese Verpflichtung von der beklagten Partei nicht erfüllt, kann der Kläger den Vorschuss voll übernehmen[83], um das Schiedsverfahren voranzubringen.

bb) Gerichtliche Durchsetzbarkeit der Vorschusszahlung

Nach ganz herrschender Ansicht in Rechtsprechung und Literatur können die Parteien im Verhältnis untereinander auch vor staatlichen Gerichten auf Zahlung des Vorschusses klagen, gegebenenfalls im Wege der Urkundenklage[84]. Eine Literaturansicht will eine **Klage auf Zahlung des Vorschusses** sogar vor dem Schiedsgericht zulassen, das dann im Wege eines Teilschiedsspruchs entscheiden können soll[85]. Fraglich ist insoweit, ob die Verpflichtung zur halben Vorschussleistung auch besteht, wenn z.B. aus Sicht des Beklagten die Klageerhebung selbst oder die angegebene Höhe des geltend gemachten Anspruches oder Streitwertes und damit des Vorschusses mutwillig oder missbräuchlich erscheint oder keine bzw. geringe Aussichten für den Beklagten bestehen, selbst bei Obsiegen in der Sache die Kosten erstattet zu bekommen. Soweit es nicht offensichtlich bereits an der Existenz einer Schiedsvereinbarung mangelt, dürfte das Argument der missbräuchlichen Klageerhebung selten durchgreifen, da es Sache des Schiedsgerichtes ist, die Zulässigkeit und Begründetheit zu beurteilen[86]. Besteht die Gefahr, dass der Kläger zur Kostenerstattung nicht in der Lage sein wird, dürfte sich die aus der Schiedsvereinbarung ergebende Mitwirkungspflicht darauf beschränken, den hälftigen Kostenvorschuss gegen Stellung einer angemessenen Sicherheit zu leisten, oder es steht dem

---

82 *BGH*, NJW 1985, 1903, 1904 m.w.N.; *Lachmann*, Handbuch für die Schiedsgerichtspraxis, 3. Aufl. 2008, Rdnr. 440 ff.
83 *Kröll*, Die Entwicklung des Rechts der Schiedsgerichtsbarkeit in den Jahren 2003 und 2004, NJW 2005, 194, 199; *Lionnet*, Handbuch der internationalen und nationalen Schiedsgerichtsbarkeit, 3. Aufl. 2005, Kapitel 3 II 4 b); vgl. auch Art. 30 III 2 ICC Rules 1998, Art. 41 Abs. 1 Swiss Rules.
84 Vgl. nur *BGH*, NJW 1985, 1903, 1904; *OLG Oldenburg*, NJW 1971, 1461; *Lachmann*, Handbuch für die Schiedsgerichtspraxis, 3. Aufl. 2008, Rdnr. 448; *Kröll*, Die Entwicklung des Rechts der Schiedsgerichtsbarkeit in den Jahren 2003 und 2004, NJW 2005, 194, 199; *Schwab/Walter*, Schiedsgerichtsbarkeit, 7. Aufl. 2005, Kapitel 7 Rdnr. 21; Gegen eine grundsätzliche Klagemöglichkeit aber *Lionnet*, Handbuch der internationalen und nationalen Schiedsgerichtsbarkeit, 3. Aufl. 2005, Kapitel 3 II 4 b).
85 *Schlosser*, in: Stein/Jonas, ZPO, 22. Aufl. 2002, § 1029 Rdnr. 30. Im Bereich der ICC wird eine solche Möglichkeit zunehmend anerkannt. Siehe ICC Arbitration Nr. 13439 Award on Reimbursement of Advance (2004), auszugsweise abgedruckt in *Karrer*, Naives Sparen birgt Gefahren, SchiedsVZ 2006, 113, 116 f.
86 *AG Düsseldorf*, Az. 36 C 19607/02, SchiedsVZ 2003, 240.

Beklagten ein Anspruch auf Sicherheitsleistung des Klägers zu (siehe sogleich lit. f)).

Weigert sich eine Partei hartnäckig, einen vom Schiedsgericht angeforderten Vorschuss zu leisten, kann die andere Partei den Schiedsvertrag aus wichtigem Grund kündigen und danach Rechtsschutz vor staatlichen Gerichten suchen[87].

f) Sicherheitsleistung für Kostenerstattungsanspruch

Wie bereits erwähnt, kann sich insbesondere für den Beklagten hinsichtlich des hälftigen Vorschusses, aber auch darüber hinaus bezüglich seiner sonstigen Aufwendungen für das Schiedsverfahren das Bedürfnis nach Sicherung der Kostenerstattung bei Unterliegen des Klägers bestehen, wenn dessen Zahlungsfähigkeit und -willigkeit ernsthaft in Frage steht[88]. Die Schiedsvereinbarungen enthalten insoweit meist keine ausdrücklichen Regelungen. Der Anspruch kann sich jedoch aus §§ 110 ZPO, 1041 ZPO oder den Bestimmungen der anwendbaren Schiedsordnung[89] ergeben.

aa) § 110 ZPO, § 1041 ZPO

In Gerichtsverfahren trägt § 110 ZPO der Risiken von Vollstreckungen außerhalb der Europäischen Union Rechnung. Diese Vorschrift schützt den Beklagten davor, die Kosten, die ihm durch eine unberechtigte Klage eines Klägers mit gewöhnlichem Aufenthalt außerhalb der Europäischen Union entstehen, nur mittels einer Auslandsvollstreckung oder, soweit diese nicht möglich ist, nur durch einen Prozess im Ausland ersetzt zu bekommen. Die Einrede fehlender Ausländersicherheit führt nach Ablauf der zur Sicherheitsleistung gesetzten Frist zur Fiktion der Klagerücknahme (§ 113 Satz 2 ZPO).

Ob ein in Deutschland angesiedeltes (§ 1025 Abs. 1 ZPO) Schiedsgericht im Rahmen des allgemeinen Verfahrensermessens (§ 1042 Abs. 4 ZPO) auf § 110 ZPO zurückgreifen kann, ist umstritten. Einige Autoren[90] befürworten die Anwendbarkeit von § 110 ZPO. Dabei wird insbesondere argumentiert, die §§ 1025 ff. ZPO enthielten nur Regelungen, die die Besonderheiten des Schiedsverfahrens beträfen. Daneben seien die allgemeinen Vorschriften der ZPO anwendbar. Es bestehe kein Grund, warum ein Beklagter in einem schiedsgerichtlichen Verfahren weniger schutzbedürftig sein sollte, als in einem Verfahren vor einem ordentlichen Gericht.

---

87 *BGH*, NJW 1985, 1903, 1904 m. w. N.
88 *Raeschke-Kessler/Berger*, Recht und Praxis des Schiedsverfahrens, 3. Aufl. 1999, Rdnr. 621.
89 Vgl. etwa Art. 25.2 LCIA Arbitration Rules, der eine ausdrückliche Regelung der Sicherheitsleistung in den genannten Fällen vorsieht (siehe nächster Abschnitt).
90 Ausführlich *Haase*, Das Erfordernis der Prozesskostensicherheit i. S. d. § 110 ZPO im schiedsgerichtlichen Verfahren, BB 1995, 1252, 1255 zum alten Recht; aber auch *Albers*, in: Baumbach/Lauterbach/Albers/Hartmann, ZPO, 64. Aufl. 2006, § 1042 Rdnr. 9; *Schwab/Walter*, Schiedsgerichtsbarkeit, 7. Aufl. 2005, Kapitel 16 Rdnr. 23.

Die überwiegende Ansicht hält **§ 110 ZPO** jedoch in Schiedsverfahren für **unanwendbar**[91]. Zum einen wird damit argumentiert, dass die Ausländersicherheit dem Geist der Schiedsvereinbarung widerspreche; die Parteien wollten ein Verfahren auf vertraglicher Basis und hätten damit mittelbar das Insolvenzrisiko in Kauf genommen. Die Parteien im internationalen Schiedsverfahren seien beide „Ausländer", die ratio legis des § 110 ZPO, die Schwierigkeit einer Vollstreckung im Ausland zu berücksichtigen, sei gerade nicht einseitig für nur eine der Parteien gegeben[92]. Zum anderen wird mit der Eigenständigkeit des Schiedsverfahrens und den Vorschriften der §§ 1025 ff ZPO gegenüber dem Zivilprozess und dessen Vorschriften argumentiert. Eine Grundlage im Schiedsverfahrensrecht fehle[93]. Dieser Ansicht ist zu folgen. Im Übrigen ist auch das praktische Bedürfnis für eine Sicherheitsleistung nach § 110 ZPO nicht sehr hoch, da das Schiedsgericht, soweit tatsächlich ein anerkennenswertes Bedürfnis nach einer Sicherheitsleistung vorliegt, diese unabhängig von der Ausländereigenschaft einer Partei auf Antrag der anderen Partei auf der Grundlage von § 1041 ZPO anordnen kann[94].

bb) Regelungen in Schiedsordnungen

Von den bedeutenderen Schiedsordnungen sieht nur **Art. 25 (2) LCIA Arbitration Rules** explizit die Möglichkeit vor, dem Schiedskläger oder -widerkläger auf Antrag des Schiedsbeklagten oder -widerbeklagten eine Prozesskostensicherheit aufzuerlegen. In anderen Schiedsordnungen finden sich nur allgemeine Ermächtigungen zur Anordnung sichernder oder vorläufiger Maßnahmen (vgl. **Art. 23 ICC Rules, Art. 26 UNCITRAL Rules**). Bei weiter Auslegung enthalten diese Generalklauseln ebenso wie § 1041 ZPO auch die Kompetenz zur Anordnung von Prozesskostensicherheiten[95]. Der Anspruch auf Kostenerstattung ist Teil des Streitgegenstandes, für den sichernde Maßnahmen im Rahmen des einstweiligen Rechtsschutzes zulässig sind.

Auch bei den institutionellen Schiedsgerichten scheint jedoch die Bedeutung der Prozesskostensicherheit in der Praxis eher gering. Bei der LCIA werden pro

---

91 *Lachmann*, Handbuch für die Schiedsgerichtspraxis, 3. Aufl. 2008, Rdnr. 1277 f.; *Geimer*, in: Zöller, ZPO, 26. Aufl. 2007, § 1042 Rdnr. 40; *Voit*, in: Musielak, 4. Aufl. 2005, § 1042 Rdnr. 12; *Schütze/Tscherning/Wais-Schütze*, Handbuch des Schiedsverfahrens, 2. Aufl. 1990, Rdnr. 592; *Raeschke-Kessler/Berger*, Recht und Praxis des Schiedsverfahrens, 3. Aufl. 1999, Rdnr. 619; *Aden*, Internationale Handelsschiedsgerichtsbarkeit, 2. Aufl. 2003, 396.
92 *Aden*, Internationale Handelsschiedsgerichtsbarkeit, 2. Aufl. 2003, 396.
93 *Lachmann*, Handbuch für die Schiedsgerichtspraxis, 3. Aufl. 2008, Rdnr. 1277.
94 *Schlosser*, in: Stein/Jonas, ZPO, 22. Aufl. 2002, § 1057 Rdnr. 17.
95 So ICC Fall Nr. 13358 auszugsweise abgedruckt in: *Karrer*, Naives Sparen birgt Gefahren, SchiedsVZ 2006, 113, 117 ff.; *Craig/Park/Paulsson's*, Annotated Guide to the 1998 ICC Arbitration Rules, 1998, 138; a. A. *Aden*, Internationale Handelsschiedsgerichtsbarkeit, 2. Aufl. 2003, 330 weil der Kostenerstattungsanspruch nicht Streitgegenstand sei und sichernde Maßnahmen diesbezüglich daher nicht zulässig seien.

Jahr nur zwischen sechs und zehn Anträge auf Prozesskostensicherheit gestellt, wovon nur etwa die Hälfte erfolgreich ist[96].

g) Auswirkungen der Mittellosigkeit einer Partei auf die Schiedsvereinbarung

aa) Mittellosigkeit des Klägers

Kann ein Kläger die Kosten der Einleitung eines Schiedsverfahrens nicht aufbringen, ergeben sich Probleme hinsichtlich seines Justizgewährungsanspruchs (vgl. Art. 6 Europäische Menschenrechtskonvention, EMRK). Der Geltendmachung seiner Rechte vor dem Schiedsgericht steht entgegen, dass dieses ohne Einzahlung des Vorschusses in der Regel nicht tätig werden wird. Ein der Prozesskostenhilfe entsprechendes Institut, wie es dies für das gerichtliche Verfahren gibt, besteht im Schiedsverfahrensrecht nicht[97]. Einer Klage vor den ordentlichen Gerichten könnte der Beklagte gemäß § 1032 Abs. 1 HS. 1 ZPO die Einrede der Schiedsvereinbarung entgegenhalten. Der mittellose Kläger wäre damit praktisch rechtlos gestellt.

Im Fall der Mittellosigkeit des Klägers ist daher, soweit nicht anderweitig für Kostendeckung gesorgt wird, die **Schiedsabrede undurchführbar i. S. d. § 1032 Abs. 1 HS. 2 ZPO**. Das hat zur Folge, dass der Anspruch vor den ordentlichen Gerichten geltend gemacht werden kann[98]. Einer Kündigung der Schiedsvereinbarung bei Undurchführbarkeit bedarf es nach neuem Recht nicht mehr[99]. Weder der Gesetzestext noch die Gesetzgebungsmaterialien enthalten ein solches Erfordernis. Auf ein etwaiges Verschulden des Klägers an seiner Mittellosigkeit kommt es dabei ebenfalls nicht an. Die Schiedsvereinbarung selbst bleibt dabei in ihrem Bestand unberührt, so dass der Kläger später eine neue Schiedsklage wegen einer anderen Streitigkeit aus der Schiedsvereinbarung erheben kann, sofern die Mittellosigkeit inzwischen behoben sein sollte[100].

Der Beklagte, der bei Mittellosigkeit der Gegenseite trotz der wirksam geschlossenen Schiedsvereinbarung die Vorteile des Schiedsverfahrens verlieren würde, kann allerdings die Kosten des Schiedsverfahrens, wie auch die Kosten

---

96 *Triebel/Hunter* in: Schütze, Institutionelle Schiedsgerichtsbarkeit, 2006, Art. 25 LCIA Rdnr. 14.
97 *Münch*, in: Münchener Kommentar zur Zivilprozessordnung, 2. Aufl. 2001, § 1042 Rdnr. 39; *Albers*, in: *Baumbach/Lauterbach/Albers/Hartmann*, ZPO, 64. Aufl. 2006, § 1042 Rdnr. 13.
98 BGHZ 145, 116 ff., *KG Berlin*, SchiedsVZ 2003, 239 f.; zum alten Recht noch mit Kündigungserfordernis: BGHZ 41, 104; BGHZ 77, 65.
99 BGHZ 145, 116, 119; *KG Berlin*, SchiedsVZ 2003, 239 f.; *OLG Düsseldorf*, NZG 2004, 916, 920; a. A.: *Risse*, Undurchführbarkeit der Schiedsvereinbarung bei Mittellosigkeit des Klägers, Beilage BB 2001, 11.
100 *Lionnet*, Handbuch der internationalen und nationalen Schiedsgerichtsbarkeit, 3. Aufl. 2005, Kapitel 3 VII 3 a) (1).

notwendiger anwaltlicher Vertretung des Klägers übernehmen[101]. Durch diese „anderweitige Kostendeckung"[102] entfällt die Undurchführbarkeit der Schiedsabrede i.S.d. § 1032 Abs. 1 HS. 2 ZPO, so dass das ordentliche Gericht seine Unzuständigkeit feststellen muss und eine Klage vor dem Schiedsgericht möglich wird.

bb) Mittellosigkeit des Beklagten

Nach deutschem Recht ergibt sich im Fall der Mittellosigkeit des Beklagten kein anderes Ergebnis als bei Mittellosigkeit des Klägers. Soweit der Kläger nicht bereit ist, die gesamten Kosten des Schiedsverfahrens zu übernehmen, wird ein eventuell bereits gebildetes Schiedsgericht ohne Vorschusszahlung des Beklagten nicht weiter tätig werden (§ 273 BGB) und die Unmöglichkeit der Fortsetzung des Schiedsverfahrens gemäß § 1056 Abs. 2 Nr. 3 ZPO feststellen. Auch wenn der Beklagte mittellos ist, ist die Schiedsvereinbarung daher **undurchführbar**. Der Weg zu den ordentlichen Gerichten ist somit frei. In einem von der Klägerin von vornherein eingeleiteten Gerichtsverfahren kann sich der Beklagte dann auch nicht erfolgreich auf die Schiedseinrede berufen[103].

cc) Anwendbares Recht

Im Fall internationaler Schiedsverfahren ist die Wirksamkeit und das Erlöschen der Schiedsvereinbarung und damit auch die Folge der Mittellosigkeit einer der Parteien nach dem auf die Schiedsvereinbarung anwendbaren Recht zu beurteilen[104]. Kommt demnach beispielsweise englisches Recht zur Anwendung, das der Mittellosigkeit keine schiedsverfahrenshindernde Wirkung zuerkennt, dann darf auch ein deutsches Gericht die Schiedsvereinbarung nicht für undurchführbar erachten[105].

III. Die Kosten gerichtlicher Verfahren in Zusammenhang mit Schiedsverfahren

1. Allgemeines

Nach § 1026 ZPO können staatliche Gerichte nur in den in § 1062 ZPO aufgeführten Verfahren tätig werden. Die in diesen Verfahren ergehenden Entschei-

---

101 *Lionnet*, Handbuch der internationalen und nationalen Schiedsgerichtsbarkeit, 3. Aufl. 2005, Kapitel 3 VII, 3 a) (1); *Lachmann*, Klippen für die Schiedsvereinbarung, SchiedsVZ 2003, 28, 31; *Risse*, Undurchführbarkeit der Schiedsvereinbarung bei Mittellosigkeit des Klägers, Beilage BB 2001, 11 ff.; a. A.: *Kremer/Weimann*, Die Einrede der verarmten Partei – ein Ausweg aus der Schiedsvereinbarung oder bloße Verzögerungstaktik, MDR 2004, 181, 184.
102 BGHZ 145, 116, 119.
103 Vgl. *OLG Düsseldorf*, NZG 2004, 916, 920; *Lionnet*, Handbuch der internationalen und nationalen Schiedsgerichtsbarkeit, 3. Aufl. 2005, Kapitel 3 VII 3 a) (2).
104 *Schütze*, in: FS Schlosser, 2005, 867, 871 ff.
105 *Schütze*, in: FS Schlosser, 2005, 867, 873, 876.

dungen enthalten in der Regel **eigenständige Kostenentscheidungen.** In diesem Zusammenhang stellt sich die Frage, ob diese Kostenentscheidungen endgültig sind oder ob das Schiedsgericht in seiner Kostenentscheidung auch die im Zusammenhang mit Verfahren vor staatlichen Gerichten entstandenen Kosten berücksichtigen darf oder muss und ob es insoweit eine von der Kostenentscheidung der staatlichen Gerichte abweichende bzw. darüber hinausgehende Entscheidung treffen kann. Dies ist vor allem in Fällen relevant, in denen das staatliche Gericht bestimmte, den Parteien entstandene Kosten aufgrund der §§ 91 ff ZPO als nicht oder nur teilweise erstattungsfähig angesehen oder aufgrund des unterschiedlichen Verfahrensstandes eine andere Kostengrundentscheidung vorgenommen hat als das Schiedsgericht dies am Ende des Verfahrens tun möchte.

2. Anfallende Kosten im Rahmen der Verfahren nach § 1062 ZPO

Die Gebühren, die bei den in § 1062 ZPO aufgeführten Verfahren anfallen, ergeben sich aus dem als Anlage I dem Gerichtskostengesetz (GKG) beigefügten Kostenverzeichnis, Hauptabschnitt 6, Sonstige Verfahren, Abschnitt 2, „Schiedsrichterliches Verfahren". Die Erstattung der vor den staatlichen Gerichten anfallenden Kosten richtet sich nach §§ 91 ff ZPO, denn in den in § 1062 ZPO aufgeführten Verfahren gelten die Grundsätze der Kostenentscheidung im Erkenntnisverfahren[106].

Für die Bestimmung des Streitwertes ist gemäß § 3 ZPO das Interesse des Antragstellers bzw. des Klägers der zu erlassenden Maßnahme entscheidend[107]. Dabei bieten das schiedsrichterliche Verfahren gemäß § 1062 ZPO zum Teil erheblichen Spielraum für die Ausübung des richterlichen Ermessens bei der Streitwertfestsetzung gemäß § 3 ZPO durch das Gericht und damit Möglichkeiten für die Parteien bzw. ihre Berater, Gründe für eine entsprechend niedrige Festsetzung des Streitwertes vorzutragen.

3. Kosten des Verfahrens zur Ersatzbestellung gemäß § 1035 Abs. 4 ZPO

Ernennt auf Grund einer entsprechenden Vereinbarung zwischen den Parteien ein Dritter einen oder mehrere Schiedsrichter, werden durch diese Ernennung keine Gebühren ausgelöst. Der Dritte handelt, selbst wenn er als Beamter oder Richter die Benennung durchführt, insoweit als Privatperson[108, 109].

---

106 Vgl. *OLG Köln* vom 15.12.2003 – Az. 9 SchH 16/03; *Reichhold*, in: Thomas/Putzo, ZPO, 27. Aufl. 2005, § 1063 Rdnr. 5.
107 *Herget*, in: Zöller, ZPO, 26 Aufl. 2007, § 3 Rdnr. 2; *Schwab/Walter*, Schiedsgerichtsbarkeit, 7. Aufl. 2005, Kapitel 34 Rdnr. 6.
108 *Geimer*, in: Zöller, ZPO, 26 Aufl. 2007, § 1035 Rdnr. 8; *Schwab/Walter*, Schiedsgerichtsbarkeit, 7. Aufl. 2005, Kapitel 34, Rdnr. 2.
109 Daher ist zu raten, sich vorab zu erkundigen, ob der vorgesehene Dritte (z.B. ein Gerichtspräsident oder Kammer- bzw. Behördenvorstand) grundsätzlich bereit ist, eine entsprechende Ernennung vorzunehmen. So waren etwa der Präsident bzw. die Präsidentin des OLG München in der Vergangenheit dazu aus grundsätzlichen Erwägungen nicht bereit.

Zusätzliche Kosten entstehen allerdings, wenn der Dritte nicht bereit ist, die Ernennung vorzunehmen. In diesem Fall erfolgt gemäß § 1035 Abs. 4 ZPO ein **gerichtliches Ersatzbestellungsverfahren**. Gemäß Nr. 1623 KV GKG fällt für dieses Verfahren eine 0,5 Gebühr an. Zusätzliche Kosten für anwaltliche Vertretung entstehen allerdings nicht (§ 16 Nr. 10 RVG). Der gerichtliche Ernennungsbeschluss enthält regelmäßig neben der eigentlichen Benennung auch eine Entscheidung über diese Kosten. Sofern keine der Parteien die Notwendigkeit des Ersatzbestellungsverfahren verursachte, sind Kosten des Verfahrens entsprechend §§ 91a Abs. 1, 92 Abs. 1 und 98 Abs. 1 ZPO gegeneinander aufzuheben[110].

Der **Streitwert des Ersatzbestellungsverfahrens** wird von der Rechtsprechung unterschiedlich bestimmt. Er reicht von einem Zehntel[111] des Hauptsachestreitwerts über ein Fünftel[112], ein Viertel[113] oder ein Drittel[114] bis hin zum vollen Streitwert der Hauptsache[115]. Die Annahme des vollen Streitwerts der Hautsache ist jedoch eher die Ausnahme[116]. Bei sehr hohen Streitwerten können die Kosten des gerichtlichen Verfahrens zur Ersatzbestellung eines Schiedsrichters die Gebühren des gleichen Verfahrens bei einer Schiedsgerichtsinstitution weit übersteigen, da letztere fast immer in der absoluten Höhe begrenzt sind. Die Parteien sollten daher eine Ersatz-Benennung durch eine Schiedsgerichtsinstitution auch bei einem Ad-hoc-Verfahren in Betracht ziehen.

Die aufgrund der Kostenentscheidung des staatlichen Gerichts anfallenden Kosten sind solche des Schiedsverfahrens und daher vom Schiedsgericht in seiner Kostenentscheidung mit zu berücksichtigen. Bereits die Konstitution des Schiedsgerichts ist als Akt des Schiedsverfahrens anzusehen[117]. Dies wird auch durch § 16 Nr. 10 RVG bestätigt, nach dem das schiedsrichterliche Verfahren und das gerichtliche Ersatzbestellungsverfahren als eine Angelegenheit angesehen werden.

Die Einbeziehung der **Kosten der Ersatzbestellung** in die Kostenentscheidung des Schiedsgerichts nach § 1057 Abs. 1 ZPO stellt auch keine unzulässige Korrektur einer rechtskräftigen Entscheidung des staatlichen Gerichts dar. Das staatliche Gericht muss mit der Entscheidung über die Ersatzbestellung auch eine Entscheidung über deren Kosten treffen. Es ist ihm nicht möglich, den

---

110 So auch die Entscheidung des *BayObLG* vom 11.11.2004 – Az. 4Z SchH 008/04 in einem Fall, in dem der in der Schiedsklausel vorgesehene Präsident eines OLG die Ernennung verweigerte.
111 *OLG Dresden* vom 26.10.2004 – Az. 11 SchH 03/04.
112 *OLG Naumburg* vom 21.3.2001 – Az. 10 SchH 01/01 und vom 19.5.2003, SchiedsVZ 2003, 235, 236.
113 *OLG Celle* vom 15.8.2003 – Az. 8 SchH 4/2.
114 *OLG Frankfurt*, SchiedsVZ 2004, 168; *OLG Koblenz*, MDR 1989, 71; *OLG Hamburg*, MDR 1990, 58.
115 *BayObLG*, SchiedsVZ 2004, 316, 317; *KG Berlin* vom 17.3.2003 – Az. 23 SchH 8/03.
116 *Kröll*, Die Entwicklung des Rechts der Schiedsgerichtsbarkeit in den Jahren 2003 und 2004, NJW 2005, 194, 196.
117 *Geimer*, in: Zöller, ZPO, 26. Aufl. 2007, § 1034 Rdnr. 8.

Ausgang des Schiedsverfahrens abzuwarten. Vor diesem Hintergrund ist die Kostenentscheidung des staatlichen Gerichts richtig und muss auch später nicht abgeändert werden. Dies schließt aber nicht aus, dass später die Kosten des Schiedsverfahrens, zu denen die Kosten der Ersatzbestellung gehören, je nach Prozessausgang und Prozessverhalten insgesamt anders verteilt werden, denn der zur Kostenverteilung zu beurteilende Sachverhalt hat sich geändert. Während das die Schiedsrichter benennende staatliche Gericht nur die Einleitung des Schiedsverfahren durch die Bestellung der Schiedsrichter beurteilt, hat das Schiedsgericht im Schiedsspruch das gesamte Verfahren und damit die Zulässigkeit und Begründetheit der Klage insgesamt zu berücksichtigen. Die rechtskräftige Entscheidung des staatlichen Gerichts über die Kosten steht daher wegen geänderter Umstände einer Entscheidung des Schiedsgerichts auch über die Kosten des Verfahrens zur Ersatzbestellung nicht entgegen.

Für dieses Ergebnis spricht, dass es auch innerhalb des ordentlichen Rechtsweges möglich ist, mit einer Klage auf Ersatz von Kosten eine Kostenentscheidung im Ergebnis „abzuändern". Die neue Klage ist dann auf einen materiellrechtlichen Kostenerstattungsanspruch gestützt, der sich aus Vertrags- oder Schadensersatzrecht ergeben kann. Nach Ansicht des BGH ist ein auf eine derartige Schadensersatzpflicht gerichteter **materieller Kostenerstattungsanspruch** nicht von vornherein auf den Umfang des prozessualen Kostenerstattungsanspruchs und damit auf dasjenige begrenzt, was zur zweckentsprechenden Rechtsverfolgung im Sinne des Kostenfestsetzungsrechts notwendig war. Vielmehr kommen Grundsätze des Schadensersatzrechts zur Anwendung[118]. Eine solche Klage auf den materiellen Kostenerstattungsanspruchs ist zwar unzulässig, wenn bei unverändertem, bereits voll in der Kostenentscheidung berücksichtigtem Sachverhalt ein dieser Kostenentscheidung widersprechendes Ergebnis angestrebt wird[119]. Diese Entscheidung des BGH steht aber nicht einer neuen Kostenentscheidung des Schiedsgerichts im Rahmen von § 1057 ZPO entgegen, denn der Streitgegenstand des Bestellungsverfahrens und des nachfolgenden Schiedsverfahrens ist ein völlig anderer. Wie bereist ausgeführt liegt den Entscheidungen gerade nicht derselbe Sachverhalt zugrunde. Die Rechtskraft steht daher nicht entgegen. Nach Ansicht des OLG Brandenburg[120] ist gar keine Kostengrundentscheidung im Bestellungsverfahren nach §§ 1035, 1062 ZPO zu treffen, da kein kontradiktorisches Verfahren vorliege. Die Entscheidung über Kostenerstattungsansprüche hatte daher dem Schiedsgericht vorbehalten zu bleiben[121].

4. Kosten gerichtlicher Unterstützung bei der Beweisaufnahme

Bei Anträgen des Schiedsgerichts auf Unterstützung durch das staatliche Gericht bei der Beweisaufnahme oder auf Vornahme sonstiger richterlicher Hand-

---

118 BGHZ 111, 168, 177 ff.
119 BGHZ 45, 251, 257; a. A.: *Hüßtege*, in: Thomas/Putzo, ZPO, 27. Aufl. 2005, Vor § 91 Rdnr. 16.
120 *OLG Brandenburg* vom 2.10.2003 – Az. 8 SchH 02/03.
121 *OLG Brandenburg* vom 2.10.2003 – Az. 8 SchH 02/03.

lungen gemäß § 1050 ZPO gelten die Parteien des Schiedsverfahrens als gemeinsame Antragsteller und sind damit gemäß § 31 GKG gesamtschuldnerisch haftende Kostenschuldner[122]. Dies gilt unabhängig von der Zulässigkeit oder Begründetheit der gestellten Anträge.

Die Kosten für Verfahren im Rahmen von § 1050 ZPO sind grundsätzlich im Rahmen von § 1057 ZPO **erstattungsfähig**, da sie der Unterstützung des schiedsgerichtlichen Verfahrens dienen[123]. Auch hier steht einer schiedsgerichtlichen Kostenentscheidung, die von der vom staatlichen Gericht vorgenommenen Kostenentscheidung abweicht, die Rechtskraft dieser Entscheidung nicht entgegen.

5. Erstattungsfähigkeit der Kosten eines Verfahrens vor einem unzuständigen staatlichen Gericht

Erhebt eine Partei eine Klage vor einem staatlichen Gericht zur Durchsetzung von Ansprüchen, die einer wirksamen Schiedsvereinbarung unterliegen, und weist dieses Gericht die Klage aufgrund der Schiedsvereinbarung als unzulässig zurück, stellt sich die Frage, wer die Kosten dieses Verfahrens zu tragen hat. Wird die Klage bei einem deutschen Gericht eingereicht, werden die Kosten gemäß § 91 ZPO der unterliegenden Partei, hier also dem Kläger auferlegt. Dabei hat es in der Praxis sein Bewenden.

Probleme entstehen jedoch, wenn trotz Bestehens einer Schiedsvereinbarung, die einen Schiedsort in Deutschland vorsieht, eine Partei Klage vor einem staatlichen Gericht etwa in den USA erhebt. Selbst wenn das angegangene Gericht gemäß § 3 des US Federal Arbitration Act auf die Einwendung des Beklagten hin die Schiedsvereinbarung berücksichtigt und das Verfahrens aussetzt, ist die Angelegenheit für den Beklagten noch nicht erledigt. Ihm sind durch die Verteidigung gegen die in den USA erhobene Klage – meist erhebliche – Kosten entstanden. Diese Kosten werden ihm jedoch nicht erstattet, da das US-amerikanische Zivilprozessrecht keine den §§ 91 ff. ZPO vergleichbaren Grundsätze kennt, sondern unabhängig vom Ausgang des Verfahrens jede Partei ihre eigenen Kosten tragen lässt.

Hier stellt sich für den Beklagten regelmäßig die Frage, ob er diese in den USA angefallenen Kosten im Rahmen des in Deutschland durchzuführenden Schiedsverfahrens geltend machen kann, sei es im Rahmen des prozessualen Kostenerstattungsanspruches nach § 1057 Abs. 1 ZPO, eines materiellrechtlichen Schadenersatzanspruches wegen Verletzung der Schiedsvereinbarung

---

122 *Hartmann*, Kostengesetze, 34. Aufl. 2004, KV 1621 bis 1627 Rdnr. 16; *Schwab/Walter*, Schiedsgerichtsbarkeit, 7. Aufl. 2005, Kapitel 34, Rdnr. 5.
123 *Münch*, in: Münchener Kommentar zur Zivilprozessordnung, 2. Aufl. 2001, § 1057 Rdnr. 9. Vgl. auch *Wehrli*, in: Kosten im Schiedsverfahren, DIS Materialien Band X, 2005, 53, 72, der diese Möglichkeit aber nur der im staatlichen Verfahren obsiegenden Partei zubilligen will. Eine bereits von einem staatlichen Gericht zugesprochene Kostenerstattung soll im Rahmen der Kostenentscheidung angerechnet werden.

gemäß § 280 BGB oder aufgrund missbräuchlichen prozessualen Verhaltens der Gegenseite gemäß § 826 BGB.

Für den **prozessualen Kostenerstattungsanspruch** in Verfahren vor staatlichen Gerichten gilt, dass er nur die Kosten des jeweiligen Verfahrens umfasst, nicht jedoch die in formell getrennten Verfahren entstandenen Kosten[124]. In Schiedsverfahren erlaubt jedoch der weite Ermessensspielraum des Schiedsgerichts bei der Kostenentscheidung einen weiteren Ansatz. Aufgrund der weit gefassten Regelung in § 1057 ZPO kann das Schiedsgericht in seiner Kostenentscheidung auch über die durch den Zuständigkeitsstreit vor einem ausländischen Gericht entstandenen Kosten als „Kosten des Schiedsverfahrens" und damit als Teil des prozessualen Kostenerstattungsanspruchs entscheiden[125].

Als weitere Möglichkeit steht ein **materieller Erstattungsanspruch** auf der Grundlage eines Schadensersatzanspruches zur Verfügung. Dieser könnte sich aus einer **Verletzung der Schiedsvereinbarung** ergeben. Die herrschende Lehre lehnt jedoch für Schiedsvereinbarungen ebenso wie für Gerichtsstandsvereinbarungen eine Doppelnatur dieser Vereinbarungen ab. Danach hat die Verletzung einer Schiedsvereinbarung keine materiell-rechtliche Wirkung, kann also auch nicht zu Schadensersatzansprüchen führen[126]. Auch der BGH sieht diese Verträge als materiellrechtliche Verträge über prozessrechtliche Beziehungen an, deren Zustandekommen sich zwar nach materiellem Recht richtet, deren Zulässigkeit und Wirkungen sich aber nur auf das Prozessrecht beziehen[127]. Unabhängig davon, ob diese herrschende Lehre auch auf den vorliegenden Fall anzuwenden ist[128], könnte man die nur prozessualen Folgen umgehen, wenn man im Hauptvertrag vorsorglich aufnimmt, dass sich die Parteien verpflichten, nur vor dem vereinbarten Schiedsgericht zu klagen. Jedenfalls eine Verletzung dieser Verpflichtung entfaltet dann materiell-rechtliche Wirkungen. Die Entscheidung über die Verletzung dieser Verpflichtung aus dem Hauptvertrag obliegt dann nach der Schiedsklausel dem Schiedsgericht.

---

124 Vgl. *BGH*, NJW 1983, 284.
125 So auch *Sandrock*, Schiedsort Deutschland, Gerichtskosten in den USA: Sind Letztere hier erstattungsfähig, IDR 2004, 106, 109.
126 *Schlosser*, in: Stein/Jonas, ZPO, 22. Aufl. 2002, § 1029 Rdnr. 1; für Gerichtsstandsvereinbarungen: *Schack*, Internationales Zivilverfahrensrecht, 3. Aufl. 2002, § 9, Rdnr. 432; *Schütze*, Rechtsverfolgung im Ausland, 3. Aufl. 2002, Rdnr. 76; weitere Nachweise bei *Sandrock*, Prorogierter Gerichtsstand in Deutschland, Kosten in den USA: Erstattungsfähigkeit in Deutschland, RIW 2004, 809, 813, Fn. 27; a.A.: *Schröder*, in: Festschrift für Kegel, 1987, 523, 531; *Geimer*, IZPR, 5. Aufl. 2005, Rdnr. 1122.
127 Vgl. BGHZ 49, 384, 384, 386.
128 *Sandrock* wendet sich gegen diese Lehre für den Fall, dass eine Partei aufgrund der Verletzung der Schiedsvereinbarung auf ihren vor einem ausländischen Gericht entstandenen Kosten sitzen bleibt. Die herrschende Lehre betrachte nur den innerstaatlichen Fall, in dem §§ 91 ff. ZPO immer für Kostenausgleich sorgten. Siehe *Sandrock*, Schiedsort Deutschland, Gerichtskosten in den USA: Sind Letztere hier erstattungsfähig, IDR 2004, 106, 110; *Sandrock*, Prorogierter Gerichtsstand in Deutschland, Kosten in den USA: Erstattungsfähigkeit in Deutschland, RIW 2004, 809, 815.

Nicht jede Geltendmachung eines Anspruches vor einem staatlichen Gericht und nicht jedes erfolglose Berufen auf die Unzuständigkeit des Schiedsgerichts bzw. die Unwirksamkeit der Schiedsvereinbarung kann jedoch zu einer Verletzung der Schiedsvereinbarung führen. Vielmehr ist eine eindeutige und bewusste Verletzung der Schiedsvereinbarung erforderlich, d. h. es muss ein **Missbrauch** vorliegen, der auch das Kriterium eines auf § 826 BGB gestützten materiellen Kostenerstattungsanspruchs darstellt[129].

Das Vorliegen eines Missbrauches ist in jedem Einzelfall zu prüfen. Bestand ein legitimer Anlass, das Verfahren trotz Bestehen einer Schiedsvereinbarung von einem staatlichen Gericht anhängig zu machen, kann die Anrufung des Gerichts nicht als Missbrauch qualifiziert werden[130]. Liegt dagegen ein Missbrauch vor, kann das Schiedsgericht der anderen Partei die Erstattung der angefallenen Kosten im Wege der Kostenentscheidung nach § 1057 ZPO oder aber als Schadensersatzanspruch zusprechen.

Mit derselben Begründung und unter denselben Voraussetzungen können auch Parteien, die trotz bestehender Schiedsvereinbarung vor einem deutschen Gericht in Anspruch genommen wurden, ihre im Gerichtsverfahren nicht erstattungsfähigen Kosten im Schiedsverfahren geltend machen. Solche im Kostenfestsetzungsverfahren nicht erstattungsfähigen Kosten wären dabei vor allem die die RVG-Gebühren übersteigenden Anwaltskosten. Diese Kosten können dann im Rahmen von § 1057 ZPO beachtet werden. Sollte das staatliche Gericht missbräuchlich angerufen worden sein, d. h. hat kein legitimer Anlass zur Anrufung bestanden, kann das Schiedsgericht diese Kosten im Wege der Kostenentscheidung nach § 1057 ZPO oder aber als Schadensersatzanspruch zusprechen.

Die **Rechtskraft** der Kostenentscheidung und des Kostenfestsetzungsbeschlusses des staatlichen Gerichts steht der Geltendmachung der weiteren Kosten im Schiedsverfahren nicht entgegen. Die Rechtskraft der Kostenentscheidung und des Kostenfestsetzungsbeschlusses hindert, wie dargestellt, schon in einem nachfolgenden Gerichtsverfahren auf Erstattung darüber hinausgehender Kosten nicht die Zulässigkeit des klageweise geltend gemachten materiellen Kostenerstattungsanspruchs. Die prozessuale Kostentragungsregelung lässt für ergänzende sachlich-rechtliche Ansprüche auf Kostenerstattung, die über die prozessuale Kostenerstattungspflicht hinausgehen können, Raum[131]. Zumindest für den materiell-rechtlichen Kostenerstattungsanspruch besteht daher keine entgegenstehende Rechtskraft.

---

129 *Sandrock*, Schiedsort Deutschland, Gerichtskosten in den USA: Sind Letztere hier erstattungsfähig, IDR 2004, 106, 111 m. w. N. in Fn. 29, 30.
130 So auch *Sandrock*, Schiedsort Deutschland, Gerichtskosten in den USA: Sind Letztere hier erstattungsfähig, IDR 2004, 106, 111.
131 BGHZ 111, 168, 178 m. w. N.

6. Kosten des einstweiligen Rechtsschutzes

Bei Maßnahmen des einstweiligen Rechtsschutzes ist zu differenzieren. Werden diese **gemäß § 1041 Abs. 1 ZPO durch das Schiedsgericht** angeordnet, richten sich durch die Anordnung entstehende Kosten nach den Bestimmungen bzw. Vereinbarungen, die die Kosten des Schiedsgerichts bzw. die Vergütung der Schiedsrichter regeln.

Im Falle der DIS Kostenordnung erhöhen sich die Honorare der Schiedsrichter im Fall einer einstweiligen Verfügung um 30 %. Für das Verfahren über die Zulassung der Vollziehung einer von einem Schiedsgericht erlassenen vorläufigen oder sichernden Maßnahme nach § 1041 Abs. 2 ZPO oder über die Aufhebung oder Änderung einer derartigen Entscheidung nach § 1041 Abs. 3 ZPO findet das Kostenverzeichnis zum GKG (Nr. 1626) Anwendung.

Wird eine Maßnahme des einstweiligen Rechtsschutzes hingegen **gemäß § 1033 ZPO unmittelbar durch das staatliche Gericht** angeordnet, finden die allgemeinen Bestimmungen für die Kosten des einstweiligen Rechtsschutzes Anwendung (Ziff. 1410 bis 1412 des Kostenverzeichnisses zum GKG).

Kostenrechtliche Probleme im Zusammenhang mit einem Eilverfahren vor einem staatlichen Gericht tauchen dann auf, wenn die Hauptsacheentscheidung des Schiedsgerichts von der Entscheidung des staatlichen Gerichts abweicht. Es stellt sich dann die Frage, ob die vor dem staatlichen Gericht unterlegende Partei, die im Hauptverfahren obsiegt, die Kosten des Verfahrens des einstweiligen Rechtsschutzes im Rahmen von § 1057 ZPO erstattet verlangen kann oder ob dies ausscheidet, weil es sich bei derartigen Verfahren um vollständig separate Verfahren handelt[132]. Letzteres dürfte richtig sein.

7. Kosten des Verfahrens zur Vollstreckbarerklärung von Schiedsentscheidungen

Als Streitwert des Verfahrens zur Vollstreckungserklärung eines Schiedsspruches nehmen die Gerichte im Regelfall den Wert des zu vollstreckenden Anspruchs, d.h. den gesamten Streitwert des zugesprochenen Schiedsspruches an[133]. Kosten im Rahmen dieses Verfahrens sind **nicht gemäß § 1057 ZPO** zu berücksichtigen, da es sich um Kosten handelt, die erst nach Abschluss des Schiedsverfahrens entstehen.

---

132 *Münch*, in: Münchener Kommentar zur Zivilprozessordnung, 2. Aufl. 2001, § 1057 Rdnr. 9.
133 *OLG Naumburg* vom 1.7.2002 – Az. 10 Sch 03/0 und vom 17.1.2003 – Az. 10 Sch 06/02; *Brandenburgisches OLG* vom 20.12.2004 – Az. 7 SchH 01/04; *OLG Dresden* vom 2.5.2005 – Az. 11 Sch 03/05 und vom 11.8.1999 – Az. 11 Sch 08/99.

Dr. Klaus Sachs und Dr. Torsten Lörcher[*]

Die Wahl der „richtigen" Verfahrensregeln

Inhaltsübersicht

I. Einführung
  1. Harmonisierungsbestrebungen in der internationalen Schiedsgerichtsbarkeit
  2. Vielfalt der Gestaltungsmöglichkeiten
  3. Zur Bedeutung des Schiedsortes
II. Ad-hoc-Schiedsverfahren
  1. UNCITRAL Rules
    a) Bildung des Schiedsgerichts
    b) Schiedsspruch
  2. §§ 1025 ff. ZPO
    a) Bestellung des Schiedsgerichts
    b) Schiedsspruch
  3. Verfahrenskosten in Ad-hoc-Verfahren
  4. Bewertung
III. Institutionelle Schiedsverfahren
  1. International Court of Arbitration der International Chamber of Commerce (ICC)
    a) Bildung des Schiedsgerichts
    b) Besonderheiten des Verfahrens
    c) Schiedsspruch
    d) Bewertung
  2. Deutsche Institution für Schiedsgerichtsbarkeit e. V. (DIS)
    a) Überblick über die Institution
    b) Bildung des Schiedsgerichts
    c) Schiedsspruch
    d) Bewertung
  3. London Court of International Arbitration (LCIA)
    a) Überblick
    b) Bildung des Schiedsgerichts
    c) Schiedsspruch
    d) Bewertung
  4. Swiss Chambers of Commerce and Industry
    a) Überblick
    b) Bildung des Schiedsgerichts
    c) Besonderheiten des Verfahrens
    d) Schiedsspruch
    e) Bewertung
  5. Schiedsinstitut der Handelskammer Stockholm (SCC)
    a) Überblick
    b) Bildung des Schiedsgerichts
    c) Besonderheiten des Verfahrens
    d) Schiedsspruch
    e) Bewertung
  6. Kosten bei administrierten Schiedsverfahren
    a) Berechnung der Schiedsrichterhonorare
    b) Die Verwaltungsgebühr
    c) Bewertung
  7. Zusammenfassende Bewertung

I. Einführung

Ein wesentlicher Vorteil des Schiedsverfahrens ist seine Flexibilität. Es bietet den Parteien vielfältige Gestaltungsmöglichkeiten. Dies zeigt sich schon daran, dass das Schiedsverfahren auf der Grundlage einer Vielzahl unterschied-

---

[*] *Dr. Klaus Sachs* ist Rechtsanwalt und Partner der Kanzlei CMS Hasche Sigle in München, *Dr. Torsten Lörcher* ist Rechtsanwalt und Partner der Kanzlei CMS Hasche Sigle in Köln.

licher Verfahrensregeln durchgeführt werden kann. So können die Parteien sich selbst eine Verfahrensordnung geben, das Verfahren auf der Grundlage eines staatlichen Schiedsgesetzes durchführen oder die Anwendbarkeit einer Schiedsordnung vereinbaren. Dabei kann das Verfahren ad-hoc durchgeführt oder von einer Institution administriert werden.

Neben der Vertraulichkeit, der Möglichkeit, qualifizierte Schiedsrichter auszuwählen sowie – in internationalen Verfahren – der Neutralität des Forums und der gegenüber Gerichtsurteilen besseren Durchsetzbarkeit von Schiedssprüchen ist gerade diese Flexibilität ein wesentlicher Grund für den Abschluss von Schiedsvereinbarungen.[1] Allerdings haben die Parteien dabei auch die „Qual der Wahl". Die Frage der richtigen Wahl stellt sich dabei in der weit überwiegenden Zahl der Fälle nicht erst bei Entstehen der Streitigkeit, sondern bei Abschluss eines Vertrages, der eine Schiedsklausel und damit bestimmte Weichenstellungen enthält.

Welche die richtigen Verfahrensregeln sind, hängt stark von den Umständen des Einzelfalles und insbesondere den beteiligten Parteien ab. So ist es nahe liegend in einem Vertrag zwischen zwei Parteien aus demselben Land, der auch sonst keine internationalen Bezüge aufweist, ein rein nationales Schiedsverfahren durchzuführen. Dies kann etwa auf der Grundlage des nationalen Schiedsgesetzes erfolgen oder nach Maßgabe der Regeln der nationalen Schiedsinstitution. Stehen sich jedoch Parteien aus unterschiedlichen Staaten gegenüber, werden diese häufig versuchen, auf ein neutrales Forum auszuweichen.

Dies ist dann besonders wichtig, wenn die Parteien aus unterschiedlichen Rechtskreisen kommen. Hier sind vor allem die Rechtskreise des *civil law* und des *common law* zu nennen. Obwohl dem Verfahrensrecht beider Systeme die Grundsätze des *fair trial* und des *due process* zugrunde liegen, die sich in den Verfahrensgrundrechten des Anspruchs auf Gleichbehandlung und auf rechtliches Gehör manifestieren,[2] haben das *civil law* und das *common law* unterschiedliche Methoden entwickelt, um diese Ziele zu verwirklichen, die erheb-

---

1 Allgemein zu den Vor- und Nachteilen der Schiedsgerichtsbarkeit *Lachmann*, Handbuch für die Schiedsgerichtspraxis, 3. Aufl. 2008, Rn. 120 ff.: *Schwab/Walter*, Schiedsgerichtsbarkeit, 7. Aufl. 2005, Kap. 1, Rn. 7 ff.; *Lörcher/Lörcher*, Das Schiedsverfahren – national/international – nach deutschem Recht, 2. Aufl. 2001, Rn. 11 ff.; i: *Schütze*, Schiedsgericht und Schiedsverfahren, 4. Aufl. 2007, Rn. 18 ff.

2 Vgl. § 1042 Abs. 1 ZPO; der Anspruch auf rechtliches Gehör ist ein prozessuales „Urrecht" des Menschen (BVerfGE 55, 1, 6), als Rechtssubjekt ernst genommen zu werden, d.h. vor einer Entscheidung, die seine Rechte betrifft, zu Wort zu kommen und auf das Verfahren und dessen Ergebnis Einfluss nehmen zu können, BVerfGE 9, 89, 95, Ausweislich der Begründung zum Entwurf des Reformgesetzes, Deutscher Bundestag, Drucksache 13/5274, zu § 1042 ZPO „qualifizieren [beide Maximen] das Schiedsverfahren als eine dem Verfahren vor den staatlichen Gerichten gleichwertige Rechtsschutzmöglichkeit".

lich voneinander abweichen. Diese Unterschiede sind in der Literatur eingehend behandelt worden. Auf diese Darstellungen kann hier verwiesen werden.[3]

1. Harmonisierungsbestrebungen in der internationalen Schiedsgerichtsbarkeit

In den letzten Jahren sind zahlreiche Anstrengungen unternommen worden, um gemeinsame Grundsätze gerade für internationale Schiedsverfahren herauszubilden, die einen Mittelweg vor allem zwischen common law und civil law aufzuzeigen versuchen, um „das Beste aus beiden Welten" zu kombinieren.[4]

Ein wichtiger Schritt auf diesem Weg waren die **UNCITRAL Arbitration Rules** (UNCITRAL Rules), die bereits im Jahr 1976 verabschiedet wurden und damals die modernste Schiedsgerichtsordnung darstellten.[5] Die UNCITRAL Rules haben die Weiterentwicklung zahlreicher späterer Schiedsgerichtsordnungen maßgeblich beeinflusst. Ein eindrucksvoller Beleg hierfür sind die zum 1. Januar 2004 in Kraft getretenen Swiss Rules.[6] Auch wenn die Weiterentwicklung der Schiedspraxis in den vergangenen fast 30 Jahren Anpassungen erforderlich gemacht hat, dienten die UNCITRAL Rules für die Swiss Rules als Vorlage.[7]

Ähnliche Bedeutung für die Harmonisierung des Schiedsverfahrensrechts hat das im Jahr 1985 verabschiedete **UNCITRAL Modellgesetz für die internationale Handelsschiedsgerichtsbarkeit** (UNCITRAL MG).[8] Dieses bildet mittlerweile die Grundlage für die Schiedsgesetze in mehr als 40 Staaten[9] und liegt u. a. auch dem Zehnten Buch der ZPO (§§ 1025 ff.) zugrunde.

---

[3] Einen Überblick über Unterschiede geben etwa *Baum*, Reconciling Anglo-Saxon and Civil-Law Procedure: The Path to a Procedural Lex Arbitrationis, FS Böckstiegel, 2001, 21 ff.; *Demeyère*, The Search for the „Truth": Rendering Evidence under Common Law and Civil Law, SchiedsVZ 2003, 247 ff.; *Elsing/Townsend*, Bridging the Common Law-Civil Law Divide in Arbitration, Arb. Int. 1992, 59 ff.; *Kaufmann-Kohler/Bärtsch*, Discovery in international arbitration: How much is too much?, SchiedsVZ 2004, 13 ff.; *Sachs*, Use of documents and document discovery: „Fishing expeditions" versus transparancy and burdon of proof, SchiedsVZ 2003, 193 ff.

[4] Vgl. hierzu *Voser*, Harmonization by Promulgating Rules of Best International Practice in International Arbitration, SchiedsVZ 2005, 113 ff.

[5] *Lionnet/Lionnet*, Handbuch der internationalen und nationalen Schiedsgerichtsbarkeit, 3. Aufl. 2005, S. 535; zu den UNCITRAL Rules siehe unten II.1.

[6] S. hierzu unten III.4.

[7] *Karrer*, Arbitration in Switzerland under the Swiss Rules of Arbitration, IDR 2004, 59, 60.

[8] Zum UNCITRAL-Modellgesetz *Roth*, The UNCITRAL Model Law, in: *Weigand* (Hrsg.), Practitioner's Handbook on International Arbitration, 2002; *Böckstiegel*, Das UNCITRAL-Modellgesetz über die internationale Handelsschiedsgerichtsbarkeit, RIW 1984, 670 ff.; *Calavros*, Das UNCITRAL-Modellgesetz über die internationale Handelsschiedsgerichtsbarkeit, 1988; *Hußlein-Stich*, Das UNCITRAL-Modellgesetz über die internationale Handelsschiedsgerichtsbarkeit, 1990.

[9] Vgl. die Übersicht unter http://www.uncitral.org/uncitral/en/uncitral_texts.html („Status of texts").

Schließlich sind die **Rules on the Taking of Evidence in International Commercial Arbitration** der International Bar Association (IBA Rules of Evidence) ein weiteres Beispiel für das Bestreben, allgemeine Standards für internationale Schiedsverfahren zu erarbeiten. Die IBA Rules enthalten Regeln für die Beweisaufnahme in internationalen Schiedsverfahren und versuchen in diesem für die internationale Schiedsgerichtsbarkeit zentralen Bereich einen Ausgleich zwischen der anglo-amerikanischen und der kontinentaleuropäischen Rechtstradition zu schaffen.[10]

2. Vielfalt der Gestaltungsmöglichkeiten

Ungeachtet dieser Harmonisierungstendenzen bleibt es bei der bereits angesprochenen Vielfalt der Gestaltungsmöglichkeiten und dem Problem für die Parteien, sich für die „richtigen" Regeln zu entscheiden. Ziel dieses Beitrages ist, einen generellen Überblick über verschiedene Schiedsordnungen zu geben und Anhaltspunkte für die Wahl des im konkreten Fall „richtigen" Verfahrens zu bieten.

Dabei ist zu berücksichtigen, dass bei Abschluss der Schiedsvereinbarung die genauen Umstände und Einzelheiten einer späteren Streitigkeit in der Regel noch nicht absehbar sind. Dementsprechend kann zu diesem Zeitpunkt nicht beurteilt werden, ob die eine oder andere Detailregelung, die in einer Schiedsordnung vorgesehen ist, im konkreten Fall vorteilhaft oder nachteilig sein wird. Maßgebliches Entscheidungskriterium ist in diesem Zeitpunkt neben den eigenen Erfahrungen vielmehr häufig eine allgemeine Charakterisierung und Einschätzung des jeweiligen Verfahrens. Bei den administrierten Schiedsverfahren ist hier insbesondere die Frage relevant, in welchem Maß die Institution Einfluss auf das Verfahren und seinen Ablauf nimmt.

Ein weiterer wesentlicher Gesichtspunkt für die Entscheidung ist die Anzahl sowie die Art und Weise der Bestellung der Schiedsrichter – hier ist aus Parteisicht insbesondere interessant, ob und inwieweit die Parteien eine Einflussnahmemöglichkeit haben. Daneben können Besonderheiten der einzelnen Verfahrensregeln für oder gegen eine bestimmte Verfahrensordnung sprechen. Weiterhin kann für die Entscheidung der Parteien relevant sein, ob für die Durchführung des Verfahrens Fristen vorgesehen sind und wie die Entscheidungsfindung innerhalb des Schiedsgerichts erfolgt. Schließlich spielen auch die Kosten des Verfahrens eine nicht unerhebliche Rolle.

Um eine Entscheidungshilfe zu bieten, welche Verfahrensordnung im konkreten Fall geeignet sein kann, werden die genannten Gesichtspunkte im Hin-

---

10 Vgl. zu den IBA Rules of Evidence: IBA Working Party, Commentary on the New IBA Rules of Evidence, in: Weigand (Hrsg.), Practitioner's Handbook on International Arbitration 2002; *Raeschke-Kessler*, Die IBA-Rules über die Beweisaufnahme in internationalen Schiedsverfahren, in: Beweiserhebung in internationalen Schiedsverfahren, DIS Schriftenreihe Bd. 14, 2001, 41 ff.

blick auf verschiedene Verfahrensordnungen erörtert – zunächst werden als typische Regelungen für ein Ad-hoc-Verfahren die UNCITRAL Rules und das in den §§ 1025 ff. ZPO normierte deutsche Schiedsverfahrensrecht dargestellt; im Anschluss daran wird aus dem Bereich der administrierten Schiedsverfahren das Verfahren nach den Regeln der Internationalen Handelskammer (ICC), der Deutschen Institution DIS, des London Court of International Arbitration (LCIA), der Stockholmer Handelskammer (SCC) und der Schweizerischen Handelskammern (Swiss Rules) behandelt.[11]

Schon aus Platzgründen können dabei nicht alle Einzelaspekte dargestellt werden, die im konkreten Fall entscheidungsrelevant sein können. Für Einzel- und Detailfragen bietet die von *Schäfer/Grether* erstellte detaillierte Synopse verschiedener Verfahrensordnungen weitere Anhaltspunkte.[12] Sie kann von der Webseite der Deutschen Institution für Schiedsgerichtsbarkeit herunter geladen werden.[13]

Beim Abschluss einer Schiedsvereinbarung sollten die Parteien mit größtmöglicher Sorgfalt vorgehen. In der Praxis finden sich immer wieder pathologische, d. h. fehlerhafte Schiedsklauseln, die zur Unwirksamkeit der Schiedsvereinbarung, zumindest aber zu Verzögerungen und Schwierigkeiten führen können. Um dies zu vermeiden, bietet es sich grundsätzlich an, die Standardschiedsklauseln der einzelnen Institutionen zu wählen und diese etwa um Angaben zum Schiedsort, die Verfahrenssprache sowie das anwendbare materielle und Schiedsverfahrensrecht zu ergänzen.[14]

3. Zur Bedeutung des Schiedsortes

Hervorzuheben ist, dass bei Abschluss einer Schiedsvereinbarung der Wahl des Schiedsortes besondere Bedeutung zukommt. Zunächst legt er, zumindest nach den modernen Schiedsgesetzen, das auf das Schiedsverfahren anzuwendende Verfahrensrecht fest. Zudem gilt der Schiedsspruch als am Schiedsort erlassen.

---

11 Ein kurzer Vergleich von Ad-hoc- und institutionellen Schiedsverfahren findet sich auch bei *Kreindler/Schäfer/Wolff*, Schiedsgerichtsbarkeit – Kompendium für die Praxis, 2006, Rn. 384 ff.
12 Es handelt sich hierbei um die UNCITRAL Arbitration Rules, die Schiedsordnungen der International Chamber of Commerce (ICC) der American Arbitration Association (AAA), der China International Economic and Trade Arbitration Commission (CIETAC), der Japan Commercial Arbitration Association (JCAA), der Deutschen Institution für Schiedsgerichtsbarkeit e. V. (DIS), der London Court of International Arbitration (LCIA), der Stockholm Chamber of Commerce (SCC), der World Intellectual Property Organisation (WIPO) und schließlich der Zürcher Handelskammer, wobei letztere mittlerweile durch die Swiss Rules abgelöst wurde.
13 http://www.dis-arb.de unter „Online Materialien"; vgl. auch *Glossner/Bredow*, ICC, LCIA und DIS-Schiedsgerichtsordnung – Unterschiede und Gemeinsamkeiten, FS Böckstiegel, 2001, 219 ff.
14 Siehe hierzu auch *Schütze*, Schiedsgericht und Schiedsverfahren, 4. Aufl. 2007, Rn. 29.

Damit hat der Schiedsort für die Frage der Aufhebung und der (internationalen) Vollstreckbarkeit des Schiedsspruchs erhebliche Bedeutung.[15]

Es ist empfehlenswert, insbesondere in Verträgen mit Auslandsbezug, den Schiedsort immer festzulegen. Dabei sollte darauf geachtet werden, dass er in einem „schiedsfreundlichen" Land liegt, das den Parteien weiten Raum für Vereinbarungen lässt, eine flexible Verfahrensgestaltung erlaubt und in dem die staatlichen Gerichte der Schiedsgerichtsbarkeit gegenüber positiv eingestellt sind. Letzteres kann für eine Vielzahl von Ländern, exemplarisch etwa für Frankreich, die Schweiz, Schweden und Deutschland, bejaht werden.

II. Ad-hoc-Schiedsverfahren

Im Bereich der Ad-hoc-Schiedsverfahren haben die Parteien zunächst die Möglichkeit, sich eine selbst formulierte, auf ihre Bedürfnisse zugeschnittene detaillierte Prozessordnung zu geben. In der Regel ist diese Vorgehensweise allerdings nicht empfehlenswert, da sie zeit- und kostenintensiv und außerdem fehlerträchtig ist. Zumeist besteht auch kein Bedürfnis für diese Vorgehensweise, da für Ad-hoc-Verfahren auf existierende Verfahrensregeln zurückgegriffen werden kann, die an die konkreten Bedürfnisse angepasst werden können.[16] Wie bereits erwähnt, können die Parteien etwa die Durchführung eines Verfahrens auf der Grundlage der in den **§§ 1025 ff.** normierten gesetzlichen Bestimmungen vereinbaren, wobei der Schiedsort hierzu in Deutschland liegen muss. Alternativ bietet sich die Durchführung eines Schiedsverfahrens auf der Grundlage der **UNCITRAL Rules** an.

1. UNCITRAL Rules

Bei den 1976 verabschiedeten UNCITRAL Rules handelt es sich um die erste Schiedsgerichtsordnung, die die Durchführung eines Ad-hoc-Schiedsverfahrens detailliert regelt und eine Alternative zu den von den Schiedsinstitutionen angebotenen Verfahrensordnungen bot.[17] Auch heute noch bieten sie einen modernen und flexiblen Rahmen für die Durchführung von Schiedsverfahren.

Über die Häufigkeit der Durchführung von Schiedsverfahren nach den UNCITRAL Rules liegen keine statistischen Angaben vor. Ihre besondere prak-

---

15 Vgl. allgemein zum Schiedsort *Münch* in: Münchener Kommentar zur Zivilprozessordnung, 2. Aufl. 2001, § 1043 Rn. 2 ff.; *Geimer* in: Zöller, ZPO, 26. Aufl. 2007, § 1043 Rn. 1 ff.; *Lörcher/Lörcher*, Das Schiedsverfahren – national/international – nach deutschem Recht, 2. Aufl. 2001, Rn. 188 ff.; *Lionnet*, Gehört die Vereinbarung des Schiedsverfahrensortes zum notwendigen Mindestinhalt der Schiedsvereinbarung? FS Böckstiegel, 2001, 477 ff.; *Berger*, „Sitz des Schiedsgerichts" oder „Sitz des Schiedsverfahrens", RIW 1993, 8 ff.
16 Vgl. zu den Gestaltungsmöglichkeiten: *G. Lörcher/T. Lörcher*, Organisation eines Ad-hoc-Schiedsverfahrens, SchiedsVZ 2005, 179 ff.
17 *Lionnet/Lionnet*, Handbuch der internationalen und nationalen Schiedsgerichtsbarkeit, 3. Aufl. 2005, S. 534; für eine ausführliche Kommentierung zu den UNCITRAL Rules s. *Patocchi*, in: *Schütze* (Hrsg.), Institutionelle Schiedsgerichtsbarkeit, 2006.

tische Bedeutung ergibt sich aber u. a. daraus, dass sie mit leichten Änderungen als Verfahrensordnung des *Iran-United States Claims Tribunal* gedient haben. Da dessen Entscheidungen veröffentlicht sind, existiert zu den UNCITRAL Rules die umfassendste zugängliche Quelle über die Praxis eines internationalen Schiedsgerichts und die Anwendung einer Schiedsordnung.[18]

a) Bildung des Schiedsgerichts

Ein wesentlicher Schritt im Rahmen eines Schiedsverfahrens ist die Bildung des Schiedsgerichts. Wie alle anderen Verfahrensordnungen enthalten auch die UNCITRAL Rules hierzu detaillierte Regeln.

Dabei gehen die UNCITRAL Rules von der Zuständigkeit eines **Dreier-Schiedsgerichts** aus, es sei denn, die Parteien haben eine Entscheidung durch einen Einzelschiedsrichter vereinbart.[19] Trotz der damit verbundenen höheren Kosten sprechen in der Regel gute Gründe dafür, die Zuständigkeit eines Dreier-Schiedsgerichts bereits in der Schiedsklausel zu vereinbaren, da ein Dreier-Schiedsgericht in aller Regel eine höhere Richtigkeitsgewähr bietet, als die Entscheidung eines „einsamen" Einzelschiedsrichters.[20]

Der Einzelschiedsrichter wird gemeinsam von den Parteien ernannt.[21] Bei einem Dreier-Schiedsgericht ernennt jede Partei einen Schiedsrichter, die beiden parteiernannten Schiedsrichter ernennen den Vorsitzenden.[22]

Da hinter den UNCITRAL Rules keine Schiedsinstitution steht, bedarf es für den Fall, dass ein Schiedsrichter nicht ernannt wird, der Festlegung einer Stelle, die die Ersatzbenennung übernimmt (sog. **Ernennende Stelle**). Haben die Parteien keine Ernennende Stelle vereinbart, oder verweigert die Ernennende Stelle ein Tätigwerden, so wird sie durch den Generalsekretär des Ständigen Schiedsgerichtshofs in Den Haag bestimmt.[23] Dabei ist die Ernennende Stelle gemäß Art. 12 UNCITRAL Rules auch für die Entscheidung über einen Antrag auf Ablehnung eines Schiedsrichters zuständig.

Es empfiehlt sich, die Ernennende Stelle bereits in der Schiedsklausel zu vereinbaren, wobei zuvor geklärt werden sollte, ob die von den Parteien verein-

---

18 Zu Einzelheiten: *Böckstiegel*, Zur Bedeutung des Iran-United States Claims Tribunal für die Entwicklung eines internationalen Rechts, FS Universität zu Köln, 605 ff.; *Brower/Brueschke*, The Iran-United States Claims Tribunal, 1998; *Maiwald*, Das Iran-United States Claims Tribunal – Seine Rechtsgrundlagen und seine völkerrechtliche, prozeßrechtliche und wirtschaftliche Rechtsprechungspraxis, 1987; *Wühler*, Zur Bedeutung des Iran-United States Claims Tribunal für die Rechtsfortbildung, in *Böckstiegel* (Hrsg.), Rechtsfortbildung durch Internationale Schiedsgerichtsbarkeit, 1989, 93 ff.
19 Art. 5 UNCITRAL Rules.
20 *Lachmann*, Handbuch für die Schiedsgerichtspraxis, 3. Aufl. 2008, Rn. 3106; *G. Lörcher/T. Lörcher*, Organisation eines Ad-hoc-Schiedsverfahrens, SchiedsVZ 2005, 179, 181.
21 Art. 6 UNCITRAL Rules.
22 Art. 7 (1) UNCITRAL Rules.
23 Art. 6 (2) UNCITRAL Rules.

barte Stelle zur Übernahme dieser Aufgabe bereit ist. Nahezu alle Schiedsinstitutionen haben sich bereit erklärt, diese Funktion zu übernehmen und haben teilweise auch besondere Regelungen hierfür erlassen.[24] Für die Vereinbarung einer Schiedsinstitution als Ernennende Stelle spricht, dass diese gerade im Hinblick auf die Schiedsrichterbestellung über besonderes Know-how verfügen.

Im Hinblick auf die Ersatzbenennung von Schiedsrichtern bestimmt Art. 6 (4) UNCITRAL Rules, dass die Ernennende Stelle hierbei solche Umstände berücksichtigt, die geeignet sind, die Bestellung eines unabhängigen und unparteiischen Schiedsrichters zu sichern; dabei soll sie auch der Zweckmäßigkeit der Bestellung eines Schiedsrichters, der eine andere Staatsangehörigkeit als die Parteien besitzt, Rechnung tragen.

Problematisch kann die Schiedsrichterbestellung in sog. **Mehrparteien-Schiedsverfahren** sein, insbesondere, wenn auf der Beklagtenseite mehrere Parteien beteiligt sind und diese sich nicht auf einen gemeinsamen Schiedsrichter einigen können.[25] Diese Konstellation lag der sog. *Dutco* Entscheidung des französischen Kassationsgerichtshofs aus dem Jahr 1991 zugrunde.[26] Der Kassationsgerichtshof stellte in dieser Entscheidung fest, dass der Grundsatz der Gleichheit der Parteien bei der Benennung der Schiedsrichter zum *ordre public* gehöre und hierauf erst nach Entstehen des Streitfalls verzichtet werden könne. Da dieser im konkreten Fall – die beiden Beklagten konnten sich nicht auf einen Schiedsrichter einigen und die ICC nahm eine Ersatzbenennung vor – nicht gewahrt sei, hob das Gericht den angegriffenen Schiedsspruch auf.

Die meisten administrierten Schiedsgerichtsordnungen haben diese Entscheidung berücksichtigt und sehen Regelungen vor, die die Gleichbehandlung der Parteien in Mehrparteien-Schiedsverfahren sicherstellen sollen. Demgegenüber enthalten die aus dem Jahr 1976 stammenden UNCITRAL Rules keine Regelungen, die dieser Rechtsprechung Rechnung tragen. Daher ist von einer Vereinbarung der UNCITRAL Rules abzuraten, wenn es zu einer Mehrparteiensituation kommen kann, es sei denn in der Schiedsvereinbarung wird festgelegt, dass in Mehrparteienverfahren, bei denen eine Einigung über die Schiedsrichter auf Kläger- oder Beklagtenseite nicht zustande kommt, alle Schiedsrichter von der Ernennenden Stelle bestellt werden.

---

24 *Lionnet/Lionnet*, Handbuch der internationalen und nationalen Schiedsgerichtsbarkeit, 3. Aufl. 2005, S. 535; zu Sonderregeln in den institutionellen Schiedsordnungen s. *Patocchi* UNCITRAL-Schiedsgerichtsordnung in: *Schütze* (Hrsg.) Institutionelle Schiedsgerichtsbarkeit, Art. 6 Rn. 16.
25 So i. E. auch *Patocchi* UNCITRAL-Schiedsgerichtsordnung in: Schütze (Hrsg.) Institutionelle Schiedsgerichtsbarkeit, III Rn. 6 (ii).
26 RdA 1992, S. 470 ff.; vgl. die Übersetzung des Urteils vom 7.1.1992 in RPS, 1. Hj. 1992, S. 27, Beilage 15 zu BB Heft 28/1992; s. zur *Dutco*-Entscheidung etwa *H. Lörcher*, Das internationale Handelsschiedsverfahren in Frankreich, 1997, S. 60 ff.; *Nicklisch*, Mehrparteienschiedsgerichtsbarkeit und Streitbeilegung bei Großprojekten, FS Glossner, 1994, 221, 227 f.

b) Schiedsspruch

Besteht das Schiedsgericht aus drei Schiedsrichtern, so ist ein Schiedsspruch wie auch jede andere Entscheidung des Schiedsgerichts mit **Stimmenmehrheit** zu erlassen, d. h. es müssen mindestens zwei Schiedsrichter für die Entscheidung stimmen.[27] Dies kann problematisch sein, wenn innerhalb des Schiedsgerichts keine Mehrheit für eine Entscheidung zustande kommt, weil etwa beide parteibenannten Schiedsrichter sehr weit voneinander entfernte Auffassungen vertreten, die vom vorsitzenden Schiedsrichter nicht geteilt werden. Hier kann letzterer gezwungen sein, einen Kompromiss mit dem „weniger unvernünftigen" parteiernannten Schiedsrichter zu finden.[28] Auf der anderen Seite führt die Möglichkeit eines „Stichentscheids" des Vorsitzenden (sog. *casting vote*) dazu, dass die Rolle der parteibenannten Schiedsrichter geschwächt wird und das Bemühen um eine gemeinsam getragene Entscheidung von vornherein als sinnlos empfunden werden könnte.[29]

2. §§ 1025 ff. ZPO

Als Alternative zu einem Ad-hoc-Schiedsverfahren nach den UNCITRAL Rules bietet es sich an, das Verfahren auf der Grundlage des Zehnten Buchs der ZPO durchzuführen.[30] Das dort geregelte deutsche Schiedsrecht wurde zum 1. Januar 1998 umfassend reformiert. Die Bestimmungen basieren – wie die Schiedsgesetze zahlreicher weiterer Staaten[31] – auf dem UNCITRAL MG. Dementsprechend bieten die Vorschriften der §§ 1025 ff. ZPO einen modernen, international wettbewerbsfähigen und „schiedsfreundlichen" Rechtsrahmen für nationale wie auch internationale Schiedsverfahren.

Die Durchführung eines Schiedsverfahrens auf der Grundlage dieser Bestimmungen ohne die Festlegung weiterer Verfahrensregeln ist ohne weiteres möglich. Nach den Erfahrungen der Autoren wird diese Option in der Praxis auch häufig genutzt. Insbesondere Verträge zwischen deutschen Parteien sehen immer wieder die Durchführung eines entsprechenden Schiedsverfahrens vor.

a) Bestellung des Schiedsgerichts

Die Parteien können die Zahl der Schiedsrichter und das Verfahren zu ihrer Bestellung frei vereinbaren. Mangels abweichender Parteivereinbarung wird ein aus drei Schiedsrichtern bestehendes Schiedsgericht gebildet.[32] Während ein Einzelschiedsrichter von beiden Parteien einvernehmlich bestellt wird, bestellt bei einem Dreier-Schiedsgericht jede Partei einen Schiedsrichter.

---

27 Art. 31 (5) UNCITRAL Rules.
28 Zur alternativen Gestaltung der sog. *casting vote*: s. unten III.1.c.
29 Vgl. die Begründung zum Entwurf des Reformgesetzes, Deutscher Bundestag, Drucksache 13/5274, zu § 1052 Abs. 1, der eine inhaltsgleiche Regelung vorsieht.
30 Zum Verfahren nach der ZPO s. auch *Kühn/Gantenberg*, in: Arbitration World, 2. Aufl. 2006, S. 93 ff.
31 Siehe oben I.1.
32 § 1034 Abs. 1 ZPO.

Diese parteibenannten Schiedsrichter bestellen dann wiederum gemeinsam den vorsitzenden Schiedsrichter.[33]

Wird ein Schiedsrichter nicht (fristgerecht) bestellt, so erfolgt die **Ersatzbestellung** auf Antrag einer Partei durch das Oberlandesgericht, dessen Zuständigkeit die Parteien vereinbart haben bzw. in dessen Bezirk der Schiedsort liegt.[34] Ähnlich wie die UNCITRAL Rules sieht § 1035 Abs. 5 ZPO vor, dass das Gericht bei der Bestellung eines Einzelschiedsrichters bzw. eines Vorsitzenden auch die Zweckmäßigkeit der Bestellung eines Schiedsrichters mit einer anderen Staatsangehörigkeit als derjenigen der Parteien in Erwägung zu ziehen hat.

Im Hinblick auf die Ersatzbestellung ist zu beachten, dass das Gericht nach herrschender Auffassung[35] eine Ersatzbenennung dann nicht vornimmt, wenn die Schiedsvereinbarung offensichtlich unwirksam ist. Diese Praxis, die von *Bredow*[36] mit guten Gründen kritisiert wird, erscheint insbesondere deshalb zweifelhaft, weil den Parteien hierdurch die Möglichkeit der rügelosen Einlassung auf das Schiedsverfahren abgeschnitten wird. *Bredow* legt zudem dar, dass eine Ersatzbenennung durch die staatlichen Gerichte, je nachdem, welche Gerichtsgebühren das jeweilige staatliche Gericht zugrunde legt, mit erheblichen Kosten verbunden sein kann.

Das Zehnte Buch der ZPO regelt die Frage der Schiedsrichterbestellung in **Mehrparteienverfahren** nicht explizit. Als mögliche Lösung kommt insoweit die Anwendung des § 1034 Abs. 2 ZPO in Betracht. Danach gilt für den Fall, dass die Schiedsvereinbarung einer Partei bei der Zusammensetzung des Schiedsgerichts ein Übergewicht gibt, das die andere Partei benachteiligt, letztere bei Gericht beantragen kann, den oder die Schiedsrichter abweichend von der Ernennungsregelung zu ernennen. Nach überwiegender Auffassung findet diese Vorschrift auch auf eine Mehrparteiensituation, in der die Parteien sich nicht auf einen gemeinsamen Schiedsrichter einigen können, Anwendung.[37] Da diese Frage in der Rechtsprechung allerdings nicht geklärt ist, erscheint es vorzugswürdig, von der Vereinbarung eines Ad-hoc-Schiedsverfahrens nach den §§ 1025 ff. ZPO abzusehen, wenn eine Mehrparteiensituation absehbar ist oder es sollte ein Benennungsverfahren, das diesem Umstand Rechnung trägt, vereinbart werden.

---

33 Zu Einzelheiten s. §§ 1034 f. ZPO.
34 Vgl. §§ 1034 Abs. 4, 1062 Abs. 1 u. Abs. 2 ZPO.
35 *BayObLG*, BB 1999, 1785; *Lachmann*, Handbuch für die Schiedsgerichtspraxis, 3. Aufl. 2008, Rn. 892 ff.; *Schwab/Walter*, Schiedsgerichtsbarkeit, 7. Aufl. 2005, Kap. 10, Rn. 24; *Stein/Jonas/Schlosser*, 22. Aufl. 2002, § 1029, Rn. 6; *Münch* in: Münchener Kommentar zur Zivilprozessordnung, 2. Aufl. 2001, § 1053 Rn. 25.
36 *Bredow*, § 1035 und die „K-Fragen" für die Parteien, FS Schlosser, 2005, 75 ff.
37 *Schlosser*, Bald neues Recht der Schiedsgerichtsbarkeit in Deutschland?, RIW 1994, 723, 726; *Labes/T. Lörcher*, Das neue deutsche Recht der Schiedsgerichtsbarkeit – Zur bevorstehenden Neufassung des 10. Buchs der ZPO (§§ 1025 ff.) –, MDR 1997, 420, 421; differenzierend *Berger*, Das neue Schiedsverfahrensrecht in der Praxis – Analyse und aktuelle Entwicklungen, RIW 2001, 7, 13 m.w.N.; s. auch *Wagner* in: Weigand (Hrsg.), Practitioner's Handbook on International Arbitration, 2002, Part 4 D Germany, Rn. 34 ff.

b) Schiedsspruch

§ 1052 Abs. 1 ZPO bestimmt, dass das Schiedsgericht jede Entscheidung mit Mehrheit der Stimmen aller Mitglieder zu treffen hat, sofern die Parteien keine abweichende Vereinbarung getroffen haben.[38] Diese Regelung stimmt inhaltlich mit den UNCITRAL Rules überein. Eine Frist, innerhalb derer der Schiedsspruch zu erlassen ist, ist nicht vorgesehen.

3. Verfahrenskosten in Ad-hoc-Verfahren

Im Rahmen von administrierten Schiedsverfahren ist die Frage der Schiedsrichtervergütung – wie auch der Verwaltungsgebühren für die Institution – in einer Kostenordnung geregelt.[39] Demgegenüber sehen weder die UNCITRAL Rules noch die §§ 1025 ff. ZPO eine solche Kostenordnung vor. Art. 39 (1) UNCITRAL Rules bestimmt lediglich, dass die Honorare der Mitglieder des Schiedsgerichts dem Streitwert, der Schwierigkeit der Sache, der von den Schiedsrichtern aufgewendeten Zeit und allen anderen hierfür maßgebenden Umständen angemessen sein müssen.[40]

Bei der **Bemessung der Schiedsrichtervergütung** kommen vielfältige Gestaltungsmöglichkeiten in Betracht. In *common law* Ländern wird die Schiedsrichtervergütung in Ad-hoc-Verfahren häufig auf der Grundlage von Stundenhonoraren festgelegt, während in zahlreichen *civil law* Staaten auf eine Art von Gebührentabelle, teilweise auch auf einen Prozentsatz des Streitwertes zurückgegriffen wird. Um hier Unsicherheiten und Streitigkeiten zu vermeiden, ist sowohl den Parteien als auch den Schiedsrichtern dringend zu empfehlen, eine ausdrückliche Vereinbarung über die Höhe der Schiedsrichtervergütung zu treffen.[41]

Ein Grund für die Vereinbarung eines Ad-hoc-Schiedsverfahrens scheint immer wieder auch zu sein, die Verwaltungsgebühren der administrierenden Institution zu sparen. Berücksichtigt man, dass diese Gebühren im Hinblick auf die gesamten Kosten des Schiedsverfahrens und den Streitwert einen vergleichsweise niedrigen Betrag ausmachen,[42] sollte dieser Grund aus Sicht der

---

38 Hierzu *Wagner* in: Weigand (Hrsg.), Practitioner's Handbook on International Arbitration, Part 4 D Germany, Rn. 325 f.
39 Zu Einzelheiten s. unten III.6.
40 Art. 39 (2) UNCITRAL Rules bestimmt ferner, dass wenn die Parteien sich auf eine ernennende Stelle geeinigt oder eine solche vom Generalsekretär des ständigen Schiedsgerichtshofs in Den Haag bestimmt worden ist und diese Stelle eine Tabelle für Schiedsrichterhonorare in internationalen Streitfällen, die sie betreut, herausgegeben hat, das Schiedsgericht bei der Honorarfestsetzung diese Tabelle zu berücksichtigen hat, soweit es dies nach den Umständen des Falles für angebracht erachtet.
41 Zu der Frage der Höhe der Schiedsrichtervergütung nach deutschem Recht, falls die Parteien keine Vereinbarung getroffen haben, s. *Elsing*, Bemessungsgrundlage für Honorare und Auslagen der Schiedsrichter, DIS MAT X (2005), 3 ff.; siehe auch *Bischof*, RVG: Erste Gebührenprobleme für Schiedsverfahren und Mediation, SchiedsVZ 2004, 252 ff.; *G. Lörcher/T. Lörcher*, Organisation eines Ad-hoc-Schiedsverfahrens, SchiedsVZ, 2005, 179, 186 f.
42 Zu Einzelheiten s. unten III.6.b.

Autoren nicht ausschlaggebend sein. Dies gilt in besonderem Maße, wenn in Fragen des Schiedsverfahrens wenig erfahrene Parteien, Parteivertreter oder Schiedsrichter beteiligt sind. Gerade in derartigen Fällen kann die administrierende Institution wertvolle Hilfe und Unterstützung leisten und dazu beitragen, dass das Verfahren reibungslos abläuft.

4. Bewertung

Zusammenfassend ist festzuhalten, dass sowohl die vor nunmehr 30 Jahren verabschiedeten UNCITRAL Rules wie auch die – deutlich jüngeren – Bestimmungen des Zehnten Buchs der ZPO einen geeigneten Rahmen für die Durchführung von Ad-hoc-Schiedsverfahren bieten. Da die Unterstützung einer administrierenden Institution fehlt, erscheint die Durchführung eines Ad-hoc-Verfahrens vor allem für „schiedserfahrene" Parteien als sinnvolle Gestaltungsmöglichkeit.[43]

Dabei ist zu beachten, dass bei der Durchführung eines Verfahrens nach den §§ 1025 ff. ZPO ein erhebliches Kostenrisiko bestehen kann, wenn die Ersatzbenennung durch das staatliche Gericht erforderlich wird. Ferner besteht das Risiko, dass das Gericht im Falle einer offensichtlichen Unwirksamkeit der Schiedsvereinbarung die Schiedsrichterbestellung ablehnt und damit die Möglichkeit einer rügelosen Einlassung nimmt.

Problematisch kann die Vereinbarung eines Ad-hoc-Schiedsverfahrens zudem dann sein, wenn es zu einem Mehrparteien-Schiedsverfahren kommen kann. Während die UNCITRAL Rules hierfür keine Regelung vorsehen, bietet sich im deutschen Recht ein Rückgriff auf § 1034 Abs. 2 ZPO an. Da die Frage der Anwendbarkeit dieser Bestimmung in der Rechtsprechung bisher allerdings noch nicht entschieden ist, verbleibt hier eine Rechtsunsicherheit. Sowohl nach der ZPO als auch nach den UNCITRAL Rules kann diesem Problem allerdings Rechnung getragen werden, indem eine Vereinbarung über die Schiedsrichterbestellung in Mehrparteiensituationen getroffen wird, die die Gleichbehandlung der Parteien wahrt.

Ein wesentlicher Vorteil eines administrativen Verfahrens gegenüber einem Ad-hoc-Verfahren kann auch darin bestehen, dass bei ersteren häufig zur Wahrung von Verjährungsfristen der Eingang der Schiedsklage bzw. des Einleitungsantrags bei der Schiedsinstitution ausreicht. Hierdurch können Schwierigkeiten bei der in Ad-hoc-Verfahren notwendigen Zustellung an die Gegenpartei vermieden werden.[44]

---

43 So auch *Schütze*, Schiedsgericht und Schiedsverfahren, 4. Aufl. 2007, Rn. 27.
44 *Kreindler/Schäfer/Wolff*, Schiedsgerichtsbarkeit – Kompendium für die Praxis, 2006, Rn. 385.

III. Institutionelle Schiedsverfahren

Nachfolgend wird ein Überblick über das Schiedsverfahren auf der Grundlage der Schiedsregeln der **ICC**, der **DIS**, des **LCIA**, des **SCC** sowie nach den **Swiss Rules** gegeben, bevor abschließend eine vergleichende Darstellung der im Rahmen der jeweiligen Verfahrensordnungen entstehenden Kosten erfolgt.[45]

1. International Court of Arbitration der International Chamber of Commerce (ICC)

Im Bereich der internationalen Schiedsgerichtsbarkeit ist die an erster Stelle zu nennende Institution der Schiedsgerichtshof der Internationalen Handelskammer in Paris, dessen Schiedsordnung (ICC SchO) in der derzeit gültigen Fassung seit 1. Januar 1998 in Kraft ist.[46] Bei dem Gerichtshof selbst handelt es sich nicht um ein Schiedsgericht, sondern um eine Verwaltungsinstitution, die Schiedsverfahren auf der Grundlage der ICC SchO administriert. Dabei spielt der Gerichtshof allerdings eine aktive Rolle und nimmt eine wesentliche Funktion im Verfahrensablauf ein. Auch wenn er den Rechtsstreit nicht selbst entscheidet,[47] hat er die Anwendung der Verfahrensordnung sicherzustellen und gestaltet das Verfahren in wesentlichen Elementen mit. Dies betrifft die Einleitung des Verfahrens,[48] die Bestellung bzw. Bestätigung von Schiedsrichtern, die Begleitung des Verfahrens und die Prüfung des Schiedsspruchs.

Der Gerichtshof wird als „administratives Rückgrat" von einem Sekretariat unterstützt, dem ca. 30 Juristen aus verschiedenen Ländern und Rechtskreisen angehören.[49] Der im Sekretariat für das jeweilige Verfahren zuständige Mitar-

---

45 Einen guten Überblick über die wichtigsten Schiedsinstitutionen bietet *Schütze*, Schiedsgericht und Schiedsverfahren, 4. Aufl. 2007, Rn. 30 ff.
46 Ausführlich zum Verfahren unter ICC SchO: *Reiner/Jahnel* in *Schütze* (Hrsg.) Institutionelle Schiedsgerichtsbarkeit, II. Kap.; *Derains/Schwartz*, A Guide to the ICC Rules of Arbitration, 2. Aufl. 2005; *Schäfer/Verbist/Imhoos*, ICC Arbitration in Practice 2004; *Bühler/Webster*, The Handbook of ICC Arbitration, 2005; *Craig/Park/Paulsson*, International Chamber of Commerce Arbitration, 3. Aufl. 2000.
47 Art. 1 (2) ICC SchO.
48 So räumt Art. 6 (2) ICC SchO dem Schiedsgerichtshof die Kompetenz ein, über die Einleitung des Schiedsverfahrens zu entscheiden, falls der Schiedsbeklagte sich nicht einlässt oder Einwendungen gegen die Schiedsvereinbarung erhebt. Der Schiedsgerichtshof kann den Fortgang des Verfahrens anordnen, wenn er aufgrund des ersten Anscheins überzeugt ist, das eine Schiedsvereinbarung besteht. Die Bestimmung stellt klar, dass hiermit keine Entscheidung über die Zulässigkeit oder Begründetheit der Klage getroffen werden, sondern diese Entscheidung allein bei dem Schiedsgericht liegt. In der Praxis führt Art. 6 (2) ICC SchO dazu, dass der Schiedsgerichtshof ein Verfahren einleitet, wenn und soweit vernünftige Anhaltspunkte für das Vorliegen einer Schiedsvereinbarung bestehen, *von Schlabrendorff*, Internationaler Schiedsgerichtshof der Internationalen Handelskammer, SchiedsVZ 2003, 35.
49 Die Organisation des ICC Court ergibt sich aus dem Appendix I der ICC SchiedsO (Statutes of the International Court of Arbitration of the ICC) und dem Appendix II der ICC SchiedsO (Internal Rules of the International Court of Arbitration of the ICC); vgl. auch *Craig/Park/Paulsson*, International Chamber of Commerce Arbitration, 3. Aufl. 2000, S. 17 ff.

beiter (Counsel) erhält von sämtlichen im Schiedsverfahren ausgetauschten Schriftstücken eine Kopie und ist in vollem Umfang über das Verfahren informiert. Das Sekretariat nutzt in der Regel die ihm eingeräumten Möglichkeiten, auf das Verfahren Einfluss zu nehmen. Dabei bezieht dieses sich nicht auf den Inhalt der Entscheidung, sondern vielmehr darauf, dass das Verfahren nach Möglichkeit zügig vorangeht und die Formalien eingehalten werden.[50]

Seit seiner Gründung im Jahr 1923 hat der Gerichtshof mehr als 12.000 Schiedsverfahren betreut;[51] er verfügt damit über eine umfassende Erfahrung im Bereich der internationalen Schiedsgerichtsbarkeit. Im Jahr 2006 wurden bei der ICC 593 Anträge auf Einleitung von Schiedsverfahren gestellt, die insgesamt 1.613 Parteien aus 125 unterschiedlichen Ländern betrafen. 55,5 % der Verfahren wiesen einen Streitwert von mehr als 1 Million US$ auf.[52] Im Bereich der internationalen Wirtschaftsschiedsgerichtsbarkeit ist die ICC damit wohl, zumindest in Europa, die führende Schiedsinstitution.

a) Bildung des Schiedsgerichts

Nach Art. 8 (1) ICC SchO werden Streitigkeiten durch einen **Einzelschiedsrichter** oder durch **drei Schiedsrichter** entschieden. Mangels Parteivereinbarung ernennt der Gerichtshof einen Einzelschiedsrichter, sofern er nicht angesichts der Bedeutung der Streitigkeit die Ernennung von drei Schiedsrichtern für gerechtfertigt hält.[53] Maßgeblich für diese Entscheidung ist neben der **Schwierigkeit des Falles** insbesondere die **wirtschaftliche Bedeutung** des Verfahrens. Während hier lange Zeit als Untergrenze für die Ernennung eines Dreier-Schiedsgerichts ein Streitwert von ca. 1.000.000,00 US$ genannt wurde,[54] soll diese Grenze nunmehr bei ca. 1.500.000,00 US$ liegen.[55]

Ein Einzelschiedsrichter wird gemeinsam von den Parteien benannt. Bei einem Dreier-Schiedsgericht benennen der Kläger und der Beklagte je einen Schiedsrichter. Die Benennung des vorsitzenden Schiedsrichters erfolgt grundsätzlich nicht durch die parteibenannten Schiedsrichter, sondern durch den Gerichtshof. Wünschen die Parteien, dass der Vorsitzende durch die parteibenannten Schiedsrichter bestellt wird, so empfiehlt es sich, dies in der Schiedsklausel zu vereinbaren.

---

50 Zur späteren Prüfung des Schiedsspruches durch den Schiedsgerichtshof, an der auch das Sekretariat beteiligt ist, s. u. c.
51 *von Schlabrendorff*, Internationaler Schiedsgerichtshof der Internationalen Handelskammer, SchiedsVZ 2003, 35.
52 http://www.iccwbo.org/court/arbitration/id11088/index.html mit weiteren Details.
53 Art. 8 (2) ICC SchO.
54 *Derains/Schwartz*, A Guide to the ICC Rules of Arbitration, 2. Aufl. 2005, S. 148.
55 *Craig/Park/Paulsson*, International Chamber of Commerce Arbitration, 3. Aufl. 2000, S. 190, die darauf hinweisen, dass diese Regel nicht mechanisch angewendet wird. Zum gleichen Ergebnis kommen *Derains/Schwartz*, A Guide to the ICC Rules of Arbitration, 2. Aufl. 2005, S. 148, die hervorheben, dass selbst bei Streitwerten von bis zu 5.000.000,00 US$ der Gerichtshof die Ernennung eines Einzelschiedsrichters zumindest in Erwägung zieht.

Auch die ICC SchO enthält eine Regelung zur Nationalität der Schiedsrichter. Der Einzelschiedsrichter und der Vorsitzende des Schiedsgerichts müssen eine andere Staatsangehörigkeit besitzen als die Parteien, es sei denn, es liegen besondere Umstände vor, die eine Abweichung von diesem Grundsatz rechtfertigen und keine der Parteien erhebt innerhalb einer vom Schiedsgerichtshof gesetzten Frist Einwendungen.[56]

Im Rahmen der Schiedsrichterbestellung spielt der Schiedsgerichtshof eine wichtige Rolle. Jeder von den Parteien bzw. den parteibenannten Schiedsrichtern benannte Schiedsrichter bedarf der Bestätigung durch den Gerichtshof, bevor die Bestellung wirksam wird. Der Schiedsgerichtshof hat auch das Recht auf Ersatzbenennung, wenn eine nach der ICC SchO vorgeschriebene Schiedsrichterbenennung nicht (fristgerecht) erfolgt. Ferner entscheidet er über Ablehnungsgesuche bzw. die Abberufung von Schiedsrichtern wegen der Nichterfüllung oder nicht rechtzeitigen Erfüllung seiner Pflichten.[57]

Die ICC SchO regelt in Art. 10 die **Schiedsrichterbestellung in Mehrparteienverfahren**. Danach haben mehrere Parteien, sei es als Kläger oder als Beklagter, im Falle der Bildung eines Schiedsgerichts mit drei Schiedsrichtern jeweils gemeinsam einen Schiedsrichter zu benennen. Können die Parteien auf einer oder beiden Seiten sich nicht auf eine gemeinsame Benennung und auf ein Verfahren zur Benennung einigen, so kann der Schiedsgerichtshof alle Schiedsrichter ernennen und einen von ihnen als Vorsitzenden bestimmen. Durch diese Regelung wird die Gleichbehandlung der Parteien bei der Schiedsrichterbestellung in Mehrparteiensituationen gewahrt.[58]

b) Besonderheiten des Verfahrens

Eine Besonderheit der ICC SchO sind in Art. 18 ICC SchO geregelten sog. **Terms of Reference** (Schiedsauftrag).[59] In diesen werden die Einzelheiten des dem Schiedsverfahren zugrunde liegenden Rechtsverhältnisses beschrieben. Hierzu gehören

– die Namen und Adressen der Parteien, Parteivertreter und Schiedsrichter,
– eine zusammenfassende Darlegung des Vorbringens der Parteien und ihrer Anträge, eine Liste der zu entscheidenden Streitfragen, es sei denn, das Schiedsgericht hält diese nicht für angemessen,

---

56 Art. 9 (5) ICC SchO. Vgl. hierzu *Craig/Park/Paulsson*, International Chamber of Commerce Arbitration, 3. Aufl. 2000, S. 92 f.; *Rainer/Jahnel* ICC Schiedsordnung in: Schütze (Hrsg.) Institutionelle Schiedsgerichtsbarkeit, Art. 10 Rn. 11 ff.
57 Art. 11 f. ICC SchO.
58 Ausführlich zur Frage des Mehrparteienverfahrens *Rainer/Jahnel* ICC-Schiedsordnung in: Schütze (Hrsg.) Institutionelle Schiedsgerichtsbarkeit, Art. 10.
59 Zu den Terms of Reference *Craig/Park/Paulsson*, International Chamber of Commerce Arbitrations, 3. Aufl. 2000, S. 273 ff.; *Derains/Schwartz*, A Guide to the ICC Rules of Arbitration, 2. Aufl. 2005, S. 246 ff.; *Bühler/Jarvin*, The Arbitration Rules of the International Chamber of Commerce, in: Weigand (Hrsg.), Practitioner's Handbook on International Arbitration 2002, Art. 18, Rn. 1 ff.

– der Ort des Schiedsverfahrens und
– Einzelheiten hinsichtlich der anzuwendenden Verfahrensbestimmungen.

Zweck der Terms of Reference ist es, die Anträge und Gegenanträge sowie den Streitstoff in geordneter Form darzustellen. In der Praxis werden im Rahmen der Terms of Reference zudem Verfahrensregelungen festgelegt. Zwar werden die Terms of Reference immer wieder als ein das Verfahren verzögerndes Element kritisiert; wie *von Schlabrendorff* zutreffend ausführt, können sie allerdings, wenn richtig eingesetzt, ein nützliches Instrument zur fallbezogenen Ergänzung der Schiedsvereinbarung sowie zur sachgerechten Eingrenzung der strittigen Fragen sein und manche anderenfalls vorprogrammierte Verfahrensverzögerung verhindern.[60]

Die Terms of Reference sind innerhalb einer verlängerbaren Frist von zwei Monaten nach Übergabe der Akten an das Schiedsgericht fertig zu stellen und von den Parteien und dem Schiedsgericht zu unterschreiben. Verweigert eine Partei die Mitwirkung bei der Formulierung der Terms of Reference oder bei deren Unterzeichnung, so werden diese dem Schiedsgerichtshof zur Genehmigung vorgelegt.

c) Schiedsspruch

Gemäß Art. 24 (1) ICC SchO ist der Schiedsspruch innerhalb von sechs Monaten nach Unterzeichnung der Terms of Reference zu erlassen. Da sich diese Frist in der Regel als zu kurz erweist, macht der Schiedsgerichtshof in der Praxis häufig von der Möglichkeit einer Fristverlängerung Gebrauch.[61]

Der zu begründende Schiedsspruch wird bei einem aus mehr als einem Schiedsrichter bestehenden Schiedsgericht mit Stimmenmehrheit gefällt. Kommt diese allerdings nicht zustande, so entscheidet der Vorsitzende allein.[62] Diese als sog. **casting vote** bezeichnete Befugnis des Vorsitzenden stärkt dessen Position gegenüber den parteibenannten Schiedsrichtern in erheblichem Maße. Kann keine Mehrheit im Schiedsgericht erzielt werden, so ist der Vorsitzende im Gegensatz etwa zu den UNCITRAL Rules und der ZPO in seiner Entscheidung vergleichsweise frei. Hinsichtlich der Frage, welcher der beiden Regelungen der Vorzug zu geben ist, lässt sich keine allgemeingültige Antwort geben. Die Entscheidung hierüber hängt von den jeweiligen Umständen des Einzelfalles ab.

Auch im Zusammenhang mit dem Erlass des Schiedsspruchs spielt der Schiedsgerichtshof eine wesentliche Rolle. Nach Art. 27 ICC SchO hat das Schiedsge-

---

60 *Von Schlabrendorff*, Internationaler Schiedsgerichtshof der Internationalen Handelskammer, SchiedsVZ 2003, 35, 36.
61 *Craig/Park/Paulsson*, International Chamber of Commerce Arbitraiton, 3. Aufl. 2000, S. 356.
62 Art. 25 (1) ICC SchO.

richt ihm den Entwurf des Schiedsspruchs vorzulegen.[63] Er kann, ohne dass hierdurch die Entscheidungsfreiheit des Schiedsgerichts in der Sache selbst berührt werden soll, in formaler Hinsicht Änderungen des Schiedsspruchs vorschreiben. Darüber hinaus ist er berechtigt, die Aufmerksamkeit des Schiedsgerichts auf inhaltliche Aspekte des Schiedsspruchs zu lenken. Während Bedenken des Schiedsgerichtshofs in formaler Hinsicht das Schiedsgericht daran hindern, den Schiedsspruch zu erlassen, gilt dies im Hinblick auf unterschiedliche Auffassungen zwischen Schiedsgerichtshof und Schiedsgericht in der Sache selbst nicht.

Diese sog. **„Scrutiny of the Award"** stellt neben den Terms of Reference eines der wesentlichen Kennzeichen des ICC-Schiedsverfahrens dar.[64] Die Prüfung im Hinblick auf formelle Mängel soll das Risiko vermindern, dass der Schiedsspruch wegen in diesem Bereich liegender Unzulänglichkeiten aufgehoben wird. Darüber hinaus dienen die Hinweise zum Inhalt der Entscheidung dazu, die Qualität und damit die Akzeptanz des Schiedsspruchs zu steigern.[65]

d) Bewertung

Im Ergebnis ist festzuhalten, dass es sich bei dem ICC-Schiedsverfahren um ein **in der Praxis sehr häufig genutztes** und **international anerkanntes Schiedsverfahren** handelt, auf das der Schiedsgerichtshof der ICC in erheblichem Maße Einfluss nimmt. Auf der einen Seite bietet diese umfassende Begleitung des Verfahrens in zahlreichen Situationen eine erhöhte Sicherheit. Auf der anderen Seite ist zu berücksichtigen, dass die intensive Betreuung tendenziell zu einer Verlangsamung führt und auch zu einer Verteuerung des Verfahrens führen kann.

Gerade in komplexen internationalen Verfahren von erheblicher wirtschaftlicher Bedeutung für die Parteien können die mit der intensiven Administrierung verbundenen Vorteile die genannten Nachteile deutlich überwiegen. Dies gilt umso mehr, als der Gerichtshof und das Sekretariat über große praktische Erfahrung gerade in der Betreuung komplexer Streitigkeiten verfügen. Darüber hinaus wird die Vereinbarung einer ICC Schiedsklausel im Rahmen von internationalen Vertragsverhandlungen vergleichsweise häufig akzeptiert, da die ICC-Schiedsgerichtsbarkeit über eine hohe internationale Bekanntheit verfügt und als neutrales Forum im internationalen Wirtschaftsverkehr anerkannt ist.

---

63 Zu Art. 27 ICC SchO *Derains/Schwartz*, A Guide to the ICC Rules of Arbitration, 2. Aufl. 2005, S. 312 ff.; *Craig/Park/Paulsson*, International Chamber of Commerce Arbitration, 3. Aufl. 2000, S. 375 ff.; *Bühler/Webster*, The Handbook of ICC Arbitration, 2005, Rn. 27-1 ff.

64 *Reiner/Jahnel* ICC-Schiedsordnung in: Schütze (Hrsg.) Institutionelle Schiedsgerichtsbarkeit, Art. 27 Rn. 2.

65 *Lachmann*, Handbuch für die Schiedsgerichtspraxis, 3. Aufl. 2008, Rn. 3199; *Koch*, Die neue Schiedsgerichtsordnung der Internationalen Handelskammer, RIW 1999, 105, 108.

2. Deutsche Institution für Schiedsgerichtsbarkeit e. V. (DIS)

a) Überblick über die Institution

Die in Deutschland führende Institution ist die Deutsche Institution für Schiedsgerichtsbarkeit e. V. (DIS). Sie besteht in ihrer jetzigen Form seit dem 1. Januar 1992 und ist aus dem Zusammenschluss des 1920 gegründeten deutschen Ausschusses für Schiedsgerichtswesen (DAS) mit dem 1974 gegründeten deutschen Institut für Schiedsgerichtswesen e. V. hervorgegangen. Organe der DIS sind neben dem Vorstand und der Geschäftsführung ein Beirat und ein Ernennungsausschuss.[66]

Die Verwaltung der Schiedsverfahren liegt grundsätzlich in den Händen der Geschäftsführung der DIS. Dabei weist das DIS-Schiedsverfahren einen deutlich **geringeren Administrierungsgrad** auf, als das ICC-Verfahren. Dies lässt sich schon daran erkennen, dass die DIS nach Konstituierung des Schiedsgerichts von der zwischen den Parteien und Schiedsrichtern gewechselten Korrespondenz keine Kopien erhält. Ferner findet – obwohl seine Übersendung an die Parteien durch die DIS erfolgt – keine formale Überprüfung des Schiedsspruchs statt. Dessen ungeachtet steht die DIS sowohl den Parteien und Parteivertretern als auch den Schiedsrichtern bei Fragen oder Problemen zur Verfügung und unterstützt den Ablauf des Verfahrens in vielfältiger Hinsicht.

Die Schiedsgerichtsordnung der DIS (DIS SchO) ist in der derzeit gültigen Fassung am 1. Juli 1998 in Kraft getreten.[67] Die DIS SchO stellt ein modernes branchenunabhängiges und überregionales Streiterledigungsverfahren zur Verfügung, das ohne weiteres auch für die Beilegung internationaler Streitigkeiten geeignet ist. Ihre zentrale Bedeutung im deutschen Markt zeigt sich daran, dass die Schiedsordnungen von insgesamt 17 Industrie- und Handelskammern auf die DIS SchO verweisen.[68]

Im Jahr 2006 wurden bei der DIS 75 neue Verfahren eingeleitet. In 30 Verfahren waren ausländische Parteien auf einer Parteiseite und in 3 Verfahren auf beiden Seiten beteiligt. Die Streitwerte lagen im Jahr 2004 lagen zwischen 3.000,00 Euro und 100.800.000,00 Euro.[69]

b) Bildung des Schiedsgerichts

Die Parteien können die Zuständigkeit eines Einzelschiedsrichters oder eines Dreier-Schiedsgerichts vereinbaren. Fehlt eine Parteivereinbarung, so wird die

---

66 S. hierzu die Vereinssatzung der DIS.
67 Die in Anlage zu § 40.5 DIS SchO geregelte DIS-Gebührenordnung wurde zum 1. Januar 2005 neu gefasst.
68 DIS-Tätigkeitsbericht 2004; vereinbaren die Parteien die Durchführung eines Schiedsverfahrens nach einer dieser Schiedsordnungen, so findet die DIS SchO auf das Verfahren Anwendung.
69 Die Entwicklung der DIS-Schiedsgerichtsbarkeit im Jahr 2006, SchiedsVZ 2007, VII.

Schiedsrichterzahl – anders als bei der ICC – nicht durch die DIS festgelegt, sondern es wird ein **Dreier-Schiedsgericht** gebildet.[70]

Die Ernennung des Einzelschiedsrichters erfolgt gemeinsam durch die Parteien. Bei einem Dreier-Schiedsgericht ernennt jede Partei einen Schiedsrichter, die dann wiederum gemeinsam den Vorsitzenden bestimmen. Die DIS SchO stellt dabei klar, dass die parteibenannten Schiedsrichter bei der Bestimmung des Vorsitzenden übereinstimmende Wünsche der Parteien berücksichtigen sollen.[71] Die entspricht den national und international üblichen Usancen.

Wird ein Schiedsrichter von einer Partei nicht (fristgerecht) benannt, so erfolgt die **Ersatzbenennung** auf Antrag einer Partei durch den aus drei Mitgliedern bestehenden DIS-Ernennungsausschuss.[72]

Ähnlich wie beim ICC-Schiedsverfahren werden die Schiedsrichter zunächst nur „benannt". Hat ein benannter Schiedsrichter die Annahme seines Amtes erklärt und ergeben sich keine Umstände, die Zweifel an seiner Unabhängigkeit oder Unparteilichkeit oder der Erfüllung vereinbarter Voraussetzungen wecken könnten, erfolgt die endgültige Bestellung des Schiedsrichters durch den DIS-Generalsekretär, sofern keine Partei widerspricht.[73] Anderenfalls entscheidet der DIS-Ernennungsausschuss über die Bestellung.[74] Im Bereich der Konstituierung des Schiedsgerichts behält die DIS demnach – ähnlich wie die ICC – ein nicht unerhebliches Maß an Kontrolle, um die Integrität des Schiedsgerichts und damit auch des Schiedsverfahrens zu gewährleisten.

Nach § 2.2 DIS SchO muss der Vorsitzende des Schiedsgerichts oder der Einzelschiedsrichter mangels abweichender Parteivereinbarung Jurist sein. Hingegen enthält die DIS SchO keine Regelung zur Nationalität der Schiedsrichter. Es entspricht allerdings der ständigen Praxis der DIS, in Schiedsverfahren mit Parteien aus verschiedenen Ländern nur mit Zustimmung der Parteien einen Einzelschiedsrichter oder Vorsitzenden zu bestellen, der die Nationalität einer der Parteien hat.[75]

Im Hinblick auf **Mehrparteien-Schiedsverfahren** bestimmt § 13 DIS SchO, dass eine vom Schiedskläger vorgenommene Bestellung eines Schiedsrichters hinfällig wird, wenn die Schiedsbeklagten sich nicht auf einen Schiedsrichter einigen können.[76] In diesem Fall ernennt die DIS mangels abweichender Parteivereinbarung beide Schiedsrichter, die wiederum gemeinsam den Vorsitzen-

---

70 § 3 DIS SchO.
71 § 12.2 S. 2 DIS SchO.
72 Dabei ist eine Benennung durch eine Partei auch dann noch rechtzeitig, wenn sie erfolgt, bevor der DIS-Ernennungsausschuss den Schiedsrichter ernannt hat, § 12.1 S. 4 und § 12.2 S. 4 DIS SchO.
73 § 17 S. 1 DIS SchO, vgl. hierzu *Schütze*, DIS Schiedsordnung – praxisbezogene Anmerkungen, SchiedsVZ 2003, 179.
74 § 17 S. 2 DIS SchO.
75 *Lionnet/Lionnet*, Handbuch der internationalen und nationalen Schiedsgerichtsbarkeit, 3. Aufl. 2005, S. 509 f.
76 Vgl. *Lachmann*, Handbuch für die Schiedsgerichtspraxis, 3. Aufl. 2008, Rn. 3387 f.

den benennen. Auch diese Regelung gewährleistet die Gleichbehandlung der Parteien in Mehrparteienverfahren.

c) Schiedsspruch

Eine Frist für den Erlass des Schiedsspruchs ist nicht vorgesehen. Das Schiedsgericht ist allerdings verpflichtet, das Verfahren zügig zu führen und in angemessener Frist einen Schiedsspruch zu erlassen.[77]

Die Entscheidung des Schiedsgerichts erfolgt mit **Stimmenmehrheit**. Anders als beim ICC-Schiedsverfahren hat der Vorsitzende also kein Alleinentscheidungsrecht, falls keine Mehrheit zustande kommt. Diese Regelung entspricht den UNCITRAL Rules und dem Zehnten Buch der ZPO. Wie bereits erwähnt, findet – anders als im Rahmen des ICC-Schiedsverfahrens – eine formale Überprüfung des Schiedsspruchs durch die DIS-Geschäftsstelle nicht statt.

d) Bewertung

Die DIS SchO bietet **einen modernen und flexiblen Rahmen** zur Durchführung von nationalen und internationalen Schiedsverfahren. Sie räumt den Parteien dabei größtmögliche **Autonomie** bei der Verfahrensausgestaltung ein, bietet aber gleichzeitig Regelungen für die konkrete Ausgestaltung, falls die Parteien keine Vereinbarung getroffen haben.[78] Der Administrierungsgrad ist im Vergleich zum ICC-Verfahren deutlich niedriger. Dabei zeigt die Praxis, dass die DIS-Geschäftsführung sowohl den Parteien, als auch den Schiedsrichtern bei Rückfragen mit sachkundiger Auskunft und Unterstützung zur Seite steht.

Gerade in nationalen Verfahren erscheint die Durchführung eines DIS-Verfahrens als die natürliche Wahl, wobei keinerlei Bedenken dagegen bestehen, auch in internationalen Verfahren eine DIS Schiedsvereinbarung abzuschließen. Dies gilt insbesondere dann, wenn die Anwendbarkeit deutschen Rechts vereinbart ist und der Schiedsort in Deutschland liegt, da die DIS SchO in besonderem Maße auf die §§ 1025 ff. ZPO abgestimmt ist. Die in den letzten Jahren kontinuierlich steigende Verfahrenszahl bei der DIS belegt im Übrigen, dass die DIS SchO sich zu Recht weit verbreiteter Akzeptanz erfreut und als geeignete Alternative zu anderen Verfahrensordnungen angenommen wird.

---

77 § 33.1 der DIS SchO.
78 Vgl. *Schütze*, DIS Schiedsordnung – praxisbezogene Anmerkungen, SchiedsVZ 2003, 179; i.E. auch *Theune* DIS Schiedsordnung in: *Schütze* (Hrsg.), Institutionelle Schiedsgerichtsbarkeit, 2006, III Rn. 5.

3. London Court of International Arbitration (LCIA)

a) Überblick

Der London Court of International Arbitration (LCIA), der bereits im Jahr 1892 gegründet wurde, trägt seinen derzeitigen Namen seit 1981.[79] Um die Internationalität der Verfahrensordnung zu betonen, verwendet die Institution selbst dabei vornehmlich das Akronym LCIA.

Organe des LCIA sind der Gerichtshof und der Registrar. Aufgaben des Gerichtshofs, der aus einem Präsidenten, mehreren Vize-Präsidenten und weiteren Mitgliedern aus verschiedenen Staaten besteht, sind die Überwachung der Einhaltung der Verfahrensregeln, Entscheidungen im Rahmen verschiedener Verfahrensabschnitte und die Festsetzung und Verwaltung der Verfahrenskosten. Anders als im Rahmen des ICC-Schiedsverfahrens obliegt ihm keine inhaltliche Überprüfung der Arbeit der Schiedsgerichte. Der Registrar leitet das Sekretariat des LCIA, das die laufenden Verfahren betreut und den Parteien und Schiedsrichtern hierbei Hilfe leistet.[80]

Das Schiedsverfahren ist in den zum 1. Januar 1998 neu gefassten LCIA Rules geregelt.[81] Auch wenn ein Schwerpunkt des LCIA-Verfahrens naturgemäß auf der Beilegung von Streitigkeiten unter Beteiligung von Parteien aus dem Rechtskreis des *common law* liegt, sind die LCIA Rules auf internationale Verfahren zugeschnitten und auch für die Durchführung eines *civil law* Verfahrens geeignet.

Insbesondere wegen der Praxis des LCIA Court, tendenziell aus England bzw. anderen *common law* Ländern stammende Schiedsrichter zu benennen, sowie der Tatsache, dass auch die Parteien häufig Schiedsrichter aus dem Vereinigten Königreich wählen, ist aber gleichwohl in der überwiegenden Zahl der LCIA Verfahren eine vergleichsweise deutliche **angloamerikanische Verfahrensprägung** zu erkennen.

Im Jahr 2002 gingen beim LCIA 88 Anträge auf Einleitung eines Schiedsverfahrens ein. Für den nachfolgenden 2-Jahreszeitraum 2003/04 belief sich die Zahl der eingeleiteten Verfahren auf insgesamt 191 Verfahren;[82] im Zeitraum zwischen 2005 und 2006 lag diese Zahl bereits bei 251 neuen Verfahren.[83]

b) Bildung des Schiedsgerichts

Die LCIA Rules sehen grundsätzlich die Ernennung eines **Einzelschiedsrichters** vor, es sei denn, unter Berücksichtigung der Umstände des Einzelfalls er-

---

79 Eine ausführliche Kommentierung findet sich bei *Triebel/Hunter* LCIA-Schiedsregeln in: Schütze (Hrsg.), Institutionelle Schiedsgerichtsbarkeit, 2006; s. auch *Blessing*, Die LCIA Rules – aus der Sicht des Praktikers, SchiedsVZ 2003, 198 ff.
80 *Fortier*, LCIA, in: Arbitration World, 2. Aufl. 2006, S. lxxxix, xc ff.
81 Der Schedule of Arbitration Fees and Costs wurde zuletzt zum 1. Juli 2003 aktualisiert.
82 Siehe den *Director General's Review of 2004* unter www.lcia-arbitration.com.
83 Siehe den *Director General's Review of 2006* unter www.lcia-arbitration.com.

scheint ein Dreier-Schiedsgericht angemessen.[84] Dabei gelten für die Entscheidung ähnliche Grundsätze wie im Rahmen des ICC-Schiedsverfahrens.[85]

Die Bestellung der Schiedsrichter erfolgt durch den LCIA Court. Nach Art. 5.5 LCIA Rules berücksichtigt dieser dabei die Vereinbarungen der Parteien. Aus dieser Regelung ergibt sich, dass mangels abweichender Parteivereinbarung die Bestellung des gesamten Schiedsgerichts durch den LCIA Court erfolgt, ohne dass ein Benennungsrecht der Parteien vorgesehen ist.[86] Machen die Parteien von der Möglichkeit Gebrauch und vereinbaren sie eine Schiedsrichterbenennung durch die Parteien, so haben sie auch hier nur ein „Benennungsrecht", da der LCIA sich das Recht vorbehält, die Bestellung eines Schiedsrichters abzulehnen, wenn dieser nicht geeignet oder nicht unabhängig und unparteilich ist.[87] Während die erstgenannte Regel – **grundsätzliche Benennung aller Schiedsrichter durch den Court** – eine Besonderheit des LCIA Verfahrens darstellt, entspricht die letztgenannte Regelung – Bestätigung durch die Institution – internationaler Praxis. Wollen die Parteien ihr „Grundrecht" auf Schiedsrichterbestellung ausüben, sollte in eine LCIA Schiedsklausel ausdrücklich aufgenommen werden, dass ein Dreier-Schiedsgericht einzurichten ist und jede Partei einen Schiedsrichter benennt.[88]

Auch Art. 6 der LCIA Rules sieht vor, dass bei Streitigkeiten zwischen Parteien aus unterschiedlichen Staaten der Einzelschiedsrichter bzw. der vorsitzende Schiedsrichter mangels abweichender Parteivereinbarung eine andere Nationalität als die Parteien haben soll. Eine Regelung für **Mehrparteienverfahren** findet sich in Art. 8.1 LCIA Rules. Sind an einem Schiedsgerichtsverfahren mehr als zwei Parteien beteiligt, und berechtigt die Schiedsvereinbarung jede Partei, einen Schiedsrichter zu benennen, so bestellt der LCIA Court die Mitglieder des Schiedsgerichts ohne Rücksicht auf Benennungen der Parteien, wenn nicht alle Parteien schriftlich vereinbart haben, dass für den Zweck der Bildung des Schiedsgerichts die Parteien im Rechtsstreit zwei unterschiedliche Seiten, die Kläger- und die Beklagtenseite, darstellen.

Eine Besonderheit im Hinblick auf die Schiedsrichterbestellung findet sich schließlich in Art. 9 LCIA Rules. Dort ist für Fälle außergewöhnlicher Dringlichkeit eine **beschleunigte Bestellung** des Schiedsgerichts vorgesehen. Danach kann der LCIA Court bei Vorliegen besonderer Umstände auf Antrag einer Par-

---

84 Art. 5.4 Satz 3 LCIA-Rules.
85 *Lachmann*, Handbuch für die Schiedsgerichtspraxis, 3. Aufl. 2008, Rn. 3262; *Glossner/Bredow*, ICC, LCIA und DIS-Schiedsgerichtsordnung – Unterschiede und Gemeinsamkeiten, FS Böckstiegel, 2001, 219, 220.
86 *Lionnet/Lionnet*, Handbuch der internationalen und nationalen Schiedsgerichtsbarkeit, 3. Aufl. 2005, S. 514; *Fortier*, LCIA, in: Arbitration World, 2. Aufl. 2006, S. lxxxix, xcvi f.
87 Art. 7.1 LCIA Rules.
88 *Kreindler/Schäfer/Wolff*, Schiedsgerichtsbarkeit – Kompendium für die Praxis, 2006, Rn. 328.

tei Fristen zur Bestellung des Schiedsgerichts abkürzen, um die Konstituierung des Schiedsgerichts zu beschleunigen.[89]

c) Schiedsspruch

Art. 26 LCIA Rules enthält detaillierte Regelungen zum Schiedsspruch; eine Frist für dessen Erlass ist nicht vorgesehen. Nach Art. 26.3 LCIA Rules gilt bei einem Dreier-Schiedsgericht grundsätzlich das Mehrheitserfordernis. Dabei hat der Vorsitzende allerdings – wie im Rahmen der ICC SchO – auch nach den LCIA Rules die **casting vote**, falls eine Mehrheitsentscheidung nicht zustandekommt.[90]

d) Bewertung

Auch bei den LCIA Rules handelt es sich um **international wettbewerbsfähige Verfahrensregeln** zur Durchführung grenzüberschreitender Schiedsverfahren. Nicht zuletzt, weil der LCIA Court tendenziell Schiedsrichter mit einem *common law* Hintergrund bestellt, liegt eine der Stärken dieser Institution im Bereich von Schiedsverfahren, bei denen zumindest auf einer Seite eine aus dem *common law* Rechtskreis stammende Partei beteiligt ist. Gleichzeitig ist der LCIA allerdings bestrebt, ein Gleichgewicht zwischen *common law* und *civil law* zu schaffen. Dies wird nicht zuletzt dadurch belegt, dass mit *Karl-Heinz Böckstiegel*, *Yves Fortier*, *Gerold Herrmann* und *Jan Paulsson* die letzten vier Präsidenten in Deutschland, Kanada, Österreich und Frankreich praktizieren. Zudem weist der LCIA-Court eine sehr internationale Besetzung mit führenden Praktikern aus einer Vielzahl verschiedener Länder und Kontinente auf.

Eine Besonderheit, derer sich die Parteien bei der Vereinbarung einer LCIA Schiedsklausel bewusst sein sollten, ist, dass der LCIA in vergleichsweise weitgehendem Umfang **Einfluss auf die Bildung des Schiedsgerichts** nimmt; dem ist ggf. bei der Abfassung der Schiedsklausel Rechnung zu tragen. Eine weitere Besonderheit ist, dass die Vergütung[91] der Schiedsrichter – anders als im Rahmen der anderen Institutionen – nicht auf der Grundlage des Streitwertes erfolgt, sondern auf Basis eines Stundenhonorars. Während dies bei hohen Streitwerten für die Parteien günstig sein kann, kann diese Regelung bei niedrigen Streitwerten die Verfahrenskosten nicht unerheblich in die Höhe treiben.

---

89 Vgl. hierzu *Lionnet/Lionnet*, Handbuch der internationalen und nationalen Schiedsgerichtsbarkeit, 3. Aufl. 2005, S. 515; *Blessing*, Die LCIA Rules – aus der Sicht des Praktikers, SchiedsVZ 2003, 198, 201.
90 Siehe hierzu auch *Blessing*, Die LCIA Rules – aus der Sicht des Praktikers, SchiedsVZ 2003, 198, 205.
91 Zu den Kosten siehe unten 3.4.

4. Swiss Chambers of Commerce and Industry

a) Überblick

Nachdem über lange Jahre sechs schweizerische Industrie- und Handelskammern (die „Kammern")[92] je eine eigene Schiedsordnung für internationale Handelsstreitigkeiten angeboten hatten, verabschiedeten diese mit Wirkung zum 1. Januar 2004 eine einheitliche internationale Schiedsordnung der Schweizerischen Handelskammern („*Swiss Rules*"), die die bisher geltenden Schiedsordnungen abgelöst hat.[93] Die Swiss Rules finden auf alle Schiedsvereinbarungen Anwendung, die auf diese selbst oder eine der früheren Schiedsgerichtsordnungen der Kammern verweisen, sofern die Anzeige zur Einleitung des Schiedsverfahrens nach dem 1. Januar 2004 bei einer der Kammern eingeht.[94]

Wie eingangs erwähnt, dienten als Basis für die Swiss Rules die UNCITRAL Rules. Allerdings wurden diese in nicht unerheblichem Umfang ergänzt und modifiziert, nicht zuletzt deshalb, weil es notwendig war, die auf ein Ad-hoc-Schiedsverfahren zugeschnittenen UNCITRAL Rules an ein administriertes Verfahren anzupassen.[95]

Die Swiss Rules werden gemeinsam von den Kammern verwaltet. Hierzu wurde eine aus ca. 30 Mitgliedern bestehende Schiedskommission gegründet. Zu ihr gehören die sog. juristischen Sekretäre, die bei den Kammern angestellt und für die Verwaltung der Verfahren zuständig sind. Mitglieder der Schiedskommission sind ferner die Berichterstatter; bei ihnen handelt es sich um international erfahrene Praktiker, die die Sekretäre bei der Beantwortung juristischer Fragen im Hinblick auf die Anwendung der Swiss Rules beraten. Schließlich ist ein Ausschuss der Schiedskommission eingerichtet, der sich aus Juristen mit besonderer Erfahrung in der internationalen Schiedsgerichtsbarkeit zusammensetzt und der insbesondere über die Ablehnung oder Abberufung von Schiedsrichtern und ggf. über die Bestimmung des Schiedsortes entscheidet.[96]

Im Jahr 2006 wurden bei den Kammern in 47 Fällen Anträge auf Einleitung eines internationalen Schiedsverfahrens gestellt.[97]

---

[92] Hierbei handelte es sich um die Industrie- und Handelskammern in Basel, Bern, Genf, Tessin, Waadt und Zürich.
[93] Zum Zweck der Vereinheitlichung *Peter*, Die neue Schweizerische Schiedsordnung – Anmerkungen für die Praxis, SchiedsVZ 2004, 57, 58; ausführliche Kommentierungen finden sich bei *Karrer* Internationale Schiedsordnung der Schweizerischen Handelskammern in: *Schütze* (Hrsg.), Institutionelle Schiedsgerichtsbarkeit, 2006 sowie bei *Zuberbühler/Müller/Habegger* (Hrsg.), Swiss Rules of International Arbitration, 2005.
[94] Art. 1 Abs. (1) Swiss Rules.
[95] Zu Einzelheiten *Peter*, Die neue Schweizerische Schiedsordnung – Anmerkungen für die Praxis, SchiedsVZ 2004, 57, 58.
[96] *Peter*, Die neue Schweizerische Schiedsordnung – Anmerkungen für die Praxis, SchiedsVZ 2004, 57, 59; *Karrer*, Arbitration in Switzerland under the Swiss Rules of Arbitration, IDR 2004, 59, 60.
[97] Zu weiteren Einzelheiten siehe http://www.swissarbitration.ch/pdf/statistics_2006.pdf.

Die Swiss Rules sehen eine **"schlanke Administrierung"** vor. Wie bei den anderen Institutionen spielt die Schiedskommission eine aktive Rolle bei der Einleitung des Verfahrens und der Konstituierung des Schiedsgerichts. Daneben ist sie insbesondere an der Festlegung der Schiedsrichterhonorare beteiligt, ohne diese allerdings selbst festzulegen. Eine mit dem ICC Schiedsverfahren vergleichbare überwachende Begleitung des Schiedsverfahrens findet – ähnlich wie bei der DIS SchO und den LCIA Rules – auch im Rahmen der Swiss Rules nicht statt.

b) Bildung des Schiedsgerichts

Haben die Parteien keine Vereinbarung über die Anzahl der Schiedsrichter getroffen, entscheiden die Kammern unter Berücksichtigung aller maßgeblichen Umstände, ob die Streitsache einem Einzelschiedsrichter oder einem Dreier-Schiedsgericht zuzuweisen ist. Dabei haben die Kammern die Streitsache „in der Regel" einem **Einzelschiedsrichter** zuzuweisen, es sei denn, die Komplexität des Falles und/oder der Streitwert rechtfertigt die Zuweisung an ein Dreier-Schiedsgericht.[98] Im Jahr 2006 wurde in 45 % der Fälle ein Dreier-Schiedsgericht gebildet.[99]

Die Benennung eines Einzelschiedsrichters erfolgt grundsätzlich durch die Parteien, bei einem **Dreier-Schiedsgericht** benennt jede Partei einen Schiedsrichter, diese benennen gemeinsam den Vorsitzenden.[100] Diese Regelung entspricht der verbreiteten Praxis. Wird ein Schiedsrichter nicht (fristgerecht) bestellt, liegt das Ersatzbenennungsrecht bei den Kammern, bei denen der Ausschuss der Schiedskommission entscheidet; dies gilt auch für Ablehnungsanträge gegen Schiedsrichter.

Sämtliche Schiedsrichterbenennungen bedürfen der Bestätigung durch die zuständige Kammer; diese ist nicht verpflichtet, eine ablehnende Entscheidung zu begründen.[101] Wird eine Bestätigung verweigert, so kann die Kammer entweder eine neue Frist zur Schiedsrichterbestellung setzen oder aber direkt einen Schiedsrichter ernennen.[102] Dieses Recht der direkten Ernennung durch die Kammern soll sicherstellen, dass die Parteien das Verfahren nicht verzögern oder behindern; vor dem Hintergrund, dass die Swiss Rules der Parteiautonomie möglichst weitgehende Geltung gewähren, ist zu erwarten, dass die Wahrnehmung dieser Möglichkeit die Ausnahme bleiben wird.[103]

Die Swiss Rules enthalten – anders als die zugrunde liegenden UNCITRAL Rules – eine Regelung für **Mehrparteienverfahren**. Auch hier geht das Benen-

---

98 Art. 6.1 und 6.2 Swiss Rules.
99 http://www.swissarbitration.ch/pdf/statistics_2006.pdf.
100 Art. 7 f. Swiss Rules.
101 Art. 5.1 Swiss Rules.
102 Art. 5.2 Swiss Rules.
103 *Peter*, Die neue Schweizerische Schiedsordnung – Anmerkungen für die Praxis, SchiedsVZ 2004, 57, 60.

nungsrecht im Hinblick auf alle drei Schiedsrichter ggf. auf die Kammern über.[104]

c) Besonderheiten des Verfahrens

Eine Besonderheit der Swiss Rules ist die in Art. 42 Swiss Rules geregelte Durchführung eines **beschleunigten Verfahrens**, wenn die Parteien dies vereinbaren oder der Streitwert von Klage und Widerklage den Betrag von 1.000.000,00 CHF nicht übersteigt.[105] In diesem Fall ist die Streitigkeit einem Einzelschiedsrichter zuzuweisen, es sei denn, die Schiedsvereinbarung sieht ein Dreier-Schiedsgericht vor.

Für die Durchführung des beschleunigten Verfahrens enthalten die Art. 42.1 (a)–(e) Swiss Rules Modifikationen der allgemeinen Verfahrensregeln. So können die Fristen für die Schiedsrichterbestellung verkürzt und die Zahl der auszutauschenden Schriftsätze reduziert werden; ferner soll lediglich eine mündliche Verhandlung durchgeführt werden. Ein wesentliches Merkmal des beschleunigten Verfahrens ist, dass der Schiedsspruch, der lediglich summarisch zu begründen ist, innerhalb von sechs Monaten nach Zusendung der Akten an das Schiedsgericht zu erlassen ist. Diese Frist kann bei Vorliegen außerordentlicher Umstände von den Kammern verlängert werden, wobei eine Sanktion der Fristüberschreitung nicht vorgesehen ist.[106] Im Jahr 2006 fanden die Regeln über das beschleunigte Verfahren in immerhin 38 % der eingeleiteten Verfahren Anwendung,[107] wobei nicht veröffentlicht ist, wie häufig der Schiedsspruch fristgerecht erlassen wurde.

Eine weitere Besonderheit der Swiss Rules findet sich in Art. 21.5. Danach ist das Schiedsgericht befugt, auch dann über eine **Aufrechnung** zu entscheiden, wenn die zur Aufrechnung gestellte Forderung nicht unter die Schiedsvereinbarung fällt.[108] Dementsprechend kann eine Aufrechnung auch aus anderen Vertragsverhältnissen erklärt werden und zwar bis zur Höhe des vom Schiedskläger geltend gemachten Betrages. Die Geltendmachung einer Widerklage ist demgegenüber nur zulässig, wenn diese auch von der Schiedsvereinbarung erfasst wird. *Peter* führt zu dieser Regelung Folgendes aus:

„Die Verfasser der schweizerischen Schiedsordnung wollten eine Unterscheidung vornehmen zwischen bloßen Verteidigungsmitteln, die nur zu beurteilen sind, wenn der Hauptanspruch zu Recht besteht, und Widerklagen, über die auch dann zu entscheiden

---

104 Art. 8.5 Swiss Rules.
105 Für eine ausführliche Darstellung zum beschleunigten Verfahren unter besonderer Berücksichtigung praktischer Fragen aus der Sicht von Kläger, Beklagtem und Schiedsrichter s. *Scherer*, Acceleration of Arbitration Proceedings – The Swiss Way; The Expedited Procedure under the Swiss Rules of International Arbitration, SchiedsVZ 2005, 229 ff.
106 Vgl. zu Art. 42: *Peter*, Die neue Schweizerische Schiedsordnung – Anmerkungen für die Praxis, SchiedsVZ 2004, 57, 63.
107 http://www.swissarbitration.ch/pdf/statistics_2006.pdf.
108 Kritisch hierzu *Kreindler/Schäfer/Wolff*, Schiedsgerichtsbarkeit – Kompendium für die Praxis, 2006, Rn. 339.

ist, wenn der Hauptanspruch abzuweisen ist. Diese unterschiedliche Behandlung hat für kontroverse akademische Stellungnahmen gesorgt. Es war aber letztlich notwendig, einen Ausgleich zu finden zwischen dem Recht des Beklagten, Verteidigungsmittel zu erheben, und der Respektierung anderer Schiedsklauseln, deren Verletzung die Wirksamkeit eines Schiedsspruchs beeinträchtigen könnte..."[109]

d) Schiedsspruch

Auch die Swiss Rules enthalten in den Art. 31 ff. detaillierte Regelungen zum Schiedsspruch. Bei einem Dreier-Schiedsgericht hat auch hier der Vorsitzende die **casting vote**, falls eine Mehrheitsentscheidung nicht zustandekommt. Eine Frist für den Erlass des Schiedsspruchs ist nicht vorgesehen.

e) Bewertung

Wie die anderen untersuchten Verfahren bieten die Swiss Rules einen **flexiblen und modernen Rahmen** für die Durchführung von internationalen Schiedsverfahren, bei dem der Einfluss der Kammern auf ausgewählte Verfahrensaspekte beschränkt ist.

Die Schweiz bildet traditionell ein **neutrales Forum** für die Durchführung von internationalen Schiedsverfahren. Dabei kommt die überwiegende Zahl der Verfahrensparteien aus der Schweiz (2006: 22 %) oder Westeuropa (2006: 57 %).[110] Häufig ist die Vereinbarung eines Schiedsverfahrens in der Schweiz ein beliebter Kompromiss, falls keine Einigung über den Schiedsort erzielt werden kann.

Mit dem beschleunigten Schiedsverfahren verfolgen die Swiss Rules einen interessanten Ansatz, insbesondere für Streitigkeiten mit einem geringen Streitwert. Es ist dabei nicht bekannt, wie viele der beschleunigten Schiedsverfahren tatsächlich innerhalb der 6-Monatsfrist beendet werden und wie diese Fristenbestimmung in der Praxis gehandhabt wird.[111]

5. Schiedsinstitut der Handelskammer Stockholm (SCC)

a) Überblick

Eine Institution mit einer traditionell im Ost-West-Handel bedeutenden Rolle ist das Schiedsinstitut der Handelskammer Stockholm (SCC), das bereits seit 1917 besteht. Es betreut gleichermaßen nationale und internationale Schiedsverfahren.[112]

---

109 *Peter*, Die neue Schweizerische Schiedsordnung – Anmerkungen für die Praxis, SchiedsVZ 2004, 57, 62.
110 http://www.swissarbitration.ch/pdf/statistics_2006.pdf.
111 Zur Verlängerung der sechsmonatigen Frist s. *La Spada*, in: Zuberbühler/Müller/Habegger (Hrsg.), Swiss Rules of International Arbitration, 2005, Art. 42 Rn. 13 ff.
112 Zur geschichtlichen Entwicklung s. *Lionnet/Lionnet*, Handbuch der internationalen und nationalen Schiedsgerichtsbarkeit, 3. Aufl. 2005, S. 527.

Das Schiedsgerichtsinstitut besteht aus einem Vorstand, dem zwölf Mitglieder angehören, und einer Geschäftsstelle unter der Leitung eines Geschäftsführers (Secretary General).[113] Die aktuelle Schiedsordnung der SCC (SCC Rules) ist seit dem 1. Januar 2007 in Kraft.

Deren Bestimmungen entsprechen dem international üblichen Standard für Schiedsordnungen. Bei der Suche nach einem neutralen Forum bildet ein Verfahren auf der Grundlage dieser Regeln eine interessante Alternative. Dies gilt insbesondere für Verfahren unter Beteiligung angloamerikanischer Parteien, da das schwedische Prozess- und Schiedsrecht in erheblichem Maße **vom common law geprägt** ist.[114] Gerade in Verfahren zwischen Parteien aus dem *civil law* Rechtskreis auf der einen Seite und aus einem *common law* Staat auf der anderen, können die SCC Rules, insbesondere mit einem Schiedsort in Schweden, ein geeigneter Kompromiss sein.

Nachdem im Jahr 2005 insgesamt 100 Verfahren nach den SCC Rules eingeleitet wurden, stieg diese Zahl im Jahr 2006 auf 141. Dabei kommt ein erheblicher Teil der Verfahrensparteien aus Schweden und anderen skandinavischen Ländern; darüber hinaus sind aber auch insbesondere andere west- und osteuropäische Parteien an Verfahren nach den SCC Rules beteiligt.[115]

b) Bildung des Schiedsgerichts

Haben die Parteien nichts Abweichendes vereinbart, so beträgt die Zahl der Schiedsrichter grundsätzlich drei. Allerdings gilt hier, dass das SCC beschließen kann, dass der Streit von einem Einzelschiedsrichter entschieden wird. Das SCC berücksichtigt bei dieser Entscheidung u.a. den Schwierigkeitsgrad des Falles, den Streitwert und alle weiteren relevanten Umstände.[116]

Bei einem **Dreier-Schiedsgericht** benennen die Parteien jeweils einen Schiedsrichter; diese bedürfen – anders als nach den meisten anderen administrierten Verfahrensordnungen – nicht der Bestätigung durch das SCC. Bei der Abfassung der Schiedsklausel ist zu berücksichtigen, dass der Vorsitzende mangels abweichender Parteivereinbarung direkt vom SCC bestellt wird.[117] Auch die Ersatzbenennungsbefugnis liegt bei dem SCC. Eine Neuerung betrifft die Bestellung eines Einzelschiedsrichters: Nunmehr haben die Parteien gem. Art. 13 (2) die Möglichkeit, diesen innerhalb von 30 Tagen gemeinschaftlich zu bestellen. Erfolgt eine solche Benennung nicht fristgemäß, so benennt der Vorstand den Schiedsrichter.

Haben die Parteien unterschiedliche Staatsangehörigkeiten und erfolgt eine Benennung eines Vorsitzenden oder Einzelschiedsrichters durch das SCC, so

---

113 Zu Einzelheiten s. Anhang I der SCC Rules.
114 *Hobér/Foester*, Die neue Schiedsordnung 2007 des Schiedsgerichtsinstituts der Stockholmer Handelskammer, SchiedsVZ 2007, 207, 209.
115 Eine detaillierte Statistik findet sich unter www.sccinstitute.com/uk/about/statistics/.
116 Art. 12 SCC Rules.
117 Art. 13 (3) SCC Rules.

soll dieser – dem internationalen Standard entsprechend – mangels Vorliegens besonderer Gründe oder einer abweichenden Parteivereinbarung eine andere Nationalität haben als die Streitparteien.[118]

Im Hinblick auf Mehrparteienverfahren bestimmt § 13 (4) der SCC Rules, dass die Kläger bzw. die Beklagten die Schiedsrichter gem. Art. 13 (3) SCC Rules gemeinsam benennen. Versäumt dabei eine Partei die gemeinschaftliche Benennung, übernimmt der Vorstand die vollständige Benennung des Schiedsgerichts. Hierdurch wird dem Erfordernis der Gleichbehandlung der Parteien Rechnung getragen.[119]

c) Besonderheiten des Verfahrens

Als Besonderheit des Verfahrens ist darauf hinzuweisen, dass das SCC neben den allgemeinen Verfahrensregeln Regeln für ein **beschleunigtes Schiedsverfahren** anbietet; die aktuelle Fassung ist ebenfalls am 1. Januar 2007 in Kraft getreten. Ihre Anwendung wird für kleinere Streitigkeiten empfohlen, bei denen die Parteien ein schnelles und kostengünstiges Verfahren wünschen. Wesentliche Merkmale des beschleunigten Verfahrens im Vergleich zu den allgemeinen SCC Rules sind:

– Zuständigkeit eines Einzelschiedsrichters.[120]
– Nach der Einreichung der Schiedsklage und der Klageantwort reicht jede Partei nur einen weiteren kurzen Schriftsatz ein, wobei diese Schriftsätze innerhalb einer Frist von 10 Tagen eingereicht werden müssen.[121]
– Eine mündliche Verhandlung findet nur auf Antrag einer Partei statt und sofern der Schiedsrichter dies für erforderlich erachtet.[122]
– Der Schiedsspruch muss innerhalb von drei Monaten erlassen werden,[123] wobei eine Begründung nur auf Antrag einer Partei gegeben wird.[124]

Insbesondere der **Zeitrahmen für das Verfahren von nur drei Monaten** wird komplexeren Streitigkeiten in aller Regel nicht gerecht werden; das gleiche gilt für die sehr knappen Schriftsatzfristen. Die Vereinbarung der Expedited Rules erscheint dementsprechend nur bei vergleichsweise einfach gelagerten Fällen mit einem geringen Streitwert empfehlenswert.

---

118 Art. 13 (5) SCC Rules.
119 *Hobér/Foerster*, Die neue Schiedsordnung 2007 des Schiedsgerichtsinstituts der Stockholmer Handelskammer, SchiedsVZ 2007, 207, 208.
120 Art. 12 Expedited SCC Rules.
121 Art. 19 (3) Expedited SCC Rules.
122 Art. 27 Expedited SCC Rules.
123 Art. 36 Exbedited SCC Rules.
124 Art. 28 SCC Rules.

d) Schiedsspruch

Schiedssprüche werden grundsätzlich mit der Mehrheit der Stimmen gefasst, wobei auch nach den SCC Rules der Vorsitzende die **casting vote** hat.[125] Ein Schiedsspruch ist innerhalb von sechs Monaten, nachdem das Schiedsgericht seine Tätigkeit aufgenommen hat, zu erlassen, wobei diese Frist durch das Institut verlängert werden kann.

Diese Frist wurde bereits 1999 im Vergleich zu der davor gültigen Fassung der SCC Rules von einem Jahr auf sechs Monate verkürzt, da die meisten internationalen Regeln eine kürzere Frist als ein Jahr vorsehen. Das Institut wollte den Eindruck vermeiden, dass Verfahren nach den SCC Rules längere Zeit beanspruchen als bei anderen Institutionen. *Strempel/Hobér* weisen darauf hin, dass diese Annahme unzutreffend und die Verhältnisse umgekehrt sein dürften.[126]

e) Bewertung

Die SCC Rules entsprechen dem **internationalen Standard** und bieten ebenfalls einen **geeigneten Rahmen** für die Durchführung internationaler Schiedsverfahren. Die Akzeptanz des SCC in der Praxis wird schon dadurch belegt, dass es im Vergleich der dargestellten Institutionen nach der ICC die zweithöchsten Eingangszahlen aufweist.

Neben der traditionellen Rolle im Ost-West-Handel scheinen die SCC Rules besonders für **Schiedsverfahren zwischen civil law und common law Parteien** geeignet, wenn ein neutrales Forum für die Durchführung des Schiedsverfahrens gesucht wird.

6. Kosten bei administrierten Schiedsverfahren

Abschließend ist noch auf die Frage der Kosten bei administrierten Schiedsverfahren einzugehen. Grundsätzlich wird der Begriff Kosten des Schiedsverfahrens in einem weiten Sinne verstanden. Er deckt zum einen die Verfahrenskosten an sich, zu denen die Schiedsrichterhonorare und -auslagen und ggf. die Gebühren und Auslagen der Schiedsinstitution gehören. Daneben umfasst der weite Kostenbegriff auch die Parteikosten.

Bei einem Vergleich der **Verfahrenskosten** im engeren Sinne sollte immer bedacht werden, dass diese in der Praxis gegenüber den **Parteikosten** zumeist den geringeren Betrag ausmachen. Die Erfahrung insbesondere in den letzten Jahren zeigt, dass die Parteikosten die Honorare der Schiedsrichter und die Gebühren einer Institution häufig um ein Vielfaches übersteigen. Es kommt häufig vor, dass letztere nur 10 bis 20 % der Parteikosten betragen.

---

125 § 30 SCC Rules.
126 *Strempel/Hober*, Das neue Schwedische Gesetz über das Schiedsverfahren, Neue Regeln für das Schiedsinstitut der Handelskammer Stockholm, RPS Beilage 4 zu Heft 11 des BB 1999, 8 ff.

a) Berechnung der Schiedsrichterhonorare

Im Hinblick auf die Verfahrenskosten im engeren Sinne bildet das Schiedsrichterhonorar den größten Posten. Dabei weisen die einzelnen Verfahrensordnungen erhebliche Unterschiede im Hinblick auf die Honorarberechnung auf. Das eine Extrem ist eine rein streitwertabhängige Vergütung, die den tatsächlichen Zeitaufwand außer Betracht lässt; demgegenüber steht eine Berechnung, die ausschließlich die aufgewendete Zeit berücksichtigt.

Ein Beispiel für eine typisch **streitwertabhängige Schiedsrichtervergütung** ist die **DIS SchO**. Gemäß § 40.1 werden die Schiedsrichterhonorare grundsätzlich auf der Grundlage des Streitwerts berechnet, ohne dass weitere Kriterien herangezogen werden. Der Vorteil der rein streitwertabhängigen Vergütung ist die Vorhersehbarkeit für die Parteien; dem steht allerdings die mangelnde Flexibilität als Nachteil gegenüber. Vor der Geltung der neuen DIS-Gebührenordnung ab 1. Januar 2005 wurden Ausnahmen von diesem Grundsatz nur bei einer vorzeitigen Verfahrensbeendigung etwa durch Vergleich gemacht. In diesem Fall konnte und kann das Schiedsgericht nach seinem Ermessen die Gebühren reduzieren.[127] Seit dem 1. Januar 2005 sieht die Gebührenordnung der DIS die Möglichkeit einer bis zu 50 %-igen Erhöhung der Schiedsrichterhonorare vor für Fälle von „besonderer rechtlicher Schwierigkeit und/oder tatsächlicher Komplexität", wobei insbesondere der Zeitaufwand zu berücksichtigen ist. Zuständig für die Entscheidung über eine Gebührenerhöhung ist der DIS-Ernennungsausschuss, der auf Antrag des Schiedsgerichts und nach Anhörung der Parteien entscheidet.[128]

Im Vergleich hierzu richtet sich die Schiedsrichtervergütung nach den **LCIA Rules** nach dem **Zeitaufwand** der Schiedsrichter. Nach der seit dem 1. Januar 2003 gültigen LCIA Kostenordnung werden die Schiedsrichterhonorare auf der Grundlage eines Stundensatzes von 150,00 £ bis 350,00 £ berechnet. Die genaue Höhe hängt von den Umständen des Einzelfalles, insbesondere seiner Komplexität und den besonderen Qualifikationen der Schiedsrichter ab. Der LCIA Court kann aufgrund außergewöhnlicher Umstände einen höheren/ niedrigeren Betrag ansetzen.

Einen Mittelweg zwischen diesen Extremen verfolgt etwa die **ICC**. Diese setzt das Schiedsrichterhonorar vorrangig auf der Grundlage einer streitwertabhängigen Gebührentabelle fest, die ein Mindest-, Höchst- und mittleres Honorar für die Schiedsrichter vorsieht. Bei der Festsetzung des Schiedsrichterhonorars innerhalb dieses Rahmens berücksichtigt der Gerichtshof, „mit welcher Umsicht und wie zügig der Schiedsrichter das Verfahren durchgeführt hat, wie viel Zeit er hierfür aufgewendet hat sowie den Umfang der Streitigkeit." Auch hier gilt, dass der Gerichtshof unter besonderen Umständen auch ein höheres oder niedrigeres Honorar als in der Kostentabelle vorgesehen festsetzen kann.

---

127 § 40.7 DIS SchO a. F.
128 Anhang zu § 40.5, Ziffer 13 der DIS SchO.

Entsprechende Regelungen gelten für das Verfahren nach den **SCC Rules**. Auch dort ist ein streitwertabhängiger Honorarrahmen vorgesehen, innerhalb dessen das SCC das Honorar festlegt. Das Institut kann von den in der Tabelle angegebenen Streitwerten als Grundlage für die Honorarberechnung absehen, falls der Arbeitsaufwand in einer Sache bedeutend geringer oder höher als normal ausfällt.[129]

Auch die **Swiss Rules** sehen eine streitwertabhängige Schiedsrichtervergütung innerhalb eines bestimmten Korridors vor.[130] Eine Besonderheit liegt hier darin, dass nicht die Kammern, sondern das Schiedsgericht selbst die endgültige Höhe seiner Vergütung bestimmt. Eine gewisse Kontrolle findet dabei dadurch statt, dass das Schiedsgericht verpflichtet ist, sich bezüglich jeder Entscheidung über die Kostenfestsetzung und -verteilung mit der zuständigen Kammer zu beraten. Eine grundsätzlich mögliche Überschreitung des Kostenrahmens ist nur mit Zustimmung der Kammer möglich.

Die unterschiedlichen Methoden zur Berechnung der Schiedsrichterhonorare führen zu abweichenden Ergebnissen. Selbst zwischen den Institutionen, die vorrangig auf eine streitwertabhängige Vergütung abstellen, gibt es erhebliche Unterschiede, wie die nachstehende Tabelle zeigt, der jeweils das **Honorar für ein Dreier-Schiedsgericht** zugrunde liegt:

Streitwert	Schiedsrichterhonorare (netto)			
	ICC 1 € = 1.38 US$ (Durchschnittsgebühr)	DIS	Swiss Rules 1 € = 1.55 CHF (Durchschnittsgebühr)	SCC (Durchschnittsgebühr)
1.000.000,00 €	70.471,30	57.915,00	107.500,00	60.500,00
5.000.000,00 €	150.575,00	127.215,00	211.166,50	126.500,00
10.000.000,00 €	189.538,00	160.215,00	287.833,50	169.400,00
50.000.000,00 €	295.327,00	292.215,00	450.333,50	248.600,00
100.000.000,00 €	378.260,00	391.215,00	550.333,00	306.900,00

Die Tabelle zeigt, dass das Schiedsrichterhonorar auf der Grundlage der SCC Rules tendenziell günstiger ist, während die Swiss Rules ein deutlich höheres Durchschnittshonorar vorsehen. Bei Streitwerten bis 10 Mio. Euro ist das Schiedsrichterhonorar nach der DIS SchO mit dem Schiedsrichterhonorar nach den SCC Rules vergleichbar. Bei höheren Streitwerten sieht die DIS SchO allerdings höhere Schiedsrichterhonorare vor.

Es ist nicht ohne weiteres möglich, die Schiedsrichterhonorare dieser Institutionen mit Verfahren zu vergleichen, bei denen die Vergütung der Schiedsrichter vorrangig oder ausschließlich nach dem Zeitwand der Schiedsrichter be-

---

129 Anhang II SCC Rules – Kostentabelle II. Art. 1 (4).
130 Vgl. 31 ff. Swiss Rules i. V. m. Anhang B.

rechnet wird und daher vom Ablauf des Verfahrens im konkreten Fall abhängt. Als Faustregel kann wohl gesagt werden, dass ein zeitabhängiges Vergütungssystem bei kleineren Streitwerten tendenziell teurer ist als ein streitwertabhängiges System. Dieses Verhältnis dreht sich allerdings in der Regel bei Streitwerten von mehr als 10 Mio. Euro um. Hier wird ein streitwertabhängiges Schiedsrichterhonorar häufig zu höheren Kosten führen.

b) Die Verwaltungsgebühr

Neben den Schiedsrichterhonoraren ist im Rahmen der administrierten Schiedsgerichtsbarkeit auch noch die Verwaltungsgebühr der jeweiligen Institution zu berücksichtigen. Auch deren Berechnung hängt von den Regeln der Institution ab und – wie das Schiedsrichterhonorar – insbesondere davon, ob hier der Streitwert oder der tatsächliche Aufwand in Rechnung gestellt wird.

Die folgende Tabelle gibt einen Überblick über die Verwaltungsgebühren derjenigen Institutionen, die diese streitwertabhängig berechnen. Dabei ist zu beachten, dass ein Vergleich anhand der Kostentabellen nur eingeschränkt möglich ist, da der Tätigkeitsumfang der einzelnen Institutionen beträchtliche Unterschiede aufweist.[131]

Streitwert	Verwaltungsgebühren (ohne Mwst.)[132]			
	ICC 1 € = 1.38 US$	DIS	Swiss Rules 1 € = 1.55 CHF	SCC
1.000.000,00 €	12.189,60	10.500,00	3.000,00	13.900,00
5.000.000,00 €	23.798,80	25.000,00	14.000,00	21.900,00
10.000.000,00 €	31.054,50	25.000,00	22.000,00	28.900,00
50.000.000,00 €	51.370,60	25.000,00	37.000,00	36.900,00
100.000.000,00 €	64.430,90	25.000,00	38.666,00	39.000,00

Nach dieser Tabelle sind die Verwaltungsgebühren der ICC insbesondere bei hohen Streitwerten im Vergleich zu den anderen Institutionen höher. Bei niedrigeren Streitwerten bis zu einer Höhe von 10.000.000,00 Euro sind die Verwaltungsgebühren der Swiss Rules am niedrigsten, demgegenüber verlangt bei Streitwerten über 50.000.000,00 Euro die DIS die geringsten Gebühren. Vergleicht man die Verwaltungsgebühren mit den Schiedsrichterhonoraren, so fällt allerdings auf, dass sie – insbesondere bei hohen Streitwerten – nur einen vergleichsweise geringen Betrag ausmachen.

---

131 Kritisch zum Kostenvergleich anhand der Gebührentabellen auch *Karrer*, Naives Sparen bringt Gefahren, SchiedsVZ 2006, 113, 114.
132 Bei den Swiss Rules wird die streitwertabhängige Gebühr, die bei der Verfahrenseinleitung zu leisten ist, zu den Gebühren hinzuaddiert, während die anderen Institutionen diese auf die Verwaltungskosten anrechnen (ICC und SCC) bzw. unmittelbar bei Verfahrenseinleitung die Verwaltungskosten verlangen (DIS).

In Übereinstimmung mit dem Schiedsrichterhonorar richten sich bei den LCIA Rules die Verwaltungsgebühren nicht nach dem Streitwert, sondern im Wesentlichen nach dem tatsächlichen Aufwand. Neben einer nicht rückzahlbaren Registrierungsgebühr von 1.500,00 £ werden als Verwaltungsgebühr 5 % der Summe des Honorars des Schiedsgerichts (ohne Auslagen) berechnet. Hinzu kommt eine stundenweise Vergütung des Registrars in Höhe von 200,00 £ pro Stunde und des Sekretariats in Höhe von 100,00 £ pro Stunde sowie Auslagen sonstiger Dienstleistungen. Ein Vergleich der Verwaltungsgebühren nach den LCIA Rules mit den streitwertabhängigen Verwaltungsgebühren ist kaum möglich, da die Höhe der Verwaltungsgebühr nach den LCIA Rules von den konkreten Umständen des Einzelfalles abhängt.

c) Bewertung

Zusammenfassend ist festzuhalten, dass die Kosten der Verfahren nicht unerheblich voneinander abweichen können. Gerade wenn die Möglichkeit besteht, dass es zu Schiedsverfahren mit Streitwerten von (deutlich) unter 10 Mio. Euro kommen kann, kann dies für die Vereinbarung einer Institution sprechen, bei der die Schiedsrichterhonorare und Verwaltungsgebühren streitwertabhängig berechnet werden. Demgegenüber kann bei sehr hohen Streitwerten eine stundenweise Vergütung der Schiedsrichter kostengünstiger sein.

Dabei sollte die Frage der Höhe der Schiedsrichtervergütung und – insbesondere – der Verwaltungsgebühren der Institutionen nicht überbewertet werden. Dies gilt insbesondere vor dem Hintergrund, dass gerade in großen Schiedsverfahren die Kosten der Parteivertretung häufig einen weitaus höheren Betrag ausmachen.

7. Zusammenfassende Bewertung

Alle untersuchten Verfahrensordnungen bieten einen flexibeln und modernen Rahmen für die Durchführung von Schiedsverfahren. Ungeachtet bestehender Gemeinsamkeiten weisen sie Unterschiede auf, die bei der Entscheidung, welches Verfahren im konkreten Fall gewählt werden soll, als Entscheidungshilfe herangezogen werden können. Sie lassen sich wie folgt charakterisieren:

Da in Ad-hoc-Verfahren nach den **UNCITRAL Rules** und den **§§ 1025 ff. ZPO** keine Unterstützung durch eine administrierte Institution erfolgt, erscheinen diese Verfahren insbesondere für „schiedserfahrene" Parteien als sinnvolle Gestaltungsmöglichkeit. Demgegenüber dürfte für unerfahrene Parteien die Vereinbarung eines administrierten Schiedsverfahrens regelmäßig sinnvoller sein. Berücksichtigt man, dass die Verwaltungsgebühr der Institution – insbesondere, wenn diese streitwertabhängig erhoben wird – einen vergleichsweise geringen Teil der Verfahrenskosten ausmacht, sollte der Versuch, diese Kosten zu sparen, für die Entscheidung gegen ein administriertes Verfahren nicht ausschlaggebend sein. Bei der Vereinbarung eines Ad-hoc-Schiedsverfahrens ist zudem die Problematik eines Mehrparteien-Schiedsverfahrens im Auge zu behalten. Ist die Beteiligung von mehr als zwei Parteien insbesondere auf der Beklagtenseite möglich, so sollte in die Schiedsvereinbarung eine Regelung über die Schiedsrichterbestellung in Mehrparteiensituationen aufgenommen werden, die die Gleichbehandlung der Parteien gewährleistet.

Bei den administrierten Schiedsverfahren ist für internationale Verfahren aufgrund seiner praktischen Bedeutung an erster Stelle das **ICC-Schiedsverfahren** zu nennen. Dieses weist im Vergleich zu den anderen behandelten Institutionen den höchsten Administrierungsgrad auf, was in vielen Situationen zu einer erhöhten Sicherheit führt. Dem steht gegenüber, dass gerade diese intensive Betreuung tendenziell zu einer Verlangsamung und auch Verteuerung des Verfahrens führen kann.

Vor diesem Hintergrund und wegen der umfassenden Erfahrung des Schiedsgerichtshofs und des Sekretariats ist das ICC-Schiedsverfahren insbesondere in komplexen internationalen Streitigkeiten von erheblicher wirtschaftlicher Bedeutung empfehlenswert. Dies gilt nicht zuletzt deshalb, weil das Verfahren über eine hohe internationale Bekanntheit verfügt und als neutrales Forum im internationalen Wirtschaftsverkehr anerkannt ist; es lässt sich daher gerade bei der Verhandlung internationaler Verträge häufig als Kompromiss vereinbaren.

Im Vergleich zum ICC-Schiedsverfahren weist das Verfahren nach der **DIS-Schiedsordnung** einen geringeren Administrierungsgrad auf und gibt den Parteien weitgehende Autonomie bei der Verfahrensausgestaltung. Die Durchführung eines DIS-Schiedsverfahrens ist bei nationalen Streitigkeiten die „natürliche Wahl" – es bietet aber auch für die Durchführung internationaler Schiedsverfahren einen modernen und flexiblen Rahmen. Dabei sind insbesondere bei Streitwerten bis 10 Mio. Euro die Verfahrenskosten im engeren Sinne vergleichsweise niedrig.

Einen modernen und flexiblen Rahmen bietet auch das Verfahren nach den **LCIA-Rules**, wobei eine Stärke dieser Institution im Bereich von Schiedsverfahren liegt, bei denen zumindest auf einer Seite eine aus dem *common law* Rechtskreis stammende Partei beteiligt ist. Besonderheiten, derer die Parteien sich bewusst sein sollten, sind, dass der LCIA Court mangels abweichender Parteivereinbarung einen vergleichsweise starken Einfluss auf die Zusammensetzung des Schiedsgerichts hat. Ferner richtet sich die Vergütung der Schiedsrichter und der Institution – anders als im Rahmen der anderen dargestellten Institutionen – nicht nach dem Streitwert, sondern wird auf der Grundlage von Stundenhonoraren berechnet. Gerade bei niedrigeren Streitwerten kann dies zu vergleichsweise hohen Verfahrenskosten führen, während diese Art der Vergütung insbesondere bei hohen Streitwerten in der Regel für die Parteien kostengünstiger ist.

Eine interessante Alternative bieten **Swiss Rules**, wobei sich deren Vereinbarung insbesondere dann anbietet, wenn ein Schiedsort in der Schweiz als neutralem Forum gewählt wird. Bei Abschluss der Schiedsvereinbarung sollten die Parteien sich bewusst sein, dass bei Streitwerten von weniger als 1 Mio. CHF sowie auf der Grundlage einer Parteivereinbarung ein beschleunigtes Schiedsverfahren durchgeführt wird, das innerhalb von sechs Monaten abgeschlossen sein soll. Aus Parteisicht ist ferner zu berücksichtigen, dass die Swiss Rules vergleichsweise hohe Schiedsrichterhonorare vorsehen und die Aufrechnung mit nicht unter die Schiedsvereinbarung fallenden Forderungen zulassen.

Die **SCC Rules** schließlich spielen klassisch im Ost-West-Handel eine wesentliche Rolle. Dabei bieten sie vor dem Hintergrund, dass das schwedische Prozessrecht dem *common law* angenähert ist, auch ein geeignetes neutrales Forum für die Durchführung von Schiedsverfahren, an denen Parteien aus dem anglo-amerikanischen und dem kontinental-europäischen Rechtskreis beteiligt sind. Die Schiedsrichterhonorare nach den SCC Rules sind insbesondere bei hohen Streitwerten vergleichsweise niedrig. Die Vereinbarung des von der SCC angebotenen beschleunigten Schiedsverfahrens erscheint in Anbetracht der kurzen Fristen für die Einreichung von Schriftsätzen und den Erlass des Schiedsspruchs innerhalb von drei Monaten nur bei einfach gelagerten Streitigkeiten mit geringem Streitwert als sinnvoll.

Dr. Walter Eberl, München*

Anerkennung und Vollstreckbarerklärung von Schiedssprüchen

Inhaltsübersicht

I. Einführung
II. Gegenstand der Vollstreckbarerklärung: Schiedsspruch im Sinne des § 1054 ZPO
III. Verfahren der Vollstreckbarerklärung
   1. Inländische Schiedssprüche
      a) Parteien des Verfahrens
      b) Antragstellung
      c) Zuständigkeit
      d) Mündliche Verhandlung
      e) Rechtliches Gehör
      f) Entscheidung des Gerichts
      g) Rechtsmittel
   2. Ausländische Schiedssprüche
IV. Geltendmachung von Aufhebungsgründen des § 1059 ZPO gegen die Vollstreckbarerklärung inländischer Schiedssprüche
   1. Präklusion gemäß § 1059 Abs. 3 ZPO
   2. § 1059 Abs. 2 Nr. 1a) ZPO – Ungültige Schiedsvereinbarung bzw. Schiedsklausel
   3. § 1059 Abs. 2 Nr. 1b) ZPO – Fehlende Angriffs- oder Verteidigungsmöglichkeit
   4. § 1059 Abs. 2 Nr. 1c) ZPO – Kompetenzüberschreitungen
   5. § 1059 Abs. 2 Nr. 1d) ZPO – Verfahrensverstoß
   6. § 1059 Abs. 2 Nr. 2b) ZPO – Verstoß gegen den ordre public
      a) Materiellrechtlicher ordre public – Verbot der révision au fond
      b) Verfahrensrechtlicher ordre public
V. Geltendmachung von Anerkennungsversagungsgründen des Art. V UNÜ gegen die Vollstreckbarerklärung ausländischer Schiedssprüche
   1. Anerkennungsversagungsgründe des Art. V Abs. 1 UNÜ
   2. Anerkennungsversagungsgründe des Art. V Abs. 2 UNÜ unter besonderer Berücksichtigung des ordre-public-Verstoßes
      a) Ordre public international und ordre public interne
      b) Verstoß gegen den materiellrechtlichen ordre public – Verbot der révision au fond
      c) Verstoß gegen den verfahrensrechtlichen ordre public
   3. Präklusion der Geltendmachung von Anerkennungsversagungsgründen
VI. Einwand fehlender Schiedsvereinbarung gemäß Art. II UNÜ gegen die Vollstreckbarerklärung ausländischer Schiedssprüche
VII. Geltendmachung materiellrechtlicher Einwendungen gegen die Vollstreckbarerklärung in- oder ausländischer Schiedssprüche
   1. Zulässigkeit der Geltendmachung von Einwendungen im Sinne des § 767 ZPO im Vollstreckbarerklärungsverfahren
   2. Präklusion
   3. Verhältnis zur Vollstreckungsgegenklage nach § 767 ZPO

---

* Dr. Walter Eberl ist Partner bei Taylor Wessing in München.

I. Einführung

Obwohl Schiedssprüche in der Regel freiwillig befolgt werden, kann sich im Einzelfall gleichwohl die Notwendigkeit einer Vollstreckung stellen. Als Ausgangspunkt regelt § 1055 ZPO, dass der Schiedsspruch unter den Parteien die Wirkungen eines rechtskräftigen gerichtlichen Urteils hat. Ein Schiedsspruch stellt aber deshalb noch keinen vollstreckbaren Titel dar. Eine zwangsweise Durchsetzung des Schiedsspruches erfordert daher, dass zunächst ein vollstreckbarer Titel erlangt wird, der dann Gegenstand des Zwangsvollstreckungsverfahrens sein kann. Dazu dient das in den §§ 1060 ff. ZPO geregelte Verfahren der Vollstreckbarerklärung von Schiedssprüchen, in dem ein staatliches Gericht über die Vollstreckbarkeit des Schiedsspruches befindet[1]. Der Staat behält sich somit die Vollstreckungsgewalt vor[2]. Die Zwangsvollstreckung erfolgt daher nicht aus dem Schiedsspruch selbst, sondern auf der Basis der Vollstreckbarerklärung des Schiedsspruchs[3].

Nachfolgend wird erläutert, wie die im Schiedsverfahren obsiegende Partei die Vollstreckbarerklärung des Schiedsspruchs erlangen kann und welche Verteidigungsmöglichkeiten der unterliegenden Partei gegen einen Schiedsspruch zur Verfügung stehen. Für das Verfahren der Vollstreckbarerklärung ist zwischen inländischen und ausländischen Schiedssprüchen zu unterscheiden[4]. Ob ein **inländischer** oder **ausländischer Schiedsspruch** vorliegt, richtet sich nach dem in § 1025 Abs. 1 ZPO normierten **Territorialitätsprinzip**[5]. Danach ist ein Schiedsspruch als inländisch zu qualifizieren, wenn der Schiedsort im Inland liegt. Ergeht der Schiedsspruch durch ein Schiedsgericht mit Sitz im Ausland, liegt ein ausländischer Schiedsspruch vor[6]. Die Vollstreckbarerklärung inländischer Schiedssprüche erfolgt nach § 1060 ZPO[7]. Die Anerkennung und Vollstreckbarerklärung ausländischer Schiedssprüche bestimmt sich gemäß § 1061 Abs. 1 Satz 1 ZPO nach dem **UN-Übereinkommen** von 1958 über die Anerkennung und Vollstreckung ausländischer Schiedssprüche (kurz „**UNÜ**")[8]. Davon

---

1 *Schwab/Walter*, Schiedsgerichtsbarkeit, 7. Aufl. 2005, Kap. 26 Rdnr. 1.
2 *Schwab/Walter*, Schiedsgerichtsbarkeit, 7. Aufl. 2005, Kap. 26 Rdnr. 1, Kap. 27 Rdnr. 1; *Schlosser*, in: Stein/Jonas, ZPO, 22. Aufl. 2002, § 1060 Rdnr. 1; *Münch*, in: Münchener Kommentar zur Zivilprozessordnung, 2. Aufl. 2001, § 1060 Rdnr. 2.
3 *Lachmann*, Handbuch für die Schiedsgerichtspraxis, 3. Aufl. 2008, Rdnr. 2397; *Geimer* in: Zöller, ZPO, 26. Aufl. 2007, § 1060 Rdnr. 1.
4 *Lachmann*, Handbuch für die Schiedsgerichtspraxis, 3. Aufl. 2008, Rdnr. 2397 ff. und 2502 ff.; *Münch*, in: Münchener Kommentar zur Zivilprozessordnung, 2. Aufl. 2001, § 1060 Rdnr. 1.
5 *Münch*, in: Münchener Kommentar zur Zivilprozessordnung, 2. Aufl. 2001, § 1060 Rdnr. 6; *Lachmann*, Handbuch für die Schiedsgerichtspraxis, 3. Aufl. 2008, Rdnr. 2525.
6 *OLG Düsseldorf* DIS-Datenbank Az. I-26 Sch 05/03 S. 3; *OLG Hamburg* SchiedsVZ 2003, 284, 285; *Albers*, in: Baumbach/Lauterbach, ZPO, § 1060 Rdnr. 1, § 1061 Rdnr. 1; *Schwab/Walter*, Schiedsgerichtsbarkeit, 7. Aufl. 2007, Kap. 30 Rdnr. 1.
7 *Lachmann*, Handbuch für die Schiedsgerichtspraxis, 3. Aufl. 2008, Rdnr. 2397; *Münch*, in: Münchener Kommentar zur Zivilprozessordnung, 2. Aufl. 2001, § 1060 Rdnr. 1.
8 Vgl. hierzu *BGH* WM 2001, 787, 788; *BGH* SchiedsVZ 2003, 281, 282; *OLG Schleswig* SchiedsVZ 2003, 237, 237.

unberührt bleiben nach § 1061 Abs. 1 Satz 2 ZPO die Vorschriften über die Anerkennung und Vollstreckung anderer bilateraler und multilateraler Abkommen, wie z.B. das deutsch-amerikanische Freundschaftsabkommen vom 29.10.1954[9].

Die Vollstreckbarerklärung eines inländischen Schiedsspruchs ist gem. § 1060 Abs. 2 Satz 1 ZPO abzulehnen, wenn ein Aufhebungsgrund nach § 1059 Abs. 2 ZPO vorliegt[10]. Ein ausländischer Schiedsspruch kann nicht für vollstreckbar erklärt werden, wenn ein Anerkennungsversagungsgrund nach Art. V UNÜ entgegensteht. Durch die Geltendmachung von Aufhebungsgründen bei inländischen Schiedssprüchen sowie von Anerkennungsversagungsgründen bei ausländischen Schiedssprüchen kann sich der Antragsgegner gegen die Vollstreckbarerklärung zur Wehr setzen. Entscheidend ist aber, dass sich der Antragsgegner im Vollstreckbarerklärungsverfahren grundsätzlich nicht auf die materielle Unrichtigkeit des Schiedsspruches berufen kann (so genanntes Verbot der révision au fond). Dies gilt sowohl für inländische als auch für ausländische Schiedssprüche[11]. Hiervon zu trennen ist die Frage, ob der Antragsgegner im Verfahren der Vollstreckbarerklärung die Möglichkeit hat, materielle Einwendungen gegen den im Schiedsspruch tenorierten Anspruch zu erheben, die erst nachträglich entstanden sind oder ob er insoweit auf die Vollstreckungsgegenklage gemäß § 767 ZPO zu verweisen ist.

Im Rahmen dieser Abhandlung werden auch einige praktische Hinweise gegeben, die gerade auch für taktische Überlegungen eine Rolle spielen können. Im Rahmen des Vollstreckbarerklärungsverfahrens können unter Umständen auch Fehler ans „Tageslicht" kommen, die bereits bei der Formulierung der Schiedsvereinbarung gemacht wurden. Die Wahl der richtigen Taktik im Schiedsverfahren muss daher bereits bei der Abfassung der Schiedsvereinbarung ansetzen.

II. Gegenstand der Vollstreckbarerklärung: Schiedsspruch im Sinne des § 1054 ZPO

Gegenstand des Vollstreckbarerklärungsverfahrens ist ein Schiedsspruch im Sinne des § 1054 ZPO. Ob ein Schiedsspruch vorliegt, beurteilt sich nach deutschem Recht[12]. Ein Schiedsspruch muss daher die Voraussetzungen des

---

9 *BayObLG* RIW 2001, 140, 140.
10 *BGH* Online-Datenbank Az. III ZB 55/99 S. 7; *Schab/Walter*, Schiedsgerichtsbarkeit, 7. Aufl. 2007, Kap. 27 Rdnr. 8; *Schlosser*, in: Stein/Jonas, ZPO, 22. Aufl. 2002, § 1060 Rdnr. 10.
11 Zu inländischen Schiedssprüchen vgl: *OLG Stuttgart* DIS-Datenbank Az. 1 Sch 02/03 S. 3; *OLG Hamburg* DIS-Datenbank Az. 11 Sch 01/01 S. 3; *Münch*, in: Münchener Kommentar zur Zivilprozessordnung, 2. Aufl. 2001, § 1059 Rdnr. 3, zu ausländischen Schiedssprüchen vgl: *OLG Köln* DIS-Datenbank Az. 9 Sch 03/03 S. 4; *BayObLG* DIS-Datenbank Az. 4Z Sch 95/04 S. 3.
12 *OLG Düsseldorf* DIS-Datenbank Az. I-26 Sch 05/03 S. 3; *Geimer* in: Zöller, ZPO, 26. Aufl. 2007, § 1061 Rdnr. 4.

§ 1054 ZPO erfüllen[13]. Der Antragsteller trägt insoweit die Darlegungs- und Beweislast[14]. Erforderlich ist eine schriftlich abgefasste Entscheidung eines nicht staatlichen Gerichts, durch die das Verfahren urteilsmäßig endgültig abgeschlossen wird, von den Schiedsrichtern unterzeichnet ist und den Parteien übersandt wurde[15]. Ausreichend ist, wenn die Entscheidung das Verfahren zu einem abtrennbaren Teil abschließt, so dass auch ein Teilschiedsspruch einer Vollstreckbarerklärung fähig ist[16]. Aufgrund ihres vorläufigen Charakters scheidet die Vollstreckbarerklärung einer einstweiligen Anordnung eines Schiedsgerichts aus[17]. Wurde ein vom Hauptschiedsspruch unabhängiger Kostenergänzungsschiedsspruch erlassen, so kann dieser unabhängig vom Hauptschiedsspruch für vollstreckbar erklärt werden[18]. Ein solcher Ergänzungsschiedsspruch ist daher auch selbständig daraufhin zu prüfen, ob seiner Vollstreckbarerklärung Aufhebungsgründe entgegenstehen[19].

Ein ausländischer Schiedsspruch muss einem deutschen Schiedsspruch im Sinne des § 1054 ZPO funktional äquivalent sein[20]. In diesem Zusammenhang ist zu berücksichtigen, dass nach deutscher Rechtsprechung die funktionale Äquivalenz von Schiedssprüchen, die in einem obligationenrechtlichen Schiedsverfahren ergangen sind, wie z. B. der italienische lodo irrituale, abgelehnt wird[21]. Entscheidungen obligationenrechtlicher Schiedsverfahren zeichnen sich dadurch aus, dass sie zwar eine schuldrechtliche Verpflichtung begründen, diese jedoch nicht vollstreckbar ist[22]. Zur Durchsetzung dieser Entscheidungen ist Erfüllungsklage zu erheben[23]. Die Vollstreckbarerklärung einer solchen

---

13 *OLG Köln* DIS-Datenbank Az. 9 Sch 20/03 S. 2; *OLG Düsseldorf* DIS-Datenbank Az. I-26 Sch 05/03 S. 3; *OLG Hamburg* DIS-Datenbank Az. 11 Sch 01/02; *Geimer*, in: Zöller, ZPO, 26. Aufl. 2007, § 1060 Rdnr. 5, § 1061 Rdnr. 4.
14 *BGH* WM 1979, 1006, 1007; *Münch*, in: Münchener Kommentar zur Zivilprozessordnung, 2. Aufl. 2001, § 1060 Rdnr. 8.
15 *OLG Düsseldorf* DIS-Datenbank Az. I-26 Sch 05/03 S. 3; *Münch*, in: Münchener Kommentar zur Zivilprozessordnung, 2. Aufl. 2001, § 1060 Rdnr. 7; *Schlosser*, in: Stein/Jonas, ZPO, 22. Aufl. 2002, § 1060 Rdnr. 3.
16 *OLG Köln*, DIS-Datenbank Az. 9 Sch 20/03 S. 1, 2; *Schlosser*, in: Stein/Jonas, ZPO, 22. Aufl. 2002, § 1060 Rdnr. 3.
17 *Schwab/Walter*, Schiedsgerichtsbarkeit, 7. Aufl. 2007, Kap. 30 Rdnr. 12; *Lachmann*, Handbuch für die Schiedsgerichtspraxis, 3. Aufl. 2008, Rdnr. 2514; zum einstweiligen Rechtsschutz im Schiedsverfahren vgl. auch *S. Eberl/W. Eberl* in: KpK GesR Kap. 17 Rdnr. 139 ff.
18 *OLG Hamburg* DIS-Datenbank Az. 11 Sch 01/02 S. 1, 2, 3.
19 *OLG Hamburg* DIS-Datenbank Az. 11 Sch 01/02 S. 2.
20 *Schwab/Walter*, Schiedsgerichtsbarkeit, 7. Aufl. 2005, Kap. 30 Rdnr. 11; *Geimer*, in: Zöller, ZPO, 26. Aufl. 2007, § 1061 Rdnr. 4; *Münch*, in: Münchener Kommentar zur Zivilprozessordnung, 2. Aufl. 2001, § 1061 Rdnr. 5.
21 *BGH* RIW 1982, 210, 210; *BayObLG* RIW 2003, 385; *Schwab/Walter*, Schiedsgerichtsbarkeit, 7. Aufl. 2005, Kap. 30 Rdnr. 11, Kap. 42 Rdnr. 4; *Geimer*, in: Zöller, ZPO, 26. Aufl. 2007, § 1061 Rdnr. 4; *Lachmann*, Handbuch für die Schiedsgerichtspraxis, 3. Aufl. 2008, Rdnr. 2516.
22 *Lachmann*, Handbuch für die Schiedsgerichtspraxis, 3. Aufl. 2008, Rdnr. 2516.
23 *Lachmann*, Handbuch für die Schiedsgerichtspraxis, 3. Aufl. 2008, Rdnr. 2516.

Entscheidung erscheint nicht gerechtfertigt, da sie durch die Vollstreckbarerklärung nach deutschem Recht eine Wirkung hätte, die ihr im Erlassstaat nicht zukommen würde[24].

Soll die Möglichkeit der Zwangsvollstreckung bei einem in einem Schiedsverfahren geschlossenen **Vergleich** gewährleistet sein, so ist darauf zu achten, dass nach § 1053 Abs. 2 Satz 1 ZPO angegeben wird, dass es sich bei der Vergleichsvereinbarung um einen Schiedsspruch im Sinne des § 1054 ZPO handelt. Der Vergleich kann nur dann für vollstreckbar erklärt werden, wenn er in Form eines Schiedsspruchs abgefasst ist[25]. Nicht ausreichend ist, wenn der Vergleich lediglich protokolliert wird[26].

🡢 **Praktischer Hinweis:** Gerade auch bei Beendigung eines Schiedsverfahrens im Wege eines Vergleichs sollten die Parteien sorgfältig die bestehenden Optionen erwägen und stets prüfen, ob ein Vergleich im Wege eines Schiedsspruchs mit vereinbartem Wortlaut abgeschlossen werden soll. Auch in dieser Phase ist nicht ausgeschlossen, dass später Vollstreckungsprobleme oder sogar Streitigkeiten aus der Vergleichsvereinbarung entstehen. Es kann sich daher anbieten, im Vergleich erneut eine Regelung dazu zu treffen, dass Streitigkeiten aus dem Vergleich wiederum von einem Schiedsgericht entschieden werden.

Von einem Schiedsspruch ist das **Schiedsgutachten** abzugrenzen, durch das Tatumstände festgestellt und Tatfragen entschieden werden[27]. Bei entsprechender Parteivereinbarung kann im Schiedsgutachten auch eine Leistungspflicht auferlegt werden[28]. Im Unterschied zu einem Schiedsurteil ersetzt das Schiedsgutachten kein endgültiges staatliches Urteil. Die Regelungen der §§ 1029 ff. sind auf das Schiedsgutachten nicht anzuwenden[29]. Ein Schiedsgutachten erfüllt somit nicht die Voraussetzungen des § 1054 ZPO und ist einer Vollstreckbarerklärung daher nicht zugänglich. Dies gilt auch für Schiedsgutachten mit internationalem Bezug[30].

Nach herrschender, wenn auch nicht ganz unbestrittener Auffassung können auch **Schiedssprüche mit nicht vollstreckungsfähigem Inhalt**, wie gestaltende, feststellende oder auch abweisende Schiedssprüche für vollstreckbar erklärt

---

24 *Schwab/Walter*, Schiedsgerichtsbarkeit, 7. Aufl. 2005, Kap. 42 Rdnr. 4; *Lachmann*, Handbuch für die Schiedsgerichtspraxis, 3. Aufl. 2008, Rdnr. 2516.
25 *OLG Frankfurt/aM* SchiedsVZ 2003, 288; *Kröll*, SchiedsVZ 2004, 113, 120.
26 *Schwab/Walter*, Schiedsgerichtsbarkeit, 7. Aufl. 2005, Kap. 42 Rdnr. 6.
27 *Geimer*, in: Zöller, ZPO, 26. Aufl. 2007, § 1029 Rdnr. 4.
28 *Lachmann*, Handbuch für die Schiedsgerichtspraxis, 3. Aufl. 2008, Rdnr. 74.
29 *Geimer*, in: Zöller, ZPO, 26. Aufl. 2007, § 1029 Rdnr. 4, 5; *Schwab/Walter*, Schiedsgerichtsbarkeit, 7. Aufl. 2005, Kap. 2 Rdnr. 1, 6.
30 *Schwab/Walter*, Schiedsgerichtsbarkeit, 7. Aufl. 2005, Kap. 42 Rdnr. 5.

werden[31]. Ein Rechtsschutzbedürfnis für die Vollstreckbarerklärung solcher Schiedssprüche ergibt sich daraus, dass die Vollstreckbarerklärung nicht nur die Zwangsvollstreckung ermöglicht, sondern den Schiedsspruch auch gegen die Geltendmachung von Aufhebungsgründen sichert[32]. Nach § 1059 Abs. 3 Satz 4 ZPO kann ein Antrag auf Aufhebung eines Schiedsspruchs nicht mehr gestellt werden, wenn der Schiedsspruch vor einem deutschen Gericht für vollstreckbar erklärt wurde[33].

◯ **Praktischer Hinweis:** Es sollte in jedem Einzelfall abgewogen und bedacht werden, auf welchen Teil des Schiedsspruchs sich der Antrag auf Vollstreckbarerklärung beziehen soll. Um Kosten zu sparen, kommen z.B. einzelne selbstständige Teile des Tenors aber auch ein Teil einer tenorierten Klagesumme (z.B. 100.000,00 Euro bei Obsiegen in Höhe von 1 Mio. Euro) in Betracht. Auch die Kostenentscheidung des Schiedsgerichts selbst kann Teil der Vollstreckbarerklärung sein. Eine Vollstreckbarerklärung ist ferner sogar in Bezug auf den klageabweisenden Teil des Schiedsurteils möglich.

III. Verfahren der Vollstreckbarerklärung

1. Inländische Schiedssprüche

Das Verfahren der Vollstreckbarerklärung ist Beschlussverfahren[34]. Es gelten die §§ 1063-1066 ZPO[35]. Im Übrigen unterliegt das Verfahren den allgemeinen Prozessvoraussetzungen, so dass das Gericht die Partei- und Prozessfähigkeit, die Zulässigkeit des Rechtsweges sowie die Zuständigkeit nach allgemeinen Regeln prüft[36].

---

31 *BGH* BB 1960, 302; BGH-Online-Datenbank Az. III ZB 78/05 Rdnr. 9; *OLG München* DIS-Datenbank Az. 34 Sch 02/06 S. 3; *OLG Köln* DIS-Datenbank Az. 9 Sch 20/03 S. 2; *BayObLG* DIS-Datenbank Az. 4Z Sch 31/99 S. 2; *KG Berlin* DIS-Datenbank Az. 23/29 S. 2; *Schwab/Walter*, Schiedsgerichtsbarkeit, 7. Aufl. 2005, Kap. 26 Rdnr. 7; *Kröll*, SchiedsVZ 2004 113, 120; a.A.: *OLG Frankfurt/a.M* DIS-Datenbank Az. 26 Sch 03/05 S. 2; *KG Berlin* DIS-Datenbank Az. 20 Sch 07/05 S. 2; *Geimer*, in: Zöller, ZPO, 26. Aufl. 2007, § 1060 Rdnr. 2; *Münch*, in: Münchener Kommentar zur Zivilprozessordnung, 2. Aufl. 2001, § 1060 Rdnr. 4.
32 BGHZ 99, 143, 148; *BGH* BB 1960, 302; *BGH* Online-Datenbank Az. III ZB 78/05 Rn. 9; *OLG München* DIS-Datenbank AZ. 34 Sch 02/06 S. 3; *OLG Köln* DIS-Datenbank Az. 9 Sch 20/03 S. 2; *BayObLG* DIS-Datenbank AZ. 4Z Sch 31/99 S. 2; *KG Berlin* DIS-Datenbank Az. 23/29 S. 2; *Schwab/Walter*, Schiedsgerichtsbarkeit, 7. Aufl. 2005, Kap. 26 Rdnr. 7.
33 *BGH* Online-Datenbank Az. III ZB 78/05 Rn. 9.
34 *BGH* Online-Datenbank Az. III ZB 50/05 Rn. 14.
35 *Münch*, in: Münchener Kommentar zur Zivilprozessordnung, 2. Aufl. 2001, § 1060 Rdnr. 8.
36 *Albers*, in: Baumbach/Lauterbach, ZPO § 1060 Rdnr. 8; *Lachmann*, Handbuch für die Schiedsgerichtspraxis, 3. Aufl. 2008, Rdnr. 2477.

a) Parteien des Verfahrens

Das Vollstreckbarerklärungsverfahren inländischer Schiedssprüche wird gem. § 1064 Abs. 1 Satz 1 ZPO auf Antrag der obsiegenden Partei eingeleitet[37]. Für die **Antragsbefugnis** ist ein vollständiges Obsiegen nicht erforderlich[38]. Es genügt bereits ein geringes Maß an Obsiegen, sei es auch nur hinsichtlich der Kostenlast[39]. Die Schiedsrichter selbst sind nicht dazu befugt, die Vollstreckbarerklärung des Schiedsspruchs zu beantragen[40]. **Antragsgegner** ist der im Schiedsspruch benannte Vollstreckungsschuldner[41]. Kommt es zur Rechtsnachfolge auf Gläubigerseite, so geht in entsprechender Anwendung des Rechtsgedankens der §§ 727 ff. ZPO die Antragsbefugnis auf den bzw. die Rechtsnachfolger über[42]. Bei Rechtsnachfolge auf Schuldnerseite ist der Antrag entsprechend §§ 727 ff. ZPO gegen den oder die Rechtsnachfolger zu richten[43].

b) Antragstellung

Der Antrag auf Vollstreckbarerklärung ist nicht fristgebunden[44]. Im Antrag ist das Begehren konkret zu bezeichnen[45].

Mit dem Antrag, der schriftlich oder auch zu Protokoll der Geschäftsstelle einzureichen ist[46], ist nach § 1064 Abs. 1 Satz 1 ZPO der Schiedsspruch im Original oder in beglaubigter Abschrift vorzulegen[47]. Eine besondere Form der Beglaubigung wird nicht gefordert, kann durch das Gericht gemäß § 142 ZPO allerdings angeordnet werden[48]. § 1064 Abs. 1 Satz 2 ZPO gestattet auch die Beglaubigung durch den für das gerichtliche Verfahren bevollmächtigten Rechts-

---

37 *Lachmann*, Handbuch für die Schiedsgerichtspraxis, 3. Aufl. 2008, Rdnr. 2467.
38 *Münch*, in: Münchener Kommentar zur Zivilprozessordnung, 2. Aufl. 2001, § 1060 Rdnr. 4.
39 *Schwab/Walter*, Schiedsgerichtsbarkeit, 7. Aufl. 2007, Kap. 27 Rdnr. 2; *Lachmann*, Handbuch für die Schiedsgerichtspraxis, 3. Aufl. 2008, Rdnr. 2467.
40 *Schwab/Walter*, Schiedsgerichtsbarkeit, 7. Aufl. 2005, Kap. 27 Rdnr. 2.
41 *Münch*, in: Münchener Kommentar zur Zivilprozessordnung, 2. Aufl. 2001, § 1060 Rdnr 4.
42 *Schwab/Walter*, Schiedsgerichtsbarkeit, 7. Aufl. 2007, Kap. 27 Rdnr. 5; *Lachmann*, Handbuch für die Schiedsgerichtspraxis, 3. Aufl. 2008, Rdnr. 2471.
43 *Schwab/Walter*, Schiedsgerichtsbarkeit, 7. Aufl. 2005, Kap. 27 Rdnr. 5; *Geimer* in: Zöller, ZPO, 26. Aufl. 2007, § 1060 Rdnr. 9; a. A. *Münch*, in: Münchener Kommentar zur Zivilprozessordnung, 2. Aufl. 2001, § 1060 Rdnr. 4, 16 der sich für eine Leistungsklage gegen den Rechtsnachfolger ausspricht.
44 *Münch*, in: Münchener Kommentar zur Zivilprozessordnung, 2. Aufl. 2001, § 1060 Rdnr. 4.
45 *Münch*, in: Münchener Kommentar zur Zivilprozessordnung, 2. Aufl. 2001, § 1061 Rdnr. 4.
46 *Geimer* in: Zöller, ZPO, 26. Aufl. 2007, § 1060 Rdnr. 7.
47 *OLG Köln* DIS-Datenbank Az. 9 Sch 20/03 S. 2; *OLG München* DIS-Datenbank Az. 34 Sch 02/06 S. 2; *Lachmann*, Handbuch für die Schiedsgerichtspraxis, 3. Aufl. 2008, Rdnr. 2467.
48 *Geimer* in: Zöller, ZPO, 26. Aufl. 2007, § 1064 Rdnr. 1.

anwalt[49]. Die Beglaubigung muss sich auf den Schiedsspruch im Sinne des § 1054 ZPO beziehen und die Unterschrift des Schiedsrichters erfassen[50].

c) Zuständigkeit

Der Antrag auf Vollstreckbarerklärung ist beim zuständigen OLG einzureichen[51]. Im Unterschied zur Rechtslage vor der Reform des Schiedsverfahrensgesetzes von 1998 liegt nunmehr die Eingangszuständigkeit für das Vollstreckbarerklärungsverfahren nicht mehr bei den Amts- und Landgerichten, sondern wurde aus Gründen der Verfahrenseffizienz und -vereinfachung auf die Oberlandesgerichte übertragen[52]. Dies hat zur Folge, dass im Rechtsmittelverfahren nun der BGH zuständig ist, wodurch eine einheitliche Rechtsanwendung erzielt werden soll[53]. Wurde bereits in der Schiedsvereinbarung ein OLG bezeichnet, so ist gemäß § 1062 Abs. 1 Nr. 4, 2. Fall ZPO dieses OLG örtlich zuständig. Fehlt eine solche Bezeichnung, so ist das OLG zuständig, in dessen Bezirk der Ort des schiedsrichterlichen Verfahrens liegt[54].

⊃ **Praktischer Hinweis:** Wenn der Ort des schiedsrichterlichen Verfahrens nicht als geeigneter Anknüpfungspunkt für das spätere Verfahren der Vollstreckbarerklärung erscheint, kann es ratsam sein, das zuständige OLG bereits in der Schiedsvereinbarung festzulegen.

d) Mündliche Verhandlung

Die Entscheidung über die Vollstreckbarerklärung eines Schiedsspruchs erfolgt grundsätzlich ohne mündliche Verhandlung[55]. Das Gericht hat jedoch nach § 1063 Abs. 2, 2. Fall ZPO zwingend eine mündliche Verhandlung anzuordnen, wenn die Aufhebung des Schiedsspruchs beantragt wird oder Aufhebungsgründe nach § 1059 ZPO in Betracht kommen[56]. Aufhebungsgründe kommen in Betracht, wenn sie sich bereits aus der Aktenlage ergeben oder sich der Antragsgegner auf Aufhebungsgründe beruft und diese auch substantiiert darlegt[57]. Im Übrigen steht es im Ermessen des Gerichts, eine mündliche Verhand-

---

49 *Lachmann*, Handbuch für die Schiedsgerichtspraxis, 3. Aufl. 2008, Rdnr. 2467; *Schwab/Walter*, Schiedsgerichtsbarkeit, 7. Aufl. 2005, Kap. 27 Rdnr. 2.
50 *Schwab/Walter*, Schiedsgerichtsbarkeit, 7. Aufl. 2005, Kap. 27 Rdnr. 2; *Münch*, in: Münchener Kommentar zur Zivilprozessordnung, 2. Aufl. 2001, § 1064 Rdnr. 2.
51 *Geimer* in: Zöller, ZPO, 26. Aufl. 2007, § 1060 Rdnr. 7; *Schwab/Walter*, Schiedsgerichtsbarkeit, 7. Aufl. 2005, Kap. 27 Rdnr. 2.
52 *BayObLG* MDR 2000, 968, 968; *Wagner*, JZ 2000, 1171.
53 BT-Drs. 13/5274 S. 63; *Wagner*, JZ 2000, 1171, 1172.
54 *BGH* Online-Datenbank Az. III ZB 50/05 Rn. 14; *OLG Hamburg* SchiedsVZ 2003, 284, 285; *OLG Stuttgart* MDR 2001, 595, 595; *BayObLG* MDR 2000, 968, 969.
55 *BayObLG* MDR 2000, 968.
56 BGHZ 142, 204, 207; BGH-Online-Datenbank Az. III ZB 50/05 Rdnr. 14; *OLG Hamm* DIS-Datenbank Az. 8 Sch 02/00 S. 2; *BayObLG* MDR 2000, 968, 969; vgl. nachfolgend Ziffer IV.
57 BGHZ 142, 204, 207; *Schwab/Walter*, Schiedsgerichtsbarkeit, 7. Aufl. 2005, Kap. 27 Rdnr. 18; *Geimer*, in: Zöller, ZPO, 26. Aufl. 2007, § 1063 Rdnr. 2.

lung anzuordnen[58]. Solange keine mündliche Verhandlung angeordnet wurde, können die Parteien gemäß § 1063 Abs. 4 ZPO zu Protokoll der Geschäftsstelle Anträge stellen und Erklärungen abgeben. § 1063 Abs. 4 ZPO mildert insoweit den ansonsten vor den Oberlandesgerichten bestehenden Anwaltszwang (vgl. § 78 ZPO) ab[59].

e) Rechtliches Gehör

§ 1063 Abs. 1 Satz 2 ZPO ordnet an, dass dem Antragsgegner vor der gerichtlichen Entscheidung über die Vollstreckbarerklärung rechtliches Gehör zu gewähren ist. Dies bedeutet, dass dem Gegner (zumindest) Gelegenheit gegeben werden muss, sich schriftlich zum Antrag zu äußern[60].

f) Entscheidung des Gerichts

Das Gericht entscheidet gemäß § 1063 Abs. 1 Satz 1 ZPO durch Beschluss[61]. Ist der Antrag auf Vollstreckbarerklärung des Schiedsspruchs zulässig und begründet, so erklärt das Gericht den Schiedsspruch für vollstreckbar[62]. Ist der Antrag auf Vollsteckbarerklärung formell mangelhaft, so ist dieser als unzulässig zu verwerfen[63]. Liegt ein nach § 1060 Abs. 2 ZPO zu berücksichtigender Aufhebungsgrund vor, ist die Vollstreckbarerklärung als unbegründet abzuweisen und der Schiedsspruch zugleich aufzuheben[64]. Nicht erforderlich ist ein gesonderter Aufhebungsantrag, da die Aufhebung von Amts wegen erfolgt[65]. Bezieht sich der Aufhebungsgrund nur auf einen Teil des Schiedsspruchs, kann der andere Teil für vollstreckbar erklärt werden, wenn über ihn nach § 301 ZPO ein Teilurteil ergehen könnte[66]. Macht der Antragsgegner im Vollstreckbarerklärungsverfahren materiellrechtliche Einwendungen gegen den Anspruch selbst begründet geltend[67], so ist die Vollstreckbarerklärung des Schieds-

---

58 *OLG Hamm* DIS-Datenbank Az. 8 Sch 02/00 S. 2; *Münch*, in: Münchener Kommentar ZPO, 2. Aufl. 2001, § 1060 Rdnr. 8, § 1063 Rdnr. 4.
59 *Schwab/Walter*, Schiedsgerichtsbarkeit, 7. Aufl. 2005, Kap. 27 Rdnr. 27; *Geimer*, in: Zöller, ZPO, 26. Aufl. 2007, § 1063 Rdnr. 5.
60 *Schwab/Walter*, Schiedsgerichtsbarkeit, 7. Aufl. 2005, Kap. 27 Rdnr. 22; *Münch*, in: Münchener Kommentar zur Zivilprozessordnung, 2. Aufl. 2001, § 1063 Rdnr. 3.
61 *Lachmann*, Handbuch für die Schiedsgerichtspraxis, 3. Aufl. 2008, Rdnr. 2386.
62 *Münch*, in: Münchener Kommentar zur Zivilprozessordnung, 2. Aufl. 2001, § 1060 Rdnr. 11.
63 *Münch*, in: Münchener Kommentar zur Zivilprozessordnung, 2. Aufl. 2001, § 1064 Rdnr. 8.
64 *Münch*, in: Münchener Kommentar zur Zivilprozessordnung, 2. Aufl. 2001, § 1060 Rdnr. 12, § 1064 Rdnr. 8; *Schlosser* in: Stein/Jonas, ZPO, 22. Aufl. 2002, § 1060 Rdnr. 10.
65 *Münch*, in: Münchener Kommentar zur Zivilprozessordnung, 2. Aufl. 2001, § 1060 Rdnr. 12, § 1064 Rdnr. 8; *Albers*, in: Baumbach/Lauterbach, ZPO, § 1060 Rdnr. 12.
66 *Albers*, in: Baumbach/Lauterbach, ZPO, § 1060 Rdnr. 12.
67 Vgl. hierzu nachfolgend Ziffer VII.

spruchs abzulehnen. Da jedoch kein Aufhebungsgrund im Sinne des § 1059 ZPO vorliegt, ist keine Aufhebung des Schiedsspruchs auszusprechen[68].

g) Rechtsmittel

Gegen die gerichtliche Entscheidung ist **Rechtsbeschwerde** zum BGH gemäß §§ 1065 Abs. 1 Satz 1, 1062 Abs. 1 Nr. 4 ZPO statthaft[69]. Durch die Rechtsbeschwerde können lediglich Rechtsverletzungen überprüft werden; gegen die Entscheidung des OLG ist gesetzlich keine weitere Tatsacheninstanz vorgesehen[70]. Der BGH ist daher grundsätzlich an die tatsächlichen Feststellungen des OLG gebunden[71].

2. Ausländische Schiedssprüche

Für das Verfahren der Vollstreckbarerklärung ausländischer Schiedssprüche gelten nach § 1025 Abs. 4 ZPO die §§ 1061 bis 1065 ZPO. Das Verfahren entspricht daher weitgehend dem Verfahren der Vollstreckbarerklärung inländischer Schiedssprüche, so dass insoweit auf die vorstehenden Ausführungen verwiesen werden kann[72]. Wie auch bei inländischen Schiedssprüchen ist das Verfahren der Vollstreckbarerklärung ausländischer Schiedssprüche durch Antrag einzuleiten, der bei dem nach § 1062 Abs. 1 Nr. 4 ZPO zuständigen Oberlandesgericht einzureichen ist[73].

Nach Art. IV Abs. 1a) und b) UNÜ ist dem Antrag auf Vollstreckbarerklärung sowohl der Schiedsspruch als auch die Schiedsvereinbarung in Ur- oder beglaubigter Abschrift beizulegen[74]. Ist der Schiedsspruch oder die Schiedsvereinbarung nicht auf Deutsch abgefasst ist, so sind diese Schriftstücke gem. Art. IV Abs. 2 UNÜ in amtlich beglaubigter deutscher Übersetzung beizubringen[75]. Infolge des **Grundsatzes der Meistbegünstigung** des Art. VII Abs. 1 UNÜ werden die formellen Anforderungen des Art. IV UNÜ jedoch durch die anerkennungsfreundlichere innerstaatliche Regelung des § 1064 ZPO abge-

---

68 *Geimer*, in: *Zöller*, ZPO, 26. Aufl. 2007, Rdnr. 4a; *Lachmann*, Handbuch für die Schiedsgerichtspraxis, 3. Aufl. 2008, Rdnr. 2439.
69 *Münch*, in: Münchener Kommentar zur Zivilprozessordnung, 2. Aufl. 2001, § 1060 Rdnr. 8; *Geimer*, in: Zöller, ZPO, 26. Aufl. 2007, § 1065 Rdnr. 1.
70 BGH 142, 204, 205; BayObLG RIW 2000, 968, 969; *Münch*, in: Münchener Kommentar zur Zivilprozessordnung, 2. Aufl. 2001, § 1060 Rdnr. 8; *Geimer*, in: Zöller, ZPO, 26. Aufl. 2007, § 1065 Rdnr. 1.
71 BGHZ 142, 204, 205; zur Berücksichtigung neuer Tatsachen vgl. *Geimer*, in: Zöller, ZPO, 26. Aufl. 2007, § 1065 Rdnr. 4.
72 *Schwab/Walter*, Schiedsgerichtsbarkeit, 7. Aufl. 2005, Kap. 30 Rdnr. 25; *Münch*, in: Münchener Kommentar zur Zivilprozessordnung, 2. Aufl. 2001, § 1061 Rdnr. 10; *Geimer*, in: Zöller, ZPO, 26. Aufl. 2007, § 1061 Rdnr. 2.
73 *Schwab/Walter*, Schiedsgerichtsbarkeit, 7. Aufl. 2005, Kap. 30 Rdnr. 26; *Lachmann*, Handbuch für die Schiedsgerichtspraxis, 3. Aufl. 2008, Rdnr. 2721.
74 *OLG Brandenburg* DIS-Datenbank Az. 8 Sch 02/01 S. 3.
75 *Schwab/Walter*, Schiedsgerichtsbarkeit, 7. Aufl. 2005, Kap. 30 Rdnr. 26.

schwächt[76]. Für den Antrag auf Vollstreckbarerklärung eines ausländischen Schiedsspruchs ist daher nach § 1064 Abs. 1, 3 ZPO lediglich die Vorlage des Schiedsspruchs in Ur- oder beglaubigter Abschrift erforderlich. Die Vorlage der Schiedsvereinbarung selbst oder die Beibringung einer amtlich beglaubigten Übersetzung eines nicht in Deutsch abgefassten Schiedsspruchs ist daher nicht Zulässigkeitsvoraussetzung des Vollstreckbarerklärungsverfahrens[77]. Das Gericht kann nach § 142 Abs. 3 ZPO allerdings eine Übersetzung des Schiedsspruchs verlangen, was jedoch keine Frage der Zulässigkeit des Antrags ist[78].

⊃ **Praktischer Hinweis:** Es ist empfehlenswert, dem Antrag auf Vollstreckbarerklärung zumindest eine Übersetzung des Tenors des Schiedsspruches beizufügen.

Das Gericht entscheidet nach § 1063 Abs. 1 ZPO durch Beschluss. Ist dem Antrag stattzugeben, entscheidet das Gericht auf Vollstreckbarerklärung. Ist der Antrag abzulehnen, stellt das Gericht gemäß § 1061 Abs. 2 ZPO fest, dass der Schiedsspruch im Inland nicht anzuerkennen ist[79]. Soweit keine staatsvertraglichen Regelungen entgegenstehen, ist nach § 1064 Abs. 3 ZPO die vorläufige Vollstreckbarkeit auszusprechen[80]. Gegen die Vollstreckbarerklärung eines Schiedsspruchs kann nach §§ 1065 Abs. 1, 1062 Abs. 1 Nr. 4 ZPO das Rechtsmittel der Rechtsbeschwerde erhoben werden[81].

IV. Geltendmachung von Aufhebungsgründen des § 1059 ZPO gegen die Vollstreckbarerklärung inländischer Schiedssprüche

Die Vollstreckbarerklärung eines inländischen Schiedsspruchs ist gem. § 1060 Abs. 2 Satz 1 ZPO abzulehnen, wenn ein Aufhebungsgrund nach § 1059 Abs. 2 ZPO vorliegt[82]. Durch die Geltendmachung von Aufhebungsgründen des § 1059 Abs. 2 ZPO hat der Antragsgegner daher die Möglichkeit, die Vollstreckbarerklärung zu verhindern. § 1059 Abs. 2 ZPO regelt abschließend, unter welchen Voraussetzungen die Aufhebung eines inländischen Schiedsspruchs

---

76 *BGH* SchiedsVZ 2003, 281, 282; *OLG Koblenz* DIS-Datenbank Az. 2 Sch 04/05 S. 3; *OLG Schleswig* SchiedsVZ 2003, 237, 238; *Geimer*, in: Zöller, ZPO, 26. Aufl. 2007, § 1061 Rdnr. 2.
77 *BGH* SchiedsVZ 2003, 281, 282; *OLG Köln* DIS-Datenbank Az. 9 Sch 03/03 S. 3; BayObLG RIW 2001, 140, 141; DIS-Datenbank Az. 4Z Sch 95/04 S. 2; OLG Brandenburg DIS-Datenbank Az. 8 Sch 02/01 S. 3.
78 *Schwab/Walter*, Schiedsgerichtsbarkeit, 7. Aufl. 2005, Kap. 30 Rn. 26; *Lachmann*, Handbuch für die Schiedsgerichtspraxis, 3. Aufl. 2008, Rdnr. 2738; *Kröll*, SchiedsVZ 2003, 282, 283, 284.
79 *Albers*, in: *Baumbach/Lauterbach*, ZPO, § 1061 Rdnr. 2, 5.
80 *Lachmann*, Handbuch für die Schiedsgerichtspraxis, 3. Aufl. 2008, Rdnr. 2769.
81 *BGH* Online-Datenbank Az. III ZB 50/05 Rn. 19; *Münch*, in: Münchener Kommentar zur Zivilprozessordnung, 2. Aufl. 2001, ZPO § 1061 Rdnr. 10.
82 *BGH* Online-Datenbank Az. III ZB 55/99 S. 7; *Schab/Walter*, Schiedsgerichtsbarkeit, 7. Aufl. 2005, Kap. 27 Rdnr. 8; *Schlosser*, in: Stein/Jonas, ZPO, 22. Aufl. 2002, § 1060 Rdnr. 10.

in Betracht kommt[83]. Dabei ist zwischen Aufhebungsgründen zu differenzieren, die grundsätzlich von Amts wegen zu beachten sind und solchen, die von der Partei gerügt werden müssen. § 1059 Abs. 2 Nr. 1 ZPO normiert die Aufhebungsgründe, die nur auf Rüge der Partei hin zu berücksichtigen sind, § 1059 Abs. 2 Nr. 2 ZPO die von Amts wegen zu berücksichtigenden Aufhebungsgründe[84].

1. Präklusion gemäß § 1059 Abs. 3 ZPO

Es ist jedoch zu beachten, dass die Geltendmachung bestimmter Aufhebungsgründe im Vollstreckbarerklärungsverfahren ausgeschlossen sein kann. So kann ein Aufhebungsgrund gemäß § 1060 Abs. 2 Satz 2 ZPO im Verfahren der Vollstreckbarerklärung dann nicht mehr berücksichtigt werden, wenn im Zeitpunkt der Zustellung des Antrags auf Vollsteckbarerklärung ein auf diesen Grund gestütztes Aufhebungsverfahren bereits rechtskräftig abgewiesen wurde. Die von der Partei zu rügenden Aufhebungsgründe des § 1059 Abs. 2 Nr. 1 ZPO sind gemäß § 1059 Abs. 3 Satz 1 und 2 ZPO vorbehaltlich einer abweichenden Parteivereinbarung innerhalb einer Frist von 3 Monaten nach Empfang des Schiedsspruchs durch Aufhebungsantrag geltend zu machen[85]. Wurde Ergänzung, Auslegung oder Berichtigung nach § 1058 ZPO beantragt, so verlängert sich gemäß § 1059 Abs. 3 Satz 3 ZPO diese Frist um höchstens einen Monat nach Empfang der Entscheidung über diesen Antrag[86]. § 1060 Abs. 2 Satz 3 ZPO bestimmt, dass mit Ablauf der Fristen des § 1059 Abs. 3 ZPO die von der Partei zu rügenden Aufhebungsgründe im Vollstreckbarerklärungsverfahren nicht mehr berücksichtigt werden können. Dadurch wird vermieden, dass unter Umgehung der Frist des § 1059 Abs. 3 ZPO Aufhebungsgründe noch nach Fristablauf im Vollstreckbarerklärungsverfahren erhoben werden[87]. Aufhebungsgründe, die von Amts wegen zu beachten sind, unterliegen dagegen nicht der Präklusion und sind daher auch im Vollstreckbarerklärungsverfahren jederzeit zu berücksichtigen[88]. Aufhebungsgründe, die erst nach Fristablauf des § 1059 Abs. 3 ZPO bekannt geworden sind, können jedoch auch noch im Vollstreckbarerklärungsverfahren geltend gemacht und berücksichtigt werden[89].

---

83 *Albers*, in: Baumbach/Lauterbach, ZPO, § 1059 Rdnr. 5; *Münch*, in: Münchener Kommentar zur Zivilprozessordnung, 2. Aufl. 2001, ZPO § 1059 Rdnr. 2.
84 *BGH* Online-Datenbank Az. III ZB 55/99 S. 7, 8; *Albers*, in: Baumbach/Lauterbach, ZPO, § 1059 Rdnr. 5, *BGH* NJW 1999, 2974, 2975.
85 *Geimer*, in: Zöller, ZPO, 26. Aufl. 2007, § 1059 Rdnr. 10.
86 *Geimer*, in: Zöller, ZPO, 26. Aufl. 2007, § 1059 Rdnr. 10.
87 *Schwab/Walter*, Schiedsgerichtsbarkeit, 7. Aufl. 2005, Kap. 27 Rdnr. 9; *Lachmann*, Handbuch für die Schiedsgerichtspraxis, 3. Aufl. 2008, Rdnr. 2431.
88 *BGH* Online-Datenbank Az. III ZB 78/05 Rdnr. 12; Az. III ZB 50/05 Rdnr. 14; BGHZ 142, 204, 206; *Schwab/Walter*, Schiedsgerichtsbarkeit, 7. Aufl. 2007, Kap. 27 Rdnr. 9; *Münch*, in: Münchener Kommentar zur Zivilprozessordnung, 2. Aufl. 2001, § 1060 Rdnr. 10; *Albers*, in: *Baumbach/Lauterbach*, ZPO, § 1059 Rdnr. 10.
89 *Lachmann*, Handbuch für die Schiedsgerichtspraxis, 3. Aufl. 2008, Rdnr. 2433.

2. § 1059 Abs. 2 Nr. 1a) ZPO – Ungültige Schiedsvereinbarung bzw. Schiedsklausel

Nach § 1059 Abs. 2 Nr. 1a) ZPO ist ein Aufhebungsgrund gegeben, wenn die subjektive Schiedsfähigkeit der Parteien fehlt (1. Alternative) oder die Schiedsvereinbarung ungültig ist (2. Alternative)[90]. Zu beachten ist, dass der Aufhebungsgrund des § 1059 Abs. 2 Nr. 1a) ZPO gemäß § 1040 Abs. 2 Satz 1 ZPO bereits mit der Klageerwiderung vorzubringen ist[91]. Eine spätere Rüge kann das Schiedsgericht nach § 1040 Abs. 2 Satz 4 ZPO zulassen, wenn die rügende Partei die Verspätung genügend entschuldigt. Hält das Schiedsgericht sich für zuständig, so entscheidet es regelmäßig durch Zwischenentscheid (vgl. § 1040 Abs. 3 Satz 1 ZPO). Gegen diesen Zwischenentscheid kann jede Partei gemäß § 1040 Abs. 3 Satz 2 ZPO innerhalb eines Monats nach schriftlicher Mitteilung eine gerichtliche Entscheidung beantragen[92]. Versäumt eine Partei die Frist des § 1040 Abs. 2 Satz 1 ZPO oder des § 1040 Abs. 3 Satz 2 ZPO, so ist sie mit der Rüge des Aufhebungsgrundes des § 1059 Abs. 2 Nr. 1a) ZPO im Schiedsverfahren sowie im Aufhebungs- als auch im Vollstreckbarerklärungsverfahren präkludiert[93].

3. § 1059 Abs. 2 Nr. 1b) ZPO – Fehlende Angriffs- oder Verteidigungsmöglichkeit

Ein Aufhebungsgrund nach § 1059 Abs. 2 Nr. 1b) ZPO ist gegeben, wenn eine Partei bei der Geltendmachung von Angriffs- oder Verteidigungsmitteln behindert wurde. Dies ist beispielsweise der Fall, wenn eine Partei von dem schiedsrichterlichen Verfahren oder der Bestellung eines Schiedsrichters nicht ordnungsgemäß in Kenntnis gesetzt wurde oder bei der Bestellung des Schiedsgerichts nicht mitwirken konnte[94]. Da der Aufhebungsgrund des § 1059 Abs. 2 Nr. 1b) ZPO häufig bei Verstößen gegen die Grundsätze des fairen Verfahrens, die Teil des ordre public sind, greift, wird häufig auch ein Aufhebungsgrund nach § 1059 Abs. 2 Nr. 2b) ZPO gegeben sein[95].

4. § 1059 Abs. 2 Nr. 1c) ZPO – Kompetenzüberschreitungen

Nach § 1059 Abs. 2 Nr. 1c) ZPO begründen Kompetenzüberschreitungen durch das Schiedsgericht einen Aufhebungsgrund. Eine Kompetenzüberschreitung ist gegeben, wenn der Schiedsspruch eine Streitigkeit betrifft, die nicht von der Schiedsklausel gedeckt ist (§ 1059 Abs. 2 Nr. 1c, 1. Hs. ZPO) oder wenn die

---

90 *Schwab/Walter*, Schiedsgerichtsbarkeit, 7. Aufl. 2007, Kap. 24 Rn. 4 ff.; *Geimer*, in: Zöller, ZPO, 26. Aufl. 2007, § 1059 Rdnr. 39.
91 *Geimer*, in: Zöller, ZPO, 26. Aufl. 2007, § 1059 Rdnr. 39.
92 OLG Stuttgart DIS-Datenbank Az. 1 Sch 16/02 und 1 Sch 6/03 S. 5.
93 OLG Stuttgart DIS-Datenbank Az. 1 Sch 16/02 und 1 Sch 6/03 S. 5; *Geimer*, in: Zöller, ZPO, 26. Aufl. 2007, § 1040 Rdnr. 12; § 1059 Rdnr. 39.
94 *Schwab/Walter*, Schiedsgerichtsbarkeit, 7. Aufl. 2007, Kap. 24 Rdnr. 11.
95 Dazu vgl. unten; *Schwab/Walter* Kap. 24 Rdnr. 11; *Geimer*, in: Zöller, ZPO, 26. Aufl. 2007, § 1059 Rdnr. 40.

durch das Schiedsgericht getroffene Entscheidung die Grenzen der Schiedsvereinbarung überschreitet (§ 1059 Abs. 2 Nr. 1c, 2. Hs. ZPO)[96]. Letzteres ist beispielsweise der Fall, wenn das Schiedsgericht eine andere als die nach § 1051 Abs. 1 ZPO vereinbarte Rechtsordnung angewandt oder ohne Ermächtigung entsprechend § 1051 Abs. 3 ZPO nach Billigkeit entschieden hat[97]. Dabei ist jedoch zu berücksichtigen, dass eine Schiedsklausel, wie nach nationaler und internationaler Praxis üblich, ihrem Sinn und Zweck entsprechend weit auszulegen ist[98].

5. § 1059 Abs. 2 Nr. 1d) ZPO – Verfahrensverstoß

Nach § 1059 Abs. 2 Nr. 1d) ZPO ist ein Aufhebungsgrund gegeben, wenn die Bildung des Schiedsgerichts oder das schiedsrichterliche Verfahren nicht mit einer zwingenden Bestimmung des 10. Buches der ZPO oder einer zulässigen Parteivereinbarung in Einklang steht und anzunehmen ist, dass sich dies auf den Schiedsspruch ausgewirkt hat[99]. § 1059 Abs. 2 Nr. 1d) ZPO unterscheidet zwischen Fehlern bei der Bildung des Schiedsgerichts und Fehlern im schiedsrichterlichen Verfahren[100]. Die Unzuständigkeit des Schiedsgerichts infolge fehlerhafter Bildung ist gem. § 1040 Abs. 2 Satz 1 ZPO spätestens mit Klagebeantwortung zu rügen. Ansonsten ist der Schiedsbeklagte mit dieser Rüge im Aufhebungs- und Vollstreckbarerklärungsverfahren präkludiert[101].

Umstritten ist, ob jeder Verfahrensmangel die Aufhebung des Schiedsspruchs begründen kann. Nach teilweise vertretener Ansicht wird – wie auch schon nach alter Rechtslage vor 1.1.1998 – gefordert, dass eine wesentliche Verfahrensvorschrift verletzt ist, also ein wesentlicher Verfahrensfehler vorliegt[102]. Nach anderer Ansicht bietet dagegen die Neuregelung keinen Anhaltspunkt dafür, dass ein wesentlicher Verfahrensfehler gegeben sein muss[103]. Anerkannt ist, dass ein Verfahrensfehler nur dann zur Aufhebung eines Schiedsspruchs führen kann, wenn anzunehmen ist, dass sich der Fehler auf den Schiedsspruch ausgewirkt hat[104]. Insofern gelten die Voraussetzungen, die nach § 547 ZPO auch an eine Revision zu stellen sind[105]. Der Schiedsspruch muss somit

---

96 *Albers*, in: Baumbach/Lauterbach, ZPO, § 1059 Rdnr. 6.
97 *Münch*, in: Münchener Kommentar zur Zivilprozessordnung, 2. Aufl. 2001, § 1059 Rdnr. 10; *Albers*, in: Baumbach/Lauterbach, ZPO, § 1059 Rdnr. 6.
98 *KG Berlin* DIS-Datenbank Az. 23/29 Sch 17/01 S. 2.
99 *BayObLG* DIS-Datenbank Az. 4Z Sch 02/99 S. 2; *Geimer*, in: Zöller, ZPO, 26. Aufl. 2007, § 1059 Rdnr. 44; *Schwab/Walter*, Schiedsgerichtsbarkeit, 7. Aufl. 2005, Kap. 24 Rdnr. 30.
100 *Schwab/Walter*, Schiedsgerichtsbarkeit, 7. Aufl. 2005, Kap. 24 Rdnr. 18 ff.
101 *OLG Koblenz* DIS-Datenbank Az. 2 Sch 04/03 S. 2, 3.
102 *Schwab/Walter*, Schiedsgerichtsbarkeit, 7. Aufl. 2005, Kap. 24 Rdnr. 21.
103 *Münch*, in: Münchener Kommentar zur Zivilprozessordnung, 2. Aufl. 2001, § 1059 Rdnr. 16.
104 *OLG Koblenz* DIS-Datenbank Az. 2 Sch 04/03 S. 3; *KG Berlin* DIS-Datenbank Az. 23/29 Sch 13/01 S. 3.
105 *OLG Koblenz* DIS-Datenbank Az. 2 Sch 04/03 S. 3.

im Sinne des § 547 ZPO auf dem Fehler beruhen[106]. Auf diese Weise soll verhindert werden, dass Schiedssprüche aus rein formalen Gründen aufgehoben werden und in einem neuen Verfahren kein anderes Ergebnis erzielt werden würde[107]. Die Darlegungs- und Beweislast dafür trägt die Partei, die sich auf den Aufhebungsgrund beruft[108].

Nachfolgend werden einige **praxisrelevante Beispiele** aus der Rechtsprechung dargestellt:

Nach § 1054 Abs. 2 ZPO ist der Schiedsspruch zu begründen. Ist der Schiedsspruch nicht oder nicht ordnungsgemäß begründet, ist ein Aufhebungsgrund nach § 1059 Abs. 2 Nr. 1d) ZPO gegeben[109]. Nicht selten beruft sich der Antragsgegner in der Praxis auf eine unsachgemäße Begründung des Schiedsspruchs. Für die Frage, ob die Begründung den Anforderungen des § 1054 Abs. 2 ZPO genügt, ist darauf zu achten, dass für die Begründung von Schiedssprüchen nicht die gleichen Maßstäbe gelten, wie für die Begründung von staatlichen Urteilen[110]. Die Parteien eines Schiedsverfahrens haben keinen Anspruch auf einen bestimmten Grad an Ausführlichkeit. Für die Begründung von Schiedssprüchen gelten jedoch bestimmte Mindestanforderungen. So ist die Begründung eines Schiedsspruchs dann nicht ordnungsgemäß, wenn sie lediglich inhaltlose Wendungen enthält, offensichtlich widersinnig ist oder im Widerspruch zur Entscheidung steht[111]. Ein Begründungsmangel in diesem Sinne liegt aber nicht bereits schon dann vor, wenn eine juristische Überprüfung von Einzelfragen der Begründung ergibt, dass eine andere Betrachtung richtig gewesen wäre. Erforderlich ist vielmehr ein grundsätzlicher, eklatanter Begründungsmangel, der einer Nichtbegründung gleichzustellen ist[112].

Die Klageschrift des Schiedsklägers muss den Anforderungen des § 1046 Abs. 1 ZPO entsprechen. Die Schiedsklage muss daher die Parteien bezeichnen, den Anspruch und die Tatsachen, auf die sich der Anspruch stützt sowie einen bestimmten Antrag enthalten. Auf diese Weise wird der Streitgegenstand des Verfahrens bestimmt. Die Regelung des § 1046 Abs. 1 ZPO ist zwingend iSd § 1042 Abs. 3 ZPO. Entspricht die Klage nicht den Voraussetzungen des § 1046 Abs. 1 ZPO, so hat das Schiedsgericht nach § 1048 Abs. 1 ZPO das Verfahren zu beenden. Erlässt das Schiedsgericht entgegen der Vorschrift des § 1048 Abs. 1 ZPO dennoch einen Schiedsspruch und steht fest, dass dieser Verfahrensverstoß Auswirkungen auf den Schiedsspruch hatte, ist der Antrag auf Voll-

---

106 *KG Berlin* DIS-Datenbank Az. 23/29 Sch 13/01 S. 3; *OLG Koblenz* DIS-Datenbank Az. 2 Sch 04/03 S. 3; *Schwab/Walter*, Schiedsgerichtsbarkeit, 7. Aufl. 2005, Kap. 24 Rdnr. 30; *Albers*, in: Baumbach/Lauterbach, ZPO, § 1059 Rdnr. 9; *Münch*, in: Münchener Kommentar zur Zivilprozessordnung, 2. Aufl. 2001, § 1059 Rdnr. 18.
107 *Schwab/Walter*, Schiedsgerichtsbarkeit, 7. Aufl. 2005, Kap. 24 Rdnr. 30.
108 *KG Berlin* DIS-Datenbank Az. 23/29 Sch 13/01 S. 3.
109 *KG Berlin* DIS-Datenbank Az. 23/29 Sch 13/01 S. 3; *OLG Hamburg* DIS-Datenbank Az. 11 Sch 01/01 S. 3; *Geimer*, in: Zöller, ZPO, 26. Aufl. 2007, § 1059 Rdnr. 8.
110 *Geimer*, in: Zöller, ZPO, 26. Aufl. 2007, § 1059 Rdnr. 8.
111 *KG Berlin* DIS-Datenbank Az. 23/29 Sch 13/01 S. 3; *OLG Hamburg* DIS-Datenbank Az. 11 Sch 01/01 S. 3.
112 *OLG Hamburg* DIS-Datenbank Az. 11 Sch 01/01 S. 3.

streckbarerklärung unter Aufhebung des Schiedsspruchs abzulehnen (§ 1060 Abs. 2 ZPO)[113].

Mitunter beruft sich der Antragsgegner im Verfahren der Vollstreckbarerklärung auf **Befangenheit eines Schiedsrichters** oder auch eines Sachverständigen. Dabei ist zu berücksichtigen, dass die Befangenheit eines Schiedsrichters oder eines Sachverständigen nach Erlass des Schiedsurteils grundsätzlich nicht mehr geltend gemacht werden kann[114]. Ein Aufhebungsgrund nach § 1059 Abs. 2 Nr. 1d) ZPO kann ausnahmsweise nur bei besonders schwerwiegenden und eindeutigen Fällen einer Befangenheit vorliegen[115].

⊃ **Praktischer Hinweis:** Da der Einwand der Befangenheit im späteren Vollstreckbarerklärungsverfahren von den Gerichten äußerst restriktiv gehandhabt wird, sollten sämtliche Möglichkeiten, die Befangenheit eines Schiedsrichters in einer möglichst frühen Phase geltend zu machen, ausgeschöpft werden. Auch einzelne Schiedsordnungen sehen hierzu zeitliche Beschränkungen vor.

Ein Aufhebungsgrund im Sinne des § 1059 Abs. 2 Nr. 1d) ZPO liegt ferner dann vor, wenn im schiedsrichterlichen Verfahren gegen eine zulässige Parteivereinbarung verstoßen wurde und anzunehmen ist, dass sich dies auf den Schiedsspruch ausgewirkt hat[116]. Dies ist beispielsweise der Fall, wenn das Schiedsgericht bei seiner Rechtsanwendung eine von den Parteien getroffene Rechtswahl ignoriert hat[117]. Das staatliche Gericht ist jedoch nur dazu befugt zu überprüfen, ob das Schiedsgericht das vereinbarte Recht seiner Entscheidung zugrunde gelegt hat. Ob das vereinbarte Recht richtig angewendet und ausgelegt wurde, ist aufgrund des Verbots der révision au fond nicht Gegenstand der Überprüfung.[118]

6. § 1059 Abs. 2 Nr. 2b) ZPO – Verstoß gegen den ordre public

Von erheblicher praktischer Relevanz im Vollstreckbarerklärungsverfahren ist der Aufhebungsgrund des § 1059 Abs. 2 Nr. 2b ZPO. Nach § 1059 Abs. 2 Nr. 2b) ZPO kann ein Schiedsspruch aufgehoben werden, wenn seine Anerkennung oder Vollstreckung zu einem Ergebnis führt, das gegen den ordre public verstößt. Dies ist der Fall, wenn eine Norm verletzt wird, die die Grundlagen des staatlichen oder wirtschaftlichen Lebens berührt und auf bestimmten staatspolitischen oder wirtschaftlichen Anschauungen und nicht

---

113 *BayObLG* DIS-Datenbank Az. 4Z Sch 02/99 S. 2.
114 Zu Ablehnung eines Sachverständigen *OLG Koblenz* DIS-Datenbank Az. 2 Sch 04/03 S. 3; zur Befangenheit eines Schiedsrichters *KG Berlin* DIS-Datenbank Az. 23/29 Sch 13/01 S. 3.
115 Zu Ablehnung eines Sachverständigen *OLG Koblenz* DIS-Datenbank Az. 2 Sch 04/03 S. 3; zur Befangenheit eines Schiedsrichters *KG Berlin* DIS-Datenbank Az. 23/29 Sch 13/01 S. 3.
116 *OLG Hamburg* DIS-Datenbank Az. 11 Sch 01/01 S. 2.
117 *OLG Hamburg* DIS-Datenbank Az. 11 Sch 01/01 S. 2.
118 *OLG Hamburg* DIS-Datenbank Az. 11 Sch 01/01 S. 3.

nur auf bloßen Zweckmäßigkeitserwägungen beruht[119]. Ein Aufhebungsgrund nach § 1059 Abs. 2 Nr. 2b) ZPO ist somit dann gegeben, wenn der Inhalt des Schiedsspruchs oder das zugrunde liegende Verfahren mit dem Gedanken der deutschen Rechtsordnung und den ihr zugrunde liegenden elementaren Gerechtigkeitsvorstellungen in untragbarem Widerspruch steht[120].

a) Materiellrechtlicher ordre public – Verbot der révision au fond

Es ist zwischen dem verfahrensrechtlichen und dem materiellrechtlichen ordre public zu unterscheiden[121]. Bei der Überprüfung des Schiedsspruchs anhand des materiellrechtlichen ordre public gilt das Verbot der révision au fond[122]. Eine inhaltliche Überprüfung der materiellen Richtigkeit des Schiedsspruchs scheidet im Aufhebungs- und Vollstreckbarerklärungsverfahren grundsätzlich aus[123]. Ein Verstoß gegen den materiellrechtlichen ordre public kann die Aufhebung eines Schiedsspruchs in Ausnahmefällen nur dann begründen, wenn die Anerkennung und Vollstreckung im Ergebnis unabdingbaren Rechtsgrundsätzen und Gerechtigkeitsvorstellungen widersprechen würde[124]. So kann beispielsweise der Einwand vorsätzlicher sittenwidriger Schädigung die Aufhebung eines materiell unrichtigen Schiedsspruchs dann rechtfertigen, wenn der Antragsteller des Vollstreckbarerklärungsverfahrens Kenntnis von der Unrichtigkeit des Schiedsspruchs hat, die Unrichtigkeit nicht auf nachlässiger Prozessführung des Antragsgegners beruht und besondere Umstände vorliegen, die das Vorgehen des Gläubigers als sittenwidrig prägen und den Gebrauch des Titels als missbräuchlich erscheinen lassen, wie es bei der Irreführung des Gerichts durch Verfahrensmanipulation oder kollusivem Verhalten der Fall sein kann[125].

b) Verfahrensrechtlicher ordre public

Aufgrund des Verbots der révision au fond kommt der Frage, ob die Anerkennung und Vollstreckung des Schiedsspruchs gegen den verfahrensrechtlichen ordre public verstößt weitaus größere praktische Bedeutung zu. Die Aufhebung eines Schiedsspruchs aufgrund einer Verletzung des verfahrensrechtlichen ordre public kommt nur bei gravierenden Verfahrensmängeln sowie dann in Be-

---

119 BGHZ 54, 123, 132; *OLG Hamburg* DIS-Datenbank Az. 11 Sch 01/02 S. 3.
120 *OLG Stuttgart* DIS-Datenbank Az. 1 Sch 02/03 S. 3.
121 *Geimer*, in: Zöller, ZPO, 26. Aufl. 2007, § 1059 Rdnr. 47.
122 *BGH* NJW 1999, 2974; *OLG Stuttgart* DIS-Datenbank Az. 1 Sch 02/03 S. 3; *OLG Hamburg* DIS-Datenbank Az. 11 Sch 01/01 S. 3; *Münch*, in: Münchener Kommentar zur Zivilprozessordnung, 2. Aufl. 2001, § 1059 Rdnr. 3.
123 *OLG Hamburg* DIS-Datenbank Az. 11 Sch 01/01 S. 3; *KG Berlin* DIS-Datenbank Az. Sch 13/01 S. 2; *Münch*, in: Münchener Kommentar zur Zivilprozessordung, 2. Aufl. 2001, § 1059 Rdnr. 3; *Geimer* in: Zöller, ZPO, 26. Aufl. 2007, § 1059 Rdnr. 47, Rdnr. 74.
124 *OLG Stuttgart* DIS-Datenbank Az. 1 Sch 02/03 S. 3; *Geimer*, in: Zöller, ZPO, 26. Aufl. 2007, § 1059 Rdnr. 47.
125 *OLG Stuttgart* DIS-Datenbank Az. 1 Sch 02/03 S. 3.

tracht, wenn der Schiedsspruch auf diesem Verfahrensmangel beruht[126]. Der verfahrensrechtliche ordre public erfasst im Schiedsverfahren unter anderem z.B. das Willkürverbot[127] und die Restitutionsgründe nach §§ 580 ff. ZPO[128]. Ein Verstoß gegen das Willkürverbot ist dann zu bejahen, wenn eine fehlerhafte Rechtsanwendung nicht nur zweifelsfrei vorliegt, sondern auch nicht mehr verständlich nachvollziehbar ist und sich der Schluss aufdrängt, dass sie auf sachfremden Erwägungen beruht[129].

Zudem ist anerkannt, dass die Parteien auch im Schiedsverfahren Anspruch auf **rechtliches Gehör** haben[130]. Der Anspruch auf rechtliches Gehör wurde dann verletzt, wenn das Schiedsgericht Vorbringen der Partei nicht zur Kenntnis genommen und nicht in Erwägung gezogen hat[131]. Nicht erforderlich ist dabei jedoch, dass sich das Schiedsgericht mit jedem Vorbringen der Beteiligten in seiner Entscheidung ausdrücklich auseinandersetzt, solange die Rechtsauffassung in der mündlichen Verhandlung erörtert wurde und in den Entscheidungsgründen zu den wesentlichen Angriffs- und Verteidigungsmitteln Stellung bezogen wird[132]. Es obliegt dem Antragsgegner dazulegen, dass das Schiedsgericht sein Vorbringen nicht zur Kenntnis genommen hat[133]. Die Aufklärungs- und Hinweispflichten des §§ 139, 278 ZPO sind nicht Gegenstand der Schutzwirkung des Art. 103 Abs. 1 GG[134]. Der Schiedsspruch ist aufzuheben und seine Vollstreckbarerklärung zu versagen, wenn die Entscheidung des Schiedsgerichts auf der Verletzung des rechtlichen Gehörs beruhen kann[135].

V. Geltendmachung von Anerkennungsversagungsgründe des Art. V UNÜ gegen die Vollstreckbarerklärung ausländischer Schiedssprüche

Ein ausländischer Schiedsspruch kann nicht für vollstreckbar erklärt werden, wenn ein Anerkennungsversagungsgrund nach Art. V UNÜ entgegensteht. Die Anerkennungsversagungsgründe des Art. V UNÜ entsprechen im Wesentlichen den Aufhebungsgründen des § 1059 Abs. 2 ZPO und sind danach zu un-

---

126 *OLG Stuttgart* DIS-Datenbank Az. 1 Sch 02/03 S. 4; *OLG Hamburg* DIS-Datenbank Az. 11 Sch 01/01 S. 1.
127 *OLG Stuttgart* DIS-Datenbank Az. 1 Sch 02/03 S. 3; *KG Berlin* DIS-Datenbank Az. 23/29 Sch 13/01 S. 3.
128 *OLG Stuttgart* DIS-Datenbank Az. 1 Sch 02/03 S. 3.
129 *BVerfG* NJW 1986, 575; *KG Berlin* DIS-Datenbank Az. 23/29 Sch 13/01 S. 3.
130 *OLG Stuttgart* DIS-Datenbank Az. 1 Sch 16/02 und 1 Sch 6/03 S. 10.
131 *OLG Stuttgart* DIS-Datenbank Az. 1 Sch 02/03 S. 4.
132 *OLG Hamburg* DIS-Datenbank Az. 6 Sch 07/01 S. 3; *OLG Stuttgart* DIS-Datenbank Az. 1 Sch 02/03 S. 4; DIS-Datenbank Az. 1 Sch 16/02 und 1 Sch 6/03 S. 10.
133 *OLG Stuttgart* DIS-Datenbank Az. 1 Sch 16/02 und 1 Sch 6/03 S. 10.
134 *BGH* NJW 1986, 867; *BVerfG* NJW 2003, 2524; *OLG Hamburg* DIS-Datenbank Az. 11 Sch 01/01 S. 4; *OLG Stuttgart* DIS-Datenbank Az. 1 Sch 16/02 und 1 Sch 6/03 S. 10.
135 *OLG Stuttgart* DIS-Datenbank Az. 1 Sch 02/03 S. 4; DIS-Datenbank Az. 1 Sch 16/02 und 1 Sch 6/03 S. 10; *Schwab/Walter*, Schiedsgerichtsbarkeit, 7. Aufl. 2005, Kap. 24 Rdnr. 50.

terscheiden, ob sie von Amts wegen (Art. V Abs. 2 UNÜ) oder auf Rüge der Partei (Art. V Abs. 1 UNÜ) hin zu beachten sind[136]. Die Anerkennungsversagungsgründe des Art. V Abs. 1 UNÜ sind von der Partei, gegen die die Vollstreckbarerklärung geltend gemacht wird, dazulegen und zu beweisen[137].

1. Anerkennungsversagungsgründe des Art. V Abs. 1 UNÜ

Nach Art. V Abs. 1a) UNÜ ist die Vollstreckbarerklärung dann zu versagen, wenn die Partei, gegen die die Vollstreckbarerklärung begehrt wird, darlegt und beweist, dass die Schiedsvereinbarung nach der Rechtsordnung, der die Parteien die Schiedsvereinbarung unterstellt haben, unwirksam ist[138].

Die Vollstreckbarerklärung ist nach Art. V Abs. 1b) UNÜ abzulehnen, wenn der Antragsgegner fehlende Verteidigungsmöglichkeit geltend macht[139]. Dies ist z.B. der Fall, wenn die Partei, gegen die der Schiedsspruch geltend gemacht wird, darlegt und den Beweis erbringt, dass sie von der Bestellung des Schiedsrichters oder von dem Schiedsverfahren nicht ordnungsgemäß in Kenntnis gesetzt worden ist[140].

Die Vollstreckbarerklärung ist gemäß Art. V Abs. 1c) UNÜ zu versagen, wenn der Schiedsspruch nicht durch die Schiedsvereinbarung gedeckt ist[141].

Nach Art. V Abs. 1d) UNÜ ist die Vollstreckbarerklärung ferner dann zu versagen, wenn die Konstituierung des Schiedsgerichts oder das schiedsrichterliche Verfahren nicht der Parteivereinbarung oder in Ermangelung einer solchen Vereinbarung dem Recht des Landes entsprochen hat, in dem das Schiedsverfahren stattgefunden hat[142]. Nach Auffassung der Rechtsprechung ist jedoch nicht jeder Verfahrensfehler dazu geeignet, die Vollstreckbarerklärung eines Schiedsspruchs abzulehnen[143]. Der Antragsgegner kann die Vollstreckbarerklärung nur dann verhindern, wenn er darlegt und beweist, dass die Bildung des Schiedsgerichts oder das Schiedsverfahren an einem **wesentlichen Verfahrensfehler** leidet[144]. Unwesentliche Verfahrensmängel sind dagegen unbeacht-

---

[136] *BGH* WM 2001, 787, 788; *Lachmann*, Handbuch für die Schiedsgerichtspraxis, 3. Aufl. 2008, Rdnr. 2534; *Münch*, in: Münchener Kommentar zur Zivilprozessordnung, 2. Aufl. 2001, § 1061 Rdnr. 6; *Schwab/Walter*, Schiedsgerichtsbarkeit, 7. Aufl. 2005, Kap. 30 Rdnr. 17.
[137] *BGH* WM 2001, 787, 788.
[138] *BGH* WM 2001, 787, 788.
[139] *BGH* WM 2001, 787, 788; *Kröll*, SchiedsVZ 2003, 113, 121.
[140] *BGH* WM 2001, 787, 788.
[141] *Eberl*, SchiedsVZ 2003, 109, 111; *KG Berlin* DIS-Datenbank Az. 23/29 Sch 21/01 S. 2.
[142] *OLG Karlsruhe* DIS-Datenbank Az. 9 Sch 01/01 S. 3.
[143] *OLG Köln* DIS-Datenbank Az. .9 Sch 03/03 S. 3, 4; *OLG Stuttgart* DIS-Datenbank Az. 1 Sch 16/02 und 1 Sch 6/03 S. 7.
[144] *OLG Karlsruhe* DIS-Datenbank Az. 9 Sch 01/01 S. 3; *BayObLG* DIS-Datenbank Az. 4Z Sch 05/04 S. 3; *OLG Stuttgart* DIS-Datenbank Az. 1 Sch 16/02 und 1 Sch 6/03 S. 8.

lich[145]. Ein Verfahrensmangel ist nur dann wesentlich, wenn Mindeststandards der Verfahrensgerechtigkeit verletzt werden und die schiedsrichterliche Entscheidung auf diesem Verfahrensfehler beruht[146]. Der Schiedsspruch muss somit kausal auf den Verfahrensfehler zurückzuführen sein[147]. Für diese Auffassung spricht, dass ein Verstoß gegen den verfahrensrechtlichen ordre public gem. Art. V Abs. 2b) UNÜ nur dann zur Versagung der Vollstreckbarerklärung eines ausländischen Schiedsspruchs führt, wenn zwischen dem Verfahrensfehler und dem Schiedsspruch ein kausaler Zusammenhang besteht[148]. Es wäre nicht zu rechtfertigen, im Rahmen der ordre public-Prüfung einen kausalen Verfahrensverstoß zu fordern, auf dieses Erfordernis im Rahmen des Art. V Abs. 1d) UNÜ jedoch zu verzichten und somit geringere Anforderungen an die Versagung der Vollstreckbarerklärung zu stellen[149]. Ein nach Art. V Abs. 1d) UNÜ zu berücksichtigender Verfahrensfehler wird häufig auch unter dem Gesichtspunkt des ordre public nach Art. V Abs. 2 b) UNÜ zu berücksichtigen sein[150].

Die Vollstreckbarerklärung ist ferner gem. Art. V Abs. 1e) UNÜ auf Rüge der Partei zu versagen, wenn der ausländische Schiedsspruch nach der für ihn maßgeblichen Rechtsordnung nicht verbindlich geworden ist[151].

2. Anerkennungsversagungsgründe des Art. V Abs. 2 UNÜ unter besonderer Berücksichtigung des ordre-public-Verstoßes

Die Anerkennung eines ausländischen Schiedsspruchs ist gemäß Art. V Abs. 2a) UNÜ von Amts wegen zu versagen, wenn die objektive Schiedsfähigkeit nicht gegeben ist[152]. Große praktische Bedeutung kommt insbesondere dem Anerkennungsversagungsgrund des Art. V Abs. 2b) UNÜ zu, nach dem die Vollstreckbarerklärung eines ausländischen Schiedsspruchs zu versagen ist, wenn dies der deutschen öffentlichen Ordnung widerspricht. Ob ein ordre public-Verstoß gegeben ist, ist am Maßstab der lex fori, hier also nach deutschem Recht, zu beurteilen[153]. Ein Schiedsspruch verstößt gegen den ordre public, wenn eine Norm verletzt wird, die die Grundlagen des deutschen staatlichen und wirtschaftlichen Lebens zwingend regelt und nicht nur auf bloßen Zweck-

---

145 *BayObLG* DIS-Datenbank Az. 4Z Sch 05/04 S. 3; *OLG Stuttgart* DIS-Datenbank Az. 1 Sch 16/02 und 1 Sch 6/03 S. 8.
146 *OLG Köln* DIS-Datenbank Az. 9 Sch 03/03 S. 3, 4; *BayObLG* DIS-Datenbank Az. 4Z Sch 05/04 S. 3; *OLG Stuttgart* DIS-Datenbank Az. 1 Sch 16/02 und 1 Sch 6/03 S. 8.
147 *OLG Stuttgart* DIS-Datenbank Az. 1 Sch 16/02 und 1 Sch 6/03 S. 8; *BayObLG* DIS-Datenbank Az. 4Z Sch 05/04 S. 3.
148 Vgl. unten zu Art. V Abs. 2 b) UNÜ; *OLG Stuttgart* DIS-Datenbank Az. 1 Sch 16/02 und 1 Sch 6/03 S. 8.
149 *OLG Stuttgart* DIS-Datenbank Az. 1 Sch 16/02 und 1 Sch 6/03 S. 8.
150 Vgl. *OLG Köln* DIS-Datenbank Az. 9 Sch 03/03 S. 3, 4.
151 *Lachmann*, Handbuch für die Schiedsgerichtspraxis, 3. Aufl. 2008, Rdnr. 2641; *Kröll*, SchiedsVZ 2003, 113, 122.
152 *BGH* WM 2001, 787, 788; *Lachmann*, Handbuch für die Schiedsgerichtspraxis, 3. Aufl. 2008, Rdnr. 2646.
153 *BayObLG* DIS-Datenbank Az. 4Z Sch 17/03 S. 2.

mäßigkeitserwägungen beruht oder der Schiedsspruch mit deutschen Gerechtigkeitsvorstellungen in einem untragbaren Widerspruch steht[154].

a) Ordre public international und ordre public interne

Bei der Frage, ob die Anerkennung und Vollstreckbarerklärung eines ausländischen Schiedsspruchs gegen den ordre public verstößt ist zu berücksichtigen, dass nach Rechtsprechung und herrschender Lehre zwischen dem ordre public interne und dem ordre public international zu unterscheiden ist[155]. An einen Verstoß gegen den ordre public international werden danach höhere Anforderungen gestellt als an einen Verstoß gegen den ordre public interne[156]. Der ordre public international ist nicht schon immer dann verletzt, wenn im Schiedsverfahren von zwingenden Normen des deutschen Prozessrechts abgewichen wird, sondern setzt schwerwiegende Mängel des Schiedsverfahrens voraus, durch die die Grundlagen des staatlichen und wirtschaftlichen Lebens berührt werden[157]. Infolgedessen unterliegen ausländische Schiedssprüche einer weniger strengen Prüfung und Kontrolle, als es bei inländischen Schiedssprüchen der Fall ist[158]. Ausländische Schiedssprüche können in einem höheren Maß von Normen und rechtspolitischen Prinzipien der deutschen Rechtsordnung abweichen, als inländische Schiedssprüche[159]. Es ist daher denkbar, dass ein im Inland ergehender Schiedsspruch aufgrund eines Verstoßes gegen den ordre public interne aufzuheben ist, die Anerkennung und Vollstreckbarerklärung eines ausländischen Schiedsspruchs aus den gleichen Gründen jedoch im Hinblick auf eine ordre public Verletzung nicht versagt werden kann.

b) Verstoß gegen den materiellrechtlichen ordre public – Verbot der révision au fond

Der Verstoß gegen den ordre public kann sowohl verfahrensrechtlicher als auch materiellrechtlicher Art sein[160]. Bei der Prüfung, ob ein Schiedsspruch den materiellrechtlichen ordre public verletzt ist zu berücksichtigen, dass das staatliche Gericht grundsätzlich nicht dazu befugt ist, den Schiedsspruch auf seine inhaltliche Richtigkeit hin zu überprüfen[161]. Es gilt – wie auch bei inlän-

---

154 BGHZ 55, 162, 175; 110, 104, 106; *BayObLG* DIS-Datenbank Az. 4Z Sch 17/03 S. 2; *BayObLG* DIS-Datenbank Az. 4Z Sch 05/04 S. 3; *Schwab/Walter*, Schiedsgerichtsbarkeit, 7. Aufl. 2005,Kap. 30, Rdnr. 21.
155 *BGH* NJW 1978, 1114, 1115; BGHZ 98, 70, 73; 110, 104, 105, 106, 107; *BGH* WM 2001, 787, 790; *Schwab/Walter*, Schiedsgerichtsbarkeit, 7. Aufl. 2005, Kap. 30 Rdnr. 21.
156 BGHZ 98, 70, 73; 110, 104, 107; *BGH* WM 2001, 787, 790; *Lachmann*, Handbuch für die Schiedsgerichtspraxis, 3. Aufl. 2008, Rdnr. 2649 ff.
157 *BGH*, NJW 1978, 1114, 1115; BGHZ 55, 162, 175; 98, 70, 74; 110, 104, 107.
158 BGHZ 110, 105, 107; *BGH* WM 2001, 787, 790.
159 *BayObLG* DIS-Datenbank Az. 4Z Sch 17/03 S. 2.
160 *BayObLG* DIS-Datenbank Az. 4Z Sch 17/03 S. 2; *BayObLG* DIS-Datenbank Az. 4Z Sch 05/04 S. 3.
161 *OLG Köln* DIS-Datenbank Az. 9 Sch 03/03 S. 4; *BayObLG* DIS-Datenbank Az. 4Z Sch 05/04 S. 3.

dischen Schiedssprüchen – das Verbot der révision au fond[162]. Fehlentscheidungen eines Schiedsgerichts sind ebenso hinzunehmen, wie auch fehlerhafte Entscheidungen in unanfechtbaren Urteilen staatlicher Gerichte[163]. Das Verfahren der Vollstreckbarerklärung darf nicht zu einem Rechtsmittel werden, um die inhaltliche bzw. sachliche Richtigkeit des Schiedsspruchs zu überprüfen[164]. Tatsachenfeststellungen des Schiedsgerichts sind solange unangreifbar, solange kein Verfahrensfehler vorliegt[165].

c) Verstoß gegen den verfahrensrechtlichen ordre public

Der verfahrensrechtliche ordre public international ist nur dann verletzt, wenn die Entscheidung des ausländischen Schiedsgerichts in einem Verfahrens ergangen ist, das von den Grundprinzipien des deutschen Verfahrensrechts in einem solchen Maße abweicht, dass sie nach der deutschen Rechtsordnung nicht als in einem geordneten rechtsstaatlichen Verfahren ergangen angesehen werden kann. Erforderlich ist, dass das schiedsgerichtliche Verfahren an einem schwerwiegenden Mangel leidet, der die Grundlagen des staatlichen und wirtschaftlichen Lebens berührt oder in einem untragbaren Widerspruch mit deutschen Gerechtigkeitsvorstellungen steht[166]. Dabei ist nicht jeder Verfahrensfehler von Bedeutung[167]. Es muss sich um einen **wesentlichen Verfahrensfehler** handeln, auf dem die Entscheidung des Schiedsgerichts beruht[168]. Der Verfahrensfehler muss sich somit konkret auf die schiedsrichterliche Entscheidung ausgewirkt haben[169].

Ein Verstoß gegen den ordre public kann beispielsweise bei **Befangenheit eines Schiedsrichters**[170] gegeben sein, wenn der Schiedsspruch ausschließlich aufgrund Billigkeitserwägungen[171] ergeht, wenn gegen das Gebot überparteilicher Rechtspflege[172] verstoßen wird oder bei Prozessbetrug[173]. In der Praxis ist häufig zu klären, ob der Anspruch einer Partei auf rechtliches Gehör verletzt wurde[174]. Ein Verstoß gegen den Anspruch auf rechtliches Gehör kann sowohl

---

162 *OLG Köln* DIS-Datenbank Az. 9 Sch 03/03 S. 4; *BayObLG* DIS-Datenbank Az. 4Z Sch 05/04 S. 3.
163 *BayObLG* DIS-Datenbank Az. 4Z Sch 05/04 S. 3.
164 *BayObLG* DIS-Datenbank Az. 4Z Sch 05/04 S. 3.
165 Vgl. nachfolgend zum verfahrensrechtlichen ordre public.
166 BGHZ 110, 104, 107; *BayObLG* DIS-Datenbank Az. 4Z Sch 17/03 S. 2; *OLG Stuttgart* DIS-Datenbank Az. 1 Sch 16/02 und 1 Sch 6/03 S. 11; *OLG Köln* DIS-Datenbank Az. 9 Sch 03/03 S. 3.
167 *OLG Köln* DIS-Datenbank Az. 9 Sch 03/03 S. 3.
168 *OLG Köln* DIS-Datenbank Az. 9 Sch 03/03 S. 3; *OLG Stuttgart* DIS-Datenbank Az. 1 Sch 16/02 und 1 Sch 6/03 S. 8.
169 *BGH* NJW-RR 2001, 1059 ff.; BGHZ 98, 70, 72 ff.; *OLG Stuttgart* DIS-Datenbank Az. 1 Sch 16/02 und 1 Sch 6/03 S. 8; *OLG Köln* DIS-Datenbank Az. 9 Sch 03/03 S. 3.
170 *BGH* NJW-RR 2001, 1059 ff.; BGHZ 98, 70 ff.
171 *OLG Stuttgart* DIS-Datenbank Az. 1 Sch 16/02 und 1 Sch 6/03.
172 BGHZ 98, 70, 72.
173 *OLG Celle* DIS-Datenbank Az. 8 Sch 02/93 S. 2.
174 *OLG Köln* DIS-Datenbank Az. 9 Sch 03/03 S. 4; *OLG Stuttgart* DIS-Datenbank Az. 1 Sch 16/02 und 1 Sch 6/03 S. 10; *OLG Karlsruhe* DIS-Datenbank Az. 9 Sch 01/01 S. 3, 4; *BayObLG* DIS-Datenbank Az. 4Z Sch 17/04 S. 2.

einen Anerkennungsversagungsgrund nach Art. V Abs. 2b) als auch einen Versagungsgrund nach Art. V Abs. 1d) begründen[175]. Da für den Anspruch auf rechtliches Gehör im Wesentlichen für in- und ausländische Schiedssprüche dieselben Grundsätze gelten, kann an dieser Stelle auf die Darstellung zu inländischen Schiedssprüchen verwiesen werden[176].

3. Präklusion der Geltendmachung von Anerkennungsversagungsgründen

Bei der Geltendmachung von Anerkennungsversagungsgründen ist zu berücksichtigen, dass nach herrschender Meinung im Verfahren der Vollstreckbarerklärung solche Einwendungen nicht mehr geltend gemacht werden können, die im Erlassstaat des Schiedsspruchs durch staatlichen fristgebundenen Rechtsbehelf oder im Schiedsverfahren selbst hätten geltend gemacht werden können[177]. So hat der BGH entschieden, dass eine Partei mit dem Einwand der Befangenheit eines Schiedsrichters nach Art. V Abs. 2b) UNÜ im Vollstreckbarerklärungsverfahren präkludiert ist, wenn die Partei, die sich auf die Befangenheit beruft, eine diesbezügliche Rechtsschutzmöglichkeit vor einem staatlichen Gericht nicht wahrgenommen hat[178]. Nach Ansicht des BGH erscheint es sachgerecht, eine Partei, die sich auf einen Ablehnungsgrund beruft, grundsätzlich auf die Rechtsschutzmöglichkeiten zu verweisen, die nach dem Recht des Schiedsverfahrens im Schiedsverfahren selbst oder vor einem staatlichen Gericht des Erlassstaates bestehen[179]. Die Präklusion von Anerkennungsversagungsgründen nach dem UNÜ stehe auch nicht im Widerspruch zu Art. V UNÜ, da Art. V UNÜ grundsätzlich die Anerkennung von Schiedssprüchen für den Regelfall bezweckt, die Versagung der Anerkennung dagegen als Ausnahme behandelt[180]. Die Präklusion von Anerkennungsversagungsgründen, die bereits durch staatlichen Rechtsbehelf hätten geltend gemacht werden können, diene gerade dieser Zielsetzung des Art. V UNÜ[181].

---

175 *OLG Köln* DIS-Datenbank Az. 9 Sch 03/03 S. 3, 4.
176 *OLG Stuttgart* DIS-Datenbank Az. 1 Sch 16/02 und 1 Sch 6/03 S. 10.
177 *BGH* NJW-RR 2001, 1059, 1060; *OLG Koblenz* DIS-Datenbank Az. 2 Sch 04/05 S. 3 zur Rüge der Unwirksamkeit der Schiedsvereinbarung; *OLG Stuttgart* DIS-Datenbank Az. 1 Sch 17/02 und 1 Sch 6/03 S. 6 zur Rüge der unrichtigen Besetzung des Schiedsgerichts; *BayObLG* DIS-Datenbank Az. 4Z Sch 95/04 S. 2, 3 zur Rüge, der Schiedsspruch sei nicht fristgerecht ergangen; *KG Berlin* DIS-Datenbank Az. 23/29 Sch 20/01 S. 2 zum Einwand der Befangenheit eines Schiedsrichters und Art. 8 II deutsch-sowjetischen Abkommens; *OLG Stuttgart* DIS-Datenbank Az. 1 Sch 16/02 und 1 Sch 6/03 S. 5; *OLG Hamm* DIS-Datenbank Az. 29 Sch 1/05 S. 3, 4; anderer Ansicht: *BayObLG* DIS-Datenbank Az. 4Z Sch 17/03 S. 3; *OLG Karlsruhe* DIS-Datenbank Az. 9 Sch 01/01 S. 4.
178 *BGH* NJW-RR 2001, 1059, 1060; WM 1999, 989.
179 *BGH* NJW-RR 2001, 1059, 1060.
180 *BGH* NJW-RR 2001, 1059, 1060; *OLG Stuttgart* DIS-Datenbank Az. 1 Sch 16/02 und 1 Sch 6/03 S. 5; für eine restriktive Handhabung des Art. V UNÜ auch *OLG Karlsruhe* DIS-Datenbank Az. 9 Sch 01/06 S. 3; DIS-Datenbank Az. 9 Sch 02/05 S. 2, 3.
181 *OLG Stuttgart* DIS-Datenbank Az. 1 Sch 16/02 und 1 Sch 6/03 S. 5.

Einige Schiedsordnungen sehen vor, dass bestimmte Einwendungen und Rügen während des Schiedsverfahrens zu erfolgen haben[182]. Das OLG Stuttgart weist in diesem Zusammenhang darauf hin, dass ein Einwand, der bereits im Schiedsverfahren hätte geltend gemacht werden können, im Verfahren der Vollstreckbarerklärung des Schiedsspruchs jedoch auch dann präkludiert ist, wenn die dem Schiedsverfahren zugrunde liegende Schiedsordnung keine entsprechende Rügeobliegenheit vorsieht, da diese Rügepflicht als allgemein gültige Verfahrensregelung aus dem Verbot widersprüchlichen Verhaltens folgt[183].

⊃ **Praktischer Hinweis:** Der Thematik der Präklusion von späteren Einwendungen im Vollstreckbarerklärungsverfahren sollte bereits während des Schiedsverfahrens große Aufmerksamkeit gewidmet werden. Zu warnen ist davor, dass gravierende Verfahrensfehler im Schiedsverfahren quasi als „Vorratsmunition" für die Gegenwehr im Vollstreckbarerklärungsverfahren aufgespart werden. Ein solcher „taktischer Schuss" geht häufig nach hinten los.

VI. Einwand fehlender Schiedsvereinbarung gemäß Art. II UNÜ gegen die Vollstreckbarerklärung ausländischer Schiedssprüche

Nach Art. II Abs. 1 UNÜ setzt die Erklärung der Vollstreckbarkeit des ausländischen Schiedsspruchs eine schriftliche Schiedsvereinbarung in der Form des Art. II Abs. 2 UNÜ voraus[184]. Ist der Schiedsspruch nicht durch eine Schiedsvereinbarung, die den Anforderungen des Art. II Abs. 2 UNÜ entspricht, gedeckt, kann dem Antrag auf Vollstreckbarerklärung nicht stattgegeben werden[185]. Nach Art. II Abs. 2 UNÜ kann die schriftliche Schiedsvereinbarung in einem von den Parteien unterzeichneten Schreiben oder in den zwischen den Parteien gewechselten Briefen oder Telegrammen enthalten sein[186]. Art. II Abs. 2, 2. Variante UNÜ verlangt einen wechselseitigen Schriftwechsel. Erforderlich ist daher ein Austausch schriftlicher Erklärungen. Nicht ausreichend ist die einseitige Zusendung eines Vertragstextes, eine einseitige schriftliche Bestätigung einer mündlichen Abrede oder die stillschweigende Annahme eines Vertragsangebotes[187].

Im Zusammenhang mit den Voraussetzungen des Art. II Abs. 1 und 2 UNÜ kann die Frage aufkommen, ob sich der Antragsteller aufgrund der **Meistbegünstigungsklausel** auch auf eine Schiedsvereinbarung berufen kann, die zwar nicht den Anforderungen des Art. II Abs. 2 UNÜ entspricht, jedoch nach den Regeln des Landes, in dem die Vollstreckbarerklärung begehrt wird, anerkannt

---

[182] Vgl. z.B. Art. 33 ICC-Schiedsordnung.
[183] *OLG Stuttgart* DIS-Datenbank Az. 1 Sch 16/02 und 1 Sch 6/03 S. 6.
[184] *BGH* DIS-Datenbank Az. III ZB 18/05 S. 2; *OLG Brandenburg* DIS-Datenbank Az. 8 Sch 02/01 S. 3.
[185] *BayObLG* DIS-Datenbank Az. 4Z Sch 16/02 S. 3.
[186] *BGH* DIS-Datenbank Az. III ZB 18/05 S. 2; *OLG Brandenburg* DIS-Datenbank Az. 8 Sch 02/01 S. 3.
[187] *BayObLG* DIS-Datenbank Az. 4Z Sch 16/02 S. 3.

werden würde¹⁸⁸. Der BGH tendiert dazu, anerkennungsfreundlicheren innerstaatlichen Regelungen insoweit den Vorzug zu geben, konnte diese Frage in dem zur Entscheidung berufenen Fall im Hinblick auf die Formvorschrift des § 1031 ZPO jedoch offen lassen, da auch die Voraussetzungen des § 1031 ZPO nicht erfüllt waren¹⁸⁹.

Die Partei, die die Vollstreckbarerklärung des Schiedsspruchs beantragt, hat dazulegen und zu beweisen, dass die Schiedsvereinbarungen den Anforderungen des Art. II Abs. 2 UNÜ genügt¹⁹⁰. Zu beachten ist, dass im Streitfall die Beweislastregel des Art. V Abs. 1 UNÜ, nach der die Partei, die sich gegen die Vollstreckbarerklärung wendet, die Anerkennungsversagungsgründe darzulegen und zu beweisen hat, auf die Voraussetzungen des Art. II UNÜ keine Anwendung findet¹⁹¹. Die Beweislastregel des Art. V Abs. 1 UNÜ gilt nur für die Geltendmachung von Anerkennungsversagungsgründen nach Art. V UNÜ. Wie sich aus dem Verweis des Art. V Abs. 1 a) UNÜ auf die Regelung des Art. II UNÜ ergibt, setzt Art. V UNÜ eine Schiedsvereinbarung im Sinne des Art. II Abs. 1 und 2 UNÜ gerade voraus¹⁹².

Eine **Heilung** des Mangels der Schriftform kommt in Betracht, wenn sich die Parteien ausdrücklich durch Erklärung zu Protokoll des Schiedsgerichts oder durch Schriftwechsel bei Bestellung des Schiedsgerichts der Entscheidung des Schiedsgerichts unterwerfen¹⁹³. Auch wenn Art. II UNÜ eine Heilung durch rügelose Einlassung nicht ausdrücklich vorsieht, so kann es einer Partei aufgrund des Rechtsgrundsatzes des Verbots des widersprüchlichen Verhaltens jedoch verwehrt sein, sich nach rügeloser Einlassung zur Sache auf die Formungültigkeit einer Schiedsvereinbarung zu berufen¹⁹⁴.

VII. Geltendmachung materiellrechtlicher Einwendungen gegen die Vollstreckbarerklärung in- oder ausländischer Schiedssprüche

1. Zulässigkeit der Geltendmachung von Einwendungen im Sinne des § 767 ZPO im Vollstreckbarerklärungsverfahren

Wurde ein Anspruch nicht durch Schiedsspruch, sondern durch Urteil eines staatlichen Gerichts tituliert, kann der Schuldner im Vollstreckungsverfahren materiellrechtliche Einwendungen, die nach Schluss der mündlichen Verhandlung entstanden sind, mit Vollstreckungsgegenklage gemäß § 767 ZPO geltend machen¹⁹⁵. Eine erfolgreiche Vollstreckungsgegenklage beseitigt dann die Voll-

---

188 Offen gelassen in *OLG Brandenburg* DIS-Datenbank Az. 8 Sch 02/01 S. 4.
189 *BGH* DIS-Datenbank Az. III ZB 18/05 S. 3.
190 *OLG Brandenburg* DIS-Datenbank Az. 8 Sch 02/01 S. 3; *BayObLG* DIS-Datenbank Az. 4Z Sch 16/02 S. 3.
191 *OLG Brandenburg* DIS-Datenbank Az. 8 Sch 02/01 S. 3.
192 *OLG Brandenburg* DIS-Datenbank Az. 8 Sch 02/01 S. 3.
193 *BayObLG* DIS-Datenbank Az. 4Z Sch 16/02 S. 4.
194 *BayObLG* DIS-Datenbank Az. 4Z Sch 05/04 S. 2.
195 *Herget*, in: Zöller, ZPO, 26. Aufl. 2007, § 767 Rdnr. 1, 11; *Schwab/Walter*, Kap. 27 Rdnr. 12.

streckbarkeit des Titels[196]. Nach alter Rechtslage vor der Reform des Schiedsverfahrensrechts vor 1998 war anerkannt, dass sich der Antragsgegner auf solche Einwendungen gegen den im Schiedsspruch titulierten Anspruch bereits im Vollstreckbarerklärungsverfahren berufen kann und nicht darauf verwiesen ist, erst im anschließenden Vollstreckungsverfahren Vollstreckungsgegenklage zu erheben, da dies ansonsten zu einer unnötigen Häufung von Verfahren führen würde[197]. Ob auch nach der Reform des Schiedsverfahrensrechts materiellrechtliche Einwendungen im Sinne des § 767 ZPO im Vollstreckbarerklärungsverfahren berücksichtigt werden können, ist umstritten und wird maßgebend durch das BayObLG und das OLG Stuttgart mit der Begründung abgelehnt, eine zeitaufwändige Prüfung solcher Einwendungen würde den Zielen der Reform, das Vollstreckbarerklärungsverfahren zu vereinfachen und zu straffen, entgegenstehen und sei mit der Struktur des Verfahrens nach der Reform nicht zu vereinbaren[198].

Die wohl überwiegende Auffassung in Literatur und Rechtsprechung erachtet das Vollstreckbarerklärungsverfahren auch nach der Reform von 1998 seiner Struktur nach weiterhin als geeignet, materiellrechtliche Einwendungen nach § 767 ZPO zu prüfen und befürwortet daher, diese Einwendungen bereits im Vollstreckbarerklärungsverfahren zu berücksichtigen[199]. Nach herrschender Meinung kann der Antragsgegner Einwendungen im Sinne des § 767 ZPO daher bereits im Vollstreckbarerklärungsverfahren geltend machen[200]. Dieser Grundsatz gilt für die Vollstreckbarerklärung von in- als auch von ausländischen Schiedssprüchen[201].

Davon ausgenommen sind jedoch solche Einwendungen, welche die Parteien ausdrücklich der Entscheidung durch ein Schiedsgericht unterstellt haben[202]. Die Berücksichtigung solcher Einwendungen in einem Verfahren vor einem staatlichen Gericht würde den Willen der Parteien unterlaufen. Dies kann bei-

---

196 *Herget*, in: Zöller, ZPO, 26. Aufl. 2007, § 767 Rdnr. 5.
197 *BayObLG* MDR 2000, 968, 968.
198 *BayObLG* MDR 2000, 968, 969; *OLG Stuttgart* MDR 2001, 595, 596; *OLG Köln* DIS-Datenbank Az. 9 Sch 20/03 S. 2; zu dieser Auffassung vgl. auch ausführlich S. *Eberl/W. Eberl* in: KpK GesR Rdnr. 17 Rdnr. 122.
199 *OLG Düsseldorf* DIS-Datenbank Az. I-26 Sch 05/03 S. 3, 4; *OLG Dresden* DIS-Datenbank Az. 11 Sch 03/04 S. 3, 4; *OLG Koblenz* DIS-Datenbank Az. 2 Sch 14/05 S. 3; *OLG Köln* DIS-Datenbank Az. 9 Sch 13/99 S. 4; *OLG Hamburg* DIS-Datenbank Az. 6 Sch 13/00 S. 4; *Schwab/Walter*, Schiedsgerichtsbarkeit, 7. Aufl. 2007, Kap. 27 Rdnr. 12; *Albers*, in: Baumbach/Lauterbach ZPO § 1060 Rdnr. 5; *Geimer*, in: Zöller, ZPO, 26. Aufl. 2007, § 1060 Rdnr. 4; *Lachmann*, Handbuch für die Schiedsgerichtspraxis, 3. Aufl. 2008, Rdnr. 2441 ff.; vgl. dazu auch ausführlich S. *Eberl/W. Eberl* in: KpK GesR Kap. 17 Rdnr. 123.
200 *OLG Hamburg* DIS-Datenbank Az. 6 Sch 13/00 S. 4; *OLG Köln* DIS-Datenbank Az. 9 Sch 13/99 S. 4; *Lachmann*, Handbuch für die Schiedsgerichtspraxis, 3. Aufl. 2008, Rdnr. 2441 ff.; *Geimer*, in: Zöller, ZPO, 26. Aufl. 2007, § 1060 Rdnr. 4; *Schwab/Walter*, Schiedsgerichtsbarkeit, 7. Aufl. 2007, Kap. 27 Rdnr. 12.
201 Vgl. auch *OLG Düsseldorf* DIS-Datenbank Az. I-26 Sch 05/03; *OLG Köln* DIS-Datenbank Az. 9 Sch 03/03; DIS-Datenbank Az. 9 Sch 13/99; *Schwab/Walter*, Schiedsgerichtsbarkeit, 7. Aufl. 2005, Kap. 30 Rdnr. 27.
202 *OLG München* DIS-Datenbank Az. 34 Sch 02/06 S. 3.

spielsweise der Fall sein, wenn die Parteien vereinbart haben, auch Folgestreitigkeiten durch ein Schiedsgericht entscheiden zu lassen[203].

○ **Praktischer Hinweis:** Auch bei dieser Problematik kann bereits in der Schiedsvereinbarung dafür Sorge getragen werden, über welche Ansprüche das Schiedsgericht unter Ausschluss der ordentlichen Gerichte entscheiden soll. Bei entsprechender Vereinbarung kann sich die Kompetenz des Schiedsgerichts auch auf die Einwendungen beziehen, die typischerweise unter § 767 ZPO fallen.

2. Präklusion

Wie auch im Rahmen der Vollstreckungsgegenklage kann die Geltendmachung materiellrechtlicher Einwendungen im Vollstreckbarerklärungsverfahren präkludiert sein. Nach § 767 Abs. 2 ZPO kann die Vollstreckungsgegenklage nur auf solche Einwendungen gestützt werden, die nach Schluss der letzten mündlichen Tatsachenverhandlung entstanden sind[204]. Entsprechend dieser Regelung können im Vollstreckbarerklärungsverfahren Einwendungen, die der Schuldner bereits im Schiedsverfahren hätte geltend machen können, grundsätzlich nicht mehr berücksichtigt werden[205]. Die Berücksichtigung solcher Einwendungen würde gegen das Verbot der révision au fond verstoßen[206].

Diese Präklusionswirkung gilt auch für die **Aufrechnung**[207]. Lag die Aufrechnungslage bereits vor Schluss der mündlichen Verhandlung des Schiedsverfahrens vor, kann die Aufrechnung daher im Vollstreckbarerklärungsverfahren grundsätzlich nicht mehr geltend gemacht werden. Von diesem Grundsatz ist jedoch dann eine Ausnahme zu machen, wenn die zur Aufrechnung stehende Forderung nicht der Schiedsvereinbarung unterlag und der Antragsgegner nicht die Möglichkeit hatte, diese Forderung durch Aufrechnung in das Schiedsverfahren einzubringen.[208] Ist die zur Aufrechnung stehende Forderung jedoch von der Schiedsvereinbarung erfasst, so ist die Aufrechnung während des Schiedsverfahrens geltend zu machen, da ansonsten der Wille der Parteien[209], die

---

203 *OLG München* DIS-Datenbank Az. 34 Sch 02/06 S. 3.
204 *Herget*, in: Zöller, ZPO, 26. Aufl. 2007, § 767 Rn. 14; *Schwab/Walter*, Schiedsgerichtsbarkeit, 7. Aufl. 2005, Kap. 27 Rdnr. 12.
205 *BGH* NJW 1990, 3210, 3211; *OLG Koblenz* DIS-Datenbank Az. 2 Sch 04/05 S. 4; *OLG Köln* DIS-Datenbank Az. 9 Sch 03/03 S. 4; *OLG Hamm* DIS-Datenbank Az. 8 Sch 02/00 S. 4; *Schwab/Walter*, Schiedsgerichtsbarkeit, 7. Aufl. 2005, Kap. 27 Rdnr. 12; *Lachmann*, Handbuch für die Schiedsgerichtspraxis, 3. Aufl. 2008, Rdnr. 2441 ff.
206 *Schwab/Walter*, Schiedsgerichtsbarkeit, 7. Aufl. 2005, Kap. 27 Rdnr. 12.
207 *OLG Koblenz* DIS-Datenbank Az. 2 Sch 04/05 S. 4; *Lachmann*, Handbuch für die Schiedsgerichtspraxis, 3. Aufl. 2008, Rdnr. 2460 ff.; *Schwab/Walter*, Schiedsgerichtsbarkeit, 7. Aufl. 2005, Kap. 27 Rdnr. 12.
208 *OLG Koblenz* DIS-Datenbank Az. 2 Sch 04/05 S. 4, 5; *OLG Köln* DIS-Datenbank Az. 9 Sch 03/03 S. 4; *Wagner* JZ 2000, 1171, 1172; *Lachmann*, Handbuch für die Schiedsgerichtspraxis, 3. Aufl. 2008, Rdnr. 2460 ff.; *Schwab/Walter*, Schiedsgerichtsbarkeit, 7. Aufl. 2005, Kap. 27 Rdnr. 12.
209 *OLG München* DIS-Datenbank Az. 34 Sch 011/06 S. 6.

Streitigkeit allein durch ein Schiedsgericht entscheiden zu lassen, unterlaufen werden würde[210].

3. Verhältnis zur Vollstreckungsgegenklage nach § 767 ZPO

Da der Antragsgegner die Möglichkeit hat, Einwendungen im Sinne des § 767 ZPO in einem laufenden Vollstreckbarerklärungsverfahren geltend zu machen, wird ihm regelmäßig für ein gesondertes Verfahren nach § 767 ZPO das **Rechtsschutzbedürfnis** fehlen[211]. Der Schuldner kann jedoch dann Vollstreckungsgegenklage nach § 767 ZPO erheben, wenn die Vollstreckbarerklärung noch nicht beantragt wurde, da es dem Schuldner nicht zuzumuten ist, mit der Geltendmachung seiner Einwendungen zu warten, bis das Vollstreckbarerklärungsverfahren beginnt[212]. Ob der Schuldner im Vollstreckungsverfahren mit Einwendungen, die er nach oben stehenden Grundsätzen bereits im Vollstreckbarerklärungsverfahren hätte geltend machen können, präkludiert ist, oder ob diese Einwendungen durch Vollstreckungsgegenklage nach § 767 ZPO noch geltend gemacht werden können, ist umstritten[213].

○ **Praktischer Hinweis:** Es empfiehlt sich daher materiellrechtliche Einwendungen, soweit dies möglich ist, bereits gegen den Anspruch im Vollstreckbarerklärungsverfahren geltend zu machen, um das Risiko der Präklusion in einem eventuellen späteren Verfahren nach § 767 ZPO zu vermeiden.

---

210 *OLG München* DIS-Datenbank Az. 34 Sch 02/06 S. 3.
211 *Schwab/Walter*, Schiedsgerichtsbarkeit, 7. Aufl. 2005, Kap. 27 Rdnr. 12.
212 *Schwab/Walter*, Schiedsgerichtsbarkeit, 7. Aufl. 2005, Kap. 27 Rdnr. 13.
213 *Schwab/Walter*, Schiedsgerichtsbarkeit, 7. Aufl. 2005, Kap. 27 Rdnr. 14.

Michael Molitoris

Der Wissenschaftliche Gesprächskreis Schiedsrecht München

München gewinnt als Standort für deutsche und internationale Schiedsverfahren immer mehr an Bedeutung. Dies liegt sicher zu einem gewissen Teil an der bekannten Attraktivität der Stadt und ihrer Umgebung. Es liegt aber in noch größerem Umfang an der Kombination von Faktoren wie der wirtschaftlichen Bedeutung der Region als Standort einer großen Zahl führender Unternehmen (Banken, Versicherungen, Medien und Industrie), dem deutschen Schiedsverfahrensrecht, das seit seiner Reformierung zu den modernsten und anwenderfreundlichsten in der Welt gehört, und der hervorragenden Infrastruktur, die die Stadt für Schiedsverfahren bietet. So gehört der Flughafen München zu den größten und modernsten Europas und hat Direktverbindungen zu vielen Städten der Welt. Erstklassige Konferenzmöglichkeiten finden sich am Flughafen sowie in zahlreichen Münchener Hotels. Am Standort München sind sehr viele nationale und internationale Rechtsanwaltskanzleien mit Büros vertreten, die ihrerseits über modernste Logistik verfügen. Es gibt ein großes Reservoir an im Schiedsrecht erfahrenen und häufig multilingualen Anwälten, Richtern und Professoren. Und nicht zuletzt genießt das Oberlandesgericht München als für das Schiedsrecht zuständige staatliche Gericht – zu Recht – einen hervorragenden Ruf. Die für München typische Verbindung von Tradition und High Tech spiegelt sich damit auch im modernen Service für Schiedsgerichtsparteien auf einer soliden rechtlichen Basis wider.

Die Mitglieder der Münchener schiedsrechtlichen „Community" pflegen ihren Meinungs- und Erfahrungsaustausch im Rahmen verschiedener nationaler und internationaler Institutionen wie der Deutschen Institution für Schiedsgerichtsbarkeit e.V. (DIS), der ICC und anderer Foren. Die Autoren des vorliegenden Werks nutzen hierfür besonders den von ihnen gegründeten Wissenschaftlichen Gesprächskreis Schiedsrecht München. Ihre Herkunft aus verschiedenen Bereichen wie Anwaltschaft, Wissenschaft und Notariat, die Vielfalt der von Ihnen abgedeckten materiellrechtlichen Arbeitsfelder und die umfassende Erfahrung der Teilnehmer als Schiedsrichter und Parteivertreter in Schiedsverfahren hat sich dabei als äußerst belebend und fruchtbar für den Gesprächskreis erwiesen. Ferner bietet der Gesprächskreis eine ausgezeichnete Plattform, um am Standort München den Kontakt und Austausch mit Institutionen der Schiedsgerichtsbarkeit, namentlich der Deutschen Institution für Schiedsgerichtsbarkeit e.V. (DIS), mit Universitäten und Lehrstühlen, mit Wirtschaftsorganisationen wie der Industrie- und Handelskammer und, last but not least, der Justiz in Form des für Schiedssachen zuständigen Senats des Oberlandesgerichts München zu pflegen. Als Forum einer vertieften wissenschaftlichen Erörterung praxisrelevanter Fragen rund ums Schiedsrecht eignet sich der Gesprächskreis auch zur Förderung, Entwicklung und Propagierung des Schiedsstandorts München.

Inhaltlich befasst sich der Gesprächskreis mit dem ganzen Spektrum des Schiedsrechts, wozu auch häufig externe Referenten beitragen. Die Gestaltung von Schiedsklauseln oder Schiedsvereinbarungen, Verfahrensfragen und typische wie atypische Fallgestaltungen aus der Praxis stehen im Vordergrund. Als Praktiker und Berater interessieren sich die Teilnehmer jedoch auch für die Grenzen der Nutzbarkeit des Schiedswesens und seiner Vor- und Nachteile gegenüber anderen Formen der Streitbeilegung, wie der Inanspruchnahme staatlicher Gerichte oder der Nutzung alternativer Streitbeilegungsmethoden (ADR) wie etwa der Mediation.

Die wissenschaftliche Erörterung des Themenkreises geht auch weit über den Rahmen des deutschen Rechts hinaus: Internationale Schiedsverfahren bilden einen besonderen Schwerpunkt; der Austausch mit Schiedsrechtsexperten aus anderen Ländern, namentlich Österreich und der Schweiz, Griechenland, Polen, England, um nur einige zu nennen, wird in Form gemeinsamer Veranstaltungen sowie durch Gastreferate gefördert.

Im Zuge des Erfahrungsaustauschs waren sich die Teilnehmer des Gesprächskreises einig, dass das Schiedsverfahren wegen seiner typischen Flexibilität vor allem in Verfahrensfragen den Parteien erhebliche Gestaltungsspielräume eröffnet, die auch taktisch genutzt werden können und im Interesse der Parteien auch sollten. Zu dieser Thematik einen Diskussionsbeitrag zu leisten ist dabei das Anliegen dieser Publikation.

Stichwortverzeichnis

Die Zahlen verweisen auf die Seitenzahlen.

Ablehnung
- Schiedsrichter 39, 96, 159, siehe auch Schiedsrichter, Ablehnung

Ablehnungsantrag 96
Ablehnungsgrund 96
Ablehnungsverfahren 96
Abtretung
- Geschäftsanteile 27 ff., siehe auch Übertragung, Geschäftsanteile

Ad-hoc-Schiedsverfahren 55, 128 ff., 157 f., 158 ff., 186
Administrierte Schiedsgerichtsbarkeit 66, 127 f., 156 f., siehe auch institutionalisiertes Schiedsverfahren
- Kosten 182 ff.

Alternative Dispute Resolution (ADR) 62 ff., 122
Allgemeine Geschäftsbedingungen
- Inhaltskontrolle 12 ff., siehe auch Inhaltskontrolle

American Arbitration Association (AAA) 123, 148, 134
Anerkennung und Vollstreckbarerklärung ausländischer Schiedssprüche 190
Anerkennung von Schiedssprüchen 189 ff.
Anerkennungsversagungsgrund 191, 206 ff.
Anfechtung Schiedsvereinbarung 16 f.
Anwaltshonorar 127, 133 ff.
Anwaltsvergleich 105
Anwendbares Recht
- Schiedsverfahren 78
- Streitentscheidungen 80 ff.
- Verfahrensrecht 157

Anzahl Schiedsrichter 34 ff., siehe auch Einzelschiedsrichter; Dreierschiedsgericht; Besetzung Schiedsgericht

Arbeitsgerichtsgesetz 7
Arrest 50, 54
Aufhebung Schiedsspruch 106
- Kosten 126 f.

Aufhebungsgrund 128 f., 191, 199
Aufhebungsverfahren 79
Aufhebungsvertrag
- Schiedsvereinbarung 19

Aufrechnung 178, 215
Ausforschungsverbot 75
Ausländersicherheit 142
Ausländische Zeugen 82
Auslegung
- Schiedsvereinbarung 24, 28

Aussagepflicht 137

Beamte
- Nebentätigkeitsgenehmigung 45, 92, 99

Bedingung 20
Beendigung
- schiedsrichterliches Verfahren 105

Befristung 20
Behinderung des Verfahrens 20 f.
Beibringungsgrundsatz 75 f.
Beiladung 113 f.
Benennung
- Schiedsrichter 84, 91, 177

Benennungsfrist 41, 97 f.
Beschleunigtes Verfahren 178, 181
Beschlussmängelstreitigkeiten 7 ff., 113
Besetzung Schiedsgericht 34 ff., 63 ff., siehe auch Einzelschiedsrichter; Dreierschiedsgericht
Bestätigungsschreiben, kaufmännisches 11

Bestellung
- Ersatzschiedsrichter 41, 98, 146
- Schiedsrichter 36 ff.

Bestimmtheitserfordernis 24 ff.

Beweisaufnahme
- Kosten 136

Beweisführung 59, 64, 75

Beweisgebühr 147 f.

Beweislast 60
- Vereinbarung 15

Beweismittel
- Beschränkung 15

Billigkeitsentscheidung 15, 81, siehe auch Ex aequo et bono

Bundesgebührenordnung für Rechtsanwälte (BRAGO) 131 ff.

Dauer 65, siehe auch Zeitvorteil; Verfahrensdauer

Deutsche Institution für Schiedsgerichtsbarkeit e.V. (DIS) 40, 42, 44, 55, 64, 123, 127, 170 ff., 187

Dreierschiedsgericht 34 ff., 84, 159, 161, 166, 171, 174, 177, 180

Due diligence 86 f.

Early Neutral Evaluation 62

Eigenhändig unterzeichnete Urkunde 10, siehe auch Schiedsvereinbarung, Form

Eilverfahren 29 ff., 65

Einrede
- Arglist 5 f.
- Schiedsvereinbarung 4 ff., 118, siehe auch Schiedseinrede

Einseitige Anordnung eines Schiedsgerichts 111

Einstweilige Maßnahmen 29 ff., siehe auch Eilverfahren; einstweilige Verfügung
- Erforderlichkeit 55

Einstweilige Verfügung 29 ff., 50, 65, siehe auch Eilverfahren

Einstweiliger Rechtsschutz 49 ff., 100 ff.
- Parallelkompetenz 51 ff.

- Vergleich, Schiedsgericht und staatliches Gericht 52 ff.

Einstweilige Sicherungsvollstreckung 107

Einzelrechtsnachfolge 27 ff., siehe auch Abtretung, Geschäftsanteile; Übertragung, Geschäftsanteile; Geschäftsanteile, Übertragung

Einzelschiedsrichter 34 ff., 159, 161, 166, 171, 173, 177, 180

Ernennung Schiedsrichter 4, 25, 33 ff., 41, 98, 162, 171, siehe auch Schiedsrichterernennung
- alleiniges Recht einer Partei 4

Ersatzbenennung 41 ff., 84, 98, 159 ff.

Ersatzbestellung
- Schiedsrichter 41 ff., 98, 145 ff., 162, siehe auch Bestellung Ersatzschiedsrichter

Ex aequo et bono 15, 81

Exequaturentscheidung 107

Fast track arbitration 65

Fehlende Angriffs- oder Verteidigungsmöglichkeit 201

Fehlende Schiedsvereinbarung 212

Feststellung Zulässigkeit 31

Feststellungsklage 103 f.

Feststellungsinteresse 103

Freiwilligkeit 115, 119

Frist
- Benennung 41, 98, siehe auch Benennungsfrist
- Schiedsspruch 178, 181
- Schriftsatz 181

Fristwahrung 74

Garantien 60

Gebühren
- gerichtliches Eilverfahren 151
- gerichtliche Entscheidungen 145
- gerichtliche Ersatzbestellung 145 f.
- schiedsrichterliches Eilverfahren 151

– Vollstreckbarerklärungsverfahren 151
Geheimhaltung 66
Gerichtliche Benennung Schiedsrichter 84, siehe auch Ersatzbenennung
Gerichtsstandsvereinbarung 23, 149
Gesamtrechtsnachfolge 27
Geschäftsanteile
– Übertragung 27
Gesellschaft bürgerlichen Rechts 26
Gewährleistung 60
Gleichbehandlungsgrundsatz 73
Gleichwertigkeit Verfahren 3, 14

Haftungsausschluss 13
Haftungsbeschränkung 60 f.
Heilung 25
Hybride Verfahrenstypen 62 ff.

IBA Guidelines on Conflicts of Interest in International Arbitration 37, 44
IBA Rules on the Taking of Evidence in International Commercial Arbitration 46, 77, 156
ICC Schiedsgerichtsordnung 55, 64, 73, 123, 128, 134, 139 f., 157, 165 ff.
Industrie- und Handelskammer 41, 170
Inhaltskontrolle 12 ff., siehe auch Allgemeine Geschäftsbedingungen; Inhaltskontrolle
Institutionalisiertes Schiedsverfahren 64, 74, 76
Insolvenz einer Partei 22
Insolvenzverwalter 28 f.
International Bar Association (IBA) 37, 44, 77
International Chamber of Commerce (ICC) 42, 64, 73, 127 f., 165 ff., 231 ff.
– Internationaler Schiedsgerichtshof 42, 157
Internationale Schiedsverfahren 66, 78, 155 f.

Internationales Sportschiedsgericht am Sitz des Internationalen Olympischen Komitees (IOC) 42

Knebelung 17 f.
Kommanditist 26
Kompetenz-Kompetenz 31, 125
Komplementär 26
Konstituierung des Schiedsgerichts 29, 31, 33, 74, 90 ff., 159 ff., 161 f., 166 f., 170 ff., 173 ff., 177 f., 180 f., 207
Kosten 2, 65 f., 127 ff., 163 f., siehe auch Kostenvergleich
Kostenentscheidung 122 ff., 194
Kostenfestsetzung 123 ff.
Kostengrundentscheidung 124 f.
Kostenordnung 128, 131, 151, 163, 183
Kostentabelle 127, 183 ff.
Kostenvergleich 2, 65 f., 121
Kostenvorschuss 2, 19, 21, 129 f., 139 ff.
Kündigung
– Schiedsvereinbarung 19 ff.

M & A 57 ff.
Mediation 62 ff.
Mehrparteienverfahren 40, 66 ff., 83 ff., 113, 160, 171, 174
Mini-Trial 62
Mittellosigkeit einer Partei 21 ff., 143 f.
Mustervereinbarung über die Vergütung von Schiedsrichtern 131

Lege fori 112
Lex mercatoria 81
London Court of International Arbitration (LCIA) 123, 128, 134, 142 f., 157, 173 ff., 183, 186

Nachteil Schiedsgerichtsverfahren 64
Nichtvertragliche Schiedsgerichte 109 ff.
Notarielle Beurkundung 11 ff.

Obligationenrechtliches Schiedsverfahren 192
Obmann 38, 63 f., 74, 90, 94, 99, siehe auch Vorsitzender
Offene Handelsgesellschaft 26
Orderpapiere 28
Ordre public 36, 129 f., 160, 201, 204 ff.
Ort
- schiedsrichterliches Verfahren 66, 78 ff., 157 f., 168, 172, 176, 179, 180, 187, 190, 196, siehe auch Verfahrensort

Parallelkompetenz beim einstweiligen Rechtsschutz 51 ff., siehe auch einstweiliger Rechtsschutz, Parallelkompetenz
Patentnichtigkeitsklage 7
Präklusion 200, 211 f., 215 f.
Präzedenzwirkung 66
Prozessbetrug 210
Prozesskostenhilfe 2, 5, 21, 143
Prozesskostensicherheit 142 f.

Rechtliches Gehör 71, 73, 104, 154, 197, 206, 210 f.
Rechtsabteilung 134 f.
Rechtsanwaltsvergütungsgesetz (RVG) 96 f., 122, 131 ff., 146, 150
Rechtsmittel
- im Vollstreckbarerklärungsverfahren 198
Richter in eigener Sache 129 f., 139 f., siehe auch Schiedsrichter in eigener Sache
Rücktritt
- Schiedsvereinbarung 19, siehe auch Kündigung
Rügelose Einlassung 5, 85, 111, 162, 164, 213

Sachverhalt 55, 59 f., 64 ff., 75 ff., 86 ff., 135 f., 147
Sachverhaltsermittlung 75 ff.

Sachverständige 15, 46, 68 ff., 76 ff., 92, 101, 125, 127, 133, 137 ff., 204
- Honorar 127, 137 ff.
Satzung 109
Scheckprozess 29 f.
Schiedsabrede 4, 10 ff., 16, 21 f., 26 ff., 59, 61, 64, 84 f., 138, 143 f.
Schiedsauftrag (Terms of Reference ICC) 167 ff.
Schiedseinrede 4 ff., 52, 144, siehe auch Einrede, Schiedsvereinbarung
Schiedsfähigkeit 6 ff., 201, 208
Schiedsgericht durch letztwillige Verfügung 27, 109, 116, 119
Schiedsgerichtsinstitution
- Kosten 127 ff.
Schiedsgutachten 24, 68 ff., 193
Schiedsgutachter 25, 69 ff.
Schiedsinstitut der Handelskammer Stockholm (SCC) 157, 165, 179 ff.
Schiedsklausel 4, 7 ff., 17, 27 ff., 33 ff., 49 ff., 73, 90, 105 f., 109 ff., 149, 154 ff., 166, 201 ff.
Schiedsrichter
- Ablehnung 39, 96, 159, siehe auch Ablehnung, Schiedsrichter
- Auswahl 34, 47 f., 63 ff., 91 ff.
- Befangenheit 37, 94, 95 f., 204, 210, 211
- Beruf 43 ff.
- Bestellung 17, 36 ff., 91 ff., 98, 156 ff., siehe Bestellung, Schiedsrichter
- Hochschulprofessor 45 f.
- in eigener Sache 129 f.
- Kompetenzüberschreitung 201 f.
- Nationalität 38, 43, 91, , 93, 167, 171, 174, 181
- Neutralität 14, 15, 39, 47, 64, 75, 78, 93, 95, 154
- Notar 46
- Qualifikation 41, 43 ff., 63 f., 75, 90, 91 f., 183
Schiedsrichterernennung 4, 25, 33 ff., 41, 98, 162, 171, siehe auch Ernennung, Schiedsrichter

Schiedsrichterhonorar 66, 127f., 163, 177, 182, 183ff., siehe auch Vergütung
Schiedsrichterlisten 42f.
Schiedsrichtervertrag 45, 130, 139
Schiedsspruch 161, 163, 168f., 172, 175, 179, 182
- Anfechtbarkeit 105
- Begründung 203
- Form 192
- Inhalt 192
- Kostenentscheidung 124, 128
- mit vereinbartem Wortlaut 105, 193
- Teilschiedsspruch 107, 140, 192
- Übersendung an Parteien 192
Schiedsvereinbarung
- Anfechtung 16f.
- Aufhebungsvertrag 19, siehe auch Aufhebungsvertrag, Schiedsvereinbarung
- Auslegung 24, 28, siehe auch Auslegung, Schiedsvereinbarung
- Erlöschen 5
- fakultativer Inhalt 59
- Form 10ff., 84, 212
- Kündigung 19ff., siehe auch Kündigung, Schiedsvereinbarung
- Nichtigkeit 6ff.
- persönliche Bindungswirkung 3ff., 25ff.
- Prozessvertrag 16, 18
- Rücktritt 19, siehe auch Rücktritt, Schiedsvereinbarung
- Sittenwidrigkeit 17f., siehe auch Knebelung
- Undurchführbarkeit 5f., 21ff.
- Unwirksamkeit 3, 5ff., 16, 19ff., 201, 207
Schiedsverfahrens-Neuregelungsgesetz (SchiedsVfG) 49
Schlichtung 14, 24, 62
- zwingendes Schlichtungsverfahren 14
Selbständiges Beweisverfahren 29
Sicherheitsleistung 51, 141ff.

Sichernde Maßnahme des Schiedsgerichts 49f.
Sitz des Schiedsgerichts 79, 112
Sportschiedsgerichtsbarkeit 42, 51
Sprache 43, 81ff., 93, siehe auch Verfahrenssprache
Statut
- Schiedsvereinbarung 110
Streitverkündung 26, 67, 85
Streitwertfestsetzung 128f., 145
Swiss Chambers of Commerce and Industry 123, 128, 138, 155, 157, 176ff.

Territorialitätsprinzip 190
Testamentsvollstrecker 27

Übersetzung 66, 82, 93, 127, 198f.
Übertragung
- Geschäftsanteile 27ff., siehe auch Geschäftsanteile, Übertragung
Unabhängigkeit 36, 39, 43ff., 95, 171, siehe auch Unparteilichkeit
UN-Kaufrecht (CISG) 81
UN-Übereinkommen über die Anerkennung und Vollstreckung ausländischer Schiedssprüche (1958) 6, 68, 79, 105, 190
UNCITRAL Arbitration Rules 123f., 128, 138, 142, 155, 158ff., 186
UNCITRAL-Modellgesetz 6, 34, 38, 49, 123, 155, 161
Unparteilichkeit 36, 39, 43ff., 95, 171, siehe auch Unabhängigkeit
Unternehmenskauf 57ff.
Unterstützungshandlungen, staatliche Gerichte 79
Unzuständigkeit des Schiedsgerichts
- Kosten 125f.
Urkundenprozess 29f.

Verbandsrecht 111, 115, 118
Verbraucher 10ff., 84f.
Vereinsmitglieder 9, 42, 115
Verfahrensbeginn 104

Verfahrensdauer 2, 64, 65, 128
Verfahrensgestaltung 73 ff.
Verfahrensordnung 13 ff., 58 f., 64, 75, 77, 85, 123, 127, 154, 165 ff.
Verfahrensort 66, 78 ff., 157 f., siehe Ort, schiedsrichterliches Verfahrens
Verfahrensregeln 59, 73 ff.
Verfahrenssprache 43, 81 ff., 93
Verfahrensverstoß 202 ff.
Verfahrensverzögerung 95, 97 f.
Vergleich 105
Vergütung 19, 65 f., 127 f., 136 ff., 151, 163, 175, 183 ff.
Verjährung 14, 29, 32, 60, 83, 88, 101
Verjährungshemmung 101 ff.
Vertragsgestaltung 59
Verwaltungsgebühr 127, 163, 185 f.
Verwaltungskosten 66, 127 f., 185
Vollstreckbarerklärung 68, 106 f., 190 ff.
– Antragsbefugnis 195
– ausländischer Schiedssprüche 198 f.
– inländischer Schiedssprüche 194 ff.
– Kosten 106 f.
– materiellrechtliche Einwendungen 213 ff.
– Tenor 197 f.
– Verfahren 194 ff.
– Vergleich 193
– Versagung 106
– Zuständigkeit 196
Vollstreckbarerklärungsverfahren 79, 106, 191 ff.

– Streitwert 106 f.
Vollstreckung 68
Vollstreckungsgegenklage 191, 213 ff.
Vollstreckungskosten 65
Vollziehung einstweiliger Maßnahmen 51, 53 ff.
Vorläufige oder sichernde Maßnahmen 49 f., siehe auch sichernde Maßnahmen des Schiedsgerichts
Vorsitzender
– Schiedsgericht 38 ff., 63, 99
Vorteile Schiedsgerichtsverfahren 2, 58, 63 ff., 153 f.
Vorwegnahme der Hauptsacheentscheidung 50

Wahlrecht
– Rechtsweg 3 ff.
– AGB 3 f.
– Sittenwidrigkeit 4 f.
Wechselprozess 29 f.
Wertpapierhandelsgesetz 7
Willkürverbot 206

Zeitvorteil 2, 65, siehe auch Dauer
Zeugen 61, 65, 78 f., 82 f., 99
– Kosten 136 f.
Zeugenvernehmung 65
Zurückverweisung 126
Zusammensetzung Schiedsgericht 33 ff.
Zuständigkeit Schiedsgericht 2, 31
Zwangsgeld 51
Zwangsmittel 29